书馆
考究

大风起兮云飞扬

两漢人物

◎ 戚文 著

上海科学技术文献出版社

作者的话

《两汉人物·大风起兮云飞扬》，是一部评述两汉人物的书。其时间跨度自公元前209年至公元183年，共三百九十二年。评述的人物有陈胜、吴广、项羽、刘邦、萧何、张良、韩信、虞美人、吕雉、戚夫人、樊哙、夏侯婴、叔孙通、汉文帝、汉景帝、贾谊、晁错、周亚夫、汉武帝、卫青、霍去病、李广、张汤、司马迁、苏武、李陵、赵充国、汉宣帝、汉元帝、刘秀、冯异、班超、李固、黄琼、朱博、陈寔以及许多《史记》记叙过的小人物。

鸿门宴

这部历史人物评述是作者四部历史人物评述之一，另外三部为：《先秦人物·龙战于野其血玄黄》；《三国人物·青梅煮酒论英雄》；《两晋至明清人物·千古兴亡多少事》。这四部历史人物评述，从黄帝、大禹写到洪秀全、孙中山，总共写了两百多个历史人物，时间跨度从公元前3 000多年到公元1911年，约五千年。

两汉是中国封建社会最活跃的时期，本书写到的人物有四十多人。这些评述少部分是二十世纪六十年代初期写的，大部分是1968年至1986年在秦城时写的，当时手中没有多少参考资料，主要是根据过去读书的记忆追叙的。出秦城后，找来参考资料做了整理。还有一部分则是近年来补写的。其中除《〈史记〉中的小人物》和《论司马迁冤狱》曾在上海《文科月刊》和北京《炎黄春秋》上发表过外，其他都是第一次发表。

项羽与虞姬（顾炳鑫绘）
海上紫云轩藏品

作者坚信马克思主义历史科学的原理因为历史发展的客观事实，证明它是正确的。扑朔迷离的历史现象像一团团疑云迷雾，使人无法看清历史的真正面貌。马克思主义的历史唯物主义理论，却像光明的灯塔，为人们照亮一切。

需要说明的是，一定会有这样的情况，尽管作者本人有运用马克思主义历史科学的原理去正确评述历史人物的愿望，但由于各种原因，却未能达到很好评述历史人物的目的。因此，作者欢迎听到专家和读者的各种不同的批评意见，相信唯有通过磋商和论争，才能达到对历史人物的正确评述。

苏武牧羊（清·黄慎绘）

毛泽东对中国历史特别是两汉历史关注颇多。他在自己的著作和讲话中，对两汉历史上的许多人物都作过评价。作者同大多数为中国革命事业奋斗过的同志一样，曾经虔诚地跟着毛泽东的旗帜前进。毛泽东对历史人物的评价，曾经是作者学习和研究历史的指针。本书就是以毛泽东对历史人物的评价为指导写就的。要说明

飞将军李广

的是本书对历史人物的评述，除了直接引述毛泽东的评价部分，其他部分只是作者自己的理解，如有理解错误之处，应由作者本人负责。和尚念错经的事情是常有的，不能都怪师傅。

毛泽东是一位杰出的马克思主义史学家。他对历史人物的评价与解析很有见地。但在史学观点上，毛泽东又从来允许并鼓励不同意见。他历来希望别人对他的意见进行独立思考，而不是盲目信从。

我希望所有读到本书的人，都能对历史人物有自己的独立思考。

本书的出版得到上海科学技术文献出版社责任编辑陈宁宁的支持和帮助。文稿的抄录、校正方面得到华贻芳、钱宝瑾、华雪、邱炳然、张明珠、周秋芳、杨惠玲、钟蕾、方婉婉、姚宝森、戚小淑、孟葛平等友人的帮助，谨在此表示衷心的感谢。

漠北之战

目录

西汉时期全图

图 例 Legend
长安 都城 Capital city
西河郡 郡级驻所 Seat of Jun-level administration area
其他居民点 Other inhabited locality
政权部族界 Boundary of a regime or a tribe
州级政区界 Boundary of Zhou-level administration area
今国界 Contemporary international boundary
北京 今首都 Contemporary national capital
上海 今直辖市、省、自治区人民政府驻地 Seat of contemporary province-level administration area
丹东 今市人民政府驻地 Seat of a contemporary city
今其他居民点 Other contemporary inhabited locality
匈奴
西域都护府
凉州
朔方
交趾
大宛
乌孙
比例尺 二千一百万分之一
200 0 200 400 600 800公里

东汉时期全图

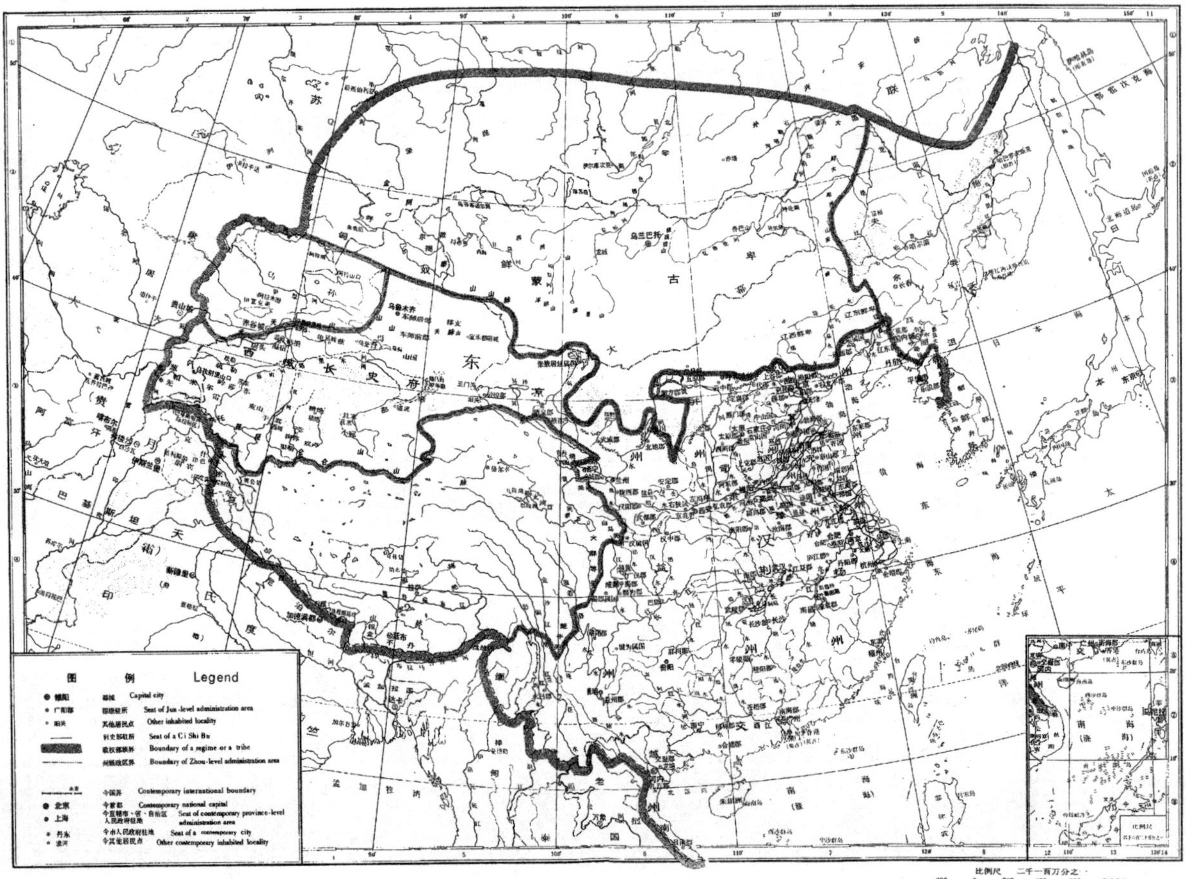
图 例 Legend
雒阳 都城 Capital city
广阳郡 郡级驻所 Seat of Jun-level administration area
阳关 其他居民点 Other inhabited locality
刺史部驻所 Seat of a Ci Shi Bu
政权部族界 Boundary of a regime or a tribe
州级政区界 Boundary of Zhou-level administration area
今国界 Contemporary international boundary
北京 今首都 Contemporary national capital
上海 今直辖市、省、自治区人民政府驻地 Seat of contemporary province-level administration area
丹东 今市人民政府驻地 Seat of a contemporary city
今其他居民点 Other contemporary inhabited locality
西域长史府
东汉
鲜卑
乌孙
蒙古
苏联
日本
比例尺 二千一百万分之一
200 0 200 400 600 800公里

陈王奋起挥黄钺

夜之漫漫，鹖旦不鸣，则山中之民，有大音声起。天地为之钟鼓，神人为之波涛矣！

——龚自珍：《尊隐》

一

秦始皇的确是雄才大略的。韩、魏、赵、楚、齐、燕六国诸侯，土地、甲兵十倍于他，猛将如云、谋士如雨，却被他一个个打倒在地。就连野蛮、强悍的匈奴也被他打得“弃地北遁”，“不敢南下而牧马”。失落了王冠的贵族在他面前俯首系颈，匍匐而不敢仰视。他终于在世界东方建立了人类历史上第一个地域广阔的封建帝国。

不甘心失败的贵族当然是有的。但是除了暗中诅咒却也无可奈何。他们中的佼佼者项梁、项羽流亡于江南，张耳、陈余受辱于贱吏，连最有智慧的张良也不过结交力士，暗怀铁椎，狙击他于博浪沙(在今河南原阳东南)。一击不中，只好仓皇逃命。

他以为自己功盖五帝，无敌于天下了。他的“万世帝业”从此固若金汤了。他骄横起来了。

他忘记了在六国诸侯和匈奴单于之外还有个默默的第三者，即被他称之为“黧庶”和“黔首”的劳动群众。

他忘记了正是由于他的前人执行了法家奖励耕战的政策，调动了这个第三者的积极性，他才获得战胜六国、统一天下的物质基础。没有这个基础，他的

“万世帝业”不过是一堆瓦砾。

雄才大略者的非凡作为，可以给历史带来巨大收益，但是他的骄傲奢侈又可以给历史带来巨大祸害。法家思想本来就是蔑视群众的，他们的分配土地、奖励耕战的政策，不过是为了新兴封建主发展自己政治、经济力量的需要。他们的理论是治民如“御马”，人民在他们的眼里不过是供他们驱策的工具。他们对付人民的主要办法是“捶策之威”和“衔橛之备”，糖块的奖励不过是刑罚手段的补充。

在他们感到自己的力量尚小的时候，他们在处理自己同人民关系的问题上还比较谨慎。一旦他们感到自己的势力扩大了，他们的暴虐面目就显露出来了。

秦始皇正是沿着这条历史规律，走向了历史的反面。

他强迫动员数以几十万计的人力，去修建保卫他王朝安全的万里长城和供他巡游全国的交通驰道。如果说这两项工程虽然超出了当时人民的负担能力，但是对中国历史的发展还是有价值的话，那么，他为了满足自己的私欲，而兴建的其他一些工程，就简直是罪恶了。

首先是在全国修建的各种富丽堂皇的宫殿。其中仅首都的阿房宫，动员的人力就有七十余万。其次是骊山（在今陕西西安临潼东南）的地下宫殿，动员的人力也是七十余万。近年出土的秦始皇陵墓庞大的兵马俑群，只是这个地下宫殿的一角而已。

秦代的人口不过两千万，劳动力不到一千万，但是以上几个工程调用的人力则已超过两百万。再加上军队、后勤和其他劳役，全国调用的人至少有三百万。

全国劳动力的百分之三十，长年累月地被无偿征用。这样沉重的徭役负担，人民怎么忍受得了啊！被搜罗进宫的数以万计的美女，以及为了替他入海寻访神仙而从民间夺走的数以千百计的儿童，还在其外哩！

秦始皇死了，人民可以松一口气了吧。不！秦二世更加暴虐。他不仅大兴土木，继续修建骊山和阿房宫工程，而且“赋敛愈重，戍徭无已”，“法令诛罚日益刻深”。在他的统治下，“刑者相半于道，而死人日成积于市”（《史记·李斯列传》）。人民被逼得活不下去了，他却仍然按照法家的“慈母有败子而严家无格虏”的理论，进一步加强对于人民的镇压。曾经在历史上起过某些进步作用的法家学说就这样被引向了反人民的极端，秦二世的统治，标志着法家政治在秦帝国的破产。

全国的政治气压降到了最低点。秦王朝就像一座即将倾覆的大雪山，需要的只是一个冲击，只要有了这个冲击，各种连锁反应，就会把惊天动地的历史骤变推到人们的眼前。

奇怪的是在这样紧要的历史转变时刻，六国贵族的后裔却没有一个人能认清形势，挺身而出。他们倒不尽是“不敢弯弓而抱怨”的孬种，可就是没有人能认清形势，挺身而出。

对秦始皇恨之入骨的儒生，也没有一个人敢出来为人民呼号。他们被秦王朝的火和剑吓倒了。

遭受秦二世和赵高排挤、残害的官吏及宗室余党，也没有人敢出头。

敢于挺身而出，登高一呼，号召人们斩木为兵、揭竿而起，推翻秦王朝的残暴统治的首事发难者，竟是一个被人们视为卑贱者的农民英雄陈胜(涉)。

陈胜首事发难的时间为秦二世元年(公元前 209 年)秋七月。

这一次首事发难，真像鲁迅所说“虽是等于为帝王将相作家谱的所谓‘正史’，也往往掩不住他们的光耀”(《鲁迅全集》第 6 卷，第 92 页)。

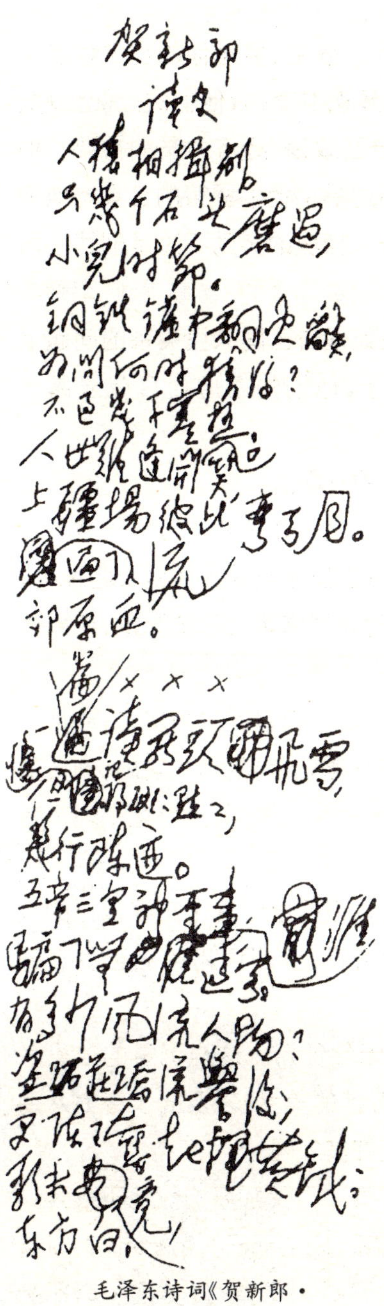

毛泽东诗词《贺新郎·读史》手迹(1964)

首先把“一夫作难而七庙隳”的历史光荣归之于历史本来主人的，是西汉初期的政论家贾谊。他在《过秦论》里说：

“始皇既没，余威振于殊俗。然而陈涉瓮牖绳枢之子、氓隶之人，而迁徙之徒也，才能不及中人，非有仲尼、墨翟之贤，陶朱、猗顿之富也。蹑足行伍之间，俛仰仟佰之中，率罢散之卒，将数百之众，转而攻秦。天下云会响应，赢粮而景从，山东豪俊遂并起而亡秦族矣。”

贾谊之后的司马迁，也以其特出的史识，为反秦起义的“首事发难”者陈胜写了《陈涉世家》。“受诏”著史的封建王朝御用史家班固，尽管看不起劳动人民，也不得不在《汉书》里，把陈胜的传记排为列传第一。

二

但是，贾谊也好，司马迁也好，他们对这场人民大起义“首事发难”者的认识都是不够的。在他们看来，出身贫苦的陈胜不过是个非知、非贤，又不富有，只是个“才能不及中人”的“氓隶”之徒，他所以能在秦末的人民大起义中“首事发难”，乃属偶然。

不对。尽管陈胜是个贫苦的、缺少文化素养的种田人，尽管他身上存在着他的阶级给予他的，以及后来从统治阶级那里沾染来的缺点，但他却是一个才识卓越的人民领袖。他是一个彗星式的人民英雄。他在“首事发难”以后不久就被叛徒刺杀了，但是他的崛起却绝非偶然。他是一个思想解放的先行者。他年少时即因家庭贫寒，佣耕于人。但是他不甘于受压迫、被剥削，常“辍耕之垄上，怅恨久之”(《史记·陈涉世家》，下同)。这些表现，在今天看来似乎很普通，但是在古代，特别是封建生产关系刚刚确立的秦代，却是一个思想解放先行者的姿态。他向他的阶级兄弟说，“苟富贵，毋相忘”。别人说“若为庸耕，何富贵也?”他叹了一口气，说：“燕雀安知鸿鹄之志哉?”有人从这个话分析出农民造反者的目的，一开头就是想向上爬，当剥削者。这样的深文周纳未必符合实际。“苟富贵，无相忘”，反映了农民“有难同当，有福同享”的互助精神，含有可以用革命手段摆脱被剥削、被压迫地位的思想，却未必有“同当地主，同剥削他人”的含义。鸿鹄和燕雀的比喻，说明了陈胜年少时的理想，他要冲破剥削的藩篱，做一举千里的鸿鹄，不愿老死牖户之下，永做剥削者的牛马。这个话同后来俄国的农民革命领袖普加乔夫“宁做一日雄鹰，不做一世草鸡”的话，是相通的，都包含着强烈的革命造反精神。

陈胜后来的革命行动，是他佣耕年代思想发展脉络的最好说明。他在大泽乡起义时所说的：宁“死国”，不死“亡”（逃亡），“王侯将相，宁有种乎！”不仅表明了他具有为正义事业而献身的意识，而且表明他已经有了非常可贵的人类平等观念。要知道在陈胜生活的那个时代，由于奴隶主和封建主阶级的倡导，反动的血统论甚嚣尘上，什么上智下愚不移，什么君子小人之辨，以及种种贵贱有命的天命说教，把人们的头脑束缚得紧紧的。陈胜能够突破各种统治阶级的说教，勇敢提出王侯将相并非由血统决定的思想，这是何等卓越！要知道人类平等思想作为一种系统的理论是在十七至十八世纪的欧洲出现的，在此以前的两千多年，中国北方农村中的一个雇农，竟然能有这样的觉醒，这又是多么的不易呀！

有人说，“王侯将相，宁有种乎”的话，同项羽看见秦始皇时说的“彼可取而代也！”以及刘邦看见秦始皇时说的“大丈夫当如此也！”完全是一个意思，他们都是“取代主义”者。

不对，陈胜的话和项、刘的话是不相同的。项、刘看见秦始皇威风十足的排场很羡慕，从而自己也想像秦始皇那样地当皇帝，这可以称之为“取代主义”者。陈胜不是这样，至少他在反秦起义时不是这样，他的反秦起义是反压迫、求生存，是为了打倒秦王朝那些残暴的王侯将相，由农民自己来做好的王侯将相，而不是羡慕秦王朝那些坏透了的王侯将相，或者当秦始皇那样压迫农民的皇帝。

陈胜这句话是在大泽乡（今安徽宿州东南）号召农民起兵反秦时说的。全文如下：

“公等遇雨，皆已失期，失期当斩。藉第令毋斩，而戍死者固十六七。且壮士不死即已，死即举大名耳，王侯将相，宁有种乎！”

这里说的“死即举大名”，意思就是为反抗反动黑暗统治的正义事业而奋斗牺牲，他认为这样的死才有意义，才是不朽。也就是他与吴广密谋时说的：“今亡亦死，举大计亦死。等死，死国可乎？”试问，一群即将被秦王朝残酷的王法送上断头台的贫苦农民，为了自己的生存权利，起来同反动、横暴的黑暗势力进行拼死抗争，难道能同贵族后裔的“取代主义”一样吗？冲决网罗以求活命的鱼儿同跳跃龙门以求腾达的鱼儿，其理想和追求不可能是一样的。

陈胜的组织才干也是卓越的。

滂沱的大雨把九百多个疲劳不堪的戍卒聚合在一起了，怎样在极短的时间里把这批动荡不安的人群发动起来，集合他们的力量成为一个拳头，来向庞然大物的秦帝国进行一次史无前例的巨大冲击呢？这个任务即使对一个具备现代组织工作经验的革命者来说，也是困难的。可是两千多年以前的陈胜同他的亲密战友吴广却很好地完成了。

周密的谋划，友爱的团结，突发的事变，悲愤的动员；夺剑杀尉，为坛而盟，树立旗帜，组织队伍，攻城国各地，行军作战，一环扣一环，一幕接一幕，一切都安排得那样井然有序。中国的千万劳动者之中，蕴藏了多少这样有能力、有智慧的领导者呀！

吴 广

在组织起义的过程中，陈胜、吴广为了增强群众的斗争信念，利用当时人们心目中的神鬼迷信，搞了一点“鱼腹藏帛”、“篝火狐鸣”的名堂。这一下被某些史学家抓住了把柄，他们纷纷斥责陈胜、吴广“旁门左道”、“鬼怪是凭”。近代的一些史学家对陈、吴搞的这一套，也颇多讥讽之词。这些批评也是有失公允的。试看中外古今的统治阶级，又有几个是不利用神鬼迷信来愚弄群众的呢？仅以刘邦、吕后为例，他们搞了多少鬼神勾当？说刘邦是龙人相交的产儿，吕雉是命里注定的“大贵人”等等，封建史书对这些非但不加谴责，反而作为美谈来记述。现代资产阶级一再用上帝的迷信，来麻痹劳动群众的革命意识，为什么唯独对农民起义者要特别苛刻呢？在科学不发达的时代，鬼神观念也是一种意识形态上的存在，统治者为了自己的利益，对它进行大力提倡。被压迫者在反抗统治者的时候，利用它一下，又有什么值得大惊小怪的呢？

陈胜对政治形势的分析是敏锐的，对敌斗争的态度是坚决的，在军事上也有相当的战略眼光。

大泽乡起义之前，陈胜对当时的政治形势是这样分析的：

“天下苦秦久矣！吾闻二世少子也，不当立。当立者乃公子扶苏。扶苏以数谏故，上使外将兵。今或闻无罪，二世杀之。百姓多闻其贤，未知其死也。项燕为楚将，数有功，爱士卒，楚人怜之。或以为死，或以为亡。今诚以吾众诈自称公子扶苏、项燕，为天下唱，宜多应者。”

一个身居茅屋的农民能对天下大势了解得这般清楚，这是不寻常的。从这个分析中我们可以看出，陈胜当时已经从秦二世的杀兄篡位中看到了这个政权的危机，从人民的生死呼号中看到了革命时机的成熟。他在大泽乡发动起义，并不是盲目的。我们可以考察一下后来那些在人民大起义中风云一时的人物，项梁、项羽、熊心（楚怀王）、刘邦、萧何、张良、韩信、张耳、陈余、彭越、英布……这些人都是反秦的英雄，可是在陈胜发难以前，他们之中有谁曾像陈胜那样敏锐地觉察到时局的发展已经达到了“一触即发”，“一倡而天下应”的转折点了呢？

当陈胜在大泽乡秘密发动起义的时候，项梁、项羽在替人家主办丧事，熊心在民间牧羊，刘邦逃亡于山泽，萧何在当刀笔吏，张良在研读圯上老人给他的兵法，韩信垂钓于淮阴城下，张耳、陈余任职监门，彭越、英布则在江湖中做盗寇。我们在史籍中没有看到他们中的任何人对当时政治形势有像陈胜那样明白的分析。

陈胜吴广大泽乡起义

大泽乡的起义果然成功，革命的发展不仅证实而且超过了陈胜的预计，农民起义大军像滚雪球般地迅速发展起来。很短的时间里，就由九百人扩大到几万人，并且有了战车和骑兵，陆续攻占蕲、铚、酂、苦、柘、谯等大片地区（在今安徽北部和河南东部），接着又攻克了陈郡的中心城市陈县（今河南淮阳）。

陈胜进驻陈县以后，召集各方面代表人物议事。代表们说："将军身被坚执锐，伐无道，诛暴秦，复立楚国之社稷，功宜为王。"陈胜接受代表们的意见，自立为陈王，并在陈县建立了与秦王朝相抗衡的张楚政权。

建立与秦王朝对抗的张楚政权，就是在全国建立反秦的政治中心，就是以革命的旗帜号召和鼓舞全国人民奋力推翻秦王朝。它表现了农民革命者坚决与秦王朝战斗到底的不妥协精神，其政治意义是巨大的。但是这样做也就意味着要把反革命镇压革命的主要力量吸引到自己身上。这是一个并不难懂的问题，横行于江湖之上的草莽英雄彭越就知道这样做的利害。陈胜发难以后，人们劝说彭越起来效法陈胜，彭越不肯，说"两龙方斗，且待之"。"且待之"，就是先让别人去战斗，自己不要急于引火烧身。在各种斗争中，这种善于观望等待，善于保护自己的人物并不少见。陈胜高于所有这些人的地方，正是他为正义事业一往无前的精神。他对暴虐的秦王朝充满了仇恨。在对敌斗争上，他有一种"明知山有虎，偏向虎山行"的坚定性，没有幻想、动摇、犹豫、退缩。

革命的大旗在陈县树立起来以后，"天下为之糜沸蚁动，云彻席卷方数千里"。"家自为怒，人自为斗，各报其怨，而攻其仇。""诸郡县苦秦吏者，皆刑其长吏，杀之以应陈涉。"各地聚众起义的"不可胜数"。项梁、项羽、刘邦、张良、秦嘉、田儋、陈余、张耳、魏咎、韩广、彭越、英布、郦商、王陵等人也都是在这个时候起来的。陈胜变成了大家公认的起义首领，前来投军和联系各种事务的络绎不绝，连一些六国贵族的后裔和孔子的嫡系子孙也跑来了。陈胜领导的起义军队伍空前壮大。这样规模宏大、来势迅猛的革命运动是当时的人们从来没有见过的。对于它，既没有现成的理论可作指导，也没有前人的经验可供参考。但是作为起义大军统帅的陈胜，却仍然能从容不迫地在历史的急风暴雨中引导着自己的队伍向着敌人发起猛烈的冲击。

他不失时机地迅速从自己的队伍中选拔了一批人才，建立了一个精干的政治领导机构和军事领导机构。与此同时，还在军事上确定了用主要兵力向秦王朝政治中心关中西进，用次要兵力向六国旧地扩展的方针。

西进大军兵分北、中、南三路：

一路是假王吴广率领的北路，进击方向是军事重镇荥阳（今河南荥阳东北），目的是切断秦王朝和山东各地的联系，以孤立和攻取关中；一路是将军周文（《史记·高祖本纪》记载为周章。据考，周章即周文，一为名，一为字）率领的中路，进击方向是函谷关（在今河南灵宝东北）；一路是将军宋留率领的南路，进击方向是武关（在今陕西丹凤东南）。

三路大军进军的最后目标都是秦王朝首都咸阳。三路中周文一路进展最快，他们在西进途中不断扩充自己的队伍，打到咸阳东面的戏水时，已是战车千乘、甲兵数十万的大军。

向六国旧地扩展的部队由葛婴、武臣、周市、邓宗、召平等人率领，也分东、南、北三路分头并进。

这一系列的军事调度，说明陈胜虽然来自田野，但在军事上仍然有相当的战略眼光。特别是他的西进决策，是符合革命形势发展需要的。

当时，反动的秦王朝虽然已经处于全国起义人民的围攻中，但是仍然有相当大的反击力量。农民起义军的重要任务，就是要利用反动王朝遭受革命群众突然打击，尚未来得及组织力量进行大规模反扑的有利时机，迅速向反革命的巢穴咸阳进军。这样就有可能把军事主动权抓在自己手里，争取以较小的代价迅速摧垮反动王朝的统治机构。

事情的发展证明这个方针的正确。

秦二世元年九月，当周文率领的数十万革命大军，突然出现在咸阳东面的时候，秦二世被吓得大惊失色。他仓促间无法向各地征集队伍，只好按章邯的建议，下令赦免骊山的几十万刑徒和奴隶，让他们全部从军。又紧急调来了守卫长城边塞的二十万大军，才暂时渡过了王朝覆灭的难关。

有人说，陈胜西进大军的失败，说明他缺乏军事知识，犯了类似左倾机会主义的军事冒进错误。这个批评是不确切的。

西进大军的失败，自有其主客观的原因，但却不是战略思想的错误。如果陈胜当时不是决策西进，而是坐等秦二世组织好反革命围剿大军追杀过来，那么他的失败将更惨重。虽然，在坐等敌人围剿的期间，他可以抓紧时机做一点军事训练和组织防御的工作，但是丧失了给敌人以措手不及的决定性打击的机会。而且，对于利用敌人兵力尚未集中的机会发动革命起义的队伍来说，从进攻转入防御就是丧失军事主动权的开始。短时期的军事训练和防御准备，弥补不了丧失有利进攻时机之所失。这种情况同近代1927年大革命失败以后中国工农红军所面临的情况根本不同。1927年的情况是敌大我小，大革命已经遭到了残酷的镇压，革命进入了低潮。那时盲目进攻大城市是左倾机会主义，是军事冒进。而秦末农民大起义时，敌人已经陷入全国人民革命起义的包围之中，革命正在进入高潮。这时乘敌人尚未组织好兵力、内部防守空虚的机会，集中自己的军队快速地向反动王朝的首都进军，正是迅速夺取胜利的保证，后来的刘邦就是采取这种战略方针而取得胜利的，怎么能说陈胜的西进决策就是军事冒进呢？

如果说陈胜的西进决策有什么错误的话，那就是他执行这个决策还不坚决，还不迅捷。他应该集中自己所有的精锐部队，并亲自指挥这支大军以更迅捷的速度直捣咸阳。这样就有可能在秦二世组织起他的几十万反革命军队之前一举攻克敌人的首都咸阳。然后，再慢慢解决其他问题。

从以上的分析，可以看出旧时代的史学家对于人民革命历史上第一个杰出人物的评价实在是多有偏颇。旧时代的史学家，即使是他们中最优秀的人，也无法突破自己的阶级偏见的限制，他们无法解释，为什么一个起自田野的"氓隶之徒"，竟能领导群众完成如此惊天动地的事业？他们不能懂得历史归根结底是奴隶创造的。"卑贱者最聪明，高贵者最愚蠢"，"群众是真正的英雄"，"群众有伟大的创造力"，谁人不懂得这些，"就不能得到起码的知识"。毛泽东的这些话，是颠扑不破的真理。

三

使人惋惜的是陈胜未能在革命取得重大胜利的局面下，保持住自己清醒的头脑。

他生活在一个封建生产关系占统治地位的社会里，雇工劳动的环境，给了他优越于一般小生产者的智识和品性，但并未能使他摆脱小生产者的习惯观念和思维方法。他缺少文化素养，又缺乏现代农民所能得到的先进阶级领导的条件，这就决定了他无法通过个人自我完善的途径，达到正确把握客观形势和严格按照实际情况决定问题的能力。

大泽乡起义以后革命形势发展得太快了，胜利的捷报一个接着一个。这使他产生了一种错觉，以为今后的革命发展大概也会像过去一样，来得很容易。派遣起义军西进的决策是正确的，但是他对起义军西进中可能遇到的严重斗争，对敌人濒临死亡时必将以十倍、百倍的努力向革命进行疯狂反扑的举动估计不足。西进大军用兵方向的分散，以及他没能亲自统帅起义大军西进的情况，都是他对于斗争形势估计不足的反映。

由于陈胜对革命发展中可能遇到的严重斗争估计不足，所以他在革命形势突然出现曲折时，缺乏一个革命领袖应有的应付突然事变的准备。

周文率领的中路部队，在咸阳地区被章邯击败，退出函谷关。这件事标志着革命形势由顺利转向严峻。这是一个紧急的时刻。作为农民革命军统帅的陈胜，应当立即采取有效措施扭转这种不利局面。

他可以亲自率领余部并紧急调度西进大军和其他部队向集结在曹阳（今河南灵宝东）待援的周文部队靠拢，或者命令三支西进部队向他所在的陈县退却，以便集中兵力，待机破敌。但是这两种办法他都不用，却向远在河北而且已经自立为赵王的武臣发布命令，要他率领所部前往关中。武臣当时已经被赵国贵族后裔张耳、陈余所掌握，他们在革命顺利发展的时候都不肯事事听从陈胜的命令，在革命出现困难的时候，又怎么能听他的指挥呢？

结果是周文白白在曹阳呆了两三个月，得不到一个援兵。章邯来战，又被打败，退守渑池（今河南渑池西）十多天，仍然得不到救援，接着，又遭章邯袭击，最后兵败自杀。西路大军的一支主力部队，就这样毁灭了。

周文溃败以后，其他两路西进部队以及驻守现今河南境内的邓说部、伍徐部也被章邯各个击破。章邯乘胜向陈胜据守的陈县进攻。陈胜率军同章邯战斗，仗打得不好。为了保存力量，他率领起义军撤退至下城父（今安徽涡阳东南），被叛徒杀害。

从大泽乡首事以来，陈胜在攻打敌人时所用的方法都是集中自己的兵力，一个一个地攻打处于分散状态的敌人。开始时，集中九百人去攻打大泽乡；占领了大泽乡以后扩充队伍，再集中兵力去攻打蕲县；占领了蕲县以后，扩充队伍，再集中兵力去攻打铚、酂、苦、柘、谯，以此类推……结果是自己的部队越来越多，占领的地区越来越大。

但是，他在同章邯军队作战时所用的方法却是把自己的兵力分散开来，让敌人以集中的兵力一个一个地击破自己。结果是自己的部队越来越少，占领的地区越来越小。两千多年以前农民起义这一幕悲剧，有许多值得深思的内容。

虽然陈胜在农民起义军的领导上有这样大的失误，但是还不能把农民起义军失败的主要原因，简单地归咎于他个人。应该看到，当时归陈胜领导的几支西进部队人数虽然都不少，但都是刚刚组建起来的队伍。它的士兵和将领，包括陈胜、吴广这样的高级指挥员，大多是刚放下锄头的农民，他们那时还没有多少斗争经验，对于军事斗争，经验更为缺乏。再加上没有先进阶级的领导，封建势力的渗透、影响，革命队伍内部广泛地存在着分散主义、宗派主义，以至互不团结、争权夺利的现象，这些都给革命运动的发展造成了困难。秦王朝当时虽然已经腐败透顶，像只纸老虎，但是在面临生死抉择的关头，却仍有铁老虎的一面。特别是支撑这个政权的军事主力——边防军，还完整地保存着。这是一支训练有素的队伍，它的各级军官都是有战争经验的。他们能在很短的时间里，把几十万刚刚赦免的刑徒扩充到自己的队伍里，就是他们具有军事组织能力的明证。

在这种情况下，陈胜和他指挥的农民起义军，在军事上遭受一些挫折和失败，实在是难以避免的。

陈胜称王以后骄傲自满的表现，受到了历代史学家的严厉谴责，特别是杀穷朋友这件事，今天依然为很多人所不齿。有些史学家批评他“任意杀戮”部下，弄得“众叛亲离”，最后兵败身死。还有人说他称王以后生活腐化，“实际上已经从农民革命领袖蜕变为封建阶

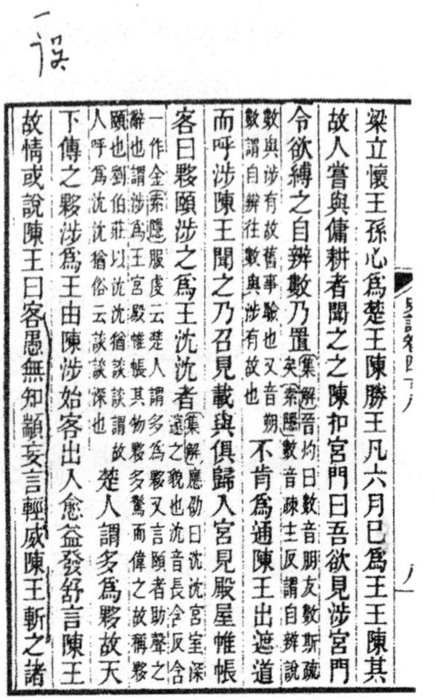

梁立懷王孫心爲楚王陳勝王凡六月已爲王王陳其
故人嘗與傭耕者聞之之陳扣宮門曰吾欲見涉宮門
令欲縛之自辯數乃置……不肯爲通陳王出遮道
而呼涉陳王聞之乃召見載與俱歸入宮見殿屋帷帳
客曰夥頤涉之爲王沈沈者……楚人謂多爲夥故天
下傳之夥涉爲王由陳涉始客出入愈益發舒言陳王
故情或說陳王曰客愚無知顓妄言輕威陳王斬之諸

毛泽东批《史记·陈涉世家》手迹“一误”

陳王故人皆自引去由是無親陳王者……陳王以
朱房爲中正胡武爲司過主司羣臣諸將徇地至令之
不是者繫而罪之以苛察爲忠其所不善者弗下吏輒
自治之……陳王信用之諸
將以其故不親附此其所以敗也陳勝雖已死其所置
遣侯王將相竟亡秦由涉首事也高祖時爲陳涉置守
冢三十家碭至今血食
褚先生曰……

毛泽东批《史记·陈涉世家》手迹“二误”

级的新贵族”，也就是说，他已经变质了。

农民革命者由于本身存在着小私有者的一面，很容易接受封建阶级的思想影响，骄傲自满、腐化变质是常有的事情。陈胜称王以后的骄傲自满也是有的，在这个问题上我们非但无意为他辩护，而且认为他的经历说明农民阶级没有先进阶级的领导，是难以获得自己的解放的。陈胜是历史上农民阶级中最优秀的代表，即使是这样的人，没有先进阶级的领导，也要走上错误的道路。

但是在陈胜称王以后的骄傲自满问题上，我们也要实事求是。他的错误是多大就说多大，大事说小了不对，小事说大了也不对。历代史学家谴责陈胜骄傲自满的主要事实，是《史记》《汉书》书中的有关记叙，《汉书·陈胜列传》的记叙较详，引述如下：

“陈胜王凡六月。初为王，其故人尝与佣耕者闻之，乃之陈，叩宫门曰：‘吾欲见涉’。宫门令欲缚之，自辩数，乃置，不肯为通。胜出，遮道而呼涉。乃召见，载与归。入宫，见殿屋帷帐，客曰：‘夥！涉之为王沉沉者！’楚人谓多为夥，故天下传之，‘夥涉为王’，由陈涉始。客出入愈益发舒，言胜故情。或言：‘客愚无知，专妄言，轻威。’胜斩之。诸故人皆自引去，由是无亲胜者。”

陈胜刚刚称王，老百姓见他就那么困难，他由农民阶级向农民阶级对立面转化的速度是相当快的，但这只是转化的开始，而不是转化的完成。他的穷朋友在路上喊他，他看见了以后仍然热情接待，并且同车而归，并没有忘记年少时“苟富贵，无相忘”的旧言。有个穷朋友不知深浅，乱开荒腔，讲了他贫贱时的旧事，有人向他咬耳朵，说：“你的朋友专讲你的坏话，影响领导威信。”他恼火了，把这个穷朋友杀了。当然，杀人的事，他不会亲自去干，大致是讲坏话的部下干的，但陈胜要对此负责。这件事来得太突然，这个穷朋友究竟讲了他的什么话？为什么他听了就要杀人？我们现在都弄不清楚。但不管怎样，他杀了自己的穷朋友，而且杀人以后，他的老乡都离他而去。这说明，他的这个决定是不得人心的，是脱离群众的。杀人是最应审慎对待的问题，即使他的穷朋友讲了极不应讲的话，他这种鲁莽的处置办法也是极端错误的。这说明他已经开始学会了旧统治阶级那种杀人树威的恶习，在这件事情上，他是应当受到历史的谴责的。所以毛泽东要在史书有关此事的记载旁挥笔批评陈胜。

但是除此以外，我们没有看到陈胜再犯过类似杀人的错误。秦末农民大起义的成分复杂，秩序混乱。率兵将领随意杀害老百姓的事情很多，项羽就多次屠城，杀害的老百姓很多。刘邦开始起兵时也屠过城。而陈胜却从来没有干过这种残害人民的事情。应该说，在秦末农民大起义中，陈胜是一个保持农民本色最多的农民领袖。穷苦的人民潮水般地涌向他的军队，绝不是偶然的。"人无全人，金无足赤"，如果我们只看到陈胜杀了一个穷朋友，并且把这件事无限上纲，而看不到他在爱护人民方面的突出表现，这就是"只见树木，而不见森林"了。

在批评陈胜骄傲自满的材料中除了《史记》《汉书》的上述记叙外，还有《孔丛子》说的一件事：

"陈胜为王，妻之父兄往焉。胜以众宾待之，妻父怒云：'怙强而傲长者，不能久焉。'不辞而去。"

《孔丛子》是一部伪书，它所说的这件事是否确实，不能断定。陈胜是雇农出身，他的妻父大概也是农民，但是这妻父讲话的口吻和姿态倒像是个儒者，能有这样的事情吗？即使《孔丛子》说的事情确实有，也不能由此就断定陈胜有什么大问题。如果他对自己的妻父、妻兄不是"以众宾待"，而是给以特殊优待，大人先生们大概又要说他搞"裙带风"了。

有人说陈胜在杀戮部下和腐化变质的问题上绝不止这几件事，指斥我们不必因为陈胜出身农民，而对他进行美化。是的，我们不应因为陈胜是农民出身而对他进行美化，但也不必因为陈胜是农民出身而对他进行丑化吧，一切都应当以历史事实为依据。

据《史记》《汉书》所记，陈胜在全部起义过程中只杀过两个部下，一个是葛婴，被杀的原因是擅自立王、杀王，一个是邓说，被杀的原因是兵败逃遁。这两起杀人事件，都有维护军队纪律的性质，是否如此，史学家可以有不同之见，但不能因此就给陈胜加以任意杀戮部下的罪名。而且这两个人的被杀并没有在起义军内部引起过什么波动，更没有因此而出现"众叛亲离"的严重情况。农民起义军为维护纪律而杀人，除了少数的例外，一般并不会引起自己队伍的瓦解。彭越起事的当天就杀了几个违反纪律的人，他的队伍并没有因此而瓦解。陈胜杀了这两个人，只会巩固起义军，不会引起"众叛亲离"。

陈胜杀了一个乱讲话的穷朋友，这倒引起了一些波动，这波动是来看望他的老乡离他而去，他的军队并没有因此而离散。在下城父刺杀他的人是一个暗中投降敌人的叛徒，并不是农民起义军的兄弟。况且他的部将吕臣听说他被刺，立即组织苍头军为他复仇。他们勇敢战斗，收复了被秦军占领的陈县，处决了刺杀他的叛徒。这件事说明陈胜固然犯有杀了一个穷朋友的错误，但错误尚未达到“众叛亲离”的严重程度。否则，他的部下就不会在他死后继续维护他的旗帜，也不会为了替他复仇而拼死作战。

陈胜的生活作风在农民起义领袖里也是比较好的，他没有像项羽、刘邦等人那样依仗权势大肆搜罗美人，也没有叫人聚敛财宝，至少我们没有看到这方面的记载。前人指责他生活腐化的主要材料，无非是说他穷朋友看见陈胜住的殿堂帷帐时说的一句话：“夥！涉之为王沉沉者！”这句话的意思是“好家伙，陈胜当了王侯，真阔气呀！”这是一个没有见过大世面的老乡看到自己过去的穷伙伴住上了高堂大殿时的感叹，它并不能说明陈胜的生活腐化了。这些殿堂不过是秦代郡县的官署，既比不上秦二世的阿房宫，也比不上刘邦的未央宫，陈胜不过搞了一个“拿来主义”，在那里住了几个月罢了，就是前来看望他的老乡，不是也住在那里吗！不能因此就说他已经从农民革命领袖蜕变为封建阶级的新贵族了。

四

陈胜派遣的几十万西进大军，被章邯各个击破了，他自己也打了败仗，身死下城父。从这些方面看，他是一个失败者。但是，他的反秦起义军并没有被消灭，更重要的是他所发动的反秦大起义非但没有被镇压下去，反而由他的继承者胜利地完成了。从这些方面看，他又是一个胜利者。

首揭义旗的发难者死去了，但是发难者以自己的生命之火燃起了革命的火焰，这火焰引发着周围一切可燃物，光照着革命的道路。

世界冰封得太久了，突然崩裂的雪峰坍塌倒在刚刚燃烧的火焰上，初发的火焰被压下去了，但是它没有熄灭，狂风涌来，烟火再起，终于燃成了燎原烈火。

仅在章邯击败陈胜的第二个年头，烜赫一时的秦王朝就被农民大起义的烈火燃成了灰烬。虽然由于生产力发展的限制，胜利的农民未能寻得合乎他们理想的社会制度，但是他们还是摆脱了秦王朝极端残暴的反动统治。

以陈胜为首的反秦大起义，不仅在中国历史上，而且在世界历史上也是时间最早的一次大规模人民起义。陈胜起义以后的一百三十六年，欧洲爆发了反对罗马帝国的斯巴达克斯大起义，这两次人民起义像两支永不熄灭的火炬，分别矗立在亚、欧大陆的土地上。反动派看见了它就心惊胆战，革命派则从中吸取着宝贵的斗争经验。马克思对斯巴达克斯及其领导的大起义作过崇高的评价。毛泽东对陈胜及其领导的大起义也给过很高的赞誉。

一切反动、腐朽的势力都是不会自动退出历史舞台的，一切反动、腐朽的势力在面临人民决死斗争的时候都是要向革命力量进行最后挣扎的。革命力量要打败反动势力，必须付出高昂的代价。人民革命斗争的道路，从来就是弯弯曲曲的，没有陈胜的战死，就没有秦二世的灭亡。历史车轮前进的时候，一个轮子压着反动派的尸骨，另一个轮子也压着革命者的遗体。没有革命先行者的流血牺牲，就没有历史进步的累累果实。“犯天下之险以首事者，未有不失败者也”，但是一切有宏大抱负的革命志士，为了铲除反革命的残暴统治，是不畏惧流血牺牲的。应该总结革命经验，讲究革命策略，尽量以较小的革命牺牲，取得较大的革命成果。但是革命的人民绝不会被反动派的屠刀吓倒，前仆后继，一往无前，不甘屈服于黑暗统治的顽强斗争精神，正是陈胜以来中国人民光辉的革命传统。

人民的历史应当歌颂一切为正义事业而英勇献身的人民英雄。他们是以血荐轩辕的普罗米修斯。他们应当受到人民的永恒纪念。

项羽与巨鹿之战

项王提戈来救赵，暴雷惊电连天扫，臣报君仇子报父，杀尽秦兵如杀草。　　战酣气盛声喧呼，诸侯壁上惊魂逋。项王何必为天子，只此快战千古无。

——郑板桥：《巨鹿之战》

巨鹿之战发生在秦二世三年(公元前 207 年)，地点在今河北南部平乡县西南。

这是中国历史上第一次农民大革命中，以项羽为统帅的农民革命军同以章邯为统帅的秦王朝反革命军一次决定性的大战。战争以农民革命军的胜利和秦王朝反革命军的失败而告终。这次大战摧毁了秦王朝反革命军的主力，敲响了秦王朝覆灭的丧钟，其历史意义是巨大的。

秦末农民革命的危机和楚怀王的对策

秦二世元年(公元前 209 年)七月，贫苦农民陈胜、吴广在大泽乡(今安徽宿州东南)斩木为兵，揭竿而起，举行反对秦二世残暴统治的起义。旬月之间，天下云集而响应，中国历史上第一次农民大革命开始了。

是年九月，陈胜在陈县(今河南淮阳)建立张楚政权，被推为王。他派周文率领农民起义军主力进攻关中。起义军所过之处农民纷纷参加，到函谷关(在今河南灵宝东北)时兵力已有数十万人。农民热烈参加起义军的事实，充分说明当时农民反抗秦王朝暴虐统治的情绪是多么强烈。

秦二世听说周文率领起义大军已到函谷关，大为震惊，迅速派章邯率领秦军迎击。周文的农民起义军因为缺乏作战经验而失败，周文自杀。秦二世二年（公元前208年）春，章邯在打败周文以后，又率领秦军进攻陈县。陈胜率部抵抗，战斗失利，在撤退途中被叛徒杀害。这是秦末农民大革命所遭受的第一次重大挫折。

陈胜被害后，其部将吕臣又在新阳（今安徽太和西北）组织苍头军，收复陈县，重新恢复了张楚政权。以后又同项梁率领的农民起义军联合，推举一个流落在民间牧羊的楚国王族后裔熊心为楚怀王，建都盱台（今江苏盱眙东北）。项梁自号武信君，执掌兵权，部将有项羽、刘邦、吕臣、英布、蒲将军等。此外，战国时赵国王族的后裔赵歇也在巨鹿称王，建国号为赵，任用陈余为大将，张耳为丞相，人众有数万。战国时齐、魏等地的六国贵族后裔也有人乘机拉队伍，建立起地方性的政权，响应农民起义。农民大革命的声势又振作起来。

但这时各地农民起义军的领导权，已由革命初期的农民将领之手，逐步落入想利用农民力量恢复其原有统治的六国贵族后裔之手。

项梁、项羽、赵歇、陈余、张耳等人都是六国贵族的后裔。这些人都是怀着恢复甚至扩大其先人原有封建统治权力的野心来参加农民革命的。

项羽早在年轻时观看秦始皇出游会稽（今江苏南部和浙江地区）时，就说过，“彼可取而代也”。“取而代也”，说的是要推翻秦始皇，自己当皇帝。他们这些人参加农民起义的动机是和贫苦农民反抗秦王朝的压迫，争取较好生活条件的愿望大不相同的。

秦二世二年（公元前208年）七、八月，项梁率领楚军主力在东阿（今山东东阿西南）、濮阳（今河南濮阳县西南）等地同秦军作战，多次克敌制胜。项羽又在雍丘（今河南杞县）斩了秦王朝丞相李由（李斯之子）。于是，项梁就骄傲起来，认为秦王朝的军队没有战斗力了，什么都满不在乎。部将宋义劝他不要骄傲轻敌，项梁听不进去，却派宋义出使齐国。宋义在出使途中遇到齐国的使臣，宋义告诉他项梁兵骄必败，要他缓进。果然，不几天章邯就在定陶（今山东定陶西北）大破楚军，项梁兵败身死。项羽、刘邦、吕臣引兵撤退到彭城（今江苏徐州）一线，这是秦末农民大革命继陈胜被害之后，遭受的第二次重大挫折。

章邯击败项梁以后，以为楚军只剩下残部了，就挥师北上围攻赵国首都巨鹿。赵歇一面坚守,一面向各国诸侯求救。

南线楚军兵败、主将身死,北线赵国被围,危在旦夕。秦末农民大革命的形势恶劣,出现了危急存亡的问题。

楚怀王听说项梁兵败,没有退缩,反倒由盱台前往彭城,同部下商讨对策。他到达彭城以后,收拢了项羽、吕臣的部队,由自己率领。他用吕臣为司徒,用吕臣父亲吕青为令尹,又封刘邦为武安侯,领砀郡(治今河南永城东北)兵。齐国使臣见楚怀王,说宋义早就看出项梁骄兵必败,是个懂得军事的人。楚怀王召见宋义,从谈话中了解到他确实有军事才能,大为高兴,封他为上将军,号"卿子冠军"。

楚怀王做了两项至关重要的决定:

一、由宋义为主将,项羽为次将,范增为末将,率领军队北上救赵。

二、由刘邦率另一支军队在南线(黄河以南)开辟战场,向关中方向发展。

他规定,谁能先打败秦军,占领关中,就封谁为关中王。

应该说,这两项挽救革命危机的决策都是正确的。他尽到了他作为农民起义军领袖的责任。

楚怀王年岁不大,原来在农村放羊,参与历史活动的时间不长,在历史上一直不为人们注意。第一个给了他正确评价的是宋人苏轼。他在《范增论》里说过,楚怀王是天下的"贤杰":"识卿子冠军于稠人之中,而擢以为上将";"独遣沛公入关,而不遣项羽"。是的,这个在劳动中长大的年轻人,虽然后来受到项羽的挟制,无法有所作为,但确实有他不寻常的地方。他本来是项梁所立的一个挂名君王,听说项梁兵败,不向南逃,却北抵彭城,抓住项梁犯错误、项羽发言权不大的时机,依靠农民出身的起义军将领吕臣和他的父亲吕青,争取刘邦,越级提拔卿子冠军,收回了军队领导权。接着又决策北上救赵、西向叩关击秦的战略方针。这些都说明他是个能有所作为的人。可惜他对项羽这样贵族子弟的本性认识毕竟不足,又不能亲自带兵打仗,以致夺回的权力又得而复失。如果他当时能亲自带领军队,依靠吕臣、宋义、刘邦、黥布、蒲将军、范增这些人,去同章邯决一死战,在战争指挥中树立起自己的威信,同时,又能很好地警惕项羽的阴谋活动,他也许能把反秦的农民大起义进行得更好一些。至少可以大大减少项羽领导军队时所发生的各种残暴行为,甚至可能因此而避免后来给全国人民带来许多灾难的楚汉之争。

项羽、宋义两种作战方针的争论和项羽夺取军权

秦二世三年(公元前 207 年)九月,楚军北线作战部队,在宋义的率领下到巨鹿战场不远的安阳(在今河南滑县东),即逗留不前,一连四十六日不动窝,项羽向宋义说,现在秦军正在围攻巨鹿,我们迅速引兵渡河,直指巨鹿,楚攻其外,赵应其内,一定可以击破秦军,为什么按兵不动呢? 宋义说:"不对。有句成语说,'夫搏牛之虻,不可以破虮虱'。现在秦攻赵,他们即使能打胜仗,兵也疲惫了,那时我们利用秦军疲劳的机会再同他们打,就好办了,这就叫'承其敝'。如果秦军打了败仗,我们就引兵向西,直指关中,必能一举推翻秦王朝。所以还是先让秦、赵两家斗一阵子。要讲冲锋陷阵我不如你,要讲出谋划策,你就不如我了。"

宋义在同项羽谈话以后,针对项羽的思想,在军中颁布了命令:"猛如虎,贪如狼,强自不服从命令的,斩。"他企图用这样的手段,对项羽及其支持者,实行威慑。

宋义错了,他还不了解项羽呢。这个人虽然年方二十五岁,可是已经亲身经历过许多惊险场面。他野心大,手段辣,学问不多,性格残暴,视自己为神明,视他人为草芥。剥削阶级人物常有的那种极端自私、残酷暴虐的性格,他全都具备。这只要看一下他攻城略地时屠城、坑俘的野蛮作风,就可以明白了。想用一道命令威慑这样的人,简直是太可笑了。这样的人,除了实力,不知其他。你要威慑他就得有实力。宋义缺少的正是实力。他是不久以前才被楚怀王越级提拔为上将军的,在楚军里既没有基础力量也没有实际威望。而项羽却是一个有实力的人物。他是项梁余部的领导人,这个以江东八千子弟兵为基干的部队,是他和叔父亲自经营的,他和他们同生死、共命运地战斗过,大家是拥护他的。

而且,重要的还不是性格、实力和威望的问题,重要的宋义和项羽所主张的两种不同的作战方针,究竟是谁的正确? 不幸的是在这个根本性问题上,宋义却处于不利的地位。

第一，他所决定的作战方针，直接违背了当时农民起义军广大战士的愿望。这些受尽秦王朝暴政压迫的农民士兵，对秦王朝充满仇恨，强烈地要求战斗，而宋义的作战方针压抑了他们的战斗积极性，不能满足他们的要求。

第二，他的作战方针，在战略上也是有错误的。

章邯的部队大约是三十多万人，分南北两线。北线的十多万人由王离、苏角、涉间率领，围攻巨鹿。南线二十多万人，由章邯亲自率领守卫黄河至巨鹿一线，以牵制南线的援军并保证输粮甬道的安全。赵王的部队数万人，对王离等人的攻城部队是少数。其他诸侯的援军虽然数量不小，但多在自己军营的壁垒上观望，形不成实战力量。宋义部队，项羽部六七万人，黥布、蒲将军二三万人，加上其他队伍，共约十多万人，同秦军王离等的军队相当，或者超过。按照项羽的作战方针，楚军急趋巨鹿和赵军合力作战，则农民起义军在军事上是可以占优势的。但是按照宋义的作战方针，让赵军、楚军分别同秦军作战，则两家都不能占优势。我们承认宋义在反秦王朝的政治方向上同项羽和农民起义军是一致的。但是他在作战方针上单纯考虑自己军队的局部利益，不考虑反秦起义的全局利益则是错误的。

十月，项羽向宋义发难了。他抓住天寒大雨、士兵冻饥，而宋义却大摆酒宴，为其儿子去齐国饯行这件不得人心的事情，大做文章。

他首先在军中制造舆论。他说，今年收成不好，农民贫困，军中缺乏粮食，士兵们以菜、豆充饥，宋义却饮酒高会。他不引兵渡河，到赵国去解决军粮问题，并力攻秦，却说什么“承其蔽”。以强大的秦军去攻打新建立的赵国，必定是一举而下，赵国打败了，秦军就更强大了，有什么“蔽”可“承”呢？况且，我们新打败仗，楚怀王坐不安席，把境内的军队托付给宋义，叫他去攻打秦军，国家安危在此一举，他不关心士兵的饥寒，只关心他儿子的出使，这哪像个关怀国家安危的社稷之臣呢？

做好舆论准备，项羽就在午前谒见宋义的例会上，在军帐中击杀了宋义。然后，公告全军，说宋义搞阴谋诡计，企图与齐国合谋反楚，项羽奉楚怀王的密令，已经诛杀了他。楚军将领听了，都说首先兴兵立楚的是将军家，现在将军奉命诛乱，也应该。于是，大家共同推举项羽为代上将军，并派桓楚向楚怀王报告。楚怀王听了桓楚的报告，也只好承认现状，任命项羽为上将军，并叫英布、蒲将军等人听从项羽的指挥。

巨鹿之战的两个阶段

巨鹿之战分两个阶段。

第一阶段是巨鹿城下的决死战。

项羽夺得了楚军队的领导权以后，即派遣英布和蒲将军率兵两万为先锋，渡过黄河去援救巨鹿。英布等人上了战场就打胜仗。形势很有利。赵国的将军陈余请求项羽继续进兵。秦二世三年(公元前 207 年)十一月项羽率领全军横渡黄河开赴前线。出发时只带三日干粮，渡过了河，就凿沉船只，摔破锅釜，向全军表示决死战斗、义无反顾的决心。这就是历史上有名的“破釜沉舟”的故事。

项羽率领的大军渡过黄河以后，首先同在巨鹿以南守卫输粮甬道的章邯部队大战。章邯的部队打不过楚军，秦军的输粮甬道被楚军截断，章邯引军后退。项羽又指挥部队向王离等人率领的围攻巨鹿城的秦军进击，双方反复激战，前后共交锋九次。农民起义军的战士与敌人的决死战斗中，充分表现了自己的英雄主义气概。他们以一当十，杀声动天撼地。最后大破秦军，王离被俘，苏角被杀，涉间不肯投降，自焚而死。

在楚军与秦军决死战斗的时候，到达巨鹿战场的诸侯援军已有十余起，他们都在自己军营壁垒上观望，不敢出战。他们看到楚军英勇杀敌的壮烈场面都非常佩服。直到楚军取得了决定性胜利的时候，他们才冲破壁垒，帮助楚军歼灭了王离等人的部队。楚军击破秦军以后，项羽召见诸侯军队的将军们，将军们进了楚军辕门，都向项羽行跪拜礼，不敢仰视他。从此，项羽又成了诸侯联军所公认的“诸侯上将军”，能够指挥诸侯的军队。

巨鹿之战的第二阶段，是全歼秦军主力的战斗。项羽渡河以后，同秦军南线章邯部队作战的时间是秦二世三年(公元前 207 年)十一月至十二月，他同秦军北线部队作战并最后歼灭王离等部队的时间是秦二世三年(公元前 207 年)端月。这两个作战阶段是紧相连接的，间隔的时间不长。就在这个间隔时间里，秦军统帅章邯犯了一个对他来说是不可饶恕的战略性错误。这就是他没能及时地把他南线的部队收拢起来，开赴北线，去帮助正在巨鹿战场同项羽进行生死决战的王离、苏角、涉间。是的，在这以前章邯的部队已经打了一个败仗，但部队损失不太大，主力基本上是完整的。究竟为什么在战争最严重的关头，他未能率军去支援北线呢？是由于战争指挥上的胆怯自保，还是由于对战争的严重局势估计不足，即认为王离等能够独立地应付这场战争呢？或者是自己的部队刚打了一个败仗，准备工作来不及呢？我们不知道，我们仅能从战略的角度指出这个问题，而无法加以确定的说明。

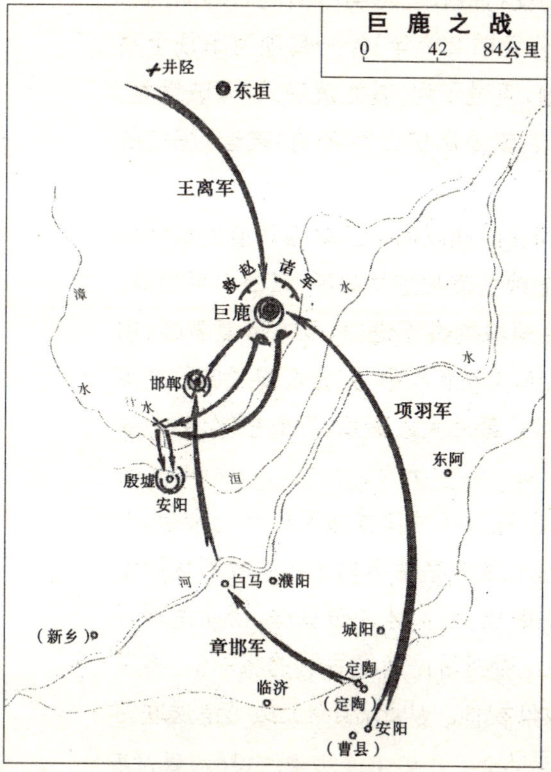

巨鹿之战示意图

总而言之是章邯眼睁睁地看着北线部队艰难地在同楚军孤军奋战，自己却没有能给它以稍许的帮助。

王离兵败以后，章邯的军队驻在棘原（今河北平乡），项羽的军队驻在漳南（也在今河北平乡）同他相持。王离军队的覆灭，对章邯压力很大，他不敢再同楚军接仗，一再地向后退却。

赵高也看出了章邯在军事指挥上的错误，派人去责备章邯，章邯派司马欣回京说明情况。司马欣到了咸阳求见赵高，赵高对章邯不信任，三天不见司马欣。司马欣恐慌了，连忙离京逃跑，赵高果然派人来追，没有追上。司马欣回到军中，把上述情况告诉了章邯。司马欣说，现在赵高在中央专权，下面的人没法有所作为。我们如果能打胜仗，赵高就嫉妒我们；我们如果不能打胜仗，就是死路一条。究竟怎么办，请将军好好想一下吧！

秦军统帅部处在令人难堪的夹缝中，前有项羽之强敌，后有赵高之诬陷。他们本来就不大的战斗决心动摇了。

这时，赵王的将军陈余又送来了策反的书信，这是一篇心理进攻战的绝妙文件。信中说：白起为秦将，南征楚国的鄢郢，北坑赵国的马服，攻城略地，不可胜计，最后竟被赐死。蒙恬为秦将，北逐戎人，开辟疆土数千里，后来竟也被斩杀。什么道理呢？因为他们功劳太大了，无法再封了，于是秦王就找个借口诛杀了他们。现在将军为秦将三年了，在战争中损失的兵员，数以十万计，而天下造反的人却越来越多，赵高没法向秦王交代，他着了急，就会以将军为替罪羊，诛杀将军来开脱自己的罪责。将军长久在外，同朝廷里的人矛盾很多，你有功劳要被诛杀，没功劳也要被诛杀。现在秦的灭亡是不可避免的了。天下的人不论是智者、愚者都能看得出。将军现在实际上已经是亡国之将，处于孤立无援的地位，长此下去，出路在哪里呢？将军为什么还不与诸侯联合，回兵攻秦呢？打倒了秦朝，将军就可以同诸侯共分天下，自己南向称王，这难道不比身死刀斧、妻子被戮要好吗？

章邯看了陈余的信，决心背秦归楚。他派人同项羽谈判，但是项羽却不肯接受。

项羽派蒲将军等人日夜引兵渡三户（在今河北磁县西南漳水上，古津渡口），继续同章邯打，章邯被打得一败再败，苦苦求和。后来，项羽的军队粮食供应发生了问题，章邯又来谈判，项羽这才接受章邯的要求，双方在洹水南面的殷墟上（在今河南安阳北）约期会晤，谈判订盟。章邯见了项羽诉说赵高的罪恶，痛哭流涕了一番。

这次谈判订盟，名义上是秦军举兵起义，联合反秦，实际上仍然是投降。

订盟以后，章邯被封为雍王，不再率领军队，司马欣被任命为起义秦军的上将军，同董翳等人率领的起义秦军作前导，向秦王朝首都咸阳进发。

军队走到新安（今河南渑池东），一部分农民起义军的战士同起义的秦军士兵发生了矛盾。原因是这些农民起义军战士过去在关中或边疆服役时，受过秦军官兵的虐待，现在秦军归顺过来了，他们就对秦军官兵寻图报复，随意折磨和侮辱他们。起义秦军官兵不满地说，章将军欺骗我们归顺诸侯，现在要是能入关破秦便好，要是破不了秦，秦就要杀我们的父母妻子了。项羽听了这些反映，说秦军官兵人数众多，内心不服，到了关中，要是不听命令就麻烦了，不如把他们都坑杀了，只同章邯、司马欣、董翳入秦。于是，项羽就叫楚军连夜把归顺的秦军二十多万人坑杀在新安。这就是后来受到历史谴责的项羽坑秦兵二十万的惨案。

巨鹿之战的简单总结

巨鹿城下的决死战，是以楚军为主的农民起义军同秦王朝的反革命主力军所进行的一场决定历史命运的大战。这是关系到秦末农民大革命和秦王朝谁胜谁败的一场大战。如果农民起义军在这场战争中失败了，各地的起义队伍再被秦军各个击破，那么秦末的农民大革命就会转入低潮，历史的发展就会出现曲折，革命运动的重新再起就要经历革命力量的再组合的漫长过程。而这次大战的胜利，却可以给秦王朝以致命的打击，加速它的灭亡。

这是一场异常艰难的战斗。在此以前，秦军虽然在东阿、雍丘等地同项梁、吕臣等部作战中打了一些败仗，但最后定陶一役打败项梁，士气再振。围攻巨鹿，亦胜利在望。项羽兵来，他们也并不气馁，翻来覆去地同楚军打了九次。他们的将军即使在兵败的情况下，也在坚决抵抗，有的战死，有的自焚。所以楚军能在这次决死战中获得胜利，是不容易的。这是秦末农民起义以来，革命军和反革命军第一次大规模的激烈肉搏战，是一场大仗、硬仗、恶仗。

这场战争的胜利全靠参加战斗的起义农民的英雄主义气概和他们的拼死战斗精神。项羽总是说他自己如何如何了不起，什么“力拔山兮气盖世”，什么“身经七十余战，所当者破，所击者服”，他从来不想想，他的力量是从哪里来的？就算你力能扛鼎吧，你能够一个人打败漫山遍野、数以几十万计的秦军主力吗？历史的真正动力是千百万参加革命斗争的群众。不是英雄创造历史，而是奴隶创造历史。就是巨鹿决死战中威震敌胆、名闻诸侯的项羽，也是成千上万不知其名的农民英雄以其英勇战斗创造出来的，没有农民英雄英勇的殊死斗争，就没有项羽的历史地位。

我们这样地提出问题，并不意味着否定项羽在巨鹿之战中的历史作用。这种历史作用指的不是他个人作战的勇敢，而是指他在巨鹿之战中的组织和领导作用。不管项羽参加农民起义的动机如何，不管他同秦军死命狠斗的过程中包含多少复杂因素(如复仇主义、个人英雄主义等等)，他总是适应了历史发展的要求，适应了群众革命斗争的要求，正确地组织和领导了这一场有巨大历史进步意义的革命战争，他的功绩是不可磨灭的。

特别是他能以自己丰富的战争经验，预先看到秦楚两军这场生死决战的严重性，并根据农民起义军革命战士必死的战斗意志，采取“破釜沉舟”的办法向全军表示一往无前、义无反顾、殊死战斗的决心。这些都是完全正确的。“破釜沉舟”、殊死战斗的精神是两军决战中的最可宝贵的精神。任何一个处在严重决战时刻的军队，缺乏这种精神，都是难以取得胜利的。

历史总是能在它所需要的地方创造出它所需要的英雄人物，今天没有，明天就会有。在巨鹿的决死战中，项羽正是历史所需要并且也是它创造的一个叱咤风云的英雄人物。

事物是在互相联系中发展的。势如暴风骤雨般的农民大革命，突然以其汹涌澎湃的阵势席卷全国，秦王朝已经处在风雨飘摇中。这时又传来巨鹿大战失败的消息，秦王朝的恐慌是可以想见的。这时，在统治阶级内部出现了一个谁来承担失败责任的问题。赵高的不见司马欣，就是企图推出章邯来承担失败责任。在战局急转直下的情势下，这种做法是很愚蠢的，它势必激起前线军队的哗变，但这又是一切腐朽的统治者在遭受革命力量沉痛打击下，无法避免的历史现象。敌人营垒在革命打击下发生的这种裂痕，应当充分加以利用，以利于分化瓦解敌人，迅速战胜反动力量。在巨鹿之战中，陈余利用敌人营垒里的裂痕，积极地向章邯做策反工作是正确的。项羽不会利用敌人营垒里的裂痕，不愿意同章邯谈判订盟是不对的。后来项羽转变态度，秦军主力全部归顺农民起义军，并成为西进大军前导，这个事实充分说明分化、瓦解敌军的策略的重要性。

可惜的是项羽未能把这一项重要策略坚持到底。他听了一些反映，就决定连夜坑杀归顺的秦兵，造成二十多万人死亡的惨案，这是项羽旧贵族残暴性格的一次大暴露。

在战争中杀害俘虏从来是不得人心的。何况这次被坑杀的还不是俘虏，而是与项羽在洹水达成正式协议后归顺农民起义军的士兵，这是一种背信弃义的行为。这是项羽在巨鹿之战中的一个巨大的错误。这个错误，使他在巨鹿之战中，用无数农民起义战士的鲜血建立的历史功勋黯然失色。

正是由于这种背信弃义，他受到了关中人民强烈的反对，这是他后来在楚汉战争中遭受失败的重要原因。

项羽坑杀归顺起义军士兵的理由全都站不住脚。一部分农民起义战士同归顺起义军官兵的矛盾，一部分归顺起义军官兵思想波动，害怕秦王朝的报复等等，这些都是可以想见的，而且是不难解决的。只要双方将领做一些工作，颁布几道命令，这些矛盾即可以缓和下去。缓和不了，不用他们做西行前导就是了，为什么要背弃洹水之盟动手杀人，而且是那样大规模地杀人呢？

归顺起义军士兵造反怎么办？即使在项羽决定坑杀归顺起义军官兵的时候，他也没有能提出归顺起义军有任何造反的证据。相反，那些发牢骚的士兵在发牢骚时还表达了希望秦王朝能被推翻的愿望。他们只是担心推翻不了秦王朝的时候，他们家中的老小会遭受秦王朝的迫害。归顺起义军的官兵，大多数也是农民出身，他们也是秦王朝压迫和剥削的对象，连他们的将军们都不愿意再维护秦王朝了，他们为什么还会去为秦王朝卖命呢？

史学家中有人说，坑杀秦兵二十万的事件是战争的残酷性所决定的。五十年前秦军在赵国打胜仗，在长平（今山西高平西北）坑杀了赵兵四十万，现在秦军在赵国打败仗，自己被坑杀二十万，这似乎是历史的循环报应。

不对。战争本身没有坑杀战俘的必然规定。军事史上没有一个明智的军事家有过这样的主张。战争的残酷性只应表现在战斗之中，在战斗中互相杀伤，这是战争的题中应有之义，是无法避免的。宋襄公说的什么“君子不重伤，不擒二毛（花白头发的老人）”，在激烈的战斗中，这些纯粹是虚伪的说教。但是人家反正起义了、归顺你了，你还要杀害人家，甚至大规模地杀害，那就是野蛮和残暴。这种野蛮和残暴同战争的残酷性无干，尽管在古代的战争中，这是常有的事情，但它仍不是战争本身的必然规定。

历史循环报应说，更属荒唐。五十年前在长平决定坑杀赵兵的是秦将白起和秦国的贵族，与秦国的士兵无关。现在这批归顺项羽的士兵，当时甚至连执行者都不是。为什么历史要循环报应他们呢？如果把这种野蛮残暴的行为说成是旧贵族凶残本性的循环，这倒是合乎项羽的阶级属性的。

总之，新安的惨案同长平的惨案一样，应该永远作为残害人民的历史暴行记载于史册，它的制造者项羽同白起一样，都应该受到人民永世的谴责。

史事考证之一：项羽破釜沉舟的地点

公元前207年，秦将章邯围攻农民起义军占据的巨鹿（今河北平乡西南），楚怀王派卿子冠军宋义为上将，项羽为副将，率兵前去援救。宋义在途中逗留不进，项羽杀死宋义，指挥军队渡河前进，为了表示决死战斗的决心，他命令全军在渡河时，破釜沉舟，只带三天干粮。后来终于在巨鹿大破秦军，打败了章邯。从此，"破釜沉舟"的话就成为鼓舞人们勇往直前、决战到底的典故。

1947年解放大军东渡黄河、挺进中原时，毛泽东还引述这个故事鼓励我军将士学习项羽"破釜沉舟"的精神，"以最大的决心和勇气打出去"（见《千里跃进中原》）。

但是古代项羽破釜沉舟的地点究竟在什么地方，却依然是历史上的一个疑案。

项羽破釜沉舟故事的记载，最早见于司马迁的《史记·项羽本纪》：

"项羽已杀卿子冠军，威震楚国，名闻诸侯。乃遣当阳君（黥布）、蒲将军将卒二万渡河，救巨鹿。战少利，陈余复请兵。项羽乃悉引兵渡河，皆沉船，破釜甑，烧庐舍，持三日粮，以示士卒必死，无一还心。"

这个"渡河"的河字指的究竟是通常说的黄河，还是其他河水呢，后人在理解上存在着分歧。唐人司马贞在《史记索隐》中说，这河是黄河。而唐人张守节在《史记正义》中说，这河指的是漳水，不是黄河。因此，项羽是在漳水岸边破釜沉舟的，还是在黄河岸边破釜沉舟的，就变成了一个难以弄清的问题。

司马迁说，宋义在进军途中逗留不进的地点在安阳，这个安阳究竟地处何方，也成了疑问。唐人颜师古说，安阳即相州安阳县（也就是今天的河南安阳）。司马贞说，相州安阳在古黄河以北，而当时宋义率领的楚军并未渡河，所以宋义驻军的安阳，不是相州安阳，应该是楚丘西北的安阳故城（楚丘在今天的河南滑县东）。清人王先谦则说，安阳在今山东曹县东。

以上三个安阳，同巨鹿的距离，以曹县说最远（约240公里），楚丘说为中（约120公里），相州说最近（约80公里）。项羽在渡河后只叫部队带三日干粮，如果安阳在曹县，则楚军队渡河前要走120公里，渡河后还要走120公里。三

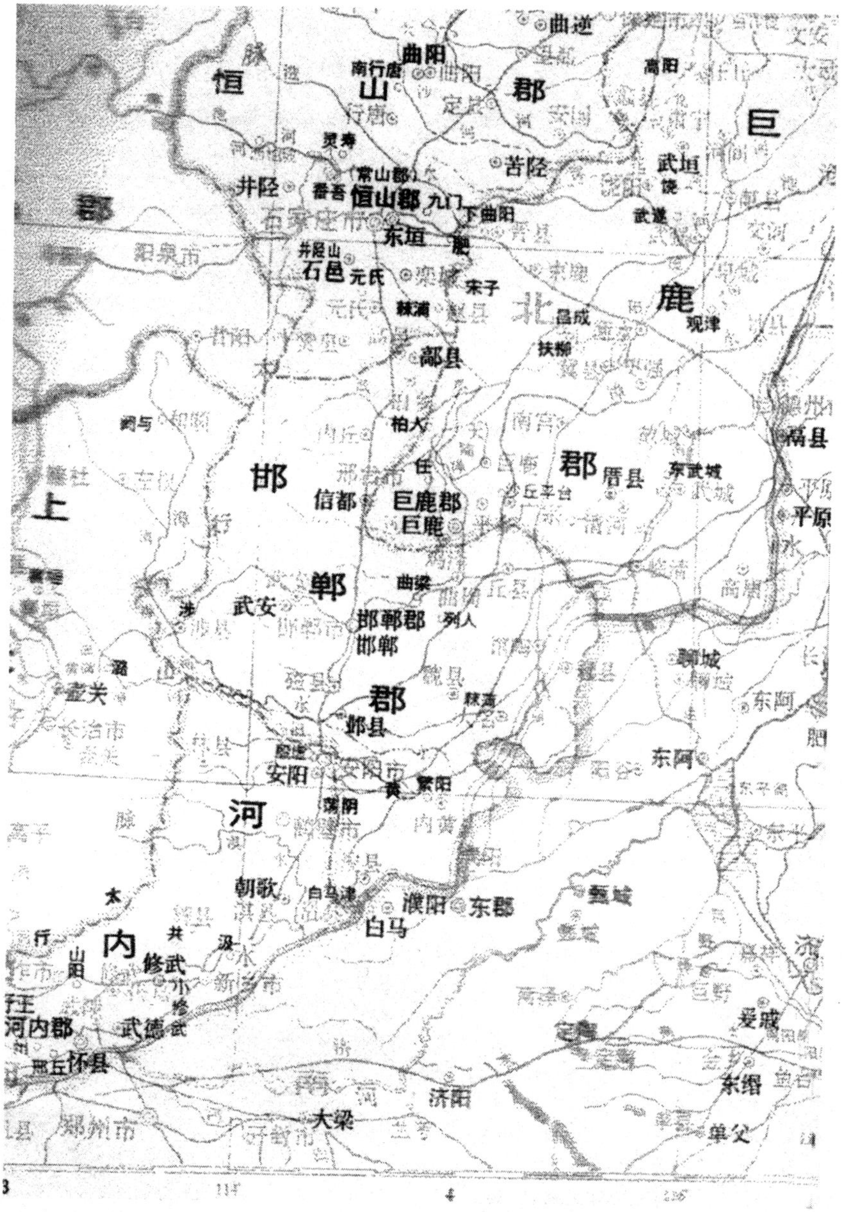
曲逆
曲阳
南行唐
恒
山
郡
巨
高阳
灵寿
苦陉
武垣
(常山郡)
井陉
蒲吾
恒山郡
九门
下曲阳
东垣
武遂
郡
井陉山
石邑
元氏
宋子
鹿
北
昌成
观津
鄗县
扶柳
阏与
柏人
邯
郡
厝县
东武城
鬲县
上
信都
巨鹿郡
巨鹿
任
平原
曲梁
郸
涉
武安
邯郸郡
邯郸
列人
聊城
壶关
郡
邺县
东阿
安阳
繁阳
河
朝歌
白马津
濮阳
东郡
白马
甄城
太
行
内
共
汲
山阳
修武
河内郡
武德
怀县
定陶
爰戚
济阳
大梁
东缗
单父

项羽大军渡河地点

日行军，每天走 80 公里是比较困难的。如果在楚丘渡河，则离巨鹿尚有 120 公里的路程，三天行军，每天走 40 公里，白天走，晚上止，三天内赶到战场是可以的。如果安阳在相州，则楚军渡漳水以后，离巨鹿不到 70 公里的路程，不需要三天即可到达战场。所以目前大学教材和一般注释中多采相州说法。

但是，秦时黄河南岸在古代楚丘、白马津一带，并通过今天的山东德州、河北沧州入海。相州，即今天的河南安阳，在古黄河以北约 70 公里处，相州以北有一条小河洹水，再往北有漳水。上面说过漳水离巨鹿不到 70 公里，只需一天半的时间即可到达战场，用不着三天。

另外，司马迁在《史记·项羽本纪》中讲到河的地方，一般都是指黄河，讲到漳水的地方则书为漳。

例如：

“章邯已破项梁军……乃渡河击赵，大破亡。”

“汉王逃……渡河走修武。”

“汉王则引兵渡河，复取成皋。”

“项羽军漳南。”

“项羽使蒲将军日夜引兵度三户，军漳南。”

从这个情况看，项羽破釜沉舟的地点，还是黄河。从黄河岸边到巨鹿战场远是远一点，三天行军却仍然可以到达。所以项羽破釜沉舟的地点应当以司马贞所考的黄河岸边的安阳故城为是。

史事考证之二：“搏牛之虻”和《史记》中的民间语言

巨鹿之战前，项羽同上将军宋义有一场激烈的争论。司马迁的记叙如下：

“（宋义）行至安阳，留四十六日不进。项羽曰：‘吾闻秦军围赵王巨鹿，疾引兵，渡河，楚击其外，赵应其内，破秦军必矣。’宋义曰：‘不然，夫搏牛之虻，不可以破虮虱。今秦攻赵，战胜则兵罢，我承其敝；不胜，则我引兵鼓行而西，必举秦矣。故不如先斗秦赵……’”（《史记·项羽本纪》）

这里的“搏牛之虻，不可以破虮虱”，当是古代民间的成语，可惜因为时代久远，它的含义，已经弄不大清楚了。

三国时期的苏林对这句话的解释是:“虻喻秦,虱喻章邯等,言大小不同势,欲灭秦,当宽邯等也。”

三国时期如淳说:“犹言本欲以大力伐秦,而不可以救赵也。”

唐人颜师古的解释是:“搏击也,言以手击牛之背,可以杀其上虻,而不能破虱,喻今将兵方欲灭秦,不可尽力与章邯即战,战未能禽,徒费力也。”

以上三人的说法都是虻喻秦,虱喻章邯,“搏牛之虻”的话,翻译过来就是:

“当你拍击牛虻的时候,不要去管牛身上的虮虱,以免分散精力。我们的目的是消灭秦王朝这个牛虻,现在不必去同章邯这个牛虱子争高低。”

唐人司马贞的解释则有不同,他说这句话的意思是,“言虻之搏牛,本不拟破其上之虮虱,以言志在大,不在小也”。

清人王先谦在《汉书补注》中基本上是这个说法,今人文章注释,多数采纳这个说法。这样一来,牛虻就不比喻秦王朝了,而变成了比喻宋义自己,牛则变成了秦王朝,虱子,还是章邯。于是“搏牛之虻”的话,翻译过来,就变成这样:

“同牛搏斗的牛虻,要专心咬牛,不要去理会牛身上那小小的虱子。我们的目的是同秦王朝这条牛搏斗,不要去管章邯那个小小的虱子。”

但是所有这些解释,同宋义引用的民间语言的本意都不贴切。宋义引用“搏牛之虻”的话,是为了说明“先斗秦赵”、“我承其蔽”的主题。宋义兵屯安阳、逗留不前的目的,也是为了先让章邯同赵国打,然后再利用章邯的疲劳或失败,相机行事。而苏林等人和司马贞等人对“搏牛之虻”这句话的两种解释都说明不了宋义引用的话的本来意思。

如果按照宋义整个讲话的意思推断,“搏牛之虻”的话,其原意应是这样:

“同牛搏斗过的牛虻,因为疲劳了,连虮虱那样的小虫子都敌不过了。现在章邯正在攻打赵国,他就算能打胜仗,军队也疲劳了,我们可以利用他们的疲劳向他进攻;他如果打败了呢,我们就指挥军队西向,一举灭亡秦王朝。”

司马迁的《史记》不仅记事翔实,而且语言丰富多彩,不愧为古代历史第一名著。特别是他能突破士大夫鄙视民间东西的贵族习气,大量引用民间流传的谚语、成语、俗话,这就使他的文章更加生动、有趣。他所引用的民间谚语、成语、俗话到今天已历时几千年,但是读起来仍能给人以深刻的印象。不好懂的,如“搏牛之虻”这一类,只是个别的。尤其是那些含意深刻的民间谚语、成语、俗话，常常给人以思想启发，使人回味无穷。例如：

“燕雀安知鸿鹄之志哉！”（《陈涉世家》）

“王侯将相，宁有种乎！”（《陈涉世家》）

“尺有所短，寸有所长。”（《白起王翦列传》）

“桃李不言，下自成蹊。”（《李将军列传》）

“人貌荣名，岂有既乎！”（《游侠列传》）

“不知其人，视其友。”（《张释之列传》）

“当断不断，反受其乱。”（《春申君列传》）

“千金之裘，非一狐之腋也；台榭之榱，非一木之枝也；三代之际，非一士之智也。”（《刘敬叔孙通列传》）

“以权利合者，权利尽而交疏。”（《郑世家》）

司马迁在自己的历史名著中保留了流行于民间的语言，而具有强大生命力的民间语言也为司马迁的历史名著增添了光辉。

刘邦的西征战役

西征战役是秦末农民大起义中，刘邦率领的农民起义军同反动的秦王朝进行的最后一战。在这次战役中，农民起义军通过向秦王朝首都咸阳(今陕西咸阳东北)的胜利进军，完成了推翻秦王朝残暴统治的历史使命，其政治意义是重大的。

西征的战略决策

西征是楚怀王在秦二世二年(公元前 208 年)九月所作的决策。这是一个勇敢而正确的决策，是农民革命战争战略史上精彩的一页。

当时，农民革命发难者陈胜、吴广所领导的西征事业已经失败，后起的起义军领袖项梁又兵败身死。秦军统帅章邯正在挥师北上，向河北的起义军进攻。相当一些农民起义军首领对形势估计悲观。当时全国起义军主力——楚军的统帅部也笼罩着一片消极、保守的空气。当楚军年轻的统帅楚怀王提出坚决抗击秦军的进攻，并主动向秦王朝首都进军的意见时，诸将都以为“秦兵强”“常乘胜逐北”“莫利先入关”。唯独两次在战场上打败过章邯的项羽和刘邦看出了反革命军外强中干的本质，他们支持楚怀王提出的主动向秦军出击的意见。项羽痛恨章邯杀害他的叔父项梁，表现尤为积极。他表示愿意同刘邦一起为全军打先锋。但是楚怀王身边的老将却对项羽不感兴趣。他们认为，项羽为人“慓悍猾贼”，凶残得出了名，不能让他统率部队向秦王所在的首都咸阳进军。他们说，项羽攻打襄城(今属河南)，破城以后，就坑杀无辜，弄得“襄城无遗类”，攻打其他地方也是“无不残灭”。这样的人，怎么能让他担当重任呢？他们对刘邦的印象较好。说刘邦是个宽厚长者，向秦王朝的首都进军，应当选派刘邦这样的人做部队的统帅，这样部队才能“扶义而西”，老百姓才能免除侵暴，进军才能顺利。

楚怀王听取了大家的意见，决定：一、由宋义为上将军、项羽为次将，率领楚军主力开赴河北一线，去打击和消灭秦军主力章邯的军队，然后相机向西发展；二、由刘邦率领砀郡(治今河南永城东北)的部队先在河南一线攻城略地，收集陈胜、项梁溃散的部队，然后直接向秦王朝的心腹地区关中进攻。

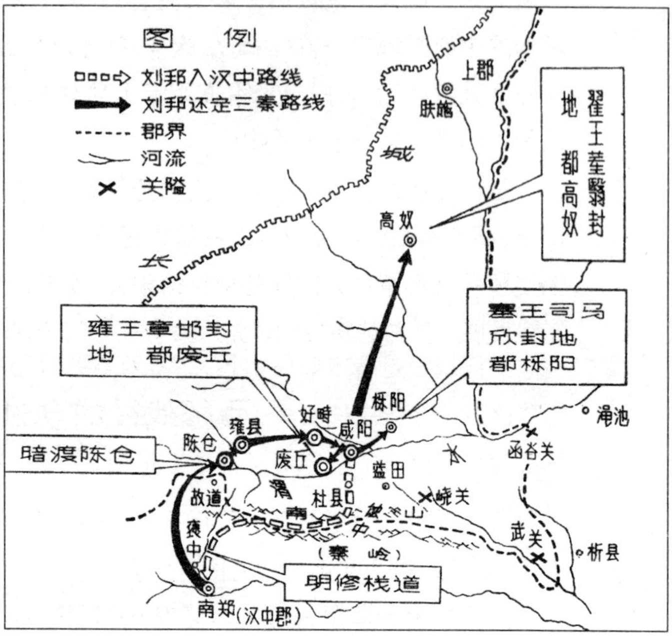

刘邦的西征和东进路线图

当时，章邯率领的秦军主力部队有三十多万，秦军在关中、关东地区的驻守部队有十多万。宋义、项羽率领的楚军主力部队有十多万，刘邦的部队一万多。反革命军与农民起义军的兵力对比是四比一。在这种敌大我小的兵力对比下，楚怀王不集中全力攻敌一路，反而南北分兵两路，这在战略上是正确的吗？

正确的。如果楚怀王把自己的军队全部集中在一起，除了仍然不能改变敌我兵力对比上的劣势以外，还会使秦王朝毫无顾忌地调集驻守关中、关东的部队去支援章邯。章邯上次同项梁作战取胜的原因之一，就是由于及时地得到了秦王朝的增援部队。不把自己的军队全部集中，而是拨出一支部队向关中地区进攻，既可以牵制秦王朝关中等地的驻守部队，又可以在军事态势上铺开一个有正有奇的局面，使自己化被动为主动。

具体地说，在这以前是秦王朝的反革命军集中力量分别地、一个一个地打败农民起义军。而在这以后，却是农民起义军一面集中自己的主力，去同河北的起义军一起夹击反革命军队的主力，这叫正；一面用另一支部队向敌人防备薄弱的中心区域打去，这叫奇。这样，就可以打乱反革命战线的战略部署，扭转从陈胜兵败以后，农民起义军在军事上所处的被动挨打的局面，从而把军事进攻的主动权夺回自己的手中。

楚怀王虽然把自己军队的主力托付给北线部队的宋义和项羽，但是把进军咸阳、倾覆秦王朝中央政权的希望寄托在率领南线部队的主将刘邦身上。他把阻挡和歼灭秦军主力的任务交付给宋义、项羽，而要刘邦率兵向敌人兵力较少的南线发展。并与诸将相约，"先入关者王之"。这些措施都是上述意图的反映。

西征战役的全过程

西征战役开始于秦二世三年冬十月，结束于汉高祖元年冬十月(公元前207年冬，到公元前206年冬)，时间一年多。

西征战役行军所经过的地区有砀郡、三川郡、颍川郡、南阳郡、内史特别区(包含今安徽、山东、河南、陕西等省)，行程1 000多公里。

西征战役大小战斗共有几十次之多，有些仗打得很苦。仗打得苦的原因是兵力不足。刘邦在家乡起义时，兵力为两三千人，攻克砀郡得五六千人，共八九千人，后来项梁给了他五千人，是一万三四千人，连续作战失去一些，又补足一些，到西征战役开始时，兵力大体是一万有余。郦食其对刘邦兵力数量的估计，同刘邦当时的实际兵力相差是不多的。

刘邦这支部队虽然兵力不多，但是兵是精的，将是强的，军队素质是好的。这支部队的士兵，大多是农民起义开始时参军的贫苦农民，反秦的积极性很高。他们曾跟随过陈胜、吴广和项梁。还有些人曾经同刘邦在芒砀山区(属砀郡)共过患难。他们从起义以来，经历过多次战斗，许多人同秦军中最强悍的章邯部打过硬仗，取得了不少战斗经验。这支部队的战将有曹参、樊哙、夏侯婴、周勃、灌婴、傅靳、蒯成等。这些人有的是屠狗者出身，有的是吹鼓手出身，有的是车夫出身，有的是商贩出身，有的是低级官吏出身，多数来自社会下层。他们积极参加农民的反秦大起义，能够服从命令，听指挥，互相间的团结也是好的。

整个西征战役，可以划分为九个阶段：

一、砀北之战。时间从秦二世三年十月至次年二月，共四五个月(公元前207年冬至公元前206年二月)。

刘邦接受楚怀王命令以后，即率兵从砀郡出发，向砀郡和邻接砀郡的一些地区(今山东西南地区)出击。首先在亳南、成阳、杠里(在今山东西南部成武附近)，大破秦军王离部。同秦军王离部这一仗打得很激烈。王离部的秦军，是章邯北上大军的后继部队，当时已在成阳、杠里夹壁筑垒。刘邦的战将曹参、樊哙、周勃、灌婴、傅宽等人一上阵，就率部狠命疾斗，终于击破了秦军的两面壁垒，取得了胜利。接着，在成武(今属山东)南打垮了秦王朝的东郡尉。

刘邦同秦军激战的时候，宋义率领的楚军主力尚在成阳东北的黄河边上逗留。公元前207年十一月，项羽矫诏击杀宋义，夺得了兵权；十二月率全军渡河救援被围困于巨鹿(今河北平乡西南)的赵国起义军。这时，刘邦在进军途中，合并了楚怀王将领刚武侯和起义军中原属魏王的皇欣、武满部。接着，又打了一次胜仗。以后又刘邦联合在巨野泽(在今山东西南部)扯旗造反的农民起义军领袖彭越攻打昌邑(今山东巨野东南)，但是没能打下来。

刘邦为什么要在砀北等地与秦军纠缠了四五个月，而不赶紧向西进军呢，这样做岂不丧失了战机?

是的，从后来战局的发展情况看，刘邦在砀北等地逗留的时间太长了。他所以要这样做，大概是出于以下的原因：

1. 当时宋义的部队尚在黄河以南地区逗留；项羽袭杀宋义夺权以后，也还没有马上渡河赴敌；渡河以后战局又不明朗。在这种情况下，刘邦不愿意过早暴露自己的西征意图，以免章邯的军队撇开河北的起义军来追赶自己。那样，他就会背上一个大包袱，使自己的部队陷入腹背受敌的危险境地。

2. 他要扫除砀郡的敌人，去掉西进的后患。

3. 他是砀郡长，他要把砀郡搞成一个前进的基地，以利于兵员和后勤物资的征集和补充。

二、智取陈留。时间是秦二世三年(公元前207年)二月至三月。这时章邯兵败，巨鹿解围，河北战场的局势已经明朗。于是，刘邦急速挥师西进。

在刘邦率领西征大军暂住高阳(在今河南杞县西南)时，发生了一段富有戏剧性的历史插曲。

高阳有一个很有点本事的老年知识分子，名叫郦食其，六十多岁仍然不得志，被埋没在闾里之间。农民大起义以后，郦食其活跃起来，他观察了许多来过高阳的起义军将领，没有找到一个理想的人物。刘邦来了，郦食其对他作了一番调查，发现这个人虽然"慢而易人"，但是懂得"大略"，是个杰出的人物。于是，他请一个同他熟识的骑士为他引见。这个骑士说："沛公（刘邦）不喜欢儒生，儒生来了，他就摘下人家的帽子，往里撒尿。你去，恐怕不受欢迎。"但是郦食其不愿失去这样的领导人，还是到军门求见。使者向刘邦通报，刘邦问："来的是个什么人？"使者说："从穿戴看，像个儒生。"刘邦说："你告诉他，我现在迫于天下大事，没有时间接见儒生。"使者出来回话，郦食其听了大怒，手按宝剑训斥使者说："你进去告诉沛公，老子是高阳酒徒，不是儒生！"使者吓坏了，赶紧回去汇报，刘邦这才传令接见。

郦食其进来，刘邦正在叫侍女帮他洗脚，没有起身迎接。郦食其劈头问道："足下是想去帮助暴秦呢？还是想去反对暴秦呢？"刘邦骂道："竖儒！天下人苦于暴秦的压迫，大家都起来造反了，我怎么能去帮助它呢？"郦食其说："你既然要去反对暴秦，就不应该这样傲慢无礼地对待长者！"刘邦听这个人讲话很有分量，知道他不是一个简单的人物，连忙停止洗脚，站起身来，向他赔礼道歉，并请郦食其入上座。郦食其向刘邦谈战争方略，刘邦听了十分高兴，请他吃饭，并以诚恳的态度向他请教当前用兵的方向。郦食其这才向刘邦献出智取陈留（今河南开封市东南）的计策。

郦食其说："足下欲成大事要先取陈留，陈留是天下之冲要，四通八达，积粟甚多，还有丰足的军用物资。我同陈留令相识，愿意为足下去当说客，如果能说下他最好，说不下来，就在里面为你做内应。"后来，刘邦果然在郦食其的帮助下，用里应外合的方法拿下了陈留。郦食其的弟弟郦商这时也率领四千农民起义军来会合。陈留的智取，不仅大大扩充了刘邦的农民起义军，而且为西征大军提供了充足的物资准备。陈留之役是刘邦西征以来取得的一个重大胜利。

三、开封之战。时间在秦二世三年（公元前 207 年）三月。

陈留得手以后，刘邦乘胜围攻开封（今河南开封市），同秦王朝开封守将赵贲进行了激烈的战斗。这一战虽然打得赵贲损兵折将，但是却未能攻克开封。接着，在开封的外围，刘邦又同秦军杨熊的部队激战于白马。随后，双方再战于曲禺(今河南中牟东)。两次战斗,起义军都获得了很大胜利,仅夏侯婴部就俘获了敌军近千人。杨熊兵败后,退守荥阳。秦二世闻报,以为杨熊作战不力,派出使者斩了杨熊。

四、颍川之战。时间在秦二世三年(公元前207年)四月。

刘邦在开封外围打败杨熊以后,即率领部队向六国时韩国的属地扩展。四月,攻克颍川(今河南禹州)。由于颍川的守军进行过坚决的抵抗,刘邦以屠城实行报复。这是刘邦参加农民起义以后的第二次屠城。第一次屠城是在上一年同项羽攻克成阳(今山东菏泽东北)时进行的。那一次屠城,责任应由军队主要负责人项羽承担。这一次屠城,则咎在刘邦。

在颍川,刘邦遇到了后来成为汉初三杰之一的大智谋家张良。当时,张良正在协助六国贵族后裔韩王成恢复韩国故地。刘邦得到他们的帮助,占领了原属韩国的大片土地。

五、洛阳之战。时间在秦二世三年(公元前207年)四月至五月。

这时,项羽正在挥师南下追赶章邯的军队,赵国起义军的将领司马卬也在准备抢渡黄河,先行入关。刘邦为争先入关,又从颍川引兵北上,首先占领了平阴(今河南孟津东北),控制了黄河渡口,以阻挡司马卬的进军。接着,又进军洛阳,企图由此打开通向关中的东大门函谷关(在今河南灵宝东北)的道路。刘邦的部队在洛阳东郊同秦军进行了激烈的战斗,起义军虽然英勇作战,但是未能取得胜利。

到这时为止,刘邦的西征战役已进行了八个月,一路上虽然取得了不少胜利,并且在进军途中壮大了自己的队伍,但是入关的战略目的并未达到。现在好几万作战部队又被阻于洛阳城下,函谷关可望而不可即。事实说明,西征战役并不像原先想像的那样容易。

一些历史学家在论述秦汉之际的史事时,多认为巨鹿之战的战斗很艰苦,胜利来之不易;对西征战役却觉得不是很困难的事。事实上,西征战役的战斗也是艰苦的,胜利也是来之不易的。巨鹿之战对于项羽统率的农民起义军是野战,西征战役对于农民起义军却是野战加攻坚战。

在冷兵器的时代,攻占兵力充足、守备完好的城堡要比在野战中克敌制胜困难得多。绕开一些敌军守备强固的城堡,实行跳跃式的前进,是可以的;但是完全绕开敌军的城堡是不可能的。那样,将使刘邦这支人数并不很多的西征大军陷入敌人城堡的反包围中,而无法自拔。其次,在章邯大军未遭歼灭以前,秦军驻守各地的卫戍部队对起义军自然抱有侥幸取胜的心理,在同起义军战斗的时候,仍然是有战斗力的。项羽、刘邦的屠城政策,又从反面加强了他们顽固抵抗的决心。巨鹿战场,项羽与秦军的激烈战斗有九次之多;西征战役,到洛阳为止,激烈战斗也有九次了,计有:城阳、杠里、成武、昌邑、陈留、开封、白马、曲遇、颍川、洛阳等各次战斗。这还不包括其他较小规模的战斗。在这九次激烈战斗中,攻坚战是四次(即昌邑、开封、颍川、洛阳),其中三次都是攻而未克。西征战役的艰苦性由此可见。

六、南阳之战。时间是秦二世三年(公元前 207 年)六月至七月。

由于攻坚受挫,刘邦只好舍弃经洛阳向函谷关进军的计划。他决定改道向南迂回,从轘辕(在今河南偃师东南)经南阳(治今河南南阳),去叩击关中的南大门武关(在今陕西丹凤东南)。

西征大军通过著名的轘辕十二曲险道到达阳翟(今河南禹州)。刘邦留下韩王成守卫韩地,自己则与张良率领部队继续向南阳进逼。六月与南阳守将名叫齮的大战于犨县东部(今河南鲁山东),齮兵败,退保宛城(今河南南阳)。这时,章邯已经在同项羽进行和平谈判,一旦双方达成协议,项羽的部队就会整装南下,直捣关中。刘邦要在项羽之前先行入关,就必须抓紧时间向关中挺进。他考虑了西征途中攻坚战的失败经验,决定绕开宛城直接向武关进发。张良对刘邦的这个决定提出了反对意见,他说:“南阳的秦军守军并没有受到重大打击,现在不打宛城就向武关进发,宛城之兵必然要从后面追击我们。到时候,武关秦兵在前,宛城秦兵在后,我们进退失据,那时情况就危险了。”刘邦接受了张良的意见,连夜引兵从间道重返宛城,不到天明就把宛城重重包围起来。刘邦的战将曹参、樊哙、郦商、周勃等人各自率部队向宛城发起猛攻。秦军防备不及,宛城岌岌可危。齮对守城失去信心,企图自杀,他的秘书陈恢劝他归顺刘邦。齮同意,于是陈恢出城来见刘邦。

陈恢直截了当地告诉刘邦,南阳守军所以拼死抵抗起义军,是因为起义军不给别人出路,投降也是死,不投降也是死,就不如从死中求生。他说,楚怀王有约,先入关中者为王。现在你死拼硬打,自己的兵死伤必多,要是丢下不打,守军又要跟踪追击。这样一来，你就不能很快入关。为足下计，最好是采取招降政策，允许南阳守军归顺，并保证他们人身和财产的安全。各地守军听说南阳守军都归顺了，他们就会闻风迎降，那时足下就可以长驱直入、通行无阻了。这是西征路上，继郦食其之后，又一个给刘邦上政治课的智谋之士。他的话使刘邦从谋略上考虑了许多问题。他接受了陈恢的意见，规定了鼓励归降和"所过毋掳掠"的政策，并为此给了陈恢千户的封赏。执行鼓励归降和"毋掳掠"政策的结果，不仅宛城很快归降，而且别的城市听说刘邦的部队来了，也都很快归降。起义军在很短的时间里就占领了丹水、胡阳、析、郦（均在今河南西部）各地。秦王朝统治地区的军民对刘邦的"所过毋掳掠"的政策尤为高兴。

七、武关之战。时间是秦二世三年（公元前 207 年）八月。

由于刘邦在军事进攻的同时，对敌人守军和敌占区的人民采取了正确的政策，西征大军的进展异常顺利。关中南大门武关很快就被起义军攻占。这时章邯的军队已经在洹水殷墟（今河南安阳北）向项羽投降。秦军主力被歼，武关又告失守。秦王朝内部乱成一团。为了扩大敌人营垒的矛盾，加速秦王朝的崩溃，刘邦派人向秦二世的丞相赵高进行策反工作（这就是《史记·秦始皇本纪》所说的刘邦使人"私于高"），赵高怕秦二世知道此事加害于他，就装病不上朝。秦二世听说农民起义军已逼近关中，就派人来指责赵高镇压不力。赵高担心秦二世向他追究军事失败责任，就阴谋发动政变，谋杀了秦二世。秦二世一死，赵高就派人到刘邦军中，要与刘邦共分关中，各自为王（见《高祖本纪》）。赵高是个民愤很大的人，刘邦策反赵高的目的，不过是为了挑动赵高与秦二世的争斗，他当然不会真的去和赵高搞什么关系。现在目的已达到，他就不再理会赵高了。恰好这时，赵高的阴谋被继秦二世为秦王的公子婴获悉，公子婴设计杀死了赵高，夺回了兵权，随后调兵遣将，在峣关（在今陕西商洛西北）一带加强布防。

八、峣关之战。时间在公子婴执政期间，即公元前 207 年九月。

峣关位于武关以西，它前据峣岭，后倚蒉山，是关中和南阳间的交通咽喉。因为地形险要，刘邦准备集中两万人进行强攻。张良不同意这样的打法，他说峣关是天险，守兵众多，不宜强攻。他调查了峣山领兵将领的出身，发现这个将领是一个商贾子弟。张良认为商贾子弟胸无大志，贪图钱财，容易利诱，因此建议刘邦一面派人在两山间广竖旗帜，以显示自己的力量，动摇敌人的斗志；一面派人携带珍宝玩物，去收买他们的将领。刘邦按照张良的办法，派郦食其、陆贾去同秦军峣关的将领进行秘密联系。秦军的将领果然为利所动，表示愿意同刘邦一起反秦。这时张良又担心秦军营垒里的其他人不肯跟从秦军将领一起反秦，就建议刘邦利用秦国将领无心指挥打仗的机会，急速派出部队绕过蒉山去袭击峣山秦军的后路。这一仗是农民起义军同秦王朝的最后一次大战，几乎所有的起义军中著名将领都率部参加了战斗，双方交锋了两次，结果都以秦军失败而告终。峣关遂为农民起义军攻克。

九、进军咸阳。时间是汉高祖元年十月(公元前 206 年冬)。

峣关战后，秦王朝失去了最后一道军事防线，首都咸阳的门户洞开。刘邦率领的起义军进抵咸阳东部霸上，派人命令公子婴投降。公子婴丧失了一切抵抗的可能，只好素车白马，以绳系头，捧皇帝印玺来到离霸上不远的轵道亭向刘邦投降。

刘邦进入咸阳以后，向关中人民宣布了“约法三章”。下面是这个有名的历史文件的原文：

“父老苦秦苛法久矣，诽谤者族，偶语者弃市。吾与诸侯约，先入关者王之，吾当王关中。与父老约，法三章耳：杀人者死，伤人及盗抵罪。余悉除去秦法。诸吏人皆案堵如故。凡吾所以来，为父老除害，非有所侵暴，无恐！且吾所以还军霸上，待诸侯至而定约束耳！”(《史记·高祖本纪》)

这个重要的历史文件，具有两方面意义：

1. 它明白宣告废除亡秦苛法，标志着秦末农民大革命的主要目的已经达到，从而满足了为这场大革命流血牺牲的广大农民的要求。

2. 它规定“杀人者死，伤人及盗抵罪”，吏人“案堵如故”等，这些规定，虽然对安定社会秩序有利，但也限制了贫苦农民对地主阶级和其他富裕阶层成员人身和财产的侵犯，从而安定了地主阶级和其他有产者对农民起义军的恐惧情绪。

这样，“约法三章”就获得了关中人民广泛的拥护。据史书记载，“约法三章”传开以后，“秦人大喜”，“争持牛羊酒食献飨军士”。刘邦推辞不受，说他不愿意增加人民的负担，大家听了这番话，更加高兴，只怕刘邦不能在关中为王。

西征战役的政治意义

西征战役的胜利是人民的胜利，它完成了以陈胜、吴广为代表的秦末农民大起义英雄们的光辉事业，表现了人民革命运动的深厚伟力。

秦始皇用武力统一中国后，把天下的武器统一收集起来，熔化为金人。他自己的军队钩戟长铩，十八般武器俱备，人民则手无寸铁。他以为，这样一来就可以随意压迫人民，而人民却没有办法反抗他了。他万万没想到，自己辛辛苦苦建立起来的“万世基业”，后来竟会在很短的时间内，被手持“锄櫌棘矜”的农民彻底摧毁。

实际的斗争当然是艰难困苦的。揭竿而起的农民要摧毁一个由庞大军队支持的政权机构，毕竟不是容易的事情。流血牺牲、挫折失败充满了斗争的历程。但是人民没有被敌人压服，他们不畏艰辛，不怕牺牲，前赴后继，奋斗不息，最后终于达到了自己的目的。

在历史前台参加演出的是起义军的领袖人物：刘邦、萧何、张良、曹参、樊哙、周勃、灌婴等，但是摧毁暴秦统治力量的主力是那些被历代统治者称为“卑贱者”的广大被压迫的人民群众。西征战役十几次大小战斗，都是以数以千万计的由贫民变为士兵的人民群众去进行的，没有他们的奋斗牺牲，任何英雄好汉，都无法同这个曾经战胜六国贵族的秦王朝对抗。

西征战役是中国历史上第一个人民用革命战争手段推翻反动王朝的历史纪录。两千多年来，它的宝贵经验曾经启发和鼓舞过无数的人民革命事业的参加者。毛泽东在他的讲话中就多次引用过西征战役中有关郦食其、张良、陈恢和峣关商贾子弟的故事。《中国人民解放军总部关于重行颁布三大纪律八项注意的训令》，在形式上也是借鉴于刘邦的“约法三章”。

但是这一页声势浩大的革命战争史，也使历代的反动统治者心惊胆战，为了阻挠人民的思想觉悟并抹杀人民群众的历史作用，他们总是用历史唯心主义的观点，把这一场战争的胜利说成是后来变成新的封建贵族的刘邦和他的文武大臣们超人智慧的结果。而真正决定这一场战争历史进程的起义的人民群众，不过是英雄豪杰们的陪衬物。这种历史的颠倒，是非常错误的。

我们并不抹杀当时站在人民一边的领袖人物对这场战争的组织和主导作用。尽管由于历史条件的原因，他们后来都变成了人民新的统治者，但是他们的历史作用还是不容否定的。我们要指出的只是：推翻暴秦统治、完成革命战争历史重任的领袖人物，只有在顺应人民的历史要求的情况下，才能在历史上作为人民意志的代表者，发挥自己的积极作用。在西征战役中，我们看到一些站在秦王朝一边的历史人物，就其个人才干来说，他们并不比刘邦、张良等人弱，开封、洛阳等地的守将，就曾经组织自己手中有限的军事力量，成功地阻挡刘邦数万大军的进攻，但是秦王朝这些有才干的英雄好汉后来都被抛到历史垃圾堆里去了。什么原因呢？因为他们抗拒了人民的革命洪流。这不是人民决定历史发展的最好证明吗？

就是刘邦、张良等人的政治军事才干也不是天生的，而是从农民起义战争实践中获得的。西征战役对刘邦、张良这些人来说，是他们最好的军政大学。他们正是由于在这所大学校中认真学习了各式各样的政治和军事经验，这才成长为秦汉之际的风云人物。从某种意义上说，也正是因为有了这所大学校的培育，他们在后来的楚汉战争中，才能卓有成效地组织自己的力量，打败了自己的对手项羽集团。当然在学习历史经验的问题上，除了学校的条件以外，还有个人是否善于学习等问题，但是没有人民群众用自己的革命实践，特别是代价极其昂贵的流血牺牲所创造出来的历史经验，任何天资聪明的人也不可能成长为叱咤风云的历史人物。

我们不难看到，刘邦在参加农民起义的初期，军事上不过是个小学生。他小时的朋友雍齿背叛他去投靠别人，他气坏了，亲自带人去打，结果打不过人家。就是在西征战役的前一阶段，他在军事上也没有多大办法。后来，经历了多次战争，总结了胜利或失败的经验，这才比较地会打仗，但有时还是要吃败仗。

西征战役的初期，他还不大懂得战略战术，打仗主要是靠农民起义军的死拼硬斗。吃了亏以后，才懂得打仗要有勇有谋，以后又学会了智取、奇袭，懂得了对敌人要进行分化争取、收买贿赂、奖励归降，以至纵横捭阖、搞情报战等，还学会了军事战略和政治策略相结合的方法。

人民创造历史的活动，不仅表现在参加农民起义战争的广大士兵在战斗中的奋斗和牺牲，还表现在广大人民群众对待战争的态度上。

在西征战役的战斗历程中，我们清楚地看到，社会各阶层人民的支持是西征战役能够取得迅速进展的决定性因素。在南阳之战以前，西征战役虽然也有所发展，但是，进展缓慢。南阳之战以后，刘邦采纳陈恢意见，制定了适合人民群众要求的“给出路、毋掳掠”政策，起义军这才获得了广大人民的热烈欢迎和拥护。起义军所向披靡，秦军望风而逃，西征大军一路无所阻挡直捣峣关，然后是闪电般地破关而入。这种异常顺利的军事进展，对于刘邦和他的领导集团是最好的教训。他们终于懂得了，要打胜仗除了军事力量，还要有政治工作，要讲究军队纪律，要收拾人心，要有整套军事斗争和政治策略相结合的办法。

刘邦占领南阳的时候，章邯已经率领全军向项羽投降，河南、河北两支大军竞相向关中进发，这是一个历史发展的关键时刻，谁跑得快，谁就能争得历史的主动。正当刘邦采取顺应民意、迎合人心的各项政策，以加速自己进军步伐的时候，项羽却违背民意、采取狭隘的关门主义政策，扩大了自己同归降部队的矛盾，这个矛盾大大地妨碍了自己部队的进军速度，推迟了入关时间表，结果让刘邦抢先入了关。更为严重的是正当刘邦向关中人民宣布“约法三章”，以获取关中人民信任的时候，项羽却在西进途中制造了坑杀秦军降卒二十万的大惨案，后来到了咸阳，又倚仗自己手中的强大兵力，杀子婴、屠烧咸阳宫室，收取货宝美女，撕毁了楚怀王“先入关者王之”的协定，把刘邦赶到了汉中。这时候，虽然楚汉战争尚未揭开序幕，但是关中人民却已经作出了背楚向汉的决定。

在历史发展的长河中，人民就是这样曲曲折折地表现着自己不可抗拒的伟大力量。

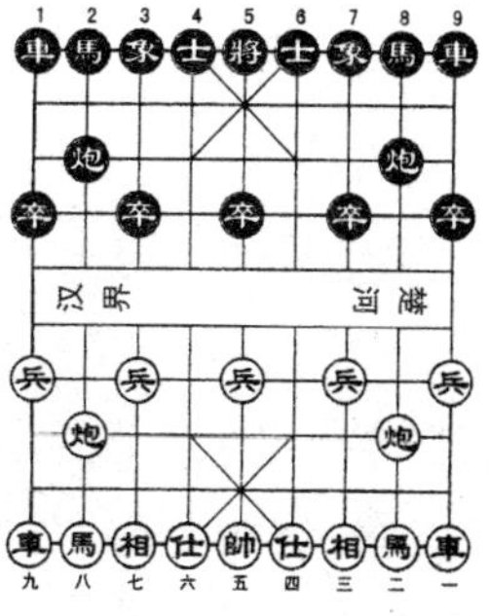

项羽与刘邦的楚汉争雄

从古代流传至今的象棋盘上，赫然书写着“楚河汉界”四个大字。在这条军事分界线的两侧，壁垒分明的两支大军隔水相持，严阵以待。反映在棋局上的这个场面，不仅表示了公元前这场烽火遍及祖国广大地区的楚汉战争是何等激烈，而且表示了这次战争给后人留下的印象是何等深刻。

两千多年来，这场规模宏大的战争，一直在吸引着政治家、军事家、史学家、文学家的关注。总结经验的、议论是非的、考据史实的、抒发情怀的，前后相接，持续不断。各种关于楚汉战争的论著，用夸张的用语“汗牛充栋”来形容，都不为过。

现代革命家对于历史上这场著名的战争，也有着热烈的兴趣。毛泽东就在他的论著和讲话中，多次评述过这场战争。

这一场历史大战，所以能在长时间里引起各种人们如此热烈的兴趣，并不是偶然的。它在客观上的确存在着研究的价值。

巨大的电子流在天际空间流动着，人们看不见它。突然间，雷电轰鸣，火光闪耀。人们在瞬息即逝的电光火花中，感到了一种巨大的物质力量在跃动。虽然抓不住它，但是却能感觉到它的存在。

历史的运动也与此相仿。一种伟大的力量在历史的长河中流动着，人们认识不了它，突然间社会大风暴来临了，起义，造反，战争，动乱……社会发展的伟大力量像电光火花一样在历史的天幕上一闪而过。尽管由于种种历史条件的限制，人们还不能立刻认识它的本质，但是它却能激发人们去思索、探求。

以下，我们将以《史记》《汉书》为依据，对公元前这场关系中国历史发展的楚汉之争作一个简略的考察，并通过这个考察，探究一些历史经验。

秦亡以后，项羽、刘邦两大集团的对立

“秦失其政，陈涉首难，豪杰蜂起，相与并争”，项羽和刘邦是这种并争中势力最大的两个集团的代表。他们都是利用农民反秦起义的力量起家的。在陈胜（涉）死后，又都逐步演变为新起的封建统治阶级的代表，成为起义农民的新主人。农民起义领导者这种阶级地位的迅速转化，是当时社会发展的生产条件决定的。秦末农民起义要解决的问题是破除以秦王朝为代表的封建统治者的暴政苛法，而不是建立新的社会制度。

公元前 206 年冬十月（当时历法仍以冬十月为一年的开始，下同），机智过人的刘邦，利用项羽同秦军主力在东方艰苦鏖战的时机，率先带领所部由黄河南岸西进，破峣关攻进秦王朝首都咸阳，秦王子婴投降。但是两个月之后，正当他“龙虎成五彩”，关起函谷关（今河南灵宝东北）的大门，大做其皇帝美梦的时候，项羽却在歼灭秦军主力之后，率领各路诸侯四十万大军，挥师向西，来到函谷关下。函谷关的守将按照刘邦“距（拒）关毋内（纳）诸侯”的命令，不让他们进关。胜利的英雄遭到了闭门羹的待遇，真是怒不可遏。项羽当即命令英布等人发兵击关。破关之后，大军向咸阳进发，一直进到戏水之西的鸿门（今陕西西安东北）。

项羽的四十万锐不可当的大军，突然压到了刘邦的头上，当时，刘邦的部队只有十万，军驻在霸上（今陕西西安东），同项羽的军队相隔仅四十里。原来处于同一战线的项、刘两大集团陡然对峙起来，形势异常紧张。这时，刘邦那里的一个左司马（中级军官）曹无伤又派人向项羽告密，说刘邦想在关中当皇帝，准备叫子婴为相。项羽的谋士范增说：“刘邦这个人原来在山东的时候，贪财好色，现今入关，珍物无所取，妇女无所幸，看来他的野心不小，要赶紧抓住战机，急击勿失。”项羽说：“现在饱飨士卒，明天就同刘邦打！”

在战争即将爆发的前夕，出现了一个偶然事件，这个偶然事件泼灭了战争的导火索。项羽有两个关系密切的叔父，一个是项梁，他是楚国名将项燕之子，已在反秦起义中战死；另一个就是这个偶然事件中的主角项伯。项伯与刘邦的谋士张良友好，他听说项羽明天要同刘邦打仗，就急忙跑到刘邦军中去找张良，把项羽明天要打刘邦的机密告诉了张良。要张良赶紧跑。

张良不肯在危急时刻背弃刘邦，就去告诉刘邦。刘邦大惊失色，问张良"怎么办?"张良问："是谁教你不让项王进关?"刘邦说："是一个无知家伙的建议，他说，'距关，毋内诸侯，秦地可尽王也。'我就听了。"张良问："大王打得过项王吗?"刘邦说："打不过，现在怎么办呢?"张良就给刘邦出主意，要他以事奉兄长的礼节去见项伯，然后通过项伯去向项羽转圜。于是，刘邦会见项伯，用事奉兄长的礼节亲自向项伯敬酒祝寿，一再表白自己入关以后，登记吏民、封存库房，一切东西，秋毫不敢拿取，专心诚意地等待项王。还说，把守函谷关是为了防备盗贼和其他非常事件，并不是不让项王进关，我日夜盼望项王的到来，怎么敢反对项王呢？饭桶似的项伯听信了这一派谎言，答应回去向项王说明情况，帮他解脱，并叫他明天一早就来向项王赔情谢罪。最后两人还约为儿女亲家。

果然，项伯当夜回去，就把去访张良，见到刘邦，以及刘邦同他说的话告诉了项羽。并且说："要不是人家先攻破关中，我们也不能这么快地入关。他有大功，我们却打他，会落个不义的名声，不如客客气气地礼待他为好。"项羽听了这番话，也就改变了主意。第二天，刘邦带了张良、樊哙、滕公和少数警卫，来到鸿门向项羽赔情谢罪，极力表白自己守关并无他心。项羽说："那也是因为你的左司马曹无伤说你的坏话，不然我何以至此！"遂即举行宴会，招待刘邦、张良，范增、项伯陪席，这就是历史上有名的"鸿门宴"。

"鸿门宴"在阴谋和豪饮的交错下进行着。后来，这个宴会以其惊险的

特色，变成了阴谋性宴会的代名词。

阴谋不是来自项羽，而是来自范增。

范　增

范增是坚决主张铲除刘邦的人。饮宴开始以后，他几次暗示项羽，叫他乘机斩杀刘邦，项羽默然不应。范增见项羽不肯动手，就离席去找项羽的堂弟项庄，要项庄到宴席上舞剑助兴，乘机击杀刘邦。项庄进入宴会场，以祝寿名义拔剑起舞，项伯明白了项庄的意图，就也拔剑助舞，以身体翼蔽刘邦。张良一看不好，就出去找樊哙，告诉他，现在事情紧急了，项庄拔剑起舞，其意全在沛公(刘邦)。于是，樊哙带剑拥盾冲进宴会场，守门卫士不让他进去，他用盾牌将卫士撞倒，掀开军帐，进入宴会场。面对项羽，他头发直竖，眼睛大瞪，眼眶怒张得像裂开了似的。项羽按剑起座，问是怎么回事？张良连忙说，这是沛公的侍卫樊哙。项羽叫他在张良身旁坐下，赐他酒肉。樊哙把肉放在盾牌上，用剑割着吃。一边吃，一边指责项羽不该怀疑刘邦，说："劳苦功高的人你不加封赏，反而要诛杀他们，这不是走亡秦的路吗？"项羽没有回答他的话。

这时刘邦早已被宴会上的刀光剑影吓坏了，勉强坐了一会，就借故净手，招呼樊哙逃席而走。走时，叫张良把带来的白璧一双献给项羽，玉斗一双献给范增。范增听说刘邦逃走，气坏了，把玉斗扔在地上，一剑撞破，愤然地说："唉，竖子不足与谋，将来夺项王天下的，必定是沛公，我们都完了。"

刘邦回去以后，立即诛杀了向项羽告密的曹无伤。"鸿门宴"的一席酒，消灭了项、刘两军间的一次战火，却没有能消灭咸阳的大火。仅在"鸿门宴"的几天之后，项羽就引兵进了咸阳。进了城就按他的一贯作风屠城，杀秦降王子婴和秦诸公子宗族，收取货宝美女，然后放火焚烧秦王朝的宫室，大火一直烧了三个月。

这次大火烧毁了华丽的阿房宫，毁灭了先秦以来众多的文化宝籍和各种文物。它对中国古代文化的破坏不亚于后来汪达尔人之毁灭拜占庭。

为什么项、刘两大集团之间一场一触即发的大战，竟然被偶然出场的项伯阻止了呢？为什么项羽在"鸿门宴"上不肯下手击杀刘邦呢？难道真像范增和某些史书所说的是项羽"为人不忍"，具有特别"仁爱之心"吗？

不是这样。

项羽白天听了范增的话，决定在第二天出兵击破刘邦；夜里听了项伯的话，又决定礼待刘邦。他这种在决定重大问题时的急遽摇摆，一百八十度的大转变，除了说明他个人的性格、作风上的缺陷以外，也反映了当时项、刘两大集团的矛盾对立尚处于初发阶段，反映了项羽当时即刻发动战争也有他客观上的困难。

刘邦不是秦二世。他是农民起义军共立的楚怀王所任命的南线农民大军的领袖，地位仅次于项羽。他的十万军队士气相当高，而且有一批能拼惯战的猛将。他的领导班子也比较团结、稳定，要一举打垮他不是很容易的。

项羽这一方呢？兵力确实比刘邦这一方强大，四比一。一路打胜仗，锐气很足。但是这支大军的领导成分比较复杂。它的相当大的一部分是当时崛起于各地的诸侯军队。这是一支联军，军队的领导权不那么集中。这一点是赶不上刘邦的，刘邦的军队领导权是比较集中的。此外，项羽的军队从北上救赵到西进击关，一直在连续作战、连续行军，比较疲劳，给养也比较差；而刘邦的军队前一段时间虽然也在行军作战，但这一段时间，却得到了充分的休息，给养也比较充足，是以逸待劳的态势。

除了军队的实力以外，还有其他因素影响着两大集团的力量对比。这些因素中最重要的是作战地点和人民态度问题。作战的地点在关中，这个地区有汉中、巴蜀作后方，有迂回之余地，项羽即使能打败刘邦，也无法全部歼灭他的军队。可能的局面是刘邦在战斗不利的情况下退守汉中山区，步步设防，把速决战变成持久战。而人民态度的因素对项羽实为不利。刘邦入关以后，实行了一系列的正确的方针政策，他废除了秦朝苛政，稳定了社会秩序。还同关中父老"约法三章"，"杀人者死，伤人及盗抵罪，余悉除去秦法"。他的军队军纪比较好，人民是比较拥护他的。而项羽还没有入关，就到处烧杀，又在新安（今河南渑池东）坑秦卒二十万，关中人民对他极为怨恨。在他和刘邦的战争中，人民是不会支持他的。

还有与刘邦作战的理由不充分。师出无名的军队是无法振作士气的。项羽用什么理由来发动自己的军队去向昨日还是反秦起义的同盟者作战呢？要知道这些同盟者在项羽军队战士的头脑里还是自己的兄弟呢。当然，习惯的观念是可以改变的，但需要时间，需要动员。而项羽没有这个动员的时间，他是凭着一时的愤怒，仓促作出明天要和刘邦打仗这一决定的。在作出这个决定之后，他甚至都没有来得及同他的将领和其他诸侯作过认真的商量。刘邦拒关而守，不让项羽和诸侯的军队西进，这是一个作战的借口，但是项羽击关而入以后，刘邦并没有派部队抵抗，项羽进军到达鸿门，刘邦也没有布置任何阻击。曹无伤的密报，范增关于刘邦有野心的分析，也都不能成为两军立刻进行大战的充分理由。战争前景难以预卜，战争的组织动员也没有进行，这些情况势必使仓促作出战争决定的项羽一再反思。就在这时，他极为信任的叔父从霸上带回了刘邦愿意以赔情谢罪的方式来和平解决两军冲突的信息，他也就欣然接受了。

偶然性因素在历史发展中有其广阔的活动空间，但是单纯的偶然性只能给历史长河增加一点曲折性和多变性，而不能决定历史长河的大方向。在诸种偶然性因素共同作用一个历史事件的时候，最后取得优势的必定是那些符合当时历史发展方向的偶然性因素。曹无伤、项伯这两个偶然因素在历史发展的同一个关键时刻，遭遇了不同的命运，证明了这个原理。

“鸿门宴”上，项羽不肯听范增的话去击杀刘邦，这个问题也要从当时具体的历史形势去分析。

项羽比起刘邦是个智力低下的人。是的，他比较愚蠢。但是他并没有愚蠢到不懂得刘邦是他争夺天下的主要敌人，也没有愚蠢到要对刘邦实行“仁爱之心”的程度。

项羽对他的爱姬、亲人以及那些矢忠于他的子弟兵和将军是有“仁爱之心”的，他很关心他们、爱护他们。否则，他也不能得到他的亲信部下那样热诚的报答。但是对于他的政治、军事的对手，特别是对于他的主要敌人，他非但没有“仁爱之心”，而且很残暴。对于后者，他从来没有“不忍”下手的问题。他粗犷、豪侠，甚至直爽，但是即使用封建阶级的政治标准来说，他也绝不是一个光明正大的人。这一点我们看他怎样妄想取代秦始皇，怎样密谋击杀会稽太守，怎样阴谋袭夺卿子冠军宋义的军事领导权，怎样残酷坑杀秦降卒二十万，就可以明白了。

那么，他为什么唯独在“鸿门宴”上不用他多次用过的阴谋手段去杀害刘邦呢？这也是由于当时两军对垒的形势决定的。

刘邦不是一个单独的个人，他是一个仅次于项羽的巨大政治、军事集团的代表。项羽如果决定同刘邦的军队立即决战，就可以击杀刘邦，如果暂时还不打算同刘邦的军队决战，那就不能击杀刘邦。但不论战或不战，击杀刘邦都不能解决两大集团的权力争夺问题，相反，这种丧失政治道义的作为，还会激起刘邦集团的强烈反抗。樊哙在鸿门宴上指责他的话，"劳苦功高的人，你不加封赏，反而要诛杀他们，这不是走亡秦的路吗？"就是这种激烈情绪的反映。反秦战争初起时，项梁在项羽集团里的地位同刘邦在他集团里的地位相仿，但是项梁兵败身死，并没有使项羽的集团垮台，为什么刘邦死了，他的集团就一定要垮台呢？

还有，项羽杀了刘邦又如何向他自己的军队作动员呢？就连他自己的叔父项伯都劝说他不要冒这个不义之名。闭关的事情并不大，现在人家又亲自上门来向你道歉，讲清了原因，你却不讲信义地去杀害人家，这叫大家怎样理解这个问题呢？况且，除了刘邦、项羽，还有第三者呢。随项羽入关的诸侯军队都在观望这件事情呢。项羽对此也不能不有所顾忌。

刘邦逃席以后，范增气极。他在砸玉斗时，说了一句后来不幸而言中的话。这句话说明了这个老头对于历史的发展具有非凡的洞察力。但是这么一个智慧过人、预见力极强，而且当时在项羽集团中权力很大、威信很高的老头，对一个已处在他们掌握之中的人物却也无能为力，这件事又一次说明，历史的发展绝不是任何一个人的主观愿望可以随便决定的。有人看了范增砸玉斗时悲愤的表现，感叹项羽在"鸿门宴"上永远失去了他本来应该得到的东西。这种说法是不确切的。项羽在"鸿门宴"上失去的只是他从来就没有真正得到过的东西。

韩信的"汉中对"和刘邦的东进决策

刘邦既然已经表示服从，项羽就开始分封天下了。他立刘邦为汉王，王巴蜀（今四川、重庆）、汉中（今陕西南部及湖北西北部），都南郑（今陕西汉中）；又三分关中，分别立秦降将章邯、司马欣、董翳为雍王、塞王、翟王，以控制刘邦。

另外，又划地分封了张耳、英布等十四个王。年纪才二十六岁的项羽，自封为西楚霸王，王九郡，都彭城(今江苏徐州)。汉高祖元年(公元前 206 年)四月，诸侯各自回到封地，项羽也率领自己的军队回到彭城。楚怀王则被安上了一个空头的义帝称号，并被他赶出彭城；后来，又被他暗中谋害了。这是秦亡以后，以项羽为首的新、老贵族企图在全国范围确立新的封建秩序的一次尝试。

这个尝试是不成功的，它一开始就孕育着失败。

第一，这次分封，从历史的发展来说，是对秦始皇统一中国的反动。农民反秦起义的目的，不是反对秦始皇统一中国，而是反对秦始皇的暴政苛法。而项羽的分封，没有解决废除秦王朝的暴政苛法问题，反而恢复了战国时期列国分立的倒退局面，这是不符合当时中国社会发展要求和农民愿望的。

第二，这次分封没有解决各方面的力量平衡问题。首先对力量仅次于项羽的刘邦就不公平。起义之初，楚怀王曾与诸侯相约，先破咸阳者为关中王，现在先破咸阳的刘邦却被赶出了关中。关中当时是全国的经济、政治中心，形势险要，人口众多，农业又很发达，刘邦失去了这个地盘，心里是不甘心的。他气得一度想发兵攻打项羽，只是迫于项羽四十万大军的压力，害怕寡不敌众，只好勉强从命而已。还有一些诸侯根本就不从命。齐、赵、魏、韩地区(今山东、河北、河南等省)竟是一片混乱。特别在项羽逐杀楚怀王之后，他人也学样子，驱逐旧王，自立新王。全国相继进入封建阶级统治权利再分配的争夺战之中。

第三，这次分封没有满足起义农民的需求。作为反秦起义的主力军农民，在起义取得胜利之后，却得不到多少好处，这就使起义农民大失所望。

在项羽意气风发、衣锦还乡的时候，他麾下有一位做警卫工作的小军官失望地离开了他。这个小军官就是后来赫赫有名的大将军韩信。他早在农民起义之初就仗剑从军，一直在项梁、项羽的部下效力。这是一个怀有雄才大略和个人野心的年轻人，他多次向项羽献计献策，但不为项羽所用。他伤心透了，决心背楚归汉，投向正在灰溜溜地去南郑就国的刘邦。

但是，他到了汉刘方面，依然是怀才不遇。他被分配做掌管仓库的工作，不久即陷入一件刑事案中，他和同案的十三个人都被判处了死刑。这个案件的详情，现在已弄不清楚，但是事件重大，大概也不是冤案，监斩官是刘邦很信任的滕公。十三个人都被杀了，下面已挨到韩信了，他抬头看了看滕公，愤懑地说："难道上面不想得天下了吗？为什么要斩杀壮士呢？"这句话像重锤一样，敲动了刘邦集团中这个颇有政治头脑的监斩官的心弦。滕公看韩信仪表堂堂，言语豪迈，觉得这个年轻人是个奇人，立即决定释放他。滕公似乎违背了严以执法的原则，但是他却为与楚项对立的汉刘集团，甚至也为历史留下了一员惊天动地的大将军。当然，没有这个人物，历史依然会走自己应走的道路，但是，事情的发展面貌就会有很大的不同。这件事情再一次证明毛泽东一再强调过的一个原则，即杀头的事情要慎重，脑袋掉地是接不起来的，即使是优秀的脑袋也不例外。

滕公与韩信谈话，听了他不凡的谈吐，大喜过望。韩信这匹长期被埋没的千里马，在命运坎坷的半生中，总算第一次遇上了一个赏识他的伯乐。而这个滕公也的确是一位御马技术甚高的驭手，他经常在战场上为刘邦策马驰骋，几次帮助刘邦逃脱险境。

由于滕公的推荐，刘邦任命韩信为治粟都尉，这是一个仅次于将军的官职，类似现代后勤部的负责官员，这对于一个例外开释的处决犯，已是至高的礼遇了。可是，它仍然是一个无法发挥韩信才干的职位。由于滕公的介绍，韩信又数次同刘邦的丞相萧何谈话，在识人方面独具慧眼的萧何，看出了韩信是一位真正懂得战略战术的、能够担当军事统帅的人才，就几次地向刘邦建议重用，但是刘邦却并不认为韩信有什么奇特的地方，事情总是决定不下来。韩信在南郑呆了好久，知道滕公、萧何已经多次向刘邦推荐过他，而刘邦仍然不肯重用他，就决定弃官逃亡，再到其他地方谋求出路。萧何听见韩信弃官逃亡的消息，大惊失色，骑上马就去追。因为跑得急，连一句嘱咐家人的话都没来得及留下来。这就是后来被传为千古佳话的"萧何月下追韩信"。

那时候，刘邦那里外逃的人很多，人们听说此事，以为萧何也外逃了，连忙向刘邦报告说，“丞相何亡”。这个消息对于刘邦是一个惨重的打击。萧何是刘邦须臾不可离开的左右手，他都逃跑了，这可怎么办呢？刘邦真是又气又急，像掉了魂一样。但是，也正是这个惨重的打击，才促使刘邦后来下决心采纳萧何重用韩信的建议。

过了两天，追回了韩信的萧何回来了，求见刘邦。刘邦听了，且怒且喜。他责骂萧何说：“你为什么要逃亡？”萧何说：“臣不逃亡，臣是去追逃亡的人。”刘邦说：“你追的是什么人？”萧何说：“韩信。”刘邦骂道：“诸将跑了几十个，你都不去追，跑了个韩信，你怎么就去追呢？这是瞎说。”萧何说：“诸将易得，韩信却是国士无双。如果大王想当一辈子汉中王，那就用不着韩信了；如果大王想争天下，那除了韩信，再没有可以共谋大事的人了，现在就看你怎样决定大计了。”刘邦说：“我也想东向争天下呢，怎么能老闷在这里呢？”萧何说，“大王如果真想东向，又肯重用韩信，韩信就会留下，若是不肯重用韩信，他还会逃亡。”刘邦说：“那就看在你的份上，让他当将军吧。”萧何说：“让他当将军，还是留不住他。”刘邦说：“那就当大将。”萧何说：“这才好。”

于是刘邦就要召唤韩信，拜他为大将。萧何说：“大王一向傲慢，今天拜大将，就像呼唤小孩子一样，这就是韩信所以逃亡的原因。大王要拜大将，得择良日，斋戒，设坛场，具礼，这样才可以。”刘邦没法，只好答应。

诸将听说刘邦要登坛拜将，都很高兴，有些人还以为自己要当大将了。没想到登坛的那一天，拜的大将却是一个名不见经传的小人物韩信，全军都惊呆了。

拜将之后，刘邦让韩信坐在上座谈话。刘邦说：“丞相多次向我称赞将军，将军何以教寡人？”韩信谦逊了一番，然后同刘邦进行了认真的对话。这就是史书上甚为著名的“汉中对”。这是一次决定楚汉战争基本方针的重要对话。楚汉大战的帷幕就是由这次对话揭开的。

在这次对话中，韩信劈头就向刘邦提出了尖锐的发问：“大王东向争权天下的主要敌人，不就是项王吗？”

刘邦说：“是。”

韩信马上又问：“大王自己认为在勇悍、仁爱方面，比项王怎样？”这个突如其来的尖锐发问，把刘邦弄得吞吞吐吐起来，他沉默了好久，才诚恳地回答说：

"不如也。"

韩信以再拜的方式，肯定了刘邦的诚恳态度，这才披肝沥胆地把对话引入了主题。

韩信说："信也以为大王在这些方面不如项王，但是臣曾经事奉过项王，项王也有他的弱点。"

他先从项王的为人说起。他说："项王喑噁叱咤，千人皆废。但是却不能重用有本领的将军，他的勇悍不过是匹夫之勇罢了。项王见人，恭敬慈爱，言语呕呕，看到别人患病，涕泣泪下，还把好饮食分给别人。但是在别人有功应当封爵的时候，他却把官印控在手心中，左摩右挲，舍不得给人家。他的仁爱不过是老婆婆的好心眼罢了。"

但是，韩信认为，这些还不是项羽的根本问题，项羽的根本问题是他在各方面采取了一系列错误的方针政策，因而失去了民心。

韩信说："项王虽然称霸于天下，但他不居关中，而都彭城，失去了天下的政治、经济中心。他背弃义帝原来的信约，而以个人好恶划地分王，诸侯不服。以后迁逐义帝，别人也学他的样，弄得天下混乱。尤其是他大军所过的地方，没有不遭残灭的。天下的人都怨恨他，百姓不亲附他，只是在他暴力统治的淫威下，不敢作声罢了。所以，他现在虽然名义上号称霸王，实际上已经不得人心了。"

基于以上分析，韩信对项羽作出了重要的结论，就是"其强易弱"。也就是说，项羽的强大是表面的，暂时的，它已经在走向衰弱。而刘邦这方面，只要在政治上、经济上推行正确的方针、政策，就可以由弱转强。

在对比了楚汉的形势，指出双方的优缺点之后，韩信向刘邦提出了立即发兵东进，并在近期夺取关中的战略方针。

韩信向刘邦说："现在大王只要能反项王之道而行之，就能所向披靡。任用天下的英武猛士，谁能抗拒？以天下城邑封赏功臣，谁能不服？以思念东归的大军，东向而击，谁能抵御？况且，章邯、司马欣、董翳三个人多年为秦将，后来欺哄了二十万士兵，投降项羽，结果，这些士兵在新安全部被项羽坑杀，秦地的老百姓恨这三个人恨到骨髓里去了。项王强制把他们安排在关中当王，老百姓并不服气。大王入关之后，秋毫无犯，废除秦朝的苛法，与秦民约法三章，秦地老百姓无不希望大王当关中王。义帝的先入咸阳为关中王的约定，大家也听说过，项王强迫大王到汉中，老百姓都愤愤不平，现在只要大王举兵向东，三秦可以传檄而定。”韩信这个立即决策东进的“汉中对”，给刘邦以极大的震动。

刘邦和他的集团不知思考了多少时日，但仍下不了决心的一个重大问题，竟被一个看来是非常平凡的小人物轻而易举地解决了。而且，这个小人物不久之前还是个被判处死刑的国事犯呢。

怎么会有这样的事情呢？难道真有什么高于一切的天才吗？不是的！韩信同刘邦、萧何一样，只是那个时代比较聪明的人，而不是什么超凡殊俗的、高于一切的天才。他所以能比刘邦、萧何早一步看出项羽已经从强大转入衰弱，并能及时地向刘邦提出立即决策东进的战略方针，是他当时的经历和所处的条件决定的，当然，这里头也有思维方法问题。

韩信长期在项羽部下任职，虽然官职不大，但毕竟信息灵通，了解中央核心机密。项羽集团内部的各种情况及其长短之处，他大体是掌握的。他滞留关中和随从刘邦到南郑的时期，又使他了解了刘邦一方的情况。以他的聪明才智，他只要把他所了解到的这两大集团的各种情况综合起来认真加以思索，是不难看出项羽已经从强大的顶峰滑向下坡了，而刘邦却正在从相对的劣势转入优势。

刘邦、萧何呢？他们虽然不甘心听从项羽的摆布，甚至处心积虑地要东向与项羽争夺天下，但是他们并不真正了解项羽一方的情况，甚至也不大了解自己一方的情况，他们还为一些表面现象所迷惑，所以看不出楚汉强弱转化的有利形势已经到来。特别是他们不久前刚从几乎导致他们全军惨败的危机中摆脱出来。项羽四十万大军战无不胜、攻无不克的声威，“鸿门宴”上“项庄舞剑，意在沛公”的场面……所有这一切造成了他们对项羽的恐惧心理，正是这种恐惧心理，使他们看不清客观的形势已经发生了有利于他们的巨大变化。

但是，真理是掩盖不住的。只要韩信把遮盖他们视线的那张窗户纸捅破，他们也就豁然开朗了。

史书记载，刘邦听了韩信的“汉中对”，欢欣鼓舞，高兴透了。他以前是不以韩信为奇，现在是悔恨得到韩信太晚了。以前是为了萧何拜韩信为大将，现在是真正认识了韩信的杰出才能。他全部接受了韩信的建议，百般地照顾和爱护韩信，并积极进行了各种准备，决策东进。

楚汉战争的各阶段及其进退得失

从刘邦决策东进到垓下决战，楚汉战争进行了三年多，共分五个阶段：

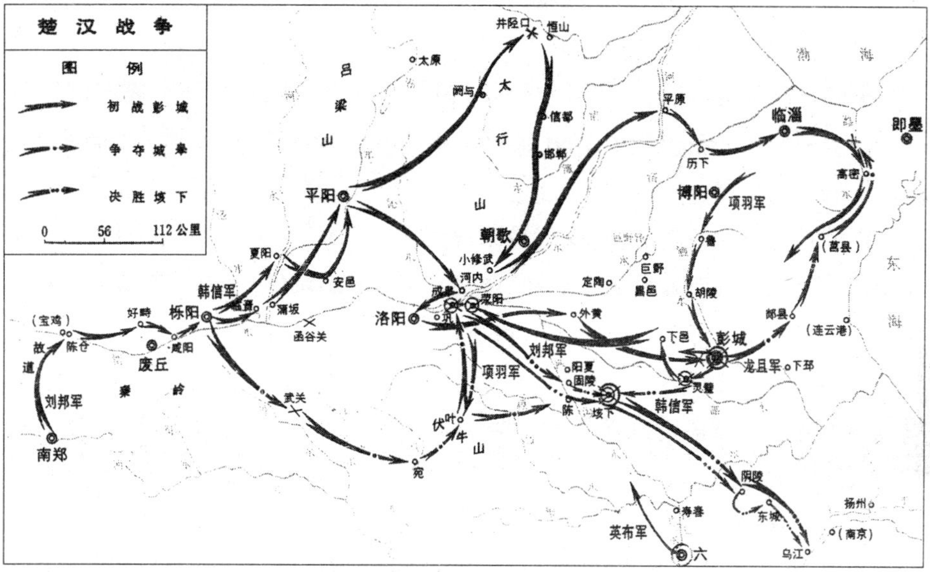

一、刘邦的战略进攻阶段。从汉高祖元年（公元前 206 年）八月到汉高祖二年（公元前 205 年）四月。这一阶段又分两个小阶段：

第一个小阶段为夺取关中的阶段。时间从汉高祖元年八月到汉高祖二年冬十月。

汉高祖元年八月，刘邦乘项羽在东方有事、无暇西顾的时机，正式发兵，暗渡陈仓（今陕西宝鸡东），攻打三秦。在这次战役中，章邯兵败，被围困于废丘（今陕西兴平东南），司马欣和董翳投降。关中地区，除废丘等少数地方外，均归刘邦所有。项羽听说刘邦兼并了关中地区，大为震怒。张良给项羽写信，说刘邦只是想按楚怀王前约据关中为王，不敢再向东发展。项羽因为要去齐地同自立为齐王的田荣作战，也只好暂时放下西头不管。

第二个小阶段为刘邦继续东进、占领彭城的阶段。时间从即汉高祖二年冬十月到四月。

汉高祖二年冬十月，刘邦巩固了新占领的关中地区，休整和扩大了自己的军队以后，即兵出函谷关，继续东进。常山王张耳、河南王申阳、魏王豹，相继投降，殷王司马卬则被俘。这时，项羽正领兵同田荣及其弟田横作战，仗打得很苦。刘邦抓住这个大好时机，以项羽杀害义帝的题目，传檄天下，并于汉高祖二年(公元前 205 年)四月，亲自率领五十六万大军，乘虚攻克了项羽的大本营彭城。

总起来看，刘邦这次东进，八个月取得了很大的成绩。在夺取关中的作战中，时机、方法、步骤都是恰当的，出关作战，准备工作和时机的选择也是对的，只是最后攻占彭城，失之轻率。

彭城是项羽的根本之地，攻占彭城，就要同项羽准备大打。要准备大打，就要制定正确的作战方针，进行具体的军事部署，特别是做好对付项羽率领大军回救彭城的准备，不做好这些工作，贸然就去攻占彭城，这就叫轻率。战争的每一步棋，必须看到由此而引起的后果，并准备好第二步、第三步棋。尤其像攻占彭城这种带有关键性的战略决策，统帅部必须有通盘的考虑，否则，即使打了胜仗，也是失着。

更为严重的问题是刘邦攻克彭城以后，自恃兵多，骄傲自满起来。他收取了项羽的“美人货赂”，大摆酒宴，庆贺胜利，真是忘乎所以。于是，在历史上千百次显示过其无穷威力的辩证转化法则，开始起作用了。灾祸的魔影，踏着骄傲者的脚印，走进了刘邦及其大军的营垒。

二、项羽的战略反攻和楚汉相持阶段。从汉高祖二年(公元前 205 年)四月到汉高祖三年(公元前 204 年)九月。

项羽得到刘邦进攻彭城的消息，亲自率领精兵三万，从鲁城(今山东曲阜)急驰回援。他到达彭城地区之后，即向汉军发起反攻作战，从西向东一路横扫过来。汉军没有准备，被楚军打得一败涂地。十几万人被杀，十几万人被赶到水里。刘邦也陷入了楚军包围圈。这时，天气突变，从战场西北方向刮来了一阵大风，这阵大风飞沙走石、折木毁屋，引起了楚军的混乱。刘邦乘这个机会，逃出了楚军包围圈，但是仍然摆不脱楚军骑兵的追击。滕公驱赶载着刘邦和他儿女的马车急驰逃命，每逢敌兵追赶紧了，刘邦就把儿女推下车去，滕公就下车去收回来。这次几乎丢掉身家性命的狼狈逃窜，是对刘邦骄傲自满思想的严厉惩罚。从此以后，他再也不敢重犯这样的重大错误。是的，不犯错误的将军是没有的，重要的是从错误中吸取教训，力求不再重犯类似的错误。刘邦逃命时的表现尽管很丢人，但是他在对待自己错误的态度方面，仍有可取的地方。

刘邦溃退到军事要地荥阳（今河南荥阳东北）以后，韩信帮他收拢了败军与他在荥阳会合。萧何听说刘邦在彭城战败，军队损失惨重，便从关中发来了援兵，连未到壮丁年岁的丁口和老弱中尚有作战能力的人也送来了。刘邦得到韩信收拢的败兵与萧何送来的生力军，军威重振。同项羽在荥阳、京索（京，今河南荥阳东南；索，今河南荥阳）之间，相持起来。这期间，楚军常乘胜逐北，但汉军也击破过楚军。

在项羽的彭城反击战胜利之后，司马欣、董翳跑回楚方，魏王豹也背汉降楚，燕、赵亦反汉和楚。但是，汉高祖二年六月，废丘被刘邦引水攻破，雍王章邯自杀。不久，刘邦又派韩信为左丞相，率兵渡河，擒获了魏王豹。与此同时，刘邦还派雄辩家随何策反九江王英布背楚归汉，大大加强了自己的力量。

公元前 204 年，项羽几次侵夺刘邦运输粮食的通道，汉军的粮食供应发生困难，要求以荥阳为界同项羽议和，项羽打算同意，但是坚决反对刘邦的范增不同意。项羽又围住荥阳急攻。刘邦用陈平的反间计，离间了项羽和范增，但是仍然无法挽救荥阳被围的危局。最后没办法，汉将纪信自愿乘坐黄屋车，冒充刘邦出东门假投降，刘邦在纪信的掩护下，率领了几十个骑兵，从西门突围，出奔成皋（在荥阳西）。荥阳留由周苛、枞公固守。

刘邦逃到成皋以后，收拢余部，准备引兵向东，再同项羽争锋。这时，有一个辕生建议刘邦引兵向南。他说："楚汉在荥阳相持已经几年，汉军常常被困，为了摆脱这个被动局面，现在应该引兵向南，这样，就可以牵动项羽，也引兵向南，楚军一向南，主力分散了，荥阳的留守部队就能够得到休整，韩信也可以放手在河北赵、燕等地区扩大战果，然后汉军再回荥阳，那时就可以打垮楚军。"刘邦采纳了这个出色的运动战建议，引军出成皋向宛（今河南南阳）、叶（今河南叶县南）发展，项羽的大军果然跟随而来，刘邦坚壁固守，不同项羽接战。这时，同刘邦联合的彭越，率领部队在项羽的大后方打起来，攻破了彭城附近的下邳。项羽为了保护自己的大后方，只好放下刘邦，挥师东向去打彭越。项羽的大军一走，刘邦立即引兵北返，击破项羽留守成皋的部队，重新占据成皋。项羽听说刘邦回军成皋,就在击溃彭越之后,再急行军返回西面战场,意图一举打垮刘邦的主力。

汉高祖三年(公元前 204 年)六月,项羽率领从东战场回师的部队向周苛、枞公固守的荥阳进攻,一举攻破了荥阳,又立即围攻成皋。汉军在战斗中失利,刘邦同滕公驾车从北门逃走。后来,渡过黄河,到达河北修武(今河南焦作东)韩信军中。

这样,项羽一年多前开始发动的战略反攻,几经反复,终于在楚汉双方对峙的荥阳一线,取得了暂时性的胜利。

刘邦在这一年多的战争中,由溃败而相持而再溃败,仗打得很艰苦,但是也在战争中积累了经验。

刘邦及其军队从起义到入关、东进,打过不少仗,但在打大仗、硬仗、恶仗方面,比之项羽及其军队是略有逊色的。在这一年多的楚汉战争中,刘邦的军队并不少,条件也不坏,但就是打不赢项羽的军队,其重要的原因就是战争经验不及对方。项羽的军队毕竟是在同秦军主力打大仗、硬仗、恶仗中滚出来的,拳头是硬的;刘邦的军队与他们相比,则是比较软的。打了败仗的军队往往最善于学习的。从彭城溃败的一年多,艰苦的作战锻炼了刘邦的军队,使他们学会了对付项羽军队猛烈进攻的方法,也学会了用什么方法在战斗中打败项羽的军队。

是的,在这一年多由溃败到相持的战争中,刘邦的败仗打得不少,但也打过一些胜仗。这些胜仗说明项羽的军队不是不可战胜的。敌人不可战胜的神话破产了,自己军队的恐敌心理在慢慢消除,事情正在向好的方面转化,这就是胜利的希望。

就是最后荥阳、成皋的两次溃败,比起开头那次彭城的溃败也是好多了。彭城的溃败是一次极端混乱的大溃败,在这次溃败中,自己军队相互践踏,落水而死的士兵,就以十万计。而荥阳、成皋的溃败,混乱程度小得多,损失也小得多。特别是荥阳的守军,坚持作战到最后一刻。出身于小人物的主将周苛被俘以后,坚定不屈,对未来的胜利充满了信心。项羽很敬重周苛顽强作战的精神,想学刘邦重用韩信的办法重用周苛。他对周苛说:“你给我为将,我以你为上将军,封三万户。”不料,周苛非但不听,却反过来要项羽投降刘邦。他说:“你绝不是刘邦的对手，快投降吧，不然你就要被汉军俘虏啦！”

三、刘邦的战略再进攻阶段。从汉高祖四年冬十月到七月（公元前204～203年）。

刘邦在荥阳战场同项羽正面对峙的时候，曾经根据韩信的建议，作出了一个关系战争全局的战略决策，这就是派出一部分主力部队，由韩信率领到项羽的后方去开辟第二战场。这是一个非常正确的决定。从刘邦东进到荥阳相持的几年战争中，可以看出这么一个有趣的现象：即只要项羽在东面有事，一时脱不了身，刘邦就能够在西面得胜；反之，只要项羽从东面摆脱出来，全力对付西面，刘邦就得吃亏。所以，要战胜项羽，必须派部队去抄袭项羽的后路，使项羽陷入两面作战、首尾不得兼顾的境地。刘邦在荥阳、成皋溃败的时候，韩信早已在破赵之战中得胜。刘邦和滕公从成皋逃到河北，凌晨驰入韩信修武军营时，韩信正在军帐中享受他胜利的酣睡，刘邦直入韩信军帐，夺取了印符，指挥起军队来。这时，刘邦曾想率领韩信和汇合来的部队，再渡黄河，同项羽作战，刘邦的郎中郑忠阻止了他这个错误的计划。郑忠说，现在不忙渡河作战，而应该继续努力去攻打项羽的后方，开辟新战场。刘邦听取了郑忠的意见，指派卢绾、刘贾率领两万大军，从东阿（今属山东）进入楚地去支援正在项羽后方作战的彭越，随后，又要韩信率领曹参、灌婴等继续向齐地进发，从后方给项羽以沉重打击。

彭越得到刘贾的支持，在项羽后方大肆活动，切断项羽的运输线，烧毁项羽的粮仓，又在燕郭西（在今河南延津东）击破楚军，接连攻下睢阳、陈留、外黄等十七城（均在今河南商丘以西）。项羽被动极了，为了解除后顾之忧，他亲自率领军队，再回到东面战场去打彭越。他临走时，把成皋战场的防务交付给大司马曹咎和司马欣、董翳等人。项羽毕竟是一个有丰富作战经验的军事统帅，他知道自己一走，成皋前线的战争态势就会发生不利的变化，因此他叮嘱曹咎等，“谨守成皋，不要出战。即使刘邦挑战，也不理他。我十五日内必定能打败彭越，再赶回来”。

项羽到达东面战场，就率领军队攻打陈留、外黄。打破了外黄，就要屠城。他下令叫十五岁以上的男子都到城东，准备坑杀他们。这时，一个勇敢的十三岁少年挺身来见项羽。他说：“彭越来打外黄，外黄居民害怕，只好投降，等大王来救。可是大王来了，又要坑杀他们，今后老百姓谁还敢再归顺你呢？从此以后，梁地十余城，恐怕没有人再归顺你了。"烧杀了一辈子，失尽了民心的项羽，直到这时才从一个小孩子的嘴里听到了真理的声音。他赦免了外黄的人民。项羽这一政策的改变，马上获得了好的效果，睢阳（今河南商丘）以西各城，听到项羽军队来到，纷纷归顺。这个勇冠全军，但是智力却不及一个小孩子的大将军，在他战争生涯的最后时期，能够以实际的行动来改变他一生迷信武力的错误，这是值得肯定的。特别是像他这样一个喑噁叱咤、千人皆废的贵族后裔，能够在真理面前低头服膺一个小孩子的教导，这也是不容易的。他之所以能做到这一点，自然是因为那时他已经面临了困难，困难是最能教导人的。要是没有困难，要是他手中还有数量众多、所向披靡的大军，他是不会去关心一个小城人民死活的。坑杀一些老百姓，这对他算得了什么呢！他甚至连眼皮都不会眨一下。人民的意见，他根本不在乎。不要说是一个小孩子，就是一个老头子，甚至是他尊敬的亚父范增的建议，他也未必会放在心里。是困难打破了他狂妄自大的顽固症。困难还强迫他重新去学习，他终于学会了一些新东西，并且在行动上也有了一点实际的改进。这在平常的时期，未尝不可以作为一个良好的转变开端，但是他所处的是战争时期，而且是战争后期。在战争时期（其实也不仅是战争时期），这样迟缓的改进，实在是为时太晚了。战争是社会运动中发展速度最迅快的事物，在战争中改正错误就像田径赛一样，要及时，要快，要雷厉风行，一定要把错误改正在事态发生决定性变化之前。战争中的一切，包括改正错误在内，都是"机不可失，时不再来"的。

在项羽那里失去的宝贵时机，却被刘邦抓住了。刘邦从上次成皋战场失败以后，一直在耐心地等待着一个对他有利的战略反攻时机。

好了，项羽又挥师东去了，尽管只有十五天的限期，但却出现了最好的作战时机。项羽一走，西面战场上楚汉两军的力量对比马上就出现了反方向的倾斜，汉军占了绝对优势。只要抓住这个战机，迅速向楚军发动攻势，大打，快打，坚决消灭曹咎的守军，项羽就更好对付了。

汉高祖四年冬十月，刘邦率领他的军队渡过黄河，攻打成皋。刘邦几次三番地向曹咎挑战，曹咎按照项羽临走时的嘱咐，不肯出战。刘邦怎肯放过这样大好的战机。他派人使用各种侮辱的手段刺激曹咎出战，一连在阵前辱骂了他五六天。在此以前的楚汉战争中，楚军经常占上风，他们的骄气大得很，怎么能受得了这般辱骂，曹咎气愤之极，一定要出战，司马欣、董翳等人吃过刘邦的亏，极力劝阻，曹咎不听。于是，楚军就在曹咎的指挥下，渡汜水去打汉军，军队刚渡过一半，刘邦就出动全军，向楚军展开猛烈攻击。这一仗，楚军被打得落花流水，死伤累累。曹咎、司马欣、董翳觉得无脸再见项羽，相继在汜水边自刎身死。刘邦缴获了楚军的金玉财货以后，乘胜进军，包围了荥阳的楚军名将钟离眛。

汜水大捷，是刘邦在楚汉两方在相持多年的正面战场上打的第一个、但却是决定性的大胜仗。这个战役以后，汉军即在战场上处于主动、优势的地位，楚军则转为被动、劣势。楚汉战场的战略态势全部改观。

项羽在睢阳听到曹咎兵败自杀的消息，急速引军西向，汉军围困荥阳的部队，见到项羽率军来了，就走入险阻地带，恃险对抗。

与此同时，彭越又在东面活动开了。还是老一套战术，切断运输线，截击粮道，把楚军弄得粮食匮乏。项羽恼火极了，就把彭城反击战中俘获的刘太公（刘邦的老子）绑在高台上，向刘邦说："你要是还不罢休，我就烹煮了你的老子。"刘邦说："我们过去反秦时曾约为兄弟，我的老子就是你的老子，你一定要烹煮，那就请分我一杯羹吧！"项羽没有办法，又向刘邦挑战，要同刘邦单独决斗，比个高低。刘邦笑着说："我宁愿同你斗智，不愿同你斗力。"项羽再派其他勇士出战，刘邦就叫一个少数民族的著名射手楼烦应战。楼烦接连射杀了项羽的好几个勇士。项羽气坏了，亲自披甲持戟出战，射手刚要开弓，项羽瞪大眼睛，猛然大声叱喝，楼烦从来没见过这种架势，吓得目不敢张，手不敢发，赶紧往回跑。刘邦听说项羽亲自临阵，就出来骂他。项羽大怒，又要同刘邦决斗，刘邦不干，项羽就叫人向刘邦施放暗箭，一支箭射中了刘邦的前胸。刘邦深知军事统帅的安危对全军影响极大，就假装没事的样子伏在马上说，敌人的箭射了他的脚，趁势退回军中。

这时，项羽的后方也发生了巨大变动。成皋大战的同时，韩信已经平定了齐地，并且准备从齐地向项羽发动进攻。项羽为了夺取山东，安定后方，派大将龙且率领约二十万大军去阻击韩信。龙且为大将的时候，韩信在项羽那里还是个不起眼的小人物，所以他很轻视韩信，趾高气扬，一味冒进。别人劝他说："汉兵远斗穷战，锋不可当，不如一面深壁高垒，不与他打，一面叫齐王去招抚陷落在汉军手中的城池,这样才能最后战胜之。"龙且不以为然地说:"韩信嘛,我早知道他,寄食于漂母,受辱于胯下,是个胆小鬼,不足畏也。"韩信利用龙且这种骄纵贪功的心理,预先在潍水壅水为阵,布设圈套。接着,再用佯败的办法,引诱龙且的大部队深入险地,然后决水淹杀。愚蠢的龙且就这样把项羽交给他的二十万大军引入了覆没的绝境,自己也阵亡了。

潍水之战是楚汉战争以来,汉刘方面的一次歼敌最多的重大胜利。这次胜利的重要意义,不仅在于使项羽永远失去了山东地区,从而在战略上陷入腹背受敌的被动局面;而且在于龙且的大军都是项羽百战的精锐。由于龙且大军的被歼,使项羽丧失了自己军队中一大部分最能作战的有生力量,在军事上陷入更加被动的地位。

项羽很明白,潍水战役的失败,对于他意味着什么,他第一次感到了恐惧。为了挽回不利局面,他不得不向自己昔日看不起的小警卫低下他那高贵的头颅。他派出淮北人武涉作特使去争取韩信,这时韩信已经被刘邦封为齐王。

武涉向韩信游说道:"刘邦是个不知餍足的大野心家,非吞尽天下不罢休,你现在所以能封王,是因为项王还在,项王要是垮台了,刘邦就要收拾你。现在项王与汉王谁胜谁败关键在你。你站在汉王一边则汉王胜,你站在项王一边则项王胜。你过去同项王有老交情,何不联楚反汉,与汉楚三分天下呢? 为什么一定要助汉击楚呢?"

武涉的话,引起了韩信辛酸的回忆,他回答武涉说:"我过去事奉项王,官不过郎中,位不过执戟,言不听,计不用,我才背楚归汉。归汉以后,汉王授我上将军印,交给我数以万计的军队,解下自己的好衣服给我穿,省下自己的好吃的给我吃,对我真是言听计从,这我才有今天。别人这么信任我,我背叛人家是不道德的。这个决心,到死不变,你把我这些话拿去回报项王吧!"

能言善辩的武涉听了韩信的回答,也无言以对。项羽这场自讨没趣的故事,值得世间一切鄙视卑贱者的大人物深思。

四、和平谈判阶段。汉高祖四年(公元前 203 年)八月到九月。

汜水和潍水两大战役之后,刘邦兵多粮足,项羽兵少粮缺。项羽利于速战速决,刘邦利于拖一段时间再战。为此,刘邦向项羽发动了和平攻势,其目的是:(甲)以和平的气氛来麻痹、松懈项羽的军队;(乙)用拖延时间的方法来扩大项羽军队的缺粮矛盾;(丙)休整自己的部队;(丁)虽然楚汉双方的兵力对比,已发生有利于汉军的转折,但是汉军的主要部队还没有全部集中起来,要同楚军胜利决战,还需要韩信、彭越、英布等都来会同作战,这就需要有一个调兵遣将的时间。

刘邦先派陆贾到项羽那里去议和,项羽不和。以后又派侯公去说,这次项羽答应了,双方协定以鸿沟(在今河南境内,自开封市至淮阳一线)为界,平分天下。鸿沟以西归汉,鸿沟以东归楚。和谈协议达成以后,项羽归还了原先俘虏的刘邦的父亲刘太公和刘邦的夫人吕雉。侯公完成和平谈判的任务回来,刘邦封他为"平国君",说他是天下的辩士,所居倾国,所以封为"平国君"。

这时,项羽退兵东归。刘邦也打算休整一下,再同项羽打,但他的智囊团张良、陈平不同意。张良、陈平说:"现在项羽兵疲粮尽,不如乘他们撤退的时机包围歼灭之,以免养虎为患。"刘邦采纳智囊团的意见,决定抛开和平协议,利用项羽和平撤退的有利时机,调集各方面力量,彻底消灭项羽。

五、垓下决战阶段。汉高祖五年(公元前 202 年)冬十月到一月。

刘邦一面亲自率领部队追击项羽的后撤部队,一面派人向韩信、彭越、英布等人传达命令,要他们迅速调集大军来同项羽会战。他自己的部队在阳夏(今河南淮阳北)、固陵(今河南太康南)一带追上了项羽的部队,但是韩信、彭越等人的兵马却不能按期到来。楚军回击,汉军不敌,退入壁垒,或深挖壕沟自守。

刘邦问张良:"各路诸侯不肯按时出兵,怎么办?"张良说:"现在楚汉战争到了决定关头,楚军眼看就要完了,可是韩信、彭越他们仍没有分得土地,所以他们不肯按时前来。君王若能用划分封地的办法来同他们共分天下,把陈(今河南淮阳)到海划给韩信,把睢阳(今河南商丘)以北划给彭越,他们马上就会来。不然事情就不好办。"刘邦同意了张良的意见,马上派人把上述分封的决定,告诉了韩信、彭越。韩信、彭越听了,大为高兴,立即进兵。与此同时,英布、刘贾和新近背楚归汉的大司马周殷等人也率领部下来会。汉高祖五年冬十二月,各路大军云集垓下(在今安徽灵璧东南),把项羽的部队团团围住,中国古代战争史上一次规模巨大的会战在这里展开了。

战场上的态势大致是楚军十万,汉军三十万,古代流传下来的琵琶大曲《十面埋伏》、《淮阴平楚》,描写了那种千军万马的声势。

垓下决战的时候，汉军在战场上布置了前、中、后三层兵力。前军由韩信直接指挥，后军的将军是周勃和柴武。刘邦则率领中军，处于前、后两军之间。

韩信的前军分左、中、右三锋，中锋由韩信率领，左锋由孔熙率领，右锋由陈贺率领。韩信先指挥前军中锋同项羽的部队接仗，初战不利。这时，韩信一面要前军中锋向后面退却，让项羽的部队突出于阵前，一面指挥前军左锋和右锋从两侧对楚军发起攻击。项羽的部队两面受敌，战斗中处于不利地位。之后韩信又指挥前军中锋再次向楚军进击。楚军人数既少又处于三面被包围的境地，结果被汉军打得大败。数以万计的人被歼灭。大战以后，楚军被围困在垓下一个狭窄的地区。这时，张良又利用文艺的武器向疲惫、饥饿和充满失败主义情绪的楚军发动心理攻势。

在鏖战了一天的夜晚，悲凉的楚歌从四面八方传入楚军营中，这歌声在被围困的楚军将士中引起了共鸣，他们想念起自己的家乡和亲人，思想上更加悲观绝望，他们无心再作抵抗，纷纷离阵逃跑。文艺的武器在心理攻势中发挥了它的强大威力。四面楚歌的声音把项羽从睡梦中惊醒。他吃惊地问道："难道楚地都被汉军占领了吗，怎么他们那边有这么多楚人呢?"他烦闷极了，起身饮酒消愁。他钟爱的美人叫虞姬，乘坐的骏马名乌骓。他慷慨悲歌：

力拔山兮气盖世，时不利兮骓不逝。

骓不逝兮，可奈何？虞兮虞兮，奈若何？

虞姬和唱：

汉军已略地，四方楚歌声；

大王意气尽，贱妾何聊生。

项羽望着向他表示殉情之志的心爱美人，流下了眼泪，他左右的人也哭了。"力拔山兮气盖世"的一代英雄，这时竟连一个心爱的女子也保护不了了。

历代的诗人对这一幕哀婉悱恻的历史悲剧发出了深情的叹息。

一种娇弱的小红花被人们命名为"虞美人"，女演员弹唱着"虞美人，美人

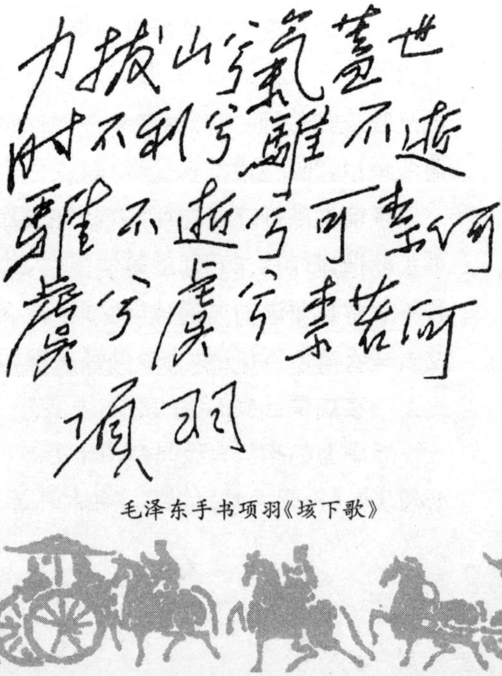

毛泽东手书项羽《垓下歌》

血”的歌曲，对这个被战争狂涛淹没的美丽灵魂进行安慰。戏剧家编出了动人心弦的历史剧《霸王别姬》。这出戏至今仍在舞台上历演不衰。甚至在它进入西方舞台时，仍能以它深刻的主题，感动着千万异国的观众。

毛泽东在他的讲话中也多次以历史的这一幕为训。他告诫革命的领导人不要学楚霸王，否则总有一天也要“别姬”的。

军队大部分已经溃散了，剩下的一部分也缺乏战斗精神了。项羽带领麾下的八百骑兵连夜突出重围，向南逃去。

黎明时刻，刘邦发觉项羽突围，急忙派骑将灌婴率骑兵五千进行追击。这时项羽已渡过了淮河，继续向南奔逃，跟随的人只剩下一百多名。

项羽逃到阴陵(在今安徽定远西北)时迷了路。他向农民问讯。连年遭受战争苦难的农民欺骗了他，叫他向左去，结果陷入了大泽，被汉军骑兵追上。

项羽领着剩下的骑兵从大泽转向东城(今安徽定远东南)，随从的人只剩下了二十八骑，大队汉军骑兵从后面包围上来，项羽知道很难再逃，就准备转身战斗。他对身边的二十八骑说：“我起兵至今八年了，身经七十余战，所当者破，所击者服，从来没有打过败仗，终于称霸天下。不料现在却被困于此，这是天亡我，非战之罪也。现在我准备同汉军痛痛快快地决一死战，让大家知道，这是天亡我，并非我不会打仗啊。”随后，项羽把二十八骑分为四队，大呼一声疾驰而下，果真是所向披靡。项羽对从骑说，我要斩一个汉将，果然一会儿就斩了一个汉将。这时另一个汉将杨喜追上来，项羽大喝一声，杨喜的人马俱惊，倒跑了好几里才止住。汉军再围上来，项羽又率人砍杀，一连杀了近百人，然后再聚合他的从骑，自己方面才损失了两个人。他得意地向随从们问道：“怎么样?”随从们服气地说：“大王说得到，做得到。”

项羽突围到了乌江(今安徽和县东北四十里长江北岸的乌江浦)边。乌江亭长劝他渡江再起。项羽笑笑说：“天要亡我，我还渡江干什么? 过去我与江东八千子弟兵渡江而西，最后却没有一个人跟我回来，纵然江东父老能怜惜我，我又有什么脸面去见他们呢? 他们就是不讲话，我项羽能不独愧于心吗?”

于是项羽同随从回头跟汉军步战，他一个人就杀了汉军数百人，自己身上也受了十多处伤，后来在搏杀中见到了背楚归汉的熟人吕马童，说：“你不是我的故人吗? 我听说汉王以千金的重赏、万户的封邑来购买我的人头，我送你个人情吧！"遂自刎而死。

北宋著名女词人李清照读史至此，写道：

"生当做人杰，死亦为鬼雄；

至今思项羽，不肯过江东。"

多少年来，许多人以这个弱女子的雄健诗篇来为项羽之死唱挽歌。这至少是一种误解。李清照这首诗是激于宋朝君臣在女真侵略者面前退让逃跑的可耻现象而发的，她是借项羽之死来鞭笞那些腐败无能、贪生怕死的文武官僚，而不是对楚汉之争作历史评价。从历史发展观点来看，项羽之死结束了当时已延续多年的战乱，这是符合于人民利益的。

项羽乌江自刎

前于李清照的北宋改革家王安石，对于历史的这一幕写道：

"百战疲劳壮士衰，中原一败势难回。

江东子弟今虽在，肯与君王卷土来？"（《乌江亭》）

这首诗说出了项羽的失败是当时历史发展的大势所趋，他的死也是无可奈何的举动。这个评价是符合历史事实的。

因为刘邦对项羽的人头悬了重赏，所以项羽一死，汉军将士就蜂拥而上抢夺尸体，有的抢了头颅，有的抢了残体，因为你争我夺，互相践踏而致死的有数十人。最可笑的是那个被项羽一声大喊吓破了胆的杨喜，尽管他在打仗时胆小如鼠，却也是个打死老虎的英雄。因为他抢来了项羽的一小块尸体，后来被封为赤泉侯。

项羽死后，楚地都投降了，就是项羽的封地鲁城不降，刘邦就叫人把项羽的头颅送到鲁城，向鲁人证明项羽已死。鲁城人这才投降了，刘邦就在鲁城为项羽举行葬礼，还假惺惺地哭了一场。

历史的总结——汉胜楚败的根本原因是什么？

这是一场使人感到扑朔迷离的历史运动。

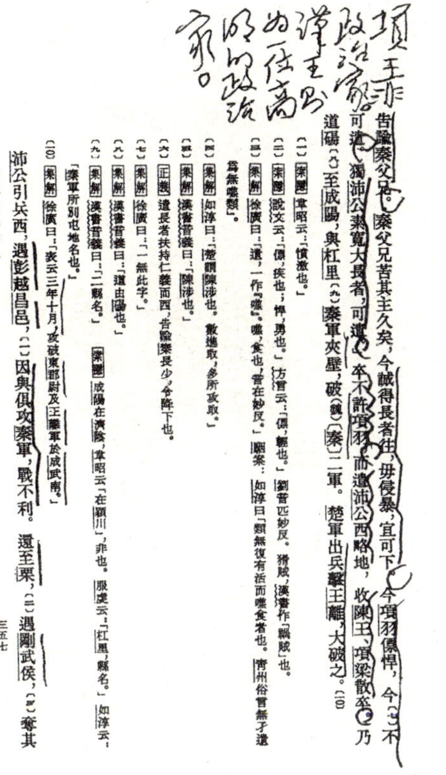

毛泽东评点《汉高祖本纪》手迹“项王非政治家，汉王则为一位高明的政治家。”

为什么一个力能扛鼎的青年英雄，竟然败给了一个力微体衰的老头儿呢？

让我们回想一下那些急速旋转的历史镜头吧！

那个在“鸿门宴”上向项羽赔情谢罪、后来又吓得离席而逃的胆小鬼，那个在彭城战役中连儿子、女儿都不要了的逃命者，那个在广武阵上向烹煮他父亲的敌人要求分一杯羹的撒泼者，他竟然是这一场历史性大决战中的胜利者，最后登上了皇帝的宝座；而那个在反秦起义的战场上破釜沉舟、九战九胜的上将军，那个“将五诸侯，灭秦，分裂天下”（《史记·项羽本纪》）的楚霸王，那个“喑呜山岳，叱咤风云，飘忽震荡，横行天下”的一代雄杰，他竟然在这场战争中失败了，最后落个乌江自刎的下场。

这一场恶作剧似的历史变故，其根据是什么呢？汉胜楚败的根本原因是什么呢？

对这个问题首先给予回答的是项羽本人。

项羽对这个问题回答得很匆忙。他是在战马上思索这一切的，他的答案是“不服气”，他说，这是“天亡我，非战之罪也”。

这是一种简单的天命论。

项羽是个读书不多的人，他不知道，早在几百年前就有人批判过这种把一切归诸于天的天命论。就连孔子也说过：“天何言哉，天何言哉。”荀子则说：“天命有常，不为尧存，不为桀亡。”把自己失败的责任推给老天爷这显然是不正确的。这一点连颇为同情他的史学家司马迁也不赞成，司马迁批评他道：“身死东城，尚不觉悟，而不自责，过矣，乃引天亡我，非用兵之罪也，岂不谬哉！”（《史记·项羽本纪》）是的，我们本来就不指望从这个勇力巨人、智力矮子的头脑里去寻求历史的真理。

胜利者刘邦对这个问题回答得很从容。他在欢庆胜利的宴会上，把问题提交给他的部下，要大家分析汉胜楚败的原因。王陵、高起等回答说，汉胜楚败的原因是刘邦的本事大，能奖赏有功，“所降下者因以予之”，项羽气量小，“战胜而不予人功，得地局不予人地”。刘邦说：“不对。要说运筹于帷帐之中，决胜于千里之外，我不如张良；镇国家，抚百姓，转送粮饷，不绝供给，我不如萧何；统帅百万大军，战必胜，攻必取，我不如韩信。这三个人都是人杰啊，我能用之，这就是我所以能取得天下的原因。”（详见《史记·高祖本纪》）

这个回答，其思想深度不仅比项羽的天命论高，而且也比他那一群好吹喇叭的部下高，由于这个原因，刘邦的这一段话，一直为历代史家所重视、各种史书不断引用。汉初三杰成为历史上的名谈。但是，从科学的历史观点来看，刘邦的回答仍然是一种历史唯心主义。这是一种比较复杂的历史唯心主义，它不同于那种简单的天帝创造一切的唯心论，它以人间的英雄代替了上天，它的主张是英雄创造一切，它认为活跃于历史舞台上的杰出人物是历史发展的原动力，一句话，是英雄造时势。这是违反客观历史发展的实际的。

我们并不否认汉初三杰的英雄才略，他们的确是那个时代的杰出人物。但是，历史唯物主义的科学已经证明，社会发展的原动力归根结底，取决于社会物质生产的发展。历史的主人，归根结底是千千万万创造物质文明的人民大众。“人民，只有人民，才是创造历史的动力。”（毛泽东：《论联合政府》）杰出的人物，只有当他的行动在客观上符合当时社会生产发展条件并进而能改进这些条件时，他才能在社会生活中起重大作用。

所以从根本上说，不是英雄造时势，而是时势造英雄。英雄人物的杰出作用在于他能适应时势，并在时势的基础上、在时势所提供的可能性的历史舞台上，顺应时势的发展方向去推动时势的发展，这才能演出威武雄壮的历史剧。

对这个道理，我们只要回顾一下这个历史时期的英雄豪杰都是怎样从陇亩中突梯而起的，就可以明白了。

秦始皇横扫六合、统一中国以后，活跃在我们这段历史中的几个风云人物都在干什么呢？

刘邦那时是个声望不高的农村基层干部，他惟一突出的业绩，是用浮夸的赠礼，在乡绅吕公的宴席上夺居了前位，并由此赚来了一位后来给他带来许多麻烦的贵夫人。萧何那时是个刀笔吏，平平淡淡，没听说他有什么大本事。张

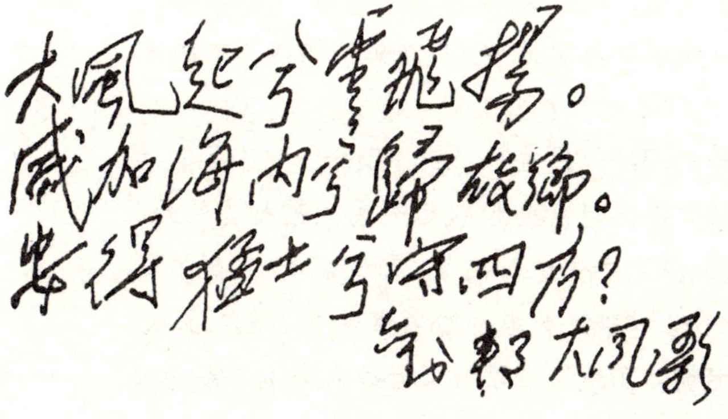

毛泽东手书刘邦《大风歌》

良则是个贵族的后裔，暗杀秦始皇不成功，被迫到处流亡，连个固定的住处都没有。韩信呢？更糟糕，文不成，武不就，又不会生产劳动，只好寄人篱下，乞食于漂母，他是个流浪者。杰出的英雄人物，在历史没有给他们提供广阔舞台的时候，也只能像盐车下的千里马，嘶鸣而已，骈死于槽间而已，是难以表现其卓越才干的。

突然间，农民大起义爆发了。由秦始皇所力行，并为赵高、秦二世所恶性发展的法家专制，走向了它的反面。它破坏和阻碍了生产力的发展，人民在暴秦的统治下无法生活下去了，他们强烈要求改革政治制度，当这种要求达不到时，社会革命就来临了。刘、萧、张、韩辈看到了人民的要求，他们适应了历史发展的需要，勇敢地投身到人民起义的大风暴中，并进而利用人民起义的力量，成为起义农民的新主人。

楚汉战争不同于反秦农民起义，这是两种性质不同的战争。反秦农民起义是农民与封建政权的战争，楚汉战争是新的封建集团为争夺统治权利的战争。难道这样的战争其进退胜负也与人民力量有关系吗？是的。尽管楚汉战争的性质同农民的反秦起义不相同，尽管人民对这个战争的参与程度同反秦农民起义不相同，但是它的进退胜负，仍然与人民的向背有极大的关系。

反秦农民起义胜利以后，人民是不希望再有战争的，但是由两大农民起义集团转化成的新封建集团，为争夺全国的统治权利发动了内战，而且这个内战不是一种简单的小范围的军阀内战。简单的、小范围的军阀内战同人民的关系常常不是很大，人民，至少大多数人民可以不去参与战争。楚汉战争则不同，这是一场规模巨大的内战，其战场西起关中，东至淮海，北达长城，南及长江。总之，整个中国中原地区大部分都卷进去了。双方前后参战的人数在百万以上。秦末的全国农户不过四五百万，一百万人占了青壮农民相当大的比例，实际当时广大地区的农业劳动力相当大的一部分都被卷进这场战争中去了。试想，一个席卷了全国大部分地区并有众多农民参加的战争，人民能不给以极大的关注吗?

从表面上看，楚汉战争所要解决的问题只是由哪个封建集团统一中国的问题，但实质上，这个问题如何解决却同中国社会各阶级都有重大的利害关系。它不仅与地主阶级有关，同农民阶级、城市平民也有关系。既然如此，人民就不得不在这两大集团间进行认真的抉择。向谁? 背谁? 他们要有自己的态度，即使是两害相权吧，他们还要取其轻者呢。正是这种表现了无数人集体力量的人心向背问题，最后决定了楚汉战争的历史命运。

人们对楚汉两大集团的政治抉择，是根据两大集团在政治上、经济上各自实行的政策决定的。他们是非常实际的，绝不听仁义道德的空话，他们唯一顾虑的是在生活的实践中，究竟哪个集团执行的政策，比较符合他们的利益，比较合乎他们的愿望。

刘邦和他的三杰，其杰出的历史作用，就在于尽管他们不可能懂得历史唯物主义，但是由于他们原来的社会地位使他们比较接近人民，所以，他们仍然能够通过对社会的观察和亲身的体验，感触到人民的愿望和要求。他们比较懂得人民疾苦，并能根据人民的愿望和要求自觉不自觉地在政治上、经济上、军事上采取了比较正确的方针政策。这就使他们站到了历史的进步方向，适应了历史发展的要求。所以，从前台看，在历史舞台上演出辉煌场面的是一些英雄豪杰，但是从后台看，历史舞台的主人却是站在这些演员背后的沉默寡言的人民。

刘邦都采取了哪些适合历史发展需要的方针政策呢?

他兵进咸阳，就公开向人民宣布废除秦王朝所施行的各种暴政苛法，立意改革秦王朝“诽谤者族，偶语者弃市”的繁刑和横征暴敛、搜刮无度的做法，这些正是秦末农民起义所追求的目标。

他同关中人民的“约法三章”，“杀人者死，伤人及盗抵罪”亦符合相当一部分农民的要求。据《吕氏春秋》记载，还在战国时期，农民即有“杀人者死，伤人者刑”的口号，在当时，这个口号的矛头是指向滥杀人、滥伤人的统治阶级的，是具有社会进步性质的。但是在反秦农民起义以后，社会发生大动荡，封建统治阶级的生命安全亦处于起义农民威胁之下，“约法三章”实质上具有维护封建社会秩序、维护封建地主阶级私有财产制度的含义。它的反对杀人、伤人，亦有不准农民群众趁农民起义军占领秦王朝首都的机会随意杀伤地主的含义；在不准杀人、伤人之外新加的"盗者抵罪"这一条，是不准农民去剥夺地主的土地、财产。虽然如此，这个约法也保护了小农、自耕农的财产和人身安全，使他们在社会大动荡的年代免遭生命财产的损失。这也是符合广大小生产者要求社会秩序稳定的愿望的。受限制的是雇农、小生产者中的贫苦者、无业游民等。

但是秦末汉初，封建主义的生产方式尚处于新兴时期，它在社会生产中尚有比较大的发展余地。农民与地主是对立的，剥削者和被剥削者已经处于经常不断的斗争中，但是两极分化的情况还不像后来那样严重。多数起义农民最迫切的要求是废除秦王朝的暴政苛法，还不是解决私有地主对农民的经济剥削问题。由于这些情况，刘邦的"约法三章"很快即为当时各阶级所接受，加上约法的内容简单明白，易于推广执行，其影响很快遍及到农民军所到之处。

刘邦集团还比较注意人民的生产和生活问题。公元前 207 年，刘邦平定三秦以后，就把秦王朝原先的苑囿、林圃分给农民耕种，缓和了农民要求土地的矛盾。特别对于人民的负担问题，刘邦、萧何一直抓得很紧。即使在战争尚在进行的时候，他们仍然努力把农民的负担弄得合理一些。刘邦行军时不准掳掠，攻进咸阳时，人民献牛羊酒食，他婉谢不收。平定三秦以后，又因战争原因，免除汉中、巴蜀人民租税两年。灾荒时，大量移民。对于军人家属，还给以免除税役的优待。这样，刘邦集团就获得了广大农民的支持，从而在政治上获得了强大的依靠力量。

在刘邦集团实行这些正确方针政策的时候，项羽集团又在干些什么呢？他，项羽，一个怀着强烈报复欲的贵族后裔，完全忽视了起义农民的愿望是什么。正是农民的起义使他摆脱了到处流亡的生活，并让他在历史上扮演了英雄的角色，但是他却不懂得农民为什么要起义。在他的眼中农民只是他这个贵族可以利用的群氓。他念念不忘的是他家族的深仇大恨。他要向秦王朝的一切进行报复。这就使他与历史发展的要求格格不入。他坑杀了几十万秦卒不算，还要引兵屠咸阳城，杀了子婴不算，还要火烧了阿房宫，"收其货宝妇女"。有人批评他"人言楚人沐猴而冠，果然。"他听说了，非但不反省，还把批评的人捉来，用火煮了。他攻打城池的时候，如果遇到抵抗，那么破了城就烧老百姓的房，坑杀年龄在十五岁以上的男子。他到了哪里，就把残破与灾难带到那里。老百姓怨愤极了。不要说有刘邦集团比着，就是没有刘邦集团，人民也不会甘心让这个违背历史发展要求的军事政治集团做他们的新统治者。人民斩木为兵，揭竿为旗，不顾性命地起来抗命，究竟是为什么呢？难道是为了让一个残暴的霸王来代替残暴的秦王吗？

还有他破坏秦始皇建立的全国统一的郡县制，一定要在全国恢复战国时期列国并立的局面，这也是不符合当时经济发展要求和人民愿望的。人民反秦是反它的暴政苛法，而不是反对它的全国统一，战国时期列国并立的局面给人民带来的战乱、六国贵族的腐败统治给人民带来的苦难，人民记忆犹新。项羽那种解决全国问题的政治方案同起义农民的愿望根本相反。

人民希望的事情他不去做，人民反对的事情他却做了。这样，项羽集团从反秦农民起义的胜利之日起，就开始脱离了人民。

这里，我们还要分析一下楚汉争雄时双方的后方根据地问题。

由于刘邦集团在各方面实施了比较正确的政策，他很快即在关中、汉中、巴蜀地区建立起比较稳固的根据地。这个根据地后来成为刘邦在楚汉战争中最终战胜项羽的重要支柱。三杰之一的萧何在这方面的建树是值得称赞的。他入关以后即收集秦王朝的图书、簿册，料理户口，安抚百姓。镇守关中时，又能注意组织生产，为后方的建设作出了很大的贡献。

因为有了这个稳固的根据地，刘邦前线的几十万大军才有比较充足的粮草供应；也因为有了这个稳固的根据地，刘邦在彭城大败的危急关头，才能得到人力补充，重新转危为安。

彭城战役中，刘邦的军队约有一半被歼，萧何从根据地内组织了庞大的后备部队，而且动员这个后备部队上了前线。这是一次人心向背的大考验。关中、汉中、巴蜀的青壮年在楚汉战争之前已经死了几十万人，刘邦出关作战又带走了几十万，这两个几十万就把根据地中的青壮年拿掉了一大半。在这种情况下，萧何又能组织起包括老弱在内的几十万人上前线，这件事充分说明当时的人民是愿意帮助刘邦来打败项羽的。没有这个巨大的支持，当时的刘邦是无法重振军威的。

项羽这一方呢？他原来占据的地盘很大，“都彭城，王九郡”。河南北、江东西、彭城、两淮的广大地区都是属于他的。但是，由于他在各方面实行了错误的政策，直到他自取灭亡为止，也没能在这样广大的地区建立起一个稳固的根据地。史书中关于他军队粮少、粮尽、粮绝的记载不断。人力的补充更没有保障，他的部队伤亡一个少一个，伤亡一批少一批。几次大仗，元气一伤，就无法再重整旗鼓。

由此可见，人民在战争中支持谁，谁就赢得战争；人民在战争中不支持谁，谁就只能失败。楚汉战争中，决定汉胜楚败的根本原因是人心的向背，是人民的力量，这就是历史的总结。

楚汉双方军事指挥的优劣

人心的向背、人民的力量是决定楚汉战争谁胜谁负的根本原因，但是战争双方统帅部军事指挥的正确与错误也是战争胜负的重要因素，而且是一种直接发生作用的因素。

总的来说，历史终究是要按照人民的愿望向前发展的。人民的愿望根源于人民的经济生活，它不过是一定时期经济发展各种要求的集中反映。

但是这不意味只要符合人民的愿望，只要符合当时社会经济发展的要求，那么任何一种战争就必然会取得胜利。事情要是那样简单，历史和历史研究大概就可以变成数学和数学演习了。

不，历史是世界上一切事物中最复杂的事物，它是世界上一切运动中最高级的运动。历史发展是千变万化的，它绝不是一个简单的公式、一个一般的原理所能概括的。人民的愿望、经济的要求，只能决定历史发展的大方向，而具体历史的发展，即它的形式、速度、曲折、往复，则要由错综复杂的、互相交织在一起的各种条件、各种因素来规定的。战争的事情尤其如此。历史上为人民所支持，而且是符合当时历史发展要求的战争，由于军事指挥者的错误而遭受失败的事例也并不是个别的。当然，必然性的因素是历史发展中最强大的因素。为人民所支持，符合当时社会经济发展要求的战争，总有一天要胜利的。只要历史的必然性存在着，历史总能找到它实现的方法。但是，其发展的具体道路，历史的具体面貌，就会大不相同。在某些情况下，历史暂时走回头路的可能性也是存在的。所以战争中的军事指挥，对于历史的发展绝对不是无关紧要的东西，它应当是战争中应首先予以关注的课题。

楚汉战争双方军事指挥上的优劣，为我们的上述观点提供了实例。在战争中得到人民支持的刘邦集团，正是由于其军事指挥比项羽集团正确，这才能在这场规模巨大的战争中夺取了胜利。

项羽少年时，学书不成，去学剑；而学剑又不成。他的叔父项梁生气了。项羽说："书只能记名姓而已，剑一人敌，不值得学，要学万人敌。"但是，他哪里知道，规模巨大的楚汉战争向它领袖人物提出的要求，甚至也不是一个学"万人敌"的角色所能承担的。

历史向楚汉战争的领袖人物提出的要求是学十万人敌，百万人敌。它要求于战争领袖人物的是统全局、筹良策，即能以正确的战略思想，指挥数以几十万计的大军，克服各种困难，向胜利之途迈进。

不是在别的问题上，正是在这个战略指挥的问题上，项羽是一个劣败者。项羽在战术上、在战役的指挥上，常常比刘邦要高明。他身先士卒，勇猛果敢，披坚执锐，所向披靡。在这方面刘邦连他的一个手指头都不如。但是在战略指挥上，他却是一个胸无全局、目光短浅、消极被动、十分愚蠢的家伙。

战争中战术性的胜负，有时也能够对全局发生重大影响，但多数情况下，战术性的胜负并不会引起战争全局的变化。重要的是捉住战略全局，制定正确的战略方针，并在这个方针指导下，去努力争取多数的，特别是构成战略全局有机组成部分的关键性战役的胜利。项羽恰恰在这一点上非常无能。他是一个很好的团长、师长、军长，却不是一个合格的集团军参谋长，不是一个合格的野战大军的司令员，更不配做一个巨大军事集团的统帅。

他并不是不知道刘邦集团是他争夺天下的主要敌人，至少他的谋士范增多次告诉过他。但是怎样同刘邦作斗争呢？在这个问题上他竟然连一个通盘的战略计划都没有。不是完全没有这种战略计划，而是没有一个通盘的、目标清楚的战略计划。一个冲动来了，他仓促地、毫无准备地就决定明天同刘邦决战；刘邦赔了情，他又决定同刘邦和好；和好了不放心，他又分封了三个王来监督刘邦。他大概从来没有好好地想一想，他的四十万大军都没有能解决的问题，三个王又能有多大作为。果然刘邦乘他东方有事的机会，出兵打败了三个王，他一怒之下要回来打，但是听了刘邦不再向东的说法，又放弃了有利的战机，不回来了。直到刘邦抄了他的老窝彭城，抢了他的宝货美人，他才仓促回军反击，这个反击也不是认真从战略上规划过的。他只带了三万骑兵回来，其他部队仍然留在东方。尽管他没有集中兵力，但是由于刘邦的骄纵与麻痹，反击战仍然取得了巨大的胜利。这次胜利使楚汉战争的态势发生了转折，他完全可以利用这个有利的态势，集中自己的力量，快速进军乘胜追击，扩大战果，以求全胜。但是他计不出此，却慢腾腾地让刘邦收集了残部在荥阳、成皋同他对峙起来。

更有甚者，当刘邦在战斗接连失利的情况下，行缓兵之计，派人与他议和的时候，他竟想同意和平。只是由于范增的坚决反对，他才改变主意，急攻荥阳，把刘邦打得狼狈逃窜，几乎做了俘虏。但就在这时，他又中了陈平的离间计，辞退了矢忠于他的范增。离开了范增，他的战略指挥更加笨拙不堪。他竟放弃了即将到手的全面胜利，不去集中力量追击从成皋渡河溃逃的刘邦，却要回过头去打彭越。

仅仅因为彭越扰乱了他的后方就需要亲自挥师东去吗？不可以另外派一支偏师去对付一下彭越吗？他忘记了他击败秦师主力章邯、王离时的胜利经验，忘记了他是怎样破釜沉舟，携三日粮一往无前地渡河与秦师决战的情景。在那种急风暴雨、胜负未卜的情况下，他尚能有决心和信心集中全力去打败敌人。现在打了胜仗，为什么却不能集中全力渡河去追歼刘邦呢，是出于军事上的谨慎吗？项羽从来是不讲这一条的，何况那时正是他打了胜仗、趾高气扬的时候。是害怕韩信的部队吗？那时项羽还没有把韩信放在眼里，何况韩信虽然在赵地取得了战争的胜利却并未控制全部地区，而且，据李左车的分析，他的部队那时已经十分疲劳。那么究竟为什么项羽不肯乘刘邦从成皋溃逃时实行追击作战呢？唯一的答案就是他战略指挥上笨拙无能。

毛泽东在他著名的《解放南京》的诗篇中说“宜将剩勇追穷寇，不可沽名学霸王”，说的就是我们不可以再犯项羽这种重大的战略指挥上的错误。

在应该追击的地方他不进行追击，在应该收缩的地方他又不知道收缩。在他的兵法里收缩就是退却、就是败北、就是耻辱。他东征西讨，两面作战，自以为很主动、很英雄，所向无敌，其实是被人家拖着鼻子两面跑，很被动、很可笑。他在敌人钳形攻势面前，本来应该采取彭城反击战的胜利经验，收缩战线，诱敌深入，然后寻找机会给敌人以歼灭性打击，即使不愿收缩战线也应该分清主次，把全力贯注于一处，务期全克，一处胜利之后，再去解决第二处的问题。但他不肯这样做，一处的问题没解决，就要回来打第二处，第二处的问题没解决，又回过头去再打第一处，结果弄得“扁担未扎，两头打踹”，非但一处胜利也得不到，反而折兵损将，让自己陷入被动、挨打的地位。

陷入被动挨打的地位以后他能不能吸取错误的经验，及时改正错误的战略指挥，以恢复自己的主动地位呢？不。他是一个一触即跳，章法混乱，既经不起胜利，更经不起失败的将军。清醒的估计，现实的态度，他没有；惨淡的经营，艰苦的奋斗，更谈不上。他有的只是缺乏战略头脑和失掉自主能力的应付。

曹咎兵败的时候，他虽然已经处于不利地位，但是他的军队仍然有相当强的战斗力。他本来可以扬自己所长，避自己所短，采取速战速决的方针，力求打一个好仗，以恢复自己在战争中的有利地位。但是他却上了刘邦和平攻势的当，抛弃自己的所长，去就自己的所短。结果和平协议一来，他的军队斗志松懈、无心再战。这时，他挽救失败的途径只剩下一条了，即在敌军包围圈形成以前，迅速退到有利地区，一面组织抵抗，一面休整补充，以图东山再起。他不这样做，还要去同刘邦对峙。结果韩信、彭越、英布部队一来，他完全陷入了孤立无援的绝境。

刘邦在战争指挥上与项羽大不相同。刘邦从与韩信汉中对话、决策东进时起，就从形势的分析出发，对于楚汉战争的战略全局有一个通盘的考虑。尽管在这个通盘考虑中对近期的目标考虑得比较具体，对远期目标考虑得比较粗放，但仍不失为一种全局性的战略计划。而且随着战局的进展和形势的发展，他的战略计划也在不断补充和发展。他向彭城的轻率进军是他战略上的一次重大失误。但是失误之后，他能及时调整自己的战略方针，重新制定了挽救失败的新战略。新战略的战争目标没有变化，变化的是在正面战场由战略进攻转入战略防御，同时分出兵力迂回敌后开辟第二战场，以对项羽实行钳形包围。这个新战略的实施，使项羽在战场上由主动陷入被动，由被动陷入挨打。

刘邦在战略指挥上比项羽优越的地方还在于他对自己制定的正确战略，始终采取坚定的态度。他并不根据一时、一地的变化，随意改变战略方针。他常常同他集团中最优秀的人物一起认真研究战略性的决策，一旦作出了正确的决定，他就努力贯彻执行，只要战略方针是对的，他就信心百倍地去坚持，即使是在艰难的处境下，他仍然能努力坚持。在战略问题上他不像项羽那样今天一个主意，明天一个主意，随便地对关系战争全局的重大问题轻率地作决定。

他在荥阳、成皋打了败仗，渡河逃命。为了弥补这次作战的损失，他是多么想把韩信的部队尽量多地留在自己的身边。但是为了执行行之有效地开辟第二战线的战略方针，他不仅仍把许多精锐部队交给韩信带上东进，还另外派出卢绾、刘贾率另部去支援彭越。后来韩信部队在齐地取得巨大胜利，使项羽的后方彭城置于汉军打击之下；而彭越部队在项羽后方的几次进攻，又牵制了项羽的挥师东向，使刘邦在正面战场取得了成功。

在同项羽最后决战的方针确定以后，韩信、彭越不肯按期来会，刘邦的仗打得很不顺利。要是项羽碰到这种情况，就要改变决策了。但是刘邦并不动摇原来的决心。他按照智囊团中张良的建议，不惜用他内心最不愿意的捐土封王的代价来调动韩信和彭越的人马。果然韩信、彭越一听刘邦捐土封王的决定，就欣然从命，立即率领大批部队前来会战。

近代军事学家克劳塞维茨说："战争胜利的艺术，是定出重要与决定的目标，用韧力和顽强的态度去追求它。"两千多年前刘邦在战略指挥上所持的态度，与克劳塞维茨所阐说的"战争胜利的艺术"非常契合。

刘邦也是一个经不起胜利考验的人，他第一次侥幸攻入彭城，就骄傲自大，大摆宴席，置酒高会，忘乎所以，结果被项羽一个反击战打得一败涂地。但是在对待挫折、失败的问题上，他远比项羽要顽强。项羽是胜则骄，败则馁，大旗一倒，即一蹶不振。刘邦则不然，无论怎样的挫折、失败，无论怎样的环境凄苦，他总还能打起精神来惨淡经营。楚汉之战，大小战斗共有一百一十多次，在频繁的战斗中，刘邦的败仗打得相当多，他负伤十二次，狼狈逃命三次。最狼狈的时候，同他一起逃命的，只剩下为他御车的滕公了。但是他逃了命就去收拢余部，重整旗鼓，再干！绝不像项羽在乌江那样悲观绝望，自杀了事。

军事指挥还包括战争的组织问题。

数以十万计的大军要有人去组织、去联结。这是一个庞大的事业，要选贤任能，要团结一批明智而勇敢、能够提挈全军英勇作战的将军作为领导的核心，不能事事都靠自己。在这方面刘邦与项羽的差距更是轩轾。有一次，当上了皇帝的刘邦问韩信："你看我能率领多少兵？"韩信说："陛下不过能率领十万兵。"刘邦说："你能率领多少兵？"韩信说："臣下多多益善。"刘邦笑了，说："多多益善，你怎么被我捉了？"韩信说："陛下不能将兵，但是善将将。"这"将将"指的就是军事指挥中的选任贤能、统帅将领、组织战争的问题。其实，这一点刘邦自己也是明白的。前面引述的刘邦总结战争经验时关于汉初三杰的谈话，说的也就是"将将"的问题。刘邦的确是一个知人善任的人，而且他用人不大讲亲疏，也不大讲出身，气魄较大。他手下的名将英布是囚犯，彭越是强盗，樊哙是屠狗的，周勃是吹鼓手，灌婴是布贩子，滕公是赶车的。不管什么样的人，只要有一方面才干，他都能设法把他们团结在自己周围，并恰当地按他们的所长，给以任用。而项羽作为一个军事统帅，其重大弱点之一，就是不善于将将，他既不善于识别人才，又不能任用人才。他任人唯亲、唯贵，轻视出身贫贱的人，缺乏宏大的气魄，像韩信、陈平、英布、彭越这样的人才原来都在他这一边，他不能识别任用，把他们赶到刘邦那里。而他所任用的人又往往没有才能。我们看给他造成重大失败的几个重要人物，如骄傲无知的大将军龙且、庸碌无能的大司马曹咎等都是所任非人。项羽是一个卓越的战将，但是作为几十万大军的统帅则是不及格的、十分蹩脚的。

指导战争的领袖人物的作风问题

作风，指导战争的领袖人物的作风问题，虽然并不是决定战争胜负的根本性因素。但它是一种贯串和影响各方面的因素。

经济的、政治的、文化的各种方针政策的制定和执行都与领袖人物的作风问题有关系，军事战略的制定和执行同样与战争的指导者即其领袖人物的作风有关系。作风好的领袖能够体察客观的历史条件，在各种问题上作出比较符合实际的决定，作风不好的领袖则不能体察客观的历史条件，在各种问题上常常作出错误的决定。

战争，特别是规模巨大的战争，要求它的指导者具有迅速而正确地认识和处理各种军事问题的能力，而由于客观情况的复杂，这种迅速而正确地认识和处理各种军事问题的能力，常常不是一个领袖人物所能满足的，即便是才能敏捷的杰出领袖，也很难做到这一点。因此，在战争的指导中，集合众人智力，在领导集团中实行军事民主，就成为客观斗争所必需。而这种智力的集合工作，同领袖人物的个人作风又关系至大。民主作风好的领袖能够较好地发挥其他人的积极性，把一切好的意见集中起来，民主作风差的领袖则做不到这一点。

古代社会，由于文明发展程度的限制，不可能有现代意义上的民主，更没有严格制度意义上的军事民主。古代史书上所记载的最好的军事民主形式是高级军事人员参加的军事会议，但由于各种原因，这种形式不易实行，常见的形式倒是领袖人物同谋士或领袖人物同智囊团人物不定期的会谈。这只是一种咨询式的民主，成员之间的地位是不平等的。由于这种民主形式的不完备，它常常流为领袖人物军事独裁的一种补充。因此，在古代，军事民主的能否实行，实行到什么程度，常常是由领袖人物的个人作风决定的。

刘邦作风上的卓越之处，正是他充分利用了古代那种极可怜的军事民主形式，集合了自己领导集团有才能人物的智慧。而在项羽那里则连这点可怜的军事民主形式都很稀少。他那里实行的基本上是个人军事独裁。

刘邦在领导战争的过程中，很重视智囊团的作用，能充分地听取他们的意见，即使有时这种意见同他的原有的想法大相径庭，他仍能认真权衡利弊，冷静地加以考虑。

有这么一个故事：公元前203年韩信在齐地歼灭了龙且大军之后，派人到荥阳前线请求刘邦封他为假齐王(即代理齐王)，当时刘邦正在同项羽艰苦作战，处境很困难。看了韩信的信使向他递交的书信，刘邦大怒，说："我困顿在荥阳前线，日夜盼望你韩信来帮助我，你却要自立为王！"张良、陈平一听这话，急忙踩刘邦的脚，向刘邦耳语道："现在我们这里有困难，能禁止韩信自立为王吗?不如索性立他为王，以免发生变故。"刘邦立刻就觉悟了，马上改口骂道："大丈夫平定诸侯，即可为真王，为什么要当假王呢?"于是派张良去立韩信为齐王，并征调他的部队来前线助战。其实，就在这时，韩信那里一再发生策反事件，要不是刘邦有点民主作风，能认真听取自己智囊团的意见以抑制自己的冲动，他就要犯大错误。当然，韩信部队中的许多将领如曹参、灌婴等都是刘邦的老部下，韩信要背叛刘邦那时也不容易，但是在关系战争全局的关键时刻，他在远离大本营的地方拖延时间，不听调令，坐山观虎斗，还是能办到的。

这个故事很能说明刘邦个人作风上的特点，说明他能够重视有才干的知识分子,说明他和他的智囊团还有一点平等商量问题的民主作风。就这么一点作风,使他在集合自己集团优秀人物的智力方面高出了项羽。项羽经常是个人独断独行,他那里没有智囊团,也不重视知识分子。唯一有地位的谋士范增最后还是被他赶跑了。他在自己的集团中变成了名副其实的孤家寡人。

刘邦和项羽一样,读书都不多。他们的不同作风是由他们不同的出身、经历、生活环境和不同的个人素养形成的。项羽作为楚国贵族的后裔,身上保留了太多的贵族习气。他唯我独尊,只强调个人力量,看不到他人力量,不善于与人平等地商量问题,更不善于吸取别人的智慧来弥补自己的不足。刘邦是个农民家庭出身的人,长时间在农村当亭长,民间的生活经历告诉他办事情要同别人商量,要讲点民主,要适应客观情况,要灵活机动,要吸取别人所长来克服自己的所短。这两个人由不同的生活经历所形成的不同作风在战争中又各自向两极发展,终于形成了两个人迥然不同的风格。

当然,刘邦也同历史上一切封建统治阶级的大人物一样,他不可能有真正的谦逊。相反,刘邦对人也是很傲慢的,对一般知识分子也不见得很尊重。史书上说他常把儒生的帽子拿来便溺。从刘邦的文化水平来看,这些粗野作风也许是事实。他是个古代的实用主义者,他不会从任何抽象的伦理说教出发去尊重文化人。对那些不务实际、酸溜溜的儒家门徒,他更不会有任何兴趣。但是对于对他有用的、特别是有大用处的人他也是会尊重的,甚至热情相待。老年知识分子郦食其到他的军门求见,刘邦不想见,叫使者回复说:“现在我正以天下为事,没有时间见儒者。”郦食其光火了,按剑叱责使者说:“我是高阳酒徒,并非儒者。”进门后,见刘邦正坐在床上叫两个丫鬟替他洗脚,郦食其当即又批评刘邦说:“你要想聚合义兵反对暴秦,就不应该用骄傲的态度来对待长者。”刘邦听见此人讲话颇有分量,马上整衣起身,把郦食其

延入上座，向他赔礼道歉。可见，他的粗野，他的看不起儒者，他的对一般文化人没有礼貌等等，都不妨碍他去尊重真有才干、真有能力的知识分子，也不妨碍他去尊重对他极有用处的智囊团人物。只要他发现了这样的人才，他就会收起自己的臭架子，倾心与其结交。他对韩信的认识和使用也是如此。韩信这样特殊的人才，没有同他直接的接触，是难以了解的。所以滕公、萧何一再推荐，刘邦都不甚重视，后来萧何为这件事同他干了起来，他为了安抚萧何才答应以韩信为大将军，可是等他在“汉中对”中，发现韩信确有真才实学，能够帮助他定大计、取天下时，马上就像捧星星、捧月亮般地去奉承韩信。

刘邦的民主作风、平等精神大体就是这么一回事。这些东西同现代意义上的民主和平等是不可同日而语的。

刘邦的傲慢作风及其教训

天道亏盈而益谦，地道变盈而谅谦，鬼神害盈而福谦，人道恶盈而好谦。

——《易传·象》

在封建皇帝中，刘邦确实是一个表现杰出的人物。但是，他也有一个大毛病，就是傲慢不逊。这种作风给他招来的麻烦也真是不少。

一

许多人说，刘邦是个流氓皇帝，这是不确切的。他是个有土地房屋，也有正当职业的小私有者。早年当过亭长，是古代乡村基层政权的负责人。在秦王朝庞大的上层建筑中，亭长是牛尾，是一粒沙子；但是在乡民中，亭长却是鸡首，是十里之内的土霸王。他的傲慢不逊作风正是在这种特殊环境里逐渐形成的。

这种傲慢作风，对于一个亭长，危害还不显著，有时甚至可以给他带来一些便宜。他喜欢狎侮地方官吏，沛县县令的朋友单父(今山东单县)吕公请客，他向主持宴会的吏曹报称“贺万钱”，吕公听说来了这么一位豪客，急忙起身迎接，其实他一文不名。善于识别人才的吕公从刘邦不凡的谈吐中，看出了这个人是个大材料，竟把自己的爱女嫁给了他。吕公夫人不同意，说：“你一直想把这个女儿嫁给一个贵人，沛令求婚，你都不许，如今怎么把她许给了刘邦呢？”吕公说：“这就不是你所能知道的了。”你看，一次傲慢不逊的赴宴，竟给他带来了一个贵夫人，岂不是占了一个大便宜。

但是，当农民大起义的高潮把刘邦推到浪峰上的时候，他的这种傲慢不逊的作风却变成了他的累赘。它非但再也没有给他带来些微的好处，反而给他招来了无数的忧患、挫折和失败。总之，在他一生所遭遇的各种麻烦中，几乎没有一条不与他的这种作风有牵连。

二

在群雄的角逐中，人才的收集和使用是决定斗争成败的一个重要因素。刘邦作为一个政治、军事集团的首脑人物，豪爽、果断，有魄力、有度量，在战略问题上能够听取别人的合理意见，及时地作出正确的决定。这些比起他的竞争者项羽都优越，由此，他得到了许多英才俊士的支持。但是他的傲慢不逊的作风却又像一堵无形的墙，阻碍着他同更多有才能的人接近。

郦食其是河南高阳(在今河南杞县)的一个有才干的知识分子。六十多岁了，仍然不得志，埋没于监门闾里之中。农民大革命的风暴起来了，一批一批的起义将领来到了高阳，郦食其一个一个地考察，却没有找到一个合乎理想的人物。他“深自藏匿”，不肯跟这些人出去干。

后来，刘邦来了，郦食其看出刘邦懂得“大略”，但是作风却很傲慢。他一面为自己找到了一个理想的领导而高兴，一面在考虑怎样对付这个傲慢的领导人。

他先请一个在刘邦那里当骑士的熟人向刘邦传话，这个骑士说：“刘邦不喜欢儒生，儒生来了，他就取下人家的帽子往里溺尿，同儒生讲话，常常骂人，你这样的人要去见他，恐怕他不欢迎。”

但是郦食其还是到刘邦的军门来求见了。使者向刘邦通报说，有个儒生模样的人求见。刘邦说：“告诉他，我现在忙天下大事，没有功夫接见儒生。”使者出来传话，郦食其大怒。他用手按着腰间的宝剑叱责使者说：“进去告诉沛公，老子是高阳酒徒，不是儒生。”使者吓坏了，赶紧返回报告，刘邦这才传令接见。

郦食其进来，刘邦正在叫两个女子替他洗脚，没有起来迎接。郦食其劈头质问他：“你是想去帮助暴秦，还是想去攻打暴秦？”刘邦骂道：“竖儒！天下的人被暴秦压迫得透不过气来了，所以才起来造反，怎么说去帮助暴秦呢？”郦食其说："你既然要去攻打暴秦，就不应该对长者这样傲慢无礼。"刘邦虽然作风傲慢，却有识人的能力，他听郦食其讲的话很有分量，就知道这不是一个简单的人物，连忙停止洗脚，站起身来向郦食其施礼。于是郦食其替刘邦分析形势，帮助他用里应外合的办法攻取了陈留，并由此成为刘邦身边重要的谋士。

这个故事反映了刘邦因为作风傲慢而失去知识分子的情形，他之所以没有失却郦食其，如其说是由于刘邦及时改正了自己的错误，不如说是由于郦食其不肯失却这个有才略的领导人。

为刘邦辩护的人说，刘邦是法家，他辱骂儒生是为了排斥儒家。这个理由是不充分的。

刘邦所反对的秦王朝是以法家思想治天下的，刘邦的"废秦苛法"，矛头针对的就是法家，他怎么会是法家呢？况且，刘邦阵营里的儒生多得很，又怎么能说他排斥儒家呢？他的辱骂儒生，不过像以前的狎侮地方官吏一样，是他傲慢不逊作风的一种表现。

韩信并不是儒生，初来的时候不是也受刘邦的冷落?！萧何、滕公屡次向他推荐，说韩信是个人才。傲慢的刘邦却总是不肯重用他。后来韩信逃亡，萧何去追回，刘邦这才看萧何的面子要任用韩信为将军。萧何说："任用韩信为将军，还是留不住他。"刘邦说："那么就叫他当大将。"萧何说："好。"刘邦就叫人去召见韩信。萧何说："大王对人素来傲慢无礼，今天封拜大将，就像招呼个小孩子，这就是韩信要逃亡的原因。"刘邦没办法，只好按照萧何的建议，举行了隆重的拜将仪式。

萧何是刘邦最亲密的人，连萧何都说刘邦对待人才素来傲慢无礼，可见这个问题严重到什么地步。

刘邦在同韩信谈话之后，知道韩信确实是一个具有统帅才干的人物，从此对韩信的态度大变，"解衣推食，相见恨晚"。这说明刘邦在韩信的问题上采取了正确的态度，而不能说明刘邦傲慢不逊的作风不是他接近人才的障碍。

三

封建阶级中的人物能够经得起胜利考验的极少。刘邦也不例外。

早在入关的时候，他就被眼前的军事胜利冲昏了头脑，看见皇宫里的珍宝美女，就走不动了。经张良、樊哙一再劝说，才怏怏地离开了皇宫。以后，又想据关称王，结果惹翻了项羽，四十万大军破关而入。那一次若不是张良、项伯的挽救，他几乎脑袋搬家。

项羽否定了楚怀王“先入关者王之”的约定，改封刘邦为汉中王。刘邦闷了一肚子气，离开了咸阳，但是这一次他的头脑却冷静多了。后来，当韩信给他分析楚汉对立的态势，向他提出先定三秦，然后出关东向争霸天下的方针，他采纳了，事情进展得很顺利。汉高祖二年(公元前 205 年)四月，他竟利用项羽用兵齐国的机会，一举攻占了项羽的大本营彭城。项羽多年搜罗的宝货美人全部落入他的手中。他高兴得忘乎所以，每天同部下“置酒高会”。他竟不想一想，项羽的军队主力并没有消灭，你占了人家的老窝，人家能善罢甘休吗？陶醉于眼前的胜利，而不考虑今后的严重斗争。这已经不是傲慢不逊，而是骄傲得“忘乎所以”了。

任何社会的任何个人，思想作风一旦发展到“忘乎所以”、骄态十足的地步，就等于走到了危险深渊的边缘。无情的惩罚马上就会像冰雹一样降临到他的头上。

刘邦为这一次错误遭受的惩罚是十分惨痛的。在项羽的精锐骑兵自东而西凶猛袭来的时候，他的几十万大军由于思想准备和军事准备的不足而全线崩溃。他丧失了一切抵抗能力，唯一的能耐就是在项羽骑兵的紧追之下，一个劲地逃、逃、逃……

为了加速逃命的速度，他竟连自己的儿子、女儿都不要了，一再把他们从车上推下去。由“忘乎所以”的骄态十足到孱头十足，这辩证逻辑的发展速度，不比刘邦逃命的速度慢。

彭城大败以后，原来跟从刘邦的魏王豹背叛了刘邦，其他诸侯看到楚强汉弱，也多背汉归楚。为了稳定侧翼，刘邦派郦食其去劝说魏豹，魏豹的回答是：

“人生一世，如白驹过隙。汉王的作风傲慢不逊，专喜欢侮辱人，他谩骂诸侯和臣下，就像骂一个奴才，这样的人，我是不想再跟他了。”

从魏豹的话里可以看出，彭城大败以后，刘邦的同盟军所以背汉归楚，固然是由于当时的军事斗争形势决定的，但也是刘邦的傲慢作风促使的。

四

彭城的失败，打掉了刘邦骄傲的资本。这是他终生难忘的一次惨痛教训。军队损失过半。诸侯弃他而去。他痛定思痛，懂得了许多事情，在军事、政治、作风上都有了转变，彭城的失败，实际上是刘邦一生事业的转折点。

但是他依然没有能完全改掉那根深蒂固的傲慢不逊的老作风。

刘邦的秘书随何，使用纵横捭阖的手段策动了项羽的悍将英布背楚归汉。英布的归顺，对于正处在困难中的刘邦，当然是一种极大的臂助。他愉快地为英布准备了富丽堂皇的迎宾馆，但是英布来见他的时候，他又在大大咧咧地洗脚，英布一见刘邦对他这样无礼，羞怒交加，懊恼得想自杀。直到进了迎宾馆，看到刘邦用等同于汉王的待遇招待他，这才平息了怨气。

对于这件事，从唐朝的张守节以来，就有人说这是刘邦担心英布妄自尊大，故意用一收一放的权道来使之折服。这种说法非常勉强，很难使人信服。刘邦是一个"足道迷"，洗着脚接见客人是他的习惯作风，上次见郦食其不是也这样吗？什么权道不权道，傲慢不逊的老作风而已。

但是说刘邦的这种作风在彭城战役以后，就没有一点改进，那也不符合事实。经过战争失败的教训，他的傲慢不逊作风，还是收敛了许多。他在楚汉战争的关键时刻，能够克制自己的老毛病，正确地处理他同韩信的关系，就是明证。

韩信奉命到项羽的侧翼和后方开辟第二战场，陆续占领了赵、代、燕、齐等广大地区，并歼灭了项羽的许多精锐部队。楚、汉决战的日子临近了，刘邦的兵力不足，对付不了项羽，要调回韩信的部队。韩信却乘机派来使者要求封他为齐国假王(代理齐王)。刘邦大怒骂道："我在这里苦撑局面，白天黑夜盼望你来帮助我，你却要自立为王！"这时，张良、陈平急忙踩他的脚，刘邦顿时觉悟，马上改口道："大丈夫能平定诸侯，就做真王嘛！为什么要做假王呢？"事后，即派张良去封韩信为齐王。就在刘邦大骂韩信的同时，项羽派出的人正在韩信那里策动韩信背汉独立。如果刘邦不肯接受张良、陈平的意见，而是按照他傲慢不逊的一贯作风来处理他同韩信的关系，那么就很难保证韩信能很快出兵来帮助他打败项羽。

这说明，彭城战败以后，刘邦虽然未能完全改变自己傲慢不逊的作风，但是倒也学了一点乖，努力收敛了自己。否则，他也不能打那么多胜仗。

五

刘邦在打败了项羽，当了皇帝以后，其傲慢不逊的作风又有了发展。随着这种作风的发展，他工作中的失误也增多起来。

最严重的一次失误是同匈奴的战争。到匈奴去侦察军事的刘敬回来告诉他："从种种迹象看，匈奴单于在边境地区布置了伏兵，因此汉兵不可以深入。"刘邦非但不听，还骂刘敬沮丧军心，把他扣押了起来。后来刘邦的军队进到平城白登（今山西大同市东北），果然被匈奴的伏兵包围，七天七夜无法突围，后来靠陈平的秘计才侥幸逃出。

白登突围以后，刘邦到了赵国。赵国国王张敖是他的女婿，亲自出来接待他，恭恭敬敬地持子婿礼，但是刘邦对待赵王却一点也不讲礼貌。他张开两只脚，傲慢不逊地坐在上席，动不动就拿难听的话来辱骂赵王。刘邦对待赵王的这种蛮横态度，把赵王的丞相贯高、大臣赵午等人都惹恼了，他们为了替赵王出气，就在底下策划谋杀刘邦。第二年刘邦再次到赵国的时候，贯高等人果然在刘邦路过的柏人（今河北隆尧西）宾馆布置了谋杀刘邦的刺客。刘邦到达柏人以后，大概感到周围气氛不对头，向人问了一下地名，说这个地名不吉利，没住就走了。后来事情暴露，刘邦认为谋杀他的事件是赵王指使贯高等人干的。于是逮捕了赵王和贯高等人，进行审讯。贯高说，这件事是他们自己干的，与赵王无干。审讯的人不信，使用各种酷刑逼供，贯高坚持原供。刘邦看问不出结果，又派贯高的好朋友泄公去探问，贯高向泄公说他谋杀刘邦的原因是抱怨刘邦辱骂赵王，赵王本人确实没有参与其事。刘邦弄清了事情的缘由，释放了赵王。

柏人事件是西汉建国以来发生的第一件谋杀开国皇帝的重大案件。这么一件轰动天下听闻的重大案件，竟是由刘邦自己的傲慢不逊的作风引起的。刘邦的傲慢作风几乎招来了杀身之祸，谁人能说作风问题对于领导人仅是一个无关大体的小节呢？

六

刘邦的晚景不佳。

他的晚年大部分时间是在与吕后的宫廷斗争中度过的。

吕后是在楚汉战争后期，由项羽的俘虏营中遣送回来的。回来以后，即到咸阳去协助萧何留守后方。

这个单父吕公的爱女，经过战争学校的锻炼，变成了一个很不安分且颇有一点政治野心的女人。她利用自己和儿子刘盈的特殊地位，运用各种手段，发展着自己的政治势力。在不长的时间里，就在自己周围组成了一个足以同刘邦抗衡的政治派系。

刘邦不喜欢吕后，也不喜欢刘盈。他喜欢的是多才多艺、并在战争时期陪着他转战南北的戚夫人和戚夫人生的儿子如意。他打算让如意取代刘盈做他的皇位继承人。

吕后没有办法让刘邦喜欢自己，但是在继承人的问题上却寸步不让。她为这个关系她政治前途的重大问题同刘邦展开了激烈的斗争。

这是一场复杂的、经历时间很长的宫廷斗争，斗争的结局是刘败吕胜。

曾经在战场上打败过力能扛鼎、称雄一时的楚霸王的刘邦，怎么在这场宫廷斗争中输给了一个既不能盘弓走马、又不能带兵打仗的女人呢？其原因是吕后利用了刘邦作风上傲慢不逊的弱点，从侧面给了刘邦以意外的打击。

前面说过，吕后为了与刘邦对抗，已经在自己周围组成了一个政治派系。她同萧何原来就比较好，以后又利用妹妹吕媭的关系把刘邦的大将军樊哙拉了过来，同时又在大臣中进行了许多工作。所以刘邦每次提出改换太子，都遭到大臣们的反对。但是刘邦依然坚持他的主张，刘盈的地位仍然岌岌可危。

吕后紧张了，她叫她哥哥建成侯吕释之去拉拢刘邦的"智囊"张良①，要张良替她想办法。张良说："这是一个难以用口舌来争论的问题，现在天下有四位年高德劭的老人，即东园公、甪里先生、绮里季和夏黄公，皇上多次派人罗致，他们

① 按《史记·留侯世家》，为太子事找张良的是建成侯吕泽，但《史记·吕后本纪》载，吕泽是周吕侯，非建成侯，而且吕泽当时已死。故为太子事找张良的应是建成侯吕释之。

都不肯来。他们不肯来的原因是因为皇上作风傲慢，喜欢侮辱人。如果你们能不惜金玉财帛，用太子的名义恭恭敬敬地去聘请他们，他们是会来的，来了以后，让他们跟从太子入朝。皇上看见这样的贤士都拥戴太子，事情就好办了。”

张良的这个计谋对于解决皇位继承人问题，是带有决定性的。封建王朝的继承人问题，其实不仅仅是皇帝个人的私事，它也同整个封建阶级的利害攸关。宫廷内部的斗争遇到困难的时候，向宫廷外本阶级的代表势力寻求援助，是解决问题唯一可靠的出路。而东园公这些人，正是当时封建阶级最好的代表人物，争取了这些人，就意味着争取了封建阶级的广大阶层。就是刘邦也不能不在这种社会力量面前低头。

吕后按照张良的计谋，争取到东园等四位老人的拥护。在一次宫廷宴会上，太子刘盈领着四位“须眉皓白”的老人来到了大厅，刘邦奇怪地问他们是谁。回答说：“东园公、角里先生、绮里季和夏黄公。”刘邦大为吃惊，说道：“我寻求了你们好几年，你们总是逃避我，现在怎么跟我的儿子在一起了呢？”东园公等四人说：“皇上对士人态度傲慢，又喜欢骂人，我们不愿意受侮辱，所以要逃避。太子为人仁孝，恭敬爱士，天下的人都非常拥护他，所以我们愿意跟从他。”

刘邦从这四位老人的答话中，知道他同吕后在继承人问题上的斗争，已经失败了，很是伤感。当四位老人退出宴会大厅的时候，刘邦指着他们的背影向戚夫人说：“我要改换太子刘盈，他们四个人却辅助他。现在人家的羽翼已成，事情难以改变了，吕后真要成为你的主人了。”戚夫人哭了。为了排遣愁绪，刘邦叫戚夫人跳起楚舞，他也唱起了楚歌：

鸿鹄高飞，一举千里，羽翮已就，横绝四海。

横绝四海，当可奈何？虽有矰缴，尚安所施？

歌舞终了，戚夫人嘘唏流涕，刘邦罢酒而去。

刘邦在宫廷斗争中失败以后，心情一直不舒畅，有病也不肯好好治。他郁郁不欢地死了。

刘邦死后，戚夫人和她的儿子如意，都被吕后残酷处死。如此趾高气扬、傲慢不逊的一个开国皇帝，最后竟同项羽一样，连自己的爱姬和爱子都保护不了。

汉初三杰之一：萧何

萧何(？～公元前193年)沛县(今属江苏)人，他是中国古代历史人物中知名度很高的人。就连穷乡僻壤中的老妪和孩童也多知道“萧何月下追韩信”的故事。这大概应归功于戏剧的力量。《追韩信》是各个剧种常演不衰的剧目，其影响几与《西游》、《红楼》相等。笔者在二十世纪五十年代，就曾在西部一个小村庄里看见两个六七岁的孩童拿着竹枝当马鞭，表演《追韩信》。众多的中国人正是从《追韩信》的故事中学得了人才学的基本知识。美国哈佛大学MBA课程中的人才管理案例，在中国人听来，远没有《追韩信》的故事生动有趣。

戏剧无法在纸面上展开。但文学家黄裳却用生动的文笔在纸面上刻画了《追韩信》。他的刻画，几如戏剧，有着一种穿透人心的力量。以下是黄裳《彩色的花雨》(三联书店上海分店1988年版)的几个片段：

第一天萧何引韩信上殿参见刘邦，事前就告诉他说，大王是会加以重用的，不料结果只给他当了一名粮库看守。韩信站在殿廷下面，冷眼看刘邦脸上一片木然神色，萧何局促不安连连移换着脚步的情形，心里就明白了大半。好像亲眼看到了萧何推荐自己，遭到刘邦反对，两人中间引起了争论的全部情形，甚至连刘邦对他的评价也猜得出来。

“韩信，这个淮阴出身的小流氓，向漂母讨饭，给无赖钻裤裆，我要是重用了这种人，三军怎么能服，诸侯安得不笑？还有那项羽又该说些什么呢？……”

韩信心里清楚，这就是他身上背了多年的“鉴定书”，走来走去几乎没听见任何不同意见。他知道这“鉴定”是错误的，曾寄大希望于刘邦，希望听到他会说出不同的意见。但，失望了。

韩信看看身边，一个小小的行李卷，一柄宝剑，真是别无长物。要走，只要拍拍屁股就可以拔脚。公案上是一叠帐册，一颗关防，一盏菜油灯。韩信下了决心，提了小包，背上剑，从马房里牵出一匹官马，纵身跳上，向东城驰去。

“韩将军弃官逃走了！”

听了此言，萧何忘却了相爷的身份，也忘记了自己的年纪，他平日细心，但这回却再不想过细盘问，这一定是真的，是他早就料到了的。只不过来得太快了一些。他迈着碎步在院子里走着，只简单地询问了韩信穿的什么，可带了家私，就连声吩咐备马。

一会子院公牵来了两匹马，后面跟着一名壮健的亲军。萧何穿着长袍、靴子，扶掖着好不容易爬上马背，认镫也困难，还是院公将靴子塞了进去的。

出了东门以后，眼前就是一条小路蜿蜒着通向山里，此外别无路径。宿雨初晴，小路上还留下了杂沓却是清晰的马蹄痕迹，萧何用力抽打马儿的屁股，使它没命地狂奔起来。

……

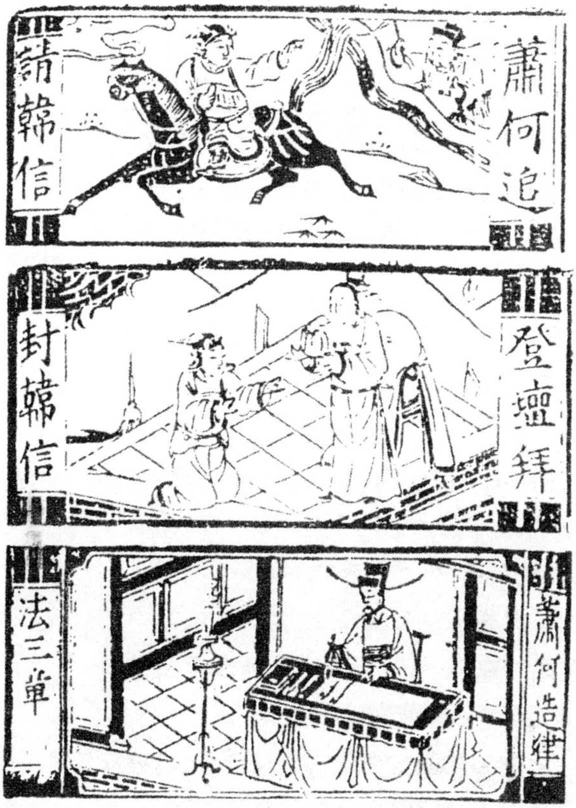

戏剧表演和文学刻画，都不是完全的真实，但萧何追韩信的一幕，却是的的确确的信史。

《史记·淮阴侯列传》记录了萧何追韩信的全过程。

据说，萧何去追韩信时，刘邦以为是萧何逃跑了，顿时大怒。后来萧何回来了，刘邦且怒且喜地责骂他：“你为什么逃跑？”萧何解释说，他是去追韩信的。刘邦说：“诸将跑了几十人，你都不追，为什么只追韩信？”萧何说：“诸将易得，至于韩信，国士无双。大王要是长居汉中就罢了，要是想争天下，那么除了韩信，就没有别人可用了。”在萧何的坚持下，刘邦不得已才“登坛拜将”，封韩信为大将军。

后来，韩信果然帮助刘邦打败了项羽，得到了天下。

楚汉相争，打的都是硬仗。大将军的人选是关系战争成败的全局性大问题。可以说，没有萧何的“选将”，也就没有韩信的进军三秦和破赵、平齐以及垓下决战的胜利。那样一来，楚汉战争的历史进程将会有很大的不同。如果说，没有张良的谋划，就没有刘邦“鸿门宴”的化险为夷；那么，没有萧何的“选将”，也就没有楚汉战争中许多战役的胜利。

在历史发展的转折关头，要在成千上万的人群中选出对全局斗争至关紧要的大将之才，它所需要的不只是识别一般人才的慧眼，而是能识别特殊人才的巨眼。萧何就是这种具有识别特殊人才巨眼的巨擘大匠。

萧何的真正杰出之处，还不是“追韩信”，而是为历史前进选择了一位君王

萧何的杰出之处，还不在于他用巨眼为刘邦选择了一名“连百万之众，战必胜，攻必克”的大将军。他真正的了不起，是他用识别特殊人才的巨眼为历史的前进，选择了一位高明的君王。“选将”只能解决战争的胜负，“选君”则关系到国运的兴衰。

陈胜首义以后，各地人民纷纷起义，“诸郡县皆多杀其长吏，以应陈涉(胜)”。刘邦家乡沛县的县令见大势已去，也想归附陈胜。当时萧何任沛县主吏，位置举足轻重。他向县令说：“你是秦朝的官吏，沛县子弟不会听你的，不如把刘邦找来。”于是，县令派樊哙出城找刘邦。这刘邦原是泗水亭长，秦始皇死后，负责向首都骊山输送役夫修墓，役夫中途逃亡，刘邦交不了差，索性把剩下的人放了，自己躲进芒砀山(在沛县附近)中，当时有许多逃亡的人跟从他。

樊哙把刘邦和跟从他的人领回来时，沛县县令又反悔了，他关了城门不让刘邦进来。结果城里的人杀了县令，迎进刘邦。于是，萧何率众人推举刘邦为沛县起义军首领，称“沛公”，萧何做他的丞督事，即第二把手。

不要小看这个“沛公”，有了这个称号，刘邦才能指挥几千人东征西讨，然后出任砀郡长，与鲁公项羽平起平坐，指挥数以万计的西征大军，进取咸阳。

刘邦为布衣时，即有一种不同寻常的气度，他虽然是一个识字不多的大老粗，但知大略，为人豪放。当时能识别他的人除了他的老丈人吕公，就是萧何了。刘邦之为泗水亭长，萧何也是出了力的。刘邦常出差咸阳，别人“皆送奉钱三”，萧何独送五钱。为这多送的两个钱，后来刘邦增封了萧何封邑二千户。

对秦王朝的暴政，刘邦是有反抗意识的。他为骊山输送役夫，却把役夫放了，自己躲进深山：这说明他知道人民的疾苦，敢于反对封建专制的压迫。他进军咸阳，推翻了秦王朝，又能根据人民要求废秦苛法，与民约法三章：这说明他能够继承陈胜首义时提出的“伐无道，诛暴秦”的要求。他实际上是失败了的农民起义军领袖陈胜的遗嘱执行人。所以我们说，萧何的“选君”较之后来的“选将”，对历史的贡献更为重大。

甘做第二把手，他和刘邦是最佳的互补型拍档

萧何，作为杰出的历史人物，他的可贵之处还在于他作了拥立刘邦的抉择以后，又为建立以刘邦为首的新王朝而竭尽全力。他甘于做第二把手。他知道自己缺乏雄才大略、缺乏果毅勇断；但却长于组织规划、长于细致安排。而他的所短正是刘邦所长；他的所长正是刘邦所短。他和刘邦是历史造就的最佳的互补型拍档。

刘邦的西征大军进入秦王朝的首都咸阳，诸将像饿瘪了的鸭子掉进了养鱼池，“皆争走金帛财物之府分之”（《汉书・萧何传》）。只有萧何知道，对于将要建立的新王朝来说，还有比金帛财物宝贵千万倍的东西，他“独先入，收秦丞相御史律令图书藏之”。司马迁说：“汉王所以具知天下厄塞，户口多少，强弱之处，民所疾苦者，以何具得秦图书也。”（《史记・萧相国世家》）

萧何在入关之初，独收的“律令图书”，主要是政府机关的文书档案、法律图籍等，它不包括儒家经典、诸子著述，这一点曾遭到后代学人的批评。清人高树程就作诗讽刺道：

英风犹想入关初，相国功勋世莫如；
犹恨未离刀笔吏，只收图籍不收书。

这个批评有失公允。在那个急风暴雨的年代，儒家经典、诸子百家以至文

化建设，尚摆不上议事日程。那时急迫需要保护的倒正是萧何收藏的这些政府档案。没有政府档案，则全国的人口土地、官吏编制、军队组合、田赋收入、财政开支、粮仓储藏、兵器库存以至监狱犯人的管理都会出现混乱。以军事行动来说，那时一张三秦地图远比几部儒家经典更重要。没有三秦地图，就难以规划暗渡陈仓的行军路线；而没有儒家经典，则尚有传授经典的儒家经师可以请教。况且，还有全国各地的经典著述可以收集。

刘邦封汉王后，萧何为丞相。刘邦东定三秦，出关东与项羽争天下时，萧何留守关中。他恢复生产，安定百姓，把关中建设成为支持刘邦东进的坚固根据地，以粮草、军械以及候补兵员，不断地供应刘邦东进大军的需要。

最令人感动的是，当刘邦兵败彭城、狼狈逃命，争雄事业几致无望的时候，萧何非但没有背弃他，反而尽其所能帮助刘邦恢复信心和力量。他排除万难，调动关中一切能动员的力量，组织起一支新队伍，急速派往前线。有了这批生力军，刘邦才能重振军威，在荥阳抵挡住项羽的攻击。

所谓调动关中一切能动员的力量，就是《汉书·高帝纪》所说的"萧何发关中老弱未傅者悉诣军"。古时，二十而傅，年二十三而服兵役，所以不到二十三岁为弱；老，则是指年过五十六岁的人。萧何把二十三岁以下的青年人和五十六岁以上的老年人都动员起来，派往前线了，可见当时战况之严重。

刘邦就皇帝位后，建都长安(今陕西西安西北)。萧何又营作未央宫，制定法令，大力投入新王朝的建设工作。他制定的法令一直沿用到惠帝、吕后时期，他死后，曹参接任他的职务，一切均按萧何的规定办事，百姓称之为"萧规曹随"。当时还有一首歌，说：

萧何为法，讲若画一；曹参代之，守而勿失。载其清靖，民以宁一。(《汉书·萧何、曹参传》)

文、景以后，汉王朝的法令，虽不断有所修改，但基本框架仍与萧何、曹参时一致。

萧何怎样化解与刘邦的矛盾

刘邦与萧何虽是历史造就的最佳拍档，但是他们之间仍有矛盾、冲突，有时这种矛盾、冲突还很尖锐。

刘邦长期率领大军在外作战，把关中根据地和广大后方交给萧何，他难免有所顾忌。尤其萧何并非平庸之辈，他有文化，有能力，既会团结人，又能得民心，实为人中之杰。一旦他出了问题，则天下动摇。所以刘邦常常从前线派人回来慰问萧何。萧何的参谋鲍生说：

“王暴衣露盖，数使使劳苦君者，有疑心君也。为君计，莫若遣君子孙昆弟能胜兵者，悉诣军所，上必益信君。”（《史记·萧相国世家》）

萧何采纳鲍生的建议，把家族中所有能参军作战的人都派往前线，刘邦果然大喜。

陈豨叛乱，刘邦领兵亲征。他仍不放心萧何，从前线派人回来增封萧何五千户封邑，并派了一个五百人的警卫部队保卫他的安全。一个种瓜的老头提醒萧何，说这是上面对你有疑心，“愿君让封勿受，悉以家私财佐军，则上心悦”。萧何听从了，刘邦非常高兴。

英布反叛，刘邦再次率军亲征。萧何仍任留守，刘邦还是疑忌萧何，几次从前线派人慰问萧何。有人向萧何说：

君灭族不久矣！夫君位为相国，功第一，可复加哉！然君初入关中，得百姓心，十余年矣，皆附君，常复孳孳得民和。上所为数问君者，畏君倾动关中。今君胡不多买田地，贱贳贷以自汙？上心乃安。（《史记·萧相国世家》）

萧何听从此人建议，故意低价强买民间田宅数千万，弄得怨声载道。刘邦回师长安，百姓遮道上书控告萧何强占民田。刘邦见状大笑，讽刺萧何，“贵为相国，还与民争利！”要他好自为之。可这个萧何本性难移，他以为刘邦真的关心起民间田宅了，就乘机要求刘邦开放皇家苑林，让百姓耕种。刘邦最忌讳的就是萧何为民请命，乃以“相国多受贾人财物，乃为请吾苑”的罪名，把萧何逮捕入狱，还上了刑具。

萧何十几年矢忠为国的劳绩是天下共见的，刘邦把他下狱，引起了政治风波，连刘邦的警卫部队都持反对态度。一次，警卫部队的一名值勤军官问刘邦：

“相国何大罪，陛下系之暴也？”

刘邦答：“今相国多受贾竖金而为民请吾苑，以自媚于民，故系治之。”

军官说：“夫职事苟有便于民而请之，真宰相事，陛下奈何乃疑相国受贾人钱乎！且陛下距楚数岁，陈豨、英布反，陛下自将而往，当是时，相国守关中，摇足则关以西非陛下有也。相国不以此为利，今乃利贾人之金乎？……陛下何疑宰相之浅也。"(《史记·萧相国世家》)

刘邦听了这话，非常不高兴，但他从警卫军官的话中，听出了逮捕萧何之不得人心，只好把萧何放了。

从以上情节看，刘萧的矛盾、冲突起因多是刘邦的疑忌，又大都因萧何的善于处理而化解。由于封建统治阶级自私自利的阶级本性，刘邦与其多年生死与共的部下矛盾、冲突不断，陈豨、卢绾的背叛，尤出刘邦意料。在这种情况下，刘邦对萧何的猜忌也是不可避免的。所幸由于萧何身正不移，加以其在统治阶级内部的深厚基础，再有民间的威信，最后终能逢凶化吉、保其平安！

"马打天下，牛做殿"，人民大众才是促进历史发展的大英雄

尽管刘邦对萧何的猜忌和疑虑与年月俱增，但他心中比谁都明白，无论在反秦起义，还是在楚汉之争中，萧何的功绩都是最大的，在刘邦集团中谁也无法与他比拟。

垓下决战后，天下大定，刘邦论功行封，"以萧何功最盛"，为上功。在战场上厮杀过来的功臣们不理解，他们说：

"臣等身披坚执锐，多者百余战，少者数十合，攻城略地，大小各有差。今萧何未尝有汗马之劳，徒持文墨议论，不战，顾反居臣等上，何也?"

刘邦说："诸君知猎乎?""夫猎，追杀兽兔者，狗也；而发从指示兽处者，人也。今诸君徒能得走兽耳，功狗也。至于萧何，发从指示，功人也。"

但是功臣们仍不服气，在排列功臣位次时，又发生了争论，他们说：

"平阳侯曹参身被七十创，攻城略地，功最多，宜第一。"

刘邦坚持萧何应位列第一，但他孤掌难鸣。这时，有个颇有见识的功臣鄂千秋出来打抱不平，他说：

"群臣议皆误。夫曹参虽有野战略地之功，此特一时之事。夫上与楚相距五岁，常失军亡众，逃身遁者数矣。然萧何常从关中遣军补其处，非上所诏令

召，而数万众会上之乏绝者数矣。夫汉与楚相守荥阳数年，军无现粮，萧何转漕关中，给食不乏。陛下虽数亡山东，萧何常全关中以待陛下，此万世之功也。……奈何欲以一旦之功而加万世之功哉！萧何第一，曹参次之。”(《史记·萧相国世家》)

大家这才没话，于是刘邦乃令“萧何第一，赐带剑履上殿，入朝不趋”。

但是不论是论功行赏，还是位次排列，这一切都是新兴封建统治集团内部的纷争。历史的创造者、默默无闻的人民大众，他们才是这场翻天覆地大变动的原动力，他们才是促进历史发展的大英雄。刘邦、萧何不过是适应了他们的要求，并依靠他们的支持，才赢得了自己集团的胜利。“马打天下，牛坐殿”，历史舞台上总是连年不断地演出着这样的悲喜剧。

汉初三杰之二：张良

竹帛烟消帝业虚，关河空锁祖龙居；

坑灰未冷山东乱，刘项原来不读书。

这是唐代诗人章碣对秦末农民大起义的感叹。

他的诗说，秦始皇烧了书，以为这样天下就太平了，哪知烧书的土坑还没凉，关东就乱起来了，原来起义军的领袖刘邦、项羽本来就是不读书的。

章碣错了，刘项都不是不读书的人。书是理论知识的总括，无论过去与现在，任何一个要成功刘、项那样事业的人（指事业的规模，不只限军事政治斗争），都要有相关的理论知识，因此都要读点书。否则就只能做点小生意，或者做个地痞流氓、土匪小偷之类的混混。

但读点书，不是死读书，所谓“读书无用”，说的是死读书无用，也就是反对死读书、死用书、泥古不化、教条主义，绝不是反对读书，更不是反对理论联系实际的活读书。

项羽的读书，见诸《史记·项羽本纪》：

“项籍（羽）少时，学书不成；去学剑，又不成。项梁怒之。籍曰：‘书足以记姓名而已。剑一人敌，不足学，学万人敌。’于是，项梁乃教籍兵法。籍大喜，略知其意，又不肯竟学。”

这个记载，明确地指出，项羽是读过兵法的。这兵法正是那个时代最迫切需要的军事理论知识。项羽的缺点是没有把兵法学到家（即“略知其意”，“不肯竟学”）。但如果没有这点理论知识，恐怕他在楚秦大战中就不可能有“破釜沉舟”、“九战九胜”的谋略。

进一步说，如果项羽真肯认真读书，把兵法学到家，而且能联系楚汉相争的政治、军事形势灵活运用，那刘邦、韩信都不是他的对手。

刘邦也读过兵法书。他虽然不识几个字，也看不起戴儒冠的知识分子，但他对读兵法书却很认真。他的读书方法很特别，找了一位学问很大的高级知识分子陪他读，这人就是汉初三杰之一的张良。

张良(？～公元前189年)，字子房，城父(今河南宝丰东)人，原来是韩国贵族世家的公子。秦灭韩后，他“悉以家财求客刺秦王，为韩报仇”。“得力士，为铁椎，重百二十斤”，在博浪沙(在今河南原阳东南)狙击秦始皇，未中，被通缉。在逃亡至下邳(在今江苏睢宁西北)时，看到圯上(即桥头上)一位老人把脚上穿的鞋遗落到桥下，他下桥去把鞋捡回，替老人穿上。老人很感动，说“孺子可教”。后来，授他《太公兵法》，鼓励他认真学习，将来做“王者师”。张良谨遵老人的教导，把《太公兵法》学了十年。十年后，陈胜首义，张良带着《太公兵法》参加农民起义军，后来与刘邦相遇，即跟随刘邦，并向刘邦讲解《太公兵法》，刘邦很感兴趣，而且悟性不错，对《太公兵法》理解得很透。张良当时也曾向其他人讲过《太公兵法》，这些人“皆不省”，但识不了几个字的大老粗刘邦，读起兵法来却比别人都好，以致张良感叹地说：“沛公殆(好似)天授。”这也是张良决心跟从刘邦的原因。

张良在反秦大起义
和创建汉王朝事业中的特殊功勋

张良在反秦大起义和创建汉王朝的事业中功勋至大、至多。刘邦在楚汉之争取得胜利后，大封功臣，虽然以“萧何功最盛”、“令萧何功第一”，但他在汉初三杰的著名评论中，却把“运筹策帷帐之中，决胜负于千里之外”的张良列为首位。

张良的功勋，仅举其大者，就有八项。

第一功：献计破峣关、入咸阳，收降子婴

楚怀王派项羽、刘邦等分兵击秦时，约定先入关者为王。刘邦率军西征时，张良引兵相助，在韩国故地，连下十余城。此后，又助刘邦攻取军事要地宛城

(今河南南阳),西进峣关。峣关是由宛城西入咸阳的交通要冲,有秦军重兵把守。刘邦欲以两万兵强攻,这样势必造成起义军的大量伤亡,并拖延入关的时间。张良查明了峣关守将的情况,知道他们是商人出身,贪图财宝,遂建议刘邦:一方面布疑兵做奇袭的准备,一方面派郦食其等持贵重财宝贿赂守将。如此里应外合,很快拿下峣关,顺利进入咸阳。秦王子婴只好"素车白马",自缚而降。

第二功:力劝刘邦勿贪秦宫美女、重宝,还军霸上

刘邦在受降后,进入秦宫。秦宫曲榭回廊,金碧辉煌。宫内重宝如山,美女如云。刘邦经受不住这种五光十色的诱惑,他迷乱了,要在宫中住下去。

劳动者出身的大将樊哙谏道:"沛公欲有天下邪?将欲为富家翁邪?"

刘邦答:"吾欲有天下。"

樊哙说:"今臣从入秦宫,所观宫室、帷帐、珠玉、重宝、钟鼓之饰,奇物不可胜极。入其后宫,美人妇女以千数,此皆秦所以亡天下也。愿沛公急还霸上,无留宫中。"(引自《史记集解》徐广注)

但刘邦不听。

此时,张良站在樊哙一边,再劝刘邦。

张良说:"夫秦为无道,故沛公得至此。夫为天下除残贼,宜缟素为资。今始入秦,即安其乐,此所谓'助桀为虐',且'忠言逆耳利于行,毒药苦口利于病',愿沛公听樊哙言。"(《史记·留侯世家》,郑玄注:毒药,药之辛苦者。)

物欲甚重,但悟性尚好的刘邦听出了张良谏言的分量,改变了留住宫中的顽固态度,下令封存秦宫重宝财物府库,还军霸上。接着,召见诸县父老豪杰,与关中人民约法三章,表示:"吾所以来,为父老除害,非有所侵暴,无恐!且吾所以还军霸上,待诸侯至而定约束耳!"关中人民闻讯大喜,纷纷持酒食献军士,刘邦又却让不受,"人又益喜,唯恐沛公不为秦王"。

秦宫的去留,看似小节,其实关系大局。若刘邦不听劝阻,拥美人于秦宫饮酒高会,则不仅秦人大失所望,就是他的胜利之师,也会上行下效,很快为醇酒美女所腐蚀。到时候,项羽的大军一到,直指问罪,丧失了战斗力的西征大军,顷刻间,就会荡然无存。

第三功："鸿门宴"，救刘邦于灭顶之灾

两个月后，项羽的四十万大军破关而入，军鸿门（今陕西西安东北），要向刘邦发起攻击。这时，刘邦驻霸上的兵力只有十万，两军的距离只有几十里，中间又无险阻。此时的刘邦，其事业和性命都危在旦夕。在这生死存亡的关头，张良连夜为他拉上项羽叔父项伯的关系，要他通过项伯向项羽说情，表明自己"不敢背项王"。项伯答应说情，并劝他次日亲赴鸿门迎奉项羽。项羽听了项伯的说项，在鸿门设宴接待刘邦。鸿门宴上杀机四伏，项羽谋士范增在酒宴间使项庄舞剑助兴，意在乘机刺杀刘邦，但在张良、项伯、樊哙的护卫下，刘邦还是脱险回来了。几致刘邦灭顶的一场灾难，就这样安然渡过。

"鸿门宴"，是楚汉相争的第一幕，没有张良的机智调度，刘邦有可能在这一幕尚未终了时，就被赶下历史舞台。固然，刘邦集团不至于因为刘邦个人的存亡而消失，但历史发展的轨迹，将大不一样。

项庄舞剑是鸿门宴中最惊险的场面，张良急引樊哙进帐，樊哙以"沛公先入定咸阳，暴师霸上，以待大王"的事实——这事实正是刘邦听从了张良、樊哙的忠告而形成的——义正词严地批评项羽听"小人言"，直说得项羽"默然"不语，收起了"诛沛公之心"。（《汉书·樊哙传》）

鸿门宴上刘邦的化险为夷，对楚汉相争和汉王朝的建立是至为关键的历史事件。在这个意义上，张良以及和张良站在一起的樊哙应当是首功之臣。

第四功：为刘邦争得汉中地

鸿门宴后，项羽屠咸阳、杀子婴、焚烧阿房宫，大火一直烧了三个月。然后，又自封楚霸王，都彭城，计功割地、裂土封侯。他废弃了楚怀王"先入关者王之"的约定，把关中分为三秦，封给了秦降将章邯等人，只把巴蜀封给刘邦。巴蜀位偏西南，极不利于刘邦的今后发展。张良乃把刘邦赐给他的黄金、珠宝转赠给项伯，让刘邦又给项伯送厚礼，请项伯为刘邦向项羽请求加封汉中。项羽答应了刘邦的请求，把汉中地区划给了刘邦，刘邦这才变成名副其实的汉王。

汉中地区不仅地理位置重要，而且土地肥沃，人力物力资源丰富，它又是通向关中的战略要地。这样，刘邦虽然失去了关中，但却获得了一块通向关中的跳板。后来刘邦决策东进时，正是通过汉中，暗渡陈仓道，才重新进入关中地区的。张良的政治远见,为刘邦的平定三秦、胜利东进铺平了道路。

第五功:下邑决策,力挽彭城溃败后的困难局面

刘邦重新进入关中之后,又乘项羽出兵攻打齐国的机会,挥师东进,一举攻占了项羽的国都彭城。

刘邦占领了彭城以后,骄傲起来,他收取了项羽的宝货美人,置酒高会,忘乎所以。结果项羽回师反击,把刘邦打得落荒而逃,各路诸侯也纷纷叛汉向楚。

刘邦从彭城逃至下邑(今安徽砀山),张良闻讯赶来,韩信亦在收集溃逃的散兵之后与刘邦会合。刘邦问张良怎么办?张良根据当时的形势,为刘邦谋划挽救困难局面的方略。

张良说:"九江王黥布,楚枭将,与项王有郄(音 xi,有郄即有矛盾);彭越与齐王田荣反梁地,此两人可急使。而汉王之将,独韩信可属大事,当一面。即欲捐之(捐之,献出的意思),捐之此三人,则楚可破也。"(《史记·留侯世家》)

刘邦按张良的谋划,决策团结黥布、彭越、韩信,共同打击项羽。他派能言善辩的谋士随何去九江,说服黥布背楚向汉,又使人联合彭越,再拜韩信为左丞相,使率重兵北击魏、赵、齐。《史记》说"卒破楚者,此三人力也"。

张良是个书生,身体瘦弱,"状如妇人好女",又多病,因此上不了战场,没有战功。但是他却能多次在刘邦厄难中以自己卓越的智慧为刘邦救困解危。他在下邑帮助刘邦作的三条战胜项羽的决策是比任何战功都宝贵的东西。刘邦正是靠了这三条正确的决策,才挽救了彭城溃败后的困难局面。这三条决策是张良根据当时楚汉斗争的形势,分析敌、我、友三方面的态势所作出的正确决定。正是这三条正确的决定,帮助刘邦赢得了楚汉战争的胜利。

第六功:反对复立六国,坚持国家统一

楚汉两军在荥阳(今河南荥阳东北)对峙,战斗激烈,形势紧张。一次张良外出,刘邦与另一谋士郦食其探求战胜项羽的办法。郦食其说:

"昔汤伐桀,封其后于杞。武王伐纣,封其后于宋。今秦失德弃义,侵伐诸侯社稷,灭六国之后,使无立锥之地。陛下诚能复立六国后世,毕已受印,此其君臣百姓必皆戴陛下之德,莫不向风慕义,愿为臣妾。德义已行,陛下南向称

霸，楚必敛衽而朝。”(《史记·留侯世家》)

刘邦听郦食其说恢复六国之后，天下人都会拥护他，项羽也会朝拜他，当然高兴，马上叫人给六国的后裔刻印，让郦食其带着印去找六国后人，封侯拜爵。

郦食其还没成行，张良从外面回来了，刘邦马上把这一决定告诉张良。张良说：“谁为陛下画此计者？陛下事去矣！”张良乃以雄辩的姿态，一层一层地为刘邦驳析复立六国之危害，要刘邦坚持国家统一的方针，取消复立计划。下面是《史记·留侯世家》所记载的张良与刘邦的对话：

(张良)曰：“昔者汤伐桀而封其后于杞者，度能制桀之死命也。今陛下能制项籍之死命乎？”

(刘邦)曰：“未能也。”

(张良)曰：“其不可一也。武王伐纣，封其后于宋者，度能得纣之头也。今陛下能得项籍之头乎？”

(刘邦)曰：“未能也。”

(张良)曰：“其不可二也。武王入殷，表商容之闾，释箕子之拘，封比干之墓。今陛下能封圣人之墓，表贤者之闾，式智者之门乎？”

(刘邦)曰：“未能也。”

(张良)曰：“其不可三也。发钜桥之粟，散鹿台之钱，以赐贫穷。今陛下能散府库以赐贫穷乎？”

(刘邦)曰：“未能也。”

(张良)曰：“其不可四矣。殷事已毕，偃革为轩(苏林注：革者，兵车也；轩者，乘车也。)，倒置干戈，复以虎皮，以示天下不复用兵。今陛下能偃武行文，不复用兵乎？”

(刘邦)曰：“未能也。”

(张良)曰：“其不可五矣。休马华山之阳，示以无所为。今陛下能休马无所用乎？”

(刘邦)曰：“未能也。”

(张良)曰：“其不可六矣。放牛桃林之阴，以示不复输积。今陛下能放牛不复输积乎？”

(刘邦)曰：“未能也。”

（张良）曰："其不可七矣。且天下游士离其亲戚，弃坟墓，去故旧，从陛下游者，徒欲日夜望咫尺之地。今复六国，立韩、魏、燕、赵、齐、楚之后，天下游士各归事其主，从其亲戚，返其故归坟墓，陛下与谁取天下乎？其不可八矣。且夫楚唯无疆，六国立者复桡而从之（晋灼注：当今唯楚大，无有强之者，若复立六国，皆桡而从之），陛下焉得而臣之？诚用客之谋，陛下事去矣。"

刘邦听了张良的剖析，急得把刚吃到嘴里的饭都吐了出来，骂郦食其："竖儒！几乎败坏了我的大事！"赶紧把刻好的六国王侯印章销毁。

复立六国后裔，全然是迂腐儒家"兴亡国、继绝世"的一套。六国的灭亡，自有其深刻的历史原因，生产关系改革得不彻底、奴隶制度保留得过多，以致失去广大劳动者的支持，当是其重要原因。所以农民起义胜利后，再恢复六国贵族的统治，非但不符合历史前进的潮流，也不符合人民的利益。张良的剖析，尽管每条都是站在刘邦集团的立场上为刘邦着想，但在客观上是符合人民渴求国家统一、结束连年战乱的强烈愿望的。他们绝不愿意再回到六国纷立、战乱不止的战国时期。

第七功：蹑汉王足，化解刘邦与韩信的矛盾，避免内部分裂

否定了六国封王，又出来了韩信封王的问题。

韩信是刘邦集团外线作战大军的统帅。他不是六国贵族的继承人，而是刘邦军队中官阶最高的将军。他在歼灭了项羽的龙且大军，攻占了占全国疆域十分之二的齐国以后，向刘邦请求自立为假齐王。他派使者到荥阳前线向递上一件文书，向刘邦说：

"齐，夸诈多变，反复之国。南边楚，不为假王以镇之，其势不定。今权轻，不足以安之，臣请自立为假王。"（《汉书·韩信传》）

假王就是代理国王，也就是代齐王。为什么韩信只请为假王，这是因为他所统帅的部队，多系刘邦的旧部，他还不能自说自话，径直地自立为齐王。

这时，项羽正在急攻刘邦，形势紧迫。刘邦天天盼望着韩信发兵来救。如今，兵未见一个，却来了一个韩信派来请求自立为王的使者。刘邦愤怒到了极点，破口大骂。（《史记·高祖本纪》还说，"汉王欲攻之"；《汉书·高帝纪》也说，"汉王怒，欲攻之"）。刘邦、韩信原来就有矛盾，现在又因封王问题，矛盾迅速激化，出现了分裂的危险。张良、陈平见状，急忙暗自“蹑汉王足”。蹑就是踩，踩刘邦的脚，就是制止他乱说话、乱作决定。前面说过，刘邦悟性不错，马上不再说话。张良、陈平附耳轻声地对他说：“汉方不利，宁能禁信之自王乎？不如因立，善遇之，使自为守。不然，变生。”刘邦明白了利害，但又不能转变得太快，于是，接着骂，“大丈夫定诸侯，即为真王耳，何以假为！”（《汉书·韩信传》）于是，派张良带上印绶到齐国立韩信为齐王，“征其兵使击楚”。

刘邦不愧为古代政治舞台上技艺高超的演员，这一幕精彩的表演，既表达了他对韩信自立为假王的不满，又表达了他对韩信战功的肯定和封赏的大度。韩信从使者那里听了刘邦称他“大丈夫”“为真王”的话，一定是惊喜交加，他非但不会计较刘邦前面骂他的话，而且会对刘邦更加感激。

张良原来是反对六国分封的，现在为什么又赞成封韩信为王呢？

这是两种不同性质的分封。六国分封，是恢复六国贵族的统治，恢复战国时期列国并立的局面。韩信的分封是刘邦集团内部的论功行赏，被封者是从农民起义中转化而来的新兴封建主。当然这种分封，对统一的国家仍存有分裂的隐患，但一定时期内，又是政治军事形势之需要。韩信攻占齐国之后，与楚、汉鼎足而立，变成了政治天平上一个关键性的砝码，他的背向决定着楚汉双方的胜负。就在韩信封王不久，项羽集团就派来了说客，劝他联楚反汉。韩信感激刘邦的信任和封赏，不肯背弃刘邦，谢绝了楚国的说客。这件事也从侧面证实了张良的政治远见。如果当初刘邦不听张良的话，感情用事、一意孤行，逼得韩信去联楚背汉，那么在楚汉相争中，刘邦必然再次面临严峻的困难局面。

南宋著名诗人杨万里在读张良传时，写了一首诗，对张良“蹑汉王足”这件事作了高度的评价：

笑睹乾坤看两龙，淮阴目动即雌雄；
兴王大计无寻处，却在先生一蹑中。

——《读子房传》

熟读史书的毛泽东对张良“蹑汉王足”这件事也很有兴趣，他几次在讲话中讲这个故事，称赞张良、陈平聪明有智，称赞刘邦能急转话题。有一次讲这个故事时，还从沙发上伸出一只脚，作践踢状。

第八功：献灭楚计：合韩、彭、英军，与项羽决战到底

汉高祖四年(公元前203年)，项羽在刘邦、韩信等的打击下，损失惨重。楚汉战场的形势发生了根本性的转折：项羽方面由原来的优势变为劣势；刘邦方面，虽然也打得很疲劳，但兵员多、粮食足，处于相对优势。八月，双方和平谈判，达成以鸿沟(在今河南境内，自开封市至淮阳一线)为界，中分天下的协议。九月，项羽东归，刘邦也准备西归。但张良坚决反对中分天下的鸿沟协议，他对刘邦说：

“今汉有天下大半，而诸侯皆附，楚兵罢食尽，此天亡之时，不因其几而遂取之，所谓养虎自遗患也。”(《汉书·高帝纪》)

刘邦听了张良的话，一改和平妥协的旧态，振奋精神，决心提挈全军与项羽决战到底。

1964年1月，毛泽东在一次谈话中，曾以欣赏的口吻，谈起刘邦的这个决定。他说：“自古以来，能干的皇帝大多是老粗出身。汉朝的刘邦是封建皇帝里边最厉害的一个……鸿沟划界，项羽引兵东退，他也想到长安休息。张良说：‘什么条约不条约，要进攻！’他立刻听了张良的话，向东进。”(《毛泽东评点二十四史》)

十月，刘邦追项羽至固陵(在今河南太康南)。因韩信、彭越的军队未到，合围计划落空。楚军反击，汉军受挫，只好坚壁而守。

固陵败后，刘邦又找张良，问：“诸侯不从，奈何？”

张良对曰：“楚兵且破，未有封地，其不至固宜。君王能与共天下，可立致也。齐王信之立，非君王意，信亦不自坚。彭越本定梁地，始君王以魏豹故，拜越为相国，今豹死，越亦望王，而君王不早定。今能取睢阳以北至谷城皆以王彭越，从陈以东傅海与齐王信，信家在楚，其意欲复得故邑。能出捐此地以许两人，使各自为战，则楚易败也。”(《汉书·高帝纪》)

于是，刘邦派出使节到韩信、彭越军中传达刘邦分封的决定，韩信、彭越大为高兴，都率军到达指定战场。随后，英布亦率九江兵来会，刘邦封英布为淮南王。

十一月，刘邦与韩信、彭越、英布的三支大军合围项羽于垓下(今安徽灵璧南)，楚军大败，项羽自刎于乌江。刘邦终于取得了战争的全面胜利。

张良在汉王朝建立后，为稳定与巩固政权，也做了许多贡献。著名的“封雍齿”就是其中之一。

刘邦战胜项羽以后，大封功臣，但未及遍封。一日，刘邦看到将领们“往往相与坐沙中语”(《史记·留侯世家》，下同)。刘邦问张良：“此何语?”张良答：“此畏陛下不能尽封，恐又见疑平生过失及诛，故即相聚谋反耳！”刘邦说：“为之奈何?”张良说：“上平生所憎，群臣所共知，谁最甚者?”刘邦答：“雍齿与我故，数尝窘辱我。我欲杀之，为其功多，故不忍。”张良说：“今急先封雍齿以示群臣。”果然封了雍齿以后，人人自安，说：“雍齿尚为侯，我属无患矣！”

毛泽东欣赏张良的机智，在讲话中常引述这个故事，而且把树立典型人物作为处理政策问题的一种方法。除了“封雍齿”，张良在建国都、立太子等问题上都有过贡献。司马迁以其“非天下所以存亡”故，未加评记。

张良从《太公兵法》中学得了至贵至宝的东西，所以能上兴邦治国、下全功保身

张良第一次在历史舞台上亮相时，是“悉以家财”聘力士至博浪沙狙击秦始皇，这是一个“以匹夫之勇，而逞于一击之间”(苏轼语)的骄傲而的急躁形象。

张良在圯上得《太公兵法》，习诵十年之后，重出江湖。这时，他已变成一位谦虚博雅、“运筹帷幄”的智慧型人物。

《太公兵法》是一部什么书? 怎么有这样大的力量，竟能改造了张良骄傲急躁的性格，使他成为一位“决胜千里”、名垂千古的豪杰之士?

《太公兵法》就是《汉书·艺文志》收录的《太公》。是中国古代传统兵书《武经七书》之一。它托名西周太公望(即姜尚或姜子牙)撰，实际是战国时齐国学者或者就是圯上老人所撰。此书共二百三十七篇，分三部分：甲，《谋》八十一篇；乙，《言》，七十一篇；丙，《兵》，八十五篇。这是一部以军事为主，包括政治、哲学、道德修养内容的百科全书。在《隋书·经籍志》里，《太公兵法》演变为三部分：甲，《太公金匮》，即原来的《言》；乙，《太公阴谋》，即原来的《谋》；丙，《太公六韬》，即原来的《兵》。现今《太公金匮》和《太公阴谋》佚失很多，只剩有清人孙同元、汪宗沂、孙星衍等辑录的逸文。《太公六韬》保留得较为完整。首篇《文

韬》,有《文师》、《盈虚》、《国务》、《守国》、《举贤》等章节,讲战争本于道义,政治先于军事,尤其是《盈虚》一章,全讲国家的兴衰治乱,非常深刻。次篇《武韬》,从战略角度讲王天下的根本大计。以后的《龙韬》、《虎韬》、《豹韬》、《犬韬》讲战争的各种具体问题。《太公六韬》继承并发展了孙武、孙膑、吴起、尉缭等人的军事学说,并运用老子的辩证思想考察政治、军事问题,具有很高的认识价值。它实际是刘邦集团夺取全国胜利的理论指导。

《太公兵法》最基本的观点是"取天下"必须以"利天下"为本,它在开宗明义的第一章就指出:"天下非一人之天下,乃天下之天下也。同天下之利者,则得天下;擅天下之利者,则失天下。天有时,地有财,能与人共之者,仁也;仁之所在,天下归之。免人之死,解人之难,救人之患,济人之急者,德也;德之所在,天下归之。与人同忧同乐,同好同恶者,义也;义之所在,天下赴之。凡人恶死而乐生,好德而归利,能生利者,道也;道之所在,天下归之。"接着,又指出,国家的兴衰治乱,全在于领导者能否修德爱民。虽然《太公兵法》讲的民,主要是新兴封建阶级和小私有者,但它能认识到天下乃天下人之天下,取天下首先要取得天下人的同情和支持,这在当时是非常杰出的。张良正是受这些思想的指导,才能在进入咸阳时,力劝刘邦"为天下除残去贼",不要学秦之"无道"。并采取"除秦苛法"、"约法三章"的举措,从而出现关中人民争持酒食欢迎刘邦的一幕。

圯上老人赐张良兵书时,希望他学了此书"为王者师"。张良没有辜负老人的期望,十年后果然依靠这本书做了汉王刘邦的高级顾问。

楚汉之争中,张良为刘邦谋划的战略决策,许多都是灵活运用《太公兵法》的结果。例如:鸿沟和议之后,张良劝刘邦合围项羽时说的话:"此天亡之时,不因其几而遂取之,所谓养虎自遗患也。"几乎与《太公兵法·文韬》中"善战者,见利不失,遇时不移。失利后时,反受其殃"等,如出一辙。

项羽集团溃灭以后,刘邦集团内部矛盾迅速扩大。从公元前202年刘邦称帝到公元前195年刘邦去世七年间,汉王朝中央与地方诸侯(即原来的功臣大将)之间,矛盾冲突不断,在政治、军事领域中,大案迭起,波涛汹涌。择其重要者,有:

公元前201年　刘邦逮捕楚王韩信,后降其为淮阴侯。

公元前198年　刘邦逮捕赵王张敖,后降其为宣平侯。刘邦杀赵相国贯高等。

公元前197年　刘邦自将击代相国陈豨。

公元前196年　吕后杀淮阴侯韩信，夷三族。

刘邦杀梁王彭越，夷三族。

刘邦自将击淮南王英布。

公元前195年　刘邦斩淮南王英布，夷三族。

刘邦斩代相国陈豨。

刘邦逮捕汉相国萧何，后释放。

刘邦发兵击燕王卢绾。

刘邦令陈平、周勃夺樊哙兵权，至军中斩之。陈平执樊哙至长安，到达时，刘邦已死，吕后释樊哙。

由上表可见，在楚汉决战之后仅仅七年间，帮助刘邦取得胜利的三大主将韩信、彭越、英布先后被他处死，而且是“夷三族”。与刘邦亲如兄弟的将军陈豨、卢绾也被刘邦处斩。甚至与刘邦共举大事、长期生死与共，而且是死心塌地为刘邦出死力的相国萧何、大将樊哙也被刘邦逮捕过。

在天低云垂、风雨如磐，众多功臣悲叹“狡兔死，良狗烹”的俗谚而纷纷倒地的时刻，唯有被刘邦评为功勋至高的张良一路平安，泰然无事。在那个政治危机四伏、多少人自危不保的年代，他非但没有受到一点冲击，反而处处受到刘邦、吕后的呵护。

什么原因呢？这也与张良习诵的《太公兵法》有关。

《太公兵法》在《汉书》中被列为道家书，原因就是它讲柔静之道，讲强弱盈亏转化的辩证法。《太公兵法》在论述君臣将帅道德修养时，一再强调：“柔而静”、“恭而敬”（《明传》），要求人们“富而无犯”、“贵而不骄”（《六守》），并指出：“太强必折，太张必缺”（《三疑》）。在君臣关系上，它明确主张：“臣无富于君，都无大于国。”（《六守》）这些都是中国传统文化中至贵至宝的东西——谦道。张良正是深刻理解并身体力行了这至贵至宝的谦道，才能成就为“上兴邦治国，下全功保身”的豪杰之士。

在汉王朝的功臣们日夜争功、“岁余功不决”，甚至连萧何、曹参都卷进功臣位次之争时，刘邦却对“未尝有战斗功”的张良说，“运筹策帷帐中，决胜千里外，子房功也。自择齐三万户!"值得注意的是,当时齐国是全国最富庶的地区,三万户是功臣最高的封赏。即便是论功第一的萧何也不过封酂侯,食邑八千,外加二千额外封赏,共一万户。张良的封赏竟是萧何的三倍,而且要他自己选择封地。刘邦的这个态度使有些人感到不解,但刘邦对张良的封赏又绝非兴之所至的轻率表示。其原因是张良的功勋,确实可以得到这样的封赏。试想:没有张良鸿门宴的调度、没有张良垓下决战的决策,等等,能有刘邦今天的胜利吗?但张良却谢绝了刘邦高厚的封赏。他说:"始臣起下邳,与上会留,此天以臣授陛下。陛下用臣计,幸而时中,臣愿封留足矣,不敢当三万户。"(《史记·留侯世家》)留县不是个富庶地区,但它是刘邦与张良第一次相遇的地方,张良请求封留县(今江苏沛县东南),不仅表示了自己的谦逊,而且表达了自己与刘邦君臣知遇的情感。这样不争名利、只重情谊的臣下,使刘邦十分感动。他按照张良的心意,封其为留侯。留县地方不大,封邑不过一万户,大致与萧何的封邑相当。

张良在反秦斗争中的阶级属性和历史地位

刘邦死后,张良仍旧受到吕后的优待。此时张良身体已越来越差,经常在家颐养,并修炼气功,很少过问政事。公元前 189 年,他终于因病逝世。

20 世纪中后期,有史学论者,认为张良青年时反对秦始皇是代表奴隶主复辟势力,立场反动;参加农民起义后才转化为封建阶级代表。这个评价是有偏颇的。

由于社会经济发展的要求,战国七雄都不同程度地进行了由奴隶制向封建制的改革,只是秦国的改革比起山东(华山之东)六国更为彻底,山东六国奴隶制的残留部分比秦国更多一些。所以六国后裔反对秦始皇的斗争不能简单视为奴隶主的复辟活动。同时,秦始皇统一六国,虽然是一种历史进步,但其高度的中央集权和政治上、文化上的专制主义对历史发展也产生了阻碍作用。尤其是他强制调动全国劳力为其修筑阿房宫、陵墓和其他公共工程,极大地阻碍了作为社会经济基础的农业的发展。所以当时人们纷纷起来反抗他的专制压迫。在这种历史背景下,张良的博浪沙狙击也应视为人民反对秦始皇暴政斗争的一部分，其性质是正义的，不应视为奴隶主复辟的反动行为。后来，张良等反秦力量都溶入了农民反秦大起义的洪流，就是明证。而秦末农民大起义所以能获得胜利，就是因为有如此广大反秦阶层的参加。张良，以及同张良情况相仿的项梁、项羽、陈余、张耳等等，都为反秦斗争的胜利做出了他们的贡献。

反秦斗争胜利以后，全国又爆发了楚(项羽)汉(刘邦)两大集团的内战。在楚汉之争中，张良站在刘邦一边。他为了获得人民的支持，为刘邦制定了许多有利于人民的政策和军事斗争方略(如废秦苛法、约法三章、反对复立六国后裔和与项羽进行垓下决战等等)，终于在短短的三年多时间里取得了楚汉决战的胜利，帮助刘邦建立了西汉王朝。西汉王朝的建立为社会经济的恢复和发展创立了较好的历史条件。所以，无论在反秦斗争和建立汉王朝的事业中，张良都站在历史进步方面，他是汉初封建统治阶级中一位对历史发展作出了杰出贡献的历史人物。

汉初三杰之三：韩信

将略兵机命世雄，苍黄钟室叹良弓。

——刘禹锡：《韩信庙》

韩信(？～公元前196年)，淮阴(今江苏淮安淮阴西南)人。他一生的事业，可以分为三个时期：

1. 仗剑从军，参加反秦农民起义时期(公元前208～前206年)。这个时期，他在项羽的部下当小军官，做的事情不多。

2. 背楚归汉，参加楚汉战争时期(公元前206～前202年)。这个时期，他在刘邦那里当大将军、左丞相，后来又被封为齐王、楚王。这是他在历史上大显身手，充分表现其卓越军事才能的时期。

3. 全国统一后的闲居时期(公元前202～前196年)。这是他遭贬斥，走下坡路，生命之火逐渐黯淡，以至最后熄灭的时期。

他的出身、经历和军事斗争上的许多业绩，在本书《项羽与刘邦的楚汉争雄》一文中，已经有过论述。这里谈的主要是两个问题：

一是他的破赵之战。韩信破赵之战是古代军事史上一次很有特色的重要战役，毛泽东在他的军事名著《论持久战》中，曾经给以肯定的评价，说它是以少击众、以劣势对优势、以弱小之军打败强大之军的一次有名战役。为总结其经验，需要对这个战役的全过程作一个简明的考察。

二是有关他贬居、谋反的一些是非问题。这是一个在历史上长期有不同看法的问题，需要根据历史的事实，作一些分析。

关于韩信破赵之战的论述

破赵之战在楚汉战争全局中的地位

时间是楚汉战争的第二年(公元前 204 年),项羽和刘邦两个新起的封建集团正逐鹿中原,在今河南北部的荥阳战场相持。战场上的形势,大体是荥阳以东地区属项羽,荥阳以西地区属刘邦。荥阳的西北是今山西省,属魏王豹。他原来归顺刘邦,刘邦在彭城战役中失败后,又背汉归楚。荥阳的东北就是今河北省,属赵王歇、代王陈余和燕王臧荼,他们同项羽都有矛盾,但是当时的形势是楚强汉弱,所以他们都站在项羽一边,同刘邦对立。今山东省中部地区属齐国,原来的国王是田荣,后来为项羽打败,以后田荣的弟弟田横复起,情势还不稳定。但是,田横也不服从刘邦。今山东省西部和河南省东北部一小块地方属彭越,他原是当地的农民起义军领袖,因为活动的地区较小,项羽的封王中没有他,田荣自立为王后,封他为大将军,后来又依附刘邦,他是反对项羽的。

以上的态势说明:当时黄淮流域的中部、东部地带,除了彭越活动的一小块地区,都是项羽的势力范围。在全国的棋局上,刘邦在荥阳是正面受敌,侧面被围,只是东北角有一个小小的活眼。局面是被动的。

为了改变这种被动局面,刘邦在公元前 205 年八月封韩信为左丞相,叫他带领了几万人西渡黄河去平定魏王豹,以解除西北方向的包围。

韩信打败魏王豹以后,向刘邦要求给他增兵三万,让他去经营赵、代、燕、齐地区,以在项羽的后方开辟第二战场。韩信说,采取这项方针,不仅可以“北举燕赵,东击齐”,占领今河北、山东的广大地区,而且可以“南绝粮道,西与大王会于荥阳”。刘邦同意了韩信的上述建议,给他增加了三万部队,要他和原常山王张耳军从今山西经河北向项羽的后方迂回。此行的主要目的是占领赵、代、燕、齐,从侧翼抄袭项羽的老窝彭城,以配合正面战场,对项羽实行钳形包围。这是汉刘方面的一个重要的战略性决策,这个决策完成后,汉刘方面即全局皆活,那时被包围者刘邦将变成包围者,包围者项羽将变成被包围者。

但这个关系楚汉战争全局的决策能不能实现,关键在于破赵战役能不能取胜。破赵战役胜利，今河北大部地区归属刘邦，这样不仅可以解除正面战场上对刘邦的北面包围，而且赵、代等地变成刘邦的新后方以后，韩信的大军才可以从那里继续向东挺进，以实现开辟第二战场的战略计划。破赵战役要是失败，不仅韩信的部队受损，而且赵王歇和代王陈余在追击作战中，势必同项羽协同配合，在荥阳战场夹击刘邦，那时刘邦的处境就更加危险了。

赵、韩双方军事上的优劣

赵歇和陈余听说韩信、张耳来攻，急忙布置抵抗。这时赵、韩双方军事上的优劣之处，大体如下：

赵王方面：

优点是：

1. 兵力较多，约二十万。

2. 地势较好。赵国在井陉关建立了有利于坚守的防御阵地。井陉关在今河北、山西交界的井陉县北，是从太行山进入华北平原的隘口，形势险峻，是古代天下有名的九塞之一。

3. 粮草充足。

4. 统帅部里有战略水平很高的人才，如李左车等。

劣势是：

1. 军队缺乏作战经验。

2. 军事统帅陈余是个腐儒，经常说：“义兵不用诈谋奇计。”又主观又自负，缺少战略头脑。

韩信

韩信方面：

优点是：

1. 军队有锐气。韩信的部队在公元前205年九月强渡黄河，在今山西打了个大胜仗，俘虏了魏王豹，闰九月又从山西向今河北进军，又在山西、河北交界的阏与击破了代王陈余的丞相夏说的部队，生擒了夏说。因为连获胜利，军队的锐气较足。

2. 统帅部内部团结，指挥能力很强。

3. 赵地原来是张耳的地盘，人情、地理都比较熟，军事情报工作组织得比较好。

劣势是：

1. 兵力较少。韩信攻打今山西和刚进入今河北时带的部队较多，后来因为项羽不断在正面战场发动进攻，荥阳战线吃紧，刘邦陆续从他那里调走了一些精兵，到破赵战役之前，韩信那里的兵力，大约只有二万多。

2. 地势不利，井陉关的壁垒易守难攻，不易攻克。

3. 由于两个多月连续行军、作战，部队比较疲劳。

4. 战线离大本营较远，交通又不方便，粮食供应是个大问题。

出奇制胜是唯一正确的策略

战场态势对韩信方面并不有利。从战争双方的各种条件看，兵力是敌大我小，状态是敌逸我劳，地势是敌优我劣，供应是敌多我少。韩信方面没有必胜的把握，打不好还会失败。

因此，他不敢贸然向赵军发动进攻，也不敢贸然向井陉进军。这时，他所做的唯一重要的事情是收集军事情报，进行军事侦察，特别是战略侦察。也就是说，要迅速查明敌方的战略企图，以便确定自己一方的作战计划。

果然，赵歇方面有棋高一着的对手，这就是前面提到的李左车。他向赵王分析了双方的战争形势，提出了正确的战略方针。

李左车说："韩信渡西河、虏魏王、战阏与、擒夏说，现在又与张耳来攻打我们。他乘胜进军，去国远斗，锐不可当。但是，我听说'千里馈粮（千里运送粮食），士有饥色，樵苏后炊（现打柴草来做饭），师不宿饱。'井陉的道路狭窄，车不得并行、骑不得成列，数百里行军，粮草只能放在后头。臣愿率奇兵三万，从小路转到他们的后头袭击他们，断绝他们的粮草和军用辎重的供应，你们则在这里深沟高垒，不同他们打，让他们进不能进，退不能退。驻扎下来吧，又没有粮草，荒郊野外也找不到东西吃。这时，我再从后头不断向他们发动攻击，不出十天，就可以把韩信、张耳两个人的头颅献于帐前。"

这正是韩信最担心的一着棋。他兵进太行以后，所以趑趄不前，怕的就是这。

如果赵歇决然采纳李左车的战略方针，韩信为了保存军力，只有向今山西方面后撤。那时他能做到的只是在后撤中寻机破敌，以图再进。如果这个目的达不到，他还要再后撤。这样，韩信的破赵计划就会落空。刘邦在项羽后方开辟第二战场的战略方针也难以实现。但是，敌方军事统帅陈余以他出奇的愚蠢帮助韩信解脱了危机。这个颇为著名的儒者，是个非常无能的家伙。他不调查、不研究战场的实际情况，只知道死抠书本。他非但不采纳李左车的正确建议，反而说："义兵不用诈谋奇计。兵法说'十则围之，倍则战'，现在韩信的兵马号称数万，其实没这么多，他们千里来袭击我们，疲惫极了，我们要是避而不战，岂不贻笑天下。那时，诸侯以为我们胆小如鼠，也都随意来攻打我们怎么办?"

赵歇听信陈余的话，不用李左车的计划。

韩信方面的军事情报系统，迅速将敌方统帅部关于战略决策的情况密报韩信。韩信得了这个情报大喜。他同张耳当机立断，决定利用陈余的错误，以奇兵引诱赵军出战，然后寻机歼敌，夺取井陉。这是韩信在不利的战斗条件下，充分发挥自己的能动作用，以少击众、出奇制胜的正确决策。

公元前 204 年十月，作战计划确立以后，韩信和张耳引兵向井陉进发。他们并没有径直进军到井陉关下，而是在离井陉关三十里的地方，选择了一块开阔地带驻军备战。

半夜，韩信挑选了几千轻骑兵，命令他们每人携带一面汉军红旗，乘夜色从小路向井陉方向秘密靠拢，隐蔽在山后，专门等到赵军从壁垒里倾巢出动，追逐汉军时，再从山后飞快地出来奔入赵军壁垒，然后拔掉壁垒上的赵军旗帜，换上汉军的红旗。接着，韩信又叫副将传令，要全军简单地吃点东西就出发，待今天打败赵军再正式会餐，诸将听了都不信，随便地应承了一下。

韩信向诸将说："今天我们的作战方针是把赵军从壁垒里引出来打。但他们要是只看见我们一个小队伍是不肯出动的。他们怕一出动，就把我们大队伍吓回去。他们一定要等到看见我们大将的旗鼓，才肯出来，因此我们得派大队人马去引诱他们。"

于是，韩信决定从主力部队中分出一万多人作为前部，进军到井陉关前的回星河，并沿河靠岸，背水列阵。背水列阵是违反古代兵法中行军布阵“后依山、前傍水”规定的。因此赵军见了，哈哈大笑。

这时，天已大亮，韩信叫其余汉军树起大将的旗帜，敲打着咚咚作响的战鼓，大摇大摆地朝井陉口的赵军营垒奔来。

赵军看到了汉军的大将旗鼓，即开壁出击，双方打了好一阵。韩信、张耳按照事先同诸军约定的计划，假装战败，丢弃了旗帜和战鼓，往回星河边的阵地撤退。赵军一看汉军败退，果然倾巢出来追赶汉军，抢夺了许多汉军的旗鼓。背水而阵的士兵和被追击的汉军合兵一处，双方在水岸边展开了激烈的战斗。这次，汉军不再后退了，个个殊死战斗。

这时，韩信半夜派出的轻骑兵从山后面转出来急速驰往赵军营垒，夺占了赵军防备薄弱的营垒。然后，拔去赵军的旗帜，在赵军的营垒上树起数以千计的汉军红旗。在河岸边战斗的赵军看见自家的营垒上插上了汉军的红旗，以为自己的军队失败了，心中慌乱起来，顿时兵无斗志，争相逃命。赵军将领斩杀溃逃者，竭力督战，但是仍然无法制止溃逃。这种混乱的情况下，驰入赵军壁垒的轻骑兵又从赵军壁垒中冲杀出来夹击赵军，赵军背腹受敌，全线溃败。结果赵歇被擒、陈余被斩。

总计，这次战役，时间不到一天，即斩将擒王，击破敌军二十万，一举攻克名闻天下的要塞。这是韩信一生战绩中，仅次于后来垓下决战的光辉篇章。

诸将向韩信交付了陈余头颅和战俘赵歇以后，纷纷向韩信拜贺。他们问韩信道:“兵法说，行军布阵要‘右背山陵，前左水泽’，今天将军命令我们背水列阵，而且说等破了赵军再会餐，原来我们都不信，但是结果却果真如此，这是为什么呢?”

韩信说:“我所用的战略战术兵法上也是有的，只是你们没注意罢了。兵法不是说，‘陷之死地而后生，置之亡地而后存’吗? 我韩信初率大军，同大家接触不多，威望不高，这就是所谓‘驱市人而战’。在这种情势下，要是把阵地布置在有后路可跑的地方，人人都要争路逃命了，还怎么打胜仗呢? 必须把阵地布置在无路可跑的死地，这样，才能使人人各自为战。”诸将听了这些话，都服气了，说这是我们没想到的。

这里还要谈一下李左车在破赵战役结束后的一个很有价值的谈话。

韩信也是一个爱惜人才的统帅，他在大破赵军的时候，传令不准杀害李左车，说，有生得此人者赏千金。这千金的重赏终于挽救了李左车的性命。李左车被人绑缚而来，韩信立即给他解缚，并以尊敬师长的礼节，让他坐在东向，自己坐在西向，虚心地向他请教各种问题。韩信问的问题是怎样北上攻燕，东向取齐。李左车推辞说："我听说'败军之将，不可以言勇；亡国之大夫，不可以图存'。我现在是个败亡的俘虏，怎么能言谈大事呢？"

韩信说："百里奚原来在虞，虞国不用他，亡了国。后来归秦，秦国用他，称了霸。要是陈余等听取你的计策，韩信早就被擒了，赵国败亡的责任不在你。我的确是诚心诚意地向你问计，希望你不要推辞。"

李左车这才为韩信的下一步作战计划，贡献了他卓有见识的意见。

李左车说："俗话说'智者千虑，必有一失；愚者千虑，必有一得'。狂夫之言，仅供圣者采纳吧。"他首先分析了韩信部队的长短，然后说："善用兵者，不以短击长，而以长击短。将军渡西河、虏魏王、战阏与、擒夏说，现在又一举而下井陉，不到一天功夫，破赵兵二十万，名扬四海，威震天下：这是将军的所长。但是军队连续作战，士兵疲劳，其实难用：这是将军的所短。你现在要率领疲劳的士兵去攻打燕国的坚固城池，欲战恐久，欲拔无力，这是以己之所短击人之所长，恐怕不是个办法。"

韩信说："那怎么办呢？"

李左车说："为将军计，不如按甲休兵，镇抚赵地百姓。先把这里的局面安定下来，然后再派能言善辩的使者，持咫尺的书信，以将军连续作战胜利的声威，去说服燕王归顺，这样，燕王不敢不从。燕王服从了，齐国就好办了，于是天下事就有希望了。这就是先声而后实的用兵之道呀！"

韩信听从了李左车的计策，派使者去说服燕王归顺，燕王果然服从。

正当韩信在赵、燕取得胜利的时候，刘邦在荥阳、成皋战场连打败仗。他与滕公渡河逃奔韩信军中，并依靠这个新后方收集余部，重振了军威。所以韩信破赵之战，不仅为实现刘邦开辟第二战场、包抄项羽后路的战略计划打开了胜利的大门，而且直接以其新开辟的地区帮助刘邦挽救了其正面战场的失败。

也有人认为韩信的破赵之战，孤军进井陉之隘，是轻率冒险；背水驱市人而战，是孤注一掷。说这次胜利来得很侥幸，在军事上不足为训。

这个看法不对。

韩信率部队深入井陉、“驱市人”背水作战，的确是有风险的，但它并非轻率冒险，也不是孤注一掷。

先说深入井陉。这是在必要的战略侦察基础上作出的正确决定。在情况不明时，韩信面对井陉，一直是谨慎小心、趑趄不前的。后来通过必要的侦察，弄清了敌人统帅部的战略企图，这才下决心迈出决定性的一步。这样的行动，怎么能称是轻率冒险呢？

如果敌人临时改变决定，派兵断他的后路呢？在韩信兵临井陉的时候，赵军已经来不及改变决定了。井陉关前面的道路已经封锁，从其他道路迂回到韩信的背后，需要一定时间，那时，韩信的仗已经打完了。

如果敌人硬是深沟高垒，不肯出来同韩信作战呢？这不符合敌人已经确定了的作战意图。即使出现这种情况，还可以再作其他计较，实在没有办法，就再作撤退。

再作撤退岂不是劳师动众，白来了吗？那也比白白放弃可能到手的胜利为好。

再说背水作战。这是韩信根据双方情况制定的全战役计划中的一个环节，一个组成部分，它不是一个孤立的行动，而是同整个战役计划紧密联系在一起的一种布置。如果整个破赵战役的计划只是一个背水作战，那可以说是孤注一掷，但是背水作战是同诸将丢掉旗鼓引诱敌人，以及用轻骑兵奇袭敌人壁垒等计划联系在一起的。它只是破赵之战整个作战计划中的一个环节、一个组成部分，那就非但不是孤注一掷，而且是很优秀的战斗部署。

这是一个具有现实可能性的作战计划，它是建立在为夺取胜利所必需的兵力、物资等条件之上的，尽管这条件不是很理想。也正因为条件不很理想，所以才需要调动一切手段，在现有条件的范围内充分发挥其积极作用。

井陉战场汉军两万多人，比赵军人数少得多，但是他们作战经验多，并且有强有力的指挥，军队的战斗力是比较强的。赵军二十万，但集中在井陉关的作战部队不会有这么多，加上缺乏作战经验，指挥无力，军队的战斗力是比较弱的。这种情况决定了战争中汉军以少胜多的可能性是存在的。这是整个破赵战役计划的基点，如果没有这个基点，一切都是不可能实现的空想。

背水而阵的布置是干什么的呢？背水而阵的布置是以地理因素调动人心因素，使作战部队人人产生殊死战斗的决心，以一当十、以十当百，最大限度地发挥军队的战斗力量，以此增加战争胜利的可能性。

但事情并不到此为止，还有布置在敌人后方的轻袭部队，这是同背水为阵联系在一起的另一个环节。只要背水为阵的大部队把敌人引出壁垒，使轻骑部队奇袭成功，并及时在敌军壁垒上插上汉军红旗，敌军攻击背水阵地的队伍必定发生混乱，那时战场的全部局势就会急转直下，整个战役的胜利，就会像熟透了的金苹果一样，落到正在准备战后举行会餐的汉军餐桌上。这就是事情的全部。从这个全部看，作为整个战役计划的一个环节、一个组成部分的背水作战怎么会是毫无把握的孤注一掷呢？

要是敌人发觉了韩信的战斗部署，或者不肯空壁倾巢而出，怎么办呢？那时韩信的奇袭计划岂不要落空？

很难发觉。韩信破赵战役时间不到一天，战役、战斗计划的布置不到几小时，在布置的过程中，连许多汉军将领都还不明白是怎么回事，敌人何从发觉？

敌人不肯空壁倾巢而出的可能性也是有的，但是很小。汉军诸将丢掉旗鼓的佯败计划，必定会引动敌人空壁倾巢而出。如果敌人真的不肯空壁倾巢而出，那么，敌人对汉军的攻势也不会很强，背水而阵的汉军必能胜利歼敌。这时，敌人为了挽救覆灭，势必要从壁垒里再调出所有能战斗的部队，结果还是一样。此外，还要考虑在敌人不完全空壁倾巢而出的情况下，轻袭部队仍有夺占其守卫力量已经减弱了的壁垒的可能性。

万一奇袭不能成功，背水而阵又打了败仗怎么办？

战争本身是一种或然性很大的事物，情况千变万化，万一的情况什么时候都可能有。但是，军事指挥者不能为了防备万一，而放弃万分之九千九百九十九。在战争中什么风险都可能有，特别是这种以少击众的战争，任何一个高明的统帅都不能保证绝对没有万一的失误。战争领导者的任务，就是充分利用一切可能的条件，充分发挥主观的能动性，去夺取可能的胜利。如果害怕万一的失败、害怕冒一定风险，而放弃有利的战机和有利的条件，前怕狼、后怕虎、畏畏缩缩、平平淡淡、不肯发挥自己最大的能动力量去同敌人作殊死的斗争，那就只能在战场上做一名懦夫，坐靡岁月，一事无成，最后被敌人消灭了事。当然，不害怕万一的失败，不等于不对失败的可能采取防范的对策，我们也没有根据说韩信在这方面就没有任何防范措施。

从韩信应用了兵法中“陷之死地而后生，置之亡地而后存”的理论以后，后世就有一些蹩脚的军事家不问条件、不问情况地生搬硬套这一条。他们不去体会韩信是在什么基点、什么具体情况下来运用这一条的，也不把韩信的背水而阵作为他整个破赵战役计划的一个环节、一个组成部分来考察(它不是孤立的，是有其他措施、其他环节、其他部分来保证和支持的等等)，简单地以为，不管在任何情况下，只要“陷之死地”就自然会求生，“置之亡地”就自然会图存，结果打败仗，遭损失，丧师辱国。三国时期马谡的街亭之役，就是其中一例。这是一种蹩脚的军事教条主义。

但是，东施效颦，责任不在西施，西施还是美丽的。学韩生弊，责任不在韩信，韩信还是正确的。这是需要说清楚的。

破赵之战在军事学上的教益

1. 军事侦察，特别是了解敌方战略企图的战略侦察十分重要。这是制定正确作战计划的基础。“指挥员的正确的部署来源于正确的决心，正确的决心来源于正确的判断，正确的判断来源于周到的和必要的侦察，和对于各种侦察材料的联贯起来的思索。”(毛泽东：《中国革命战争的战略问题》)韩信在不了解赵军统帅部的战争方略时，想下井陉又不敢贸然行事，等待观望又无法长期维持，真是进退两难，一筹莫展。后来得了陈余不用李左车作战计划的军事情报，一切就豁然开朗，他迅速制定了正确的军事作战计划，作出了迅速进军的决策。

2. 周密的战役、战斗计划是战争胜利所必要。怎样制定周密的战役、战斗计划？韩信在破赵之战中作出了范例。

敌人是这么大：二十万，自己是这么小：两万多；时间是这么紧：一两天；任务是这么艰巨：破敌夺关。可是他却能考虑各方面的情况，调动一切积极因素，制定出这样完整、这样周密的军事作战计划。这是古代战争史上的奇迹。

在破赵之战的整个战役计划中，怎样迎战？怎样退却？怎样再战？怎样奇袭？怎样展开？怎样夹击？怎样俘获……甚至连战后的会餐都想到了。而且什么时间出轻骑兵，什么时间布背水阵，什么时间竖旗鸣鼓，什么时间列队前进，什么时间丢旗佯败，什么时间发动奇袭，什么时间决一死战等都筹划到了。一步接一步，一环扣一环，步步衔合，环环相连。这是一个光彩夺目的军事指挥学的艺术珍品。令人惊奇的是后来的战争实践，几乎是全部实现了其预先规定的计划。这中间大有可以学习的东西。

3. 替敌人制造薄弱环节，并对之实行奇袭。以少击众、以劣胜优的重要方法是出奇制胜。出奇制胜的原则之一是实行奇袭。即出其不意，攻其不备，避实就虚，击其薄弱。韩信用兵的重要方法也正是奇袭。在破赵战役中我们又一次地看到他这种卓越的军事指挥艺术。不同于一般的是，在这次战役中，他面对敌人的深沟高垒，实在找不出可以实行奇袭的薄弱环节，于是他就巧妙地替敌人制造薄弱环节。他利用敌人的自负心理和求战思想，丢旗佯败，让敌人空壁倾巢地出来追逐他，这样就造成了敌人壁垒的暂时空虚，虽然这空虚的时间很短，但是他立即利用这个很短的空虚时间，叫预先埋伏的轻骑兵迅速实行奇袭，结果完全成功。

在敌人防守坚固、无懈可击的地方，用人工办法巧妙地替敌人制造出薄弱环节，然后充分利用这一瞬间对敌人实行奇袭。这真是奇中之奇，很能启发人想一些问题。

4. 在运动中打击敌人。韩信出奇制胜的另一种方法就是把敌人拖出来打。以少击众、以劣胜优，少者、劣者为了争取自己战争的主动权，改变自己的不利地位，就绝不能在对自己不利的时间、不利的阵地、不利的条件下去同敌人打。在这种情况下，必须先退一步，退到对自己有利的时间、有利的阵地、有利的条件下再同敌人打。不要自己去就敌人的范，而要引敌人就自己的范。不要自己到敌人的深沟高垒前同敌人作战，而是引诱敌人上钩，把敌人拖出来，拖到自己设置的阵地上打。在这方面韩信的经验也是值得重视的。

5. 李左车的名言，“善用兵者，不以短击长，而以长击短”，是军事学上的重要原则。韩信的军队长处在锐气足、指挥灵；短处在人员少、地势不利、后勤供应问题大。赵歇、陈余的军队长处在人员多、地势好、粮食充足、以逸待劳；短处在没有作战经验、指挥差。在破赵之战中，韩信以长击短，把敌人拖出来打，速战速决，取得了胜利。陈余以短击长，不去断敌之后，不去利用自己的有利堡垒，甚至放弃堡垒之长，跑到敌人预设的阵地上作战，结果失败。

6. 军事统帅的谦逊作风，特别是对待具有战略眼光的军事专家的建议采取什么态度，常常对战局有直接的影响。陈余对李左车百战百胜的计划考虑都不考虑就轻易拒绝，结果兵败身死；韩信却放下胜利者的架子，虚心地向一个有战略头脑的俘虏求教，结果不费一兵一卒就收取了燕地。这两个故事里也是有教训可取的。

7. 对待任何兵法、对待任何军事原则，都要根据具体情况，灵活运用，反对生搬硬套的军事教条主义。韩信根据自己军队的实际情况灵活运用兵法，背水为阵，结果取得胜利；陈余抛弃自己军队的实际情况，生搬硬套兵法上的“十则围之，倍则战”的原则，贸然出战，结果招致失败。这一胜一败的经验，反映了怎样正确对待一般军事科学原理的问题，值得注意。

8. “兵不厌诈”。书呆子陈余主张的“义兵不用诈谋奇计”是完全错误的。这是宋襄公式的愚蠢的主张。谁人实行，谁就会遭到宋襄公、陈余一样的兵败身亡的下场。

韩信贬居、谋反等是非问题的探讨

试评刘邦的云梦之游

楚项集团覆灭以后，汉刘集团内部的各种矛盾逐渐尖锐化。

首先是刘邦和韩信之间的矛盾。

刘邦在垓下会战中，曾答应战后把陈(今河南淮阳)以东直到海边的地方分给当时已封为齐王的韩信。但是，垓下会战结束，刘邦就夺了韩信的兵权。公元前 202 年正月又撤销了他的齐王封号，改封他为楚王，都下邳(今江苏睢宁西北)。齐王换为楚王，这对韩信来说，封号没有降低，但是实际地位却降低了。管辖地区和权力都不如以前了。特别是大部队的指挥权被剥夺了，现在他能指挥的只是保卫地方的一点小部队。刘邦此次爽约换封的主要目的，正是为了解除韩信的军队指挥大权。

在诸多的功臣中，刘邦最嫉妒、最不放心的是韩信。什么原因呢？因为韩信这个人本事大、野心大，特别他统帅军队的能力实际上比刘邦高得多，他是个名副其实的杰出军事家。

韩信不同于萧何、张良、陈平。这些人有的是文职丞相，有的是高级参谋，有的是秘书长，都没有兵权，而且他们从来也不向刘邦要兵权。这样的人，对于刘邦只有大用，而没有危险。

韩信也不同于曹参、樊哙、周勃等将领。这些人虽然是武将，各掌握一部分兵权，但都不是统帅材料，即使哪个人要造反也不是刘邦的对手。而且他们都是刘邦久经考验的亲密战友，一直是矢忠于刘邦的，刘邦对他们是比较放心的。韩信则不同，他是半路上背楚归汉的，不是刘邦的老部下，但却封了王，掌握着重兵。他雄才大略，真是“连百万之军，战无不胜，攻无不克”(刘邦语)，但却又野心勃勃。他在歼灭龙且大军以后向刘邦伸手请封的表现，就可以证明这一点。这个人一旦造反，麻烦很大，不早早解决他的问题，刘邦是坐不宁席、食不甘味的。

韩信为什么不能像刘邦、项羽那样，在农民起义之初就独树一帜、异军突起呢？为什么要东投西靠，弄得费力不讨好、到处得不到人家的信任呢？

这原因比较复杂。

韩信在家乡的社会地位不高，特别是青少年时代蒙受了“胯下之辱”。这件事传遍了社会各界，大家对他印象不佳。是的，这也是一种没有办法的事情，他有自己的抱负，他不能为一点小事情就豁出性命去同几个蛮横无理没有多少品位的小玩闹进行力量悬殊的决斗。这样的死伤太不值得了。既然不愿意决斗，就只好按照人家提出的条件，从人家的胯下爬过去。可是这样一来，就引起崇尚勇敢、鄙视怯弱的社会舆论界的哄笑。本来，一个人在无法抵抗的暴力下蒙受凌辱，这既没有罪过，也不是耻辱。可是当时的社会舆论界就是不同情他，众人看不起他，他在社会上没一点威信。所以反秦农民大起义的风暴来临的时候，尽管他胸怀大才，却连一个小队伍都拉不起来。他当时的处境连草寇出身的彭越和刑徒出身的英布都不如，更不能像项羽、刘邦那样独树一帜、异军突起了。他只能去投靠强有力的楚项集团，企图依靠自己的才干，得到楚项集团的提拔重用。但是直到项羽进关、反秦农民起义取得最后胜利时，他也没能得到项羽的赏识，更谈不上施展才能了。他愤懑不平地离开了项羽投向刘邦，终于得到了刘邦的信任和重用，被平地封为大将军。他这才得以鹏程万里，大展宏图。由于这个经历，他非常感激刘邦，并愿意同刘邦保持良好的友谊。在他因功晋封齐王、举足而衡天下的时候，昔日看不起他的项羽派了使者来向他策反，他痛驳了项羽，报答了刘邦对他的信任和重用。

他同封建统治阶级中绝大多数代表人物一样，也是带着各种个人的情欲来参加历史活动的。在各种情欲中就有赤裸裸的权势追求欲，他同项羽、刘邦一样，都是封建阶级中的个人野心家，差别只是程度而已。但是，直到他被封为齐王的时候，我们看到他还是谨慎地把自己的个人情欲限制在他的政治集团所允许的范围内。即使在向刘邦挟功求封、表露其内心秘密的时候，他也还是有克制的，他只求封为假(代理)齐王，没敢提出封真王的要求。他从没有觊觎过刘邦的领袖地位。在这一点上，他始终没有让自己的野心向前跨出哪怕是一小步。

思想上的动摇是有过的。这次动摇是由当时一个著名的辩士蒯通引起的。

蒯通是在项羽策反韩信失败以后来见韩信的。

蒯通是一位胆略过人的雄辩家，他建议韩信利用自己举足轻重的地位独立自主，与项刘三分天下，鼎立而居。

这是一次波涛汹涌、巨浪排空般的心理进攻战，那凌厉的思想攻势一般人是很难抵挡的。

史学家司马迁在他的著作中详细引述了蒯通的辩说词。由于这篇辩说词分析了当时的天下形势，反映了当时的社会动向，再加上这件事在刘邦与韩信矛盾中关系重大，我们在下面摘引了它的原文。为了保持它原有的语言风貌，我们在引述时没有采取意译的办法，只在有关处加了一点注解。

天下初发难也，俊雄豪杰，连号一呼，天下之士，云合雾集，鱼鳞杂遝(鳞比相杂)，熛至风起。当此之时，忧在亡秦而已。今楚汉分争，使天下无罪之人，肝胆涂地，父子暴骸于中野，不可胜数。楚人起彭城，转斗逐北，至于荥阳，乘利席卷，威震天下。然兵困于京、索之间，迫西山而不能进者，三年于此矣。汉王将数十万之众，距巩、雒，阻山河之险，一日数战，无尺寸之功，折北不救，败荥阳，伤成皋，遂走宛、叶之间，此所谓智勇俱困者也。夫锐气挫于险塞，而粮食竭于内府，百姓罢极怨望，容容无所倚。以臣料之，其势非天下之贤圣，固不能息天下之祸。当今两主之命悬于足下。足下为汉，则汉胜；与楚，则楚胜。臣愿披腹心，输肝胆，效愚计，恐足下不能用也。诚能听臣之计，莫若两利而俱存之。三分天下，鼎足而居，其势莫敢先动。夫以足下之贤圣，有甲兵之众，据强齐、从燕赵，出空虚之地而制其后，因民之欲，西向为百姓请命，则天下风走而响应矣，孰敢不听。割大弱强，以立诸侯。诸侯已立，天下服听，而归德于齐。案齐之故，有胶、泗之地，怀诸侯以德，深拱揖让，则天下之君王相率而朝于齐矣。盖闻天与弗取，反受其咎；时至不行，反受其殃。愿足下熟虑之。

蒯通是明智的，他这一大段辩说词并没有直接叫韩信反叛刘邦，他只是要韩信考虑老百姓讨厌战争的心理，利用自己现有的地位，西向为民请命，要楚汉停止战争，大家共分天下。

但是韩信明白，这样做就是背汉助楚。他绝不愿意在这种时候去帮助楚霸王。在这一点上，他的意志还是坚定的。他回答蒯通说："汉王待我很好，载我以其车，衣我以其衣，食我以其食，我怎么能向利背义呢？"

在这种情况下，蒯通只好向他陈述利害了。这个陈述以无情的事实，抨击了封建社会各种虚伪的仁义道德的说教，撕破了蒙在这个社会外表上那一层薄薄的、温情脉脉的面纱，赤裸裸地剥露了统治阶级间互相争权夺利、尔虞我诈、损人利己、不讲信义的丑恶本质。因为蒯通在这里讲的是那个社会剥削阶级间人与人关系的真实，所以语言是强有力的。他说：

足下自以为善汉王，欲建万世之业，臣窃以为误矣。始常山王、成安君（张耳、陈余）为布衣时，相与为刎颈之交。后争张黡、陈泽之事，二人相怨。常山王背项王，奉项婴（项羽族人）头而窜，逃归于汉王。汉王借兵而东下，杀成安君泜水之南，头足异处，卒为天下笑。此二人相与，天下至欢也。然而卒相擒者，何也？患生于多欲，而人心难测也。今足下欲行忠信，以交于汉王，必不能固于二君之相与也，而事（猜疑之事）多大于张黡、陈泽。故臣以为足下必汉王之不危己，亦误矣！大夫种、范蠡存亡越、霸勾践，立功成名而身死亡。野兽已尽，而猎狗烹。夫以交友言之，则不如张耳之与成安君者也；以忠信言之，则不过大夫种、范蠡之于勾践也。此二人者，足以观矣。愿足下深虑之。且臣闻勇略震主者身危，而功盖天下者不赏。臣请言大王功略：足下涉西河，虏魏王，擒夏说，引兵下井陉，诛成安君，徇赵、胁燕、定齐；南摧楚人之兵二十万，东杀龙且，西向以报。此所谓功无二于天下，而略不世出者也。今足下戴震主之威，挟不赏之功，归楚，楚人不信；归汉，汉人震恐。足下欲持是安归乎？夫势在人臣之位，而有震主之威，名高天下，窃为足下危之。（《史记·淮阴侯列传》）

这真是蛇的诱惑。韩信惶惑了，苦恼了，动摇了。他答复蒯通说："先生别讲了，让我想想吧。"但是这个问题也真是难，聪明的韩信冥思苦想了好几天也决断不了。蒯通又来见他，说"功者难成而易败，时者难得而易失也。时乎时，不再来"，要他早下决断。韩信还是犹豫，不忍心抛弃在困顿中识拔了他的刘邦，又以为自己功劳大，刘邦不会对他不好，最后终于谢绝了蒯通。

蒯通见韩信不听他的计策，就假装癫狂，离开了韩信。

韩信当时不肯听从蒯通的建议，背弃刘邦，也不全是道义上的考虑。主要的问题还是形势与条件决定的。首先，龙且大军歼灭以后，楚败汉胜的形势已经逐渐明朗，鼎足三分的局面未必行得通。更重要的是韩信部队中的许多将领，如曹参、灌婴都是矢忠于刘邦的，韩信要背汉独立，势必遭到他们的反对，到时候画虎不成反类犬。这一点，讲求实际的韩信要比雄辩家蒯通高明多了。但是不论怎么说，韩信在刘邦尚处困难的时刻，总还没有背弃他，这是不可否认的历史事实。而且从韩信当时在这个问题上所经受的各种考验来看，他能做到这一点，也是不容易的。

由以上情况，我们可以看出，刘邦在垓下会战后，立即剥夺韩信指挥大部队的兵权，并换封他为楚王的处置是仓促了些。这种处置不仅伤害了自己内部原有的团结气氛，而且为今后的分裂埋下了种子。他没有想想，当初项羽爽约褫夺了他应有的关中王封号时，他是如何愤愤不平，为什么一定要学习项羽失败的经验呢？为了防止韩信的尾大不掉，可以不让韩信指挥大部队，从实际上解除他的兵权。为什么一定要爽约换王，处理得那么急促呢？

刘邦改封韩信为楚王以后，韩信按照刘邦指定的封地回归故乡。这时，他仍然没有反对刘邦的意思，甚至没有向人表示自己的些许不满（至少没有这种史料记载）。当时别人指责他的事情主要有两件。第一件是他在封地巡游时，带领着警卫部队。这在楚地刚刚平定、情况尚比较混乱的情况下，他带领警卫部队出入，似不能构成罪状。第二件是他庇护了项羽逃亡的将领钟离昧。这个人同刘邦作战时太卖力了，刘邦怨恨他，他逃到了韩信处。刘邦下了逮捕令，韩信没有马上办。这件事，韩信是应当受到指责的。不过，就当时的情况说，问题本身也不是很大。那时，逃亡各处的楚将很多，庇护他们的人也不少。“数窘汉王”的名将季布就是其中之一。刘邦以千金重赏购求这个人，还说，敢隐藏他的人，罪及亡族。季布卖身到大侠朱家的家里当奴隶，朱家去见滕公，说：“季布积极执行项羽的命令，这是他当时应尽的职责，项氏的部将、臣下很多，难道都得杀头吗？今上才得天下，就为个人私怨，寻求报复，为什么这样狭隘呢？季布是个能干的人，你逼急了，他不走北胡，就走南越，为什么一定要驱赶壮士去资助敌国呢？伍子胥反楚平王的历史教训，还不值得吸取吗？”对各种问题颇有见识的滕公，答应向刘邦进言。果然，刘邦赦免了季布。后来季布还成了汉代的名臣。钟离昧同季布的情况差不多，按季布例，韩信包庇了他，也不见得就是造反大罪。大概就为这些事，有人上书告韩信谋反，刘邦正在想方设法贬斥韩信，接到告状信，就同陈平商量对策。陈平献计，建议刘邦学古代天子巡游云梦（泛指江汉平原及周边地区）的办法，会见诸侯于陈、楚之间，到时候，乘机捉拿韩信。

智慧不亚于陈平的韩信，敏感地意识到刘邦的云梦之游是针对他而来的。他反抗吧，觉得自己没有罪，实在冤枉；去见刘邦吧，又怕被捉。他周围的人说，刘邦不满意你的事情就是庇护钟离昧，如果斩了钟离昧去见刘邦，必定没事。韩信采纳了这个意见，找来钟离昧计议。钟离昧骂了他一顿，自杀了。韩信拿着钟离昧的头颅，去同刘邦会见，人一到，就被刘邦逮捕。韩信说：“果然像别人说的‘狡兔死，良狗烹；飞鸟尽，良弓藏；敌国破，谋臣亡。’天下已经平定，我固然该烹。”刘邦回答说：“有人告你谋反。”

这次捉拿韩信的云梦之游，是刘邦、韩信矛盾的大爆发，激化矛盾、挑起事端的是刘邦，策划阴谋办法的是陈平，整个事情的处理是错误的。

其实，不论是刘邦还是陈平，他们根本就不相信什么韩信谋反。他们要是真的相信韩信谋反，就不敢举行什么云梦之游了，那不是自投罗网，把自己送到韩信的斧钺之下吗？这一点，几百年前就有一些史学家看出来了。

有人为刘邦辩护说，刘邦在汉初花大力气削平异姓王，铲除了韩信等人的封建割据，是有利于中央集权的巩固，有利于社会经济发展的。我们不否认这是一个可以探讨的历史问题。但是，历史唯物主义不承认什么异姓王、同姓王在历史权利上有什么差异。事实上，汉初破坏中央集权的也不在异姓王、同姓王的差别上。汉初，异姓王造反的有，同姓王造反的也有；同姓王不造反的有，异姓王不造反的也有。而且封建统治阶级的中央集权也不是在任何历史条件下都是有利于社会经济发展的，封建统治阶级的地方分权也不是在任何历史条件下都不利于社会经济的发展。关键要看这个政权实行的政策是顺应历史的发展，还是阻碍历史的发展。

刘邦在夺取全国政权以后，按照统治阶级与农民阶级新的力量对比，调整了阶级的政策，采取了一些有利于社会经济恢复发展的措施，如减轻田赋（十五税一），免除复员士兵的一部分徭役负担等，都是值得肯定的。但是韩信也没有在他封王的地区实行残暴的政策。他没有忘记少年时代的贫困生活，没有忘记在贫困中帮助过他的劳动者，他以千金的重酬报答了少年时代给他饭吃的洗衣老妇。他也没有持仗自己尊贵已极的王权去报复个人的私怨。他仅对赶他出门、不给他饭吃的南昌亭长一点口头的谴责，说他“为德不卒”，但是还是给了他一百钱。甚至对青少年时代无端凌辱他的无赖子弟也没有实行报复。这些无赖子弟曾给予他多么大的精神创伤啊！那时，他要以楚王身份杀死几个小玩闹，简直比踩死几个蚂蚁还容易，但是他没有这样做，反而对这些“在绵羊面前是恶狼，在老虎面前是叭儿”的无赖，给以生活的出路。这些做法都是能安定人心的。他究竟在什么地方实行了同刘邦迥然不同的政策了呢？

即使从巩固中央集权的需要说，刘邦云梦之游的做法也是失败的。他要是真想巩固中央集权，就要减少不安定因素，认真、谨慎地处理自己内部的各种矛盾，特别是与韩信这样的矛盾。如果他认为异姓诸王不利于他政权的安定，也可以采取比较和平的手段来解决这个问题，例如以上调的办法来达到这个目的。可是他的云梦之游呢？手段既不光明正大，政治目的也没有达到。云梦之游的结果是刘、韩矛盾公开爆发，许多功臣不服，最后是逼人上梁山。变成了“启天下功臣谋叛之心，延汉世一代兵燹之祸”。他的目的是谋求天下的安定，建立自己永世的统治，他的做法是破坏天下的安定，激化了同功臣们的矛盾，这是刘邦在全国统一后所犯的第一个政治错误。

长乐宫中悲惨的一幕

刘邦把韩信押回洛阳以后，因为找不出他谋反的实证，只好赦免他，改封他为淮阴侯。

应当说，尽管刘邦由于政治上的轻率，把他与韩信的矛盾由非对抗性激化成对抗，但是最后没有把事情做绝，处置上留有了余地，这是应当肯定的。

但是刘邦没有走尽的路，韩信却踏上去了。

刘邦的云梦之游打破了韩信为汉家建立万世功业的梦想，他也看清了刘邦过去那样热情地对待他，不过是一些虚假的戏剧场面，实质是为了利用他而已。旧有的温情破灭了，新遭的伤痕却愈合不了。永远忠于的誓言早已忘却了，策反者的辩说却不断涌上心头。他整天怏怏不乐，怨天尤人。

他受到了猜忌，原本应当更加自我检点。在处理同刘邦的关系时也应当更加谨慎小心。但是，他却无法抑制自己的对抗情绪。他知道刘邦嫉妒他的才能，常常称病不去上朝。

虽然如此，刘邦谈论起他的时候，总还不肯抹杀他的功绩。旧日的将领还是很尊敬他，并不以他遭受贬斥而对他失礼。看来，只要他夹起尾巴做人，与刘邦的矛盾还是可以缓和的，事情不至于弄得不可挽回。可是几年威风凛凛的统帅生涯，一呼百诺的王爷作风，早把他的头脑弄糊涂了。卑贱的时候，他聪明；高贵的时候，他愚蠢。

韩信没有很高的理论道德修养，我们也不能要求他认识群众的力量。但是，他可以而且应当看到战争不都是他打的，胜利不都是他的功劳，还有决策者、丞相、谋士和众多将领的力量。他可以而且应当像司马迁在评论他的时候所要求的"学道谦让，不伐己功，不矜其能"。但他依然骄傲、任性。

他骄傲、任性到了什么程度呢？

羞与周勃、灌婴等同列，不必说了，就连资望、人品都很突出的樊哙，他也不看在眼里。他曾经去过樊哙家，樊哙的封号是舞阳侯，同他是平列的。但是，樊哙为了尊重他过去的地位，仍然对他跪拜迎送，说："大王肯光临臣家，非常荣幸。"可是韩信出了门，却傲慢地说："想不到这一生竟同樊哙为伍。"

灾祸已经像影子一样天天在他的身边转悠了，他还不自省。

他终于向毁灭的道路跨出了决定性的一步。

他要参与阴谋造反了。

他是因为被猜忌、遭贬斥而闲居京城的，他的封号虽是侯爵，实际地位是"监视居住"。但是他竟在这种情况下，去策动刘邦派往代国边境的重臣陈豨谋反。

据司马迁的记述，他在陈豨来向他辞行的时候，避开左右，在庭园里拉着陈豨的手秘密谈话。他仰天叹气说："我们可以交交心吗？我有话想同你说呀！"陈豨说："我听将军的。"他说："公所去的地方，是天下精兵之所处。你是陛下信幸的臣子，人家说你谋反，陛下必然不信。但是再说，陛下就要起疑心。三说，陛下就会相信，亲自领兵去打你。要是碰到这种情况，你就索性造反吧，我在京城里配合你。"陈豨说，"谨奉尊教。"

公元前 197 年陈豨果然谋反，刘邦亲自带兵去征讨，韩信称病不肯随从，还暗中派人与陈豨联系，准备在京城举兵内应。

韩信在京城举兵内应的计划是，假传命令释放各官府的徒隶，然后组织这些人去袭击吕后、太子。公元前 196 年部署已定，只待行动了。他的舍人(秘书)乐说得知，派弟弟立即向吕后告急。吕后与萧何定计，由萧何到韩信那里去说刘邦在前线打了胜仗，陈豨已死，诳骗他去长乐宫庆贺。韩信不愿去，萧何硬拉他走。到了长乐宫，吕后马上下令逮捕，并立即在钟室斩首，继而夷灭了他的三族。韩信临死时说："悔不听蒯通的计策，现在弄得被儿女子欺骗。"这个遗言说明，韩信在死前对他的谋反行为并不悔恨也不否认，他懊悔的是谋反得太晚了。

历史上为韩信辩护的人，对上述韩信谋反的事实，表示怀疑。他们说，韩信谋反的事，司马迁的记叙很不可靠。例如韩信与陈豨的谈话，既是密谈，他人怎能得知？从而断定，这是一个冤案。这种辩护缺乏根据。司马迁的《淮阴侯列传》是根据历史档案和当时人们的记载整理的。他运用史料、核对史实的态度比较严肃，对待这样重大的政治是非问题，不经反复核对材料，他是不会轻易作出判断的。除了《淮阴侯列传》，《楚汉春秋》《功臣表》等书也有类似的记载。

韩信与陈豨的密谈，他人怎能得知？这个问题只要懂一点政治常识是不难理解的。试想，在韩信监视居住期间，偌大一个封建王朝的警、密情报系统是干什么的？韩信的舍人、警卫难道整天睡大觉吗？他们都是白吃饭的饭桶吗？须知韩信在当时是刘邦、吕后第一号重点监视对象，关于他的情况报告，每天不断。既然韩信同陈豨有密谈，刘邦当时为什么不加处理？也许当时刘邦觉得材料不足，也许当时侦听韩、陈密谈的人还未找到人向上揭发这件事。是不是刘邦走之前设计好的圈套？刘邦是喜欢搞阴谋的，但按史书所记，刘邦出征时并未有处置韩信的预谋。他从前线回来听说韩信被杀“且喜，且怜”，这倒是一种完全符合刘邦复杂性格的真实记叙。“且喜”，韩信是他最嫉妒的、最不放心的人，现在死了，怎能不喜。“且怜”，韩信毕竟是一个才干卓越，而且是出了大力帮助他打了天下的人，怎能不怜。

此外，韩信与陈豨的对话，也是符合当时的环境和他们的身份、性格的，要不是当时人的耳闻，是很难解释的。韩信释放官府的徒隶以举兵内应的计划也是可行的、可信的。西汉的官府多有徒隶，一个官府就有徒隶两三千人，各官府加起来，徒隶数量是不少的，万人的队伍顷刻间就可以组织起来。这些人多是反对刘邦政权的政治犯、刑事犯，是当时京城唯一可资利用的力量。韩信的谋反计划是有相当的可行性的。

韩信的起用是萧何的推荐，韩信的处死又是萧何参与的，所以民间有“成也萧何，败也萧何”的谚语。萧何是个审案经验丰富的专家，精通法律，如果韩信的谋反案不确实、不急迫，他是不可能和吕后做那样紧急的、断然的处置。刘邦问吕后：“韩信临死的时候，有什么话没有？”吕后答：“韩信说，恨不用蒯通计。”刘邦知道蒯通是齐国有名的辩士，就下令捉拿蒯通。

蒯通捉到。刘邦问他：“是你叫韩信谋反的吗？”

蒯通答：“是，这小子当年不听我的话，所以今天落得如此下场，那时他听我的话，陛下怎么能杀得了他呢？”

刘邦气坏了，叫人架锅烹煮他。蒯通喊冤。

刘邦说：“你叫韩信谋反，冤什么？”于是，蒯通便在死神的威胁前，为自己进行了最后的申辩。刘邦给了他最后的申辩权。他的辩护词在历史上很有名，内容如下：

秦之纲绝而维弛，山东大扰，异姓并起，英俊乌集。秦失其鹿，天下共逐之，于是高材疾足者先得焉。跖之狗吠尧，尧非不仁，狗固吠非其主。当是时，臣惟独知韩信，非知陛下也。且天下锐精持锋，欲为陛下所为者甚众，顾力所不能耳，又可尽烹之邪？

刘邦听了蒯通的辩护词，觉得有理，叫人放了他。

这个能在死神的油锅里跳舞的大雄辩家，就这样在生命的千钧一发之际，用光明正大的雄辩挽救了自己。

大概因为蒯通曾用尖锐的辩护词揭露了封建统治阶级内部争权夺利的丑恶本质，有关他的传说一直在民间流传。京剧《十老安刘》中的舌辩侯写的就是他，实际上他后来只做过丞相曹参的宾客，安刘事，子虚乌有。

关于韩信总的评价

韩信是反秦农民起义的参加者，但是他在这个起义中的建树很少。反秦农民起义的先锋战士是陈胜、吴广、周文、吕臣。率领农民起义军打败秦王朝主力军的是项羽，韩信只是这支打败了秦军主力的一名参加者。

韩信在楚汉战争中起的作用却很大。他开始时是汉刘方面的大将军，后来担任汉刘方面侧翼大军的军事统帅，参与了战争的全过程。无论在制定战略方针、进行战役指挥等方面，都发挥了极其重要的作用。楚汉战争的几个关键性的大战，他都参加了。许多还是他亲自指挥的，如平定三秦之战、西河之战、破赵之战、淮水之战、垓下之战等等。他是楚汉战争中战功最著、功绩最大的大将军。

楚汉战争虽然属于新的封建统治者争夺全国统治权利的战争，但是因为汉刘方面在政治上、经济上实行的方针政策比楚项方面实行的方针政策较为有利于人民，较为有利于生产的发展，所以这个战争在历史上仍然有一定的积极意义。因此，韩信在这场战争中的贡献，对于历史也有一定的积极意义。

但是楚汉战争以后，在全国已经统一的局面下，韩信同陈豨的共同谋反行动是不符合人民要求安定生活愿望的。不符合当时社会经济发展要求的，应予否定。

我们对韩信的谋反行动给以否定的评价，并非从旧史学的正统观点出发。相反，我们认为封建阶级内部的谋反问题，从实质上说是剥削阶级之间土地权利和政治权利的再分配，对于人民来说，无论哪一方面都不是正统的。我们对待这种斗争唯一的态度，是视其对于人民利益的关系如何。在这个问题上，我们欣赏封建时代进步思想家黄宗羲的论点："天下之治乱不在一姓之兴亡，而在万民之忧乐。"(《明夷待访录》)我们不承认任何家族、任何血统、任何集团有天赋的正统权利。一切要看谋反行动在客观上同人民的利益有什么关系。统治阶级内部的任何一种谋反行为如果能在客观上给人民带来某种利益,我们就予以适当的肯定,如果对人民没有利益或者反而有害,我们就予以否定。

我们也不承认封建统治阶级内部的谋反问题有什么抽象的道德是非问题。封建统治阶级中的绝大多数人是没有劳动人民的道德的,他们几乎都是从恶劣的情欲出发来参与历史活动的。无论刘邦、项羽、韩信、陈豨都是如此。但是我们也不一般地、简单地只从他们参与历史行动的动机来否定他们的历史活动。恩格斯在阐述黑格尔所说的“恶是历史发展动力借以表现出来的形式”时,分析道:“自从阶级社会产生以来,正是人的恶劣情欲——贪欲和权势欲成了历史发展的杠杆。”(《马克思恩格斯选集》第 4 卷,第 233 页)根据这个观点,我们在批判一切造成人民苦难和痛苦的恶劣情欲的同时,也肯定或者部分肯定,那种虽然主观上也是出于恶劣情欲,但是在客观上却多少符合社会发展、并对人民多少有利的历史行动。一切要看这种行动对于社会发展是有利还是有害?对于人民是有利还是有害?是利大还是害大?是利占主要,还是害占主要?

由于刘邦在农民起义结束后,在政治上、经济上,实行的一系列政策比较有利于当时的社会经济发展,比较有利于人民利益,而韩信同陈豨的谋反行动会引起全国新的战争,破坏全国的安定秩序,损害社会生产发展和人民的利益,所以我们对他的这一历史行动才采取否定态度。

在这个问题上我们要说明的是,直到公元前 201 年刘邦在云梦之游中诱捕韩信以前,韩信并没有任何破坏全国安定的谋反行动,刘邦出于个人动机对韩信的错误处置,使本来并未表现为对抗的刘、韩矛盾迅速激化。尽管后来他没有把事情做绝,但是他的错误处置仍然是造成后来韩信谋反的一种原因。所以在韩信谋反的问题上,刘邦也应该承担一定的历史责任。当然,主要责任仍应由韩信本人承担。

韩信在军事学上的贡献,对我们有借鉴意义,应予肯定。他在贬职闲居期间唯一有意义的工作是总结战争的经验、修撰兵法。后来,因为谋反案件暴露,家产被抄,兵法也失传了,这是很可惜的。但是他留下的战例不少,后人仍可以从这些战例中探究其用兵方法中的一切有价值的遗产。

西汉帝国的第一夫人吕雉

她是中国历史上第一个长期执掌过全国政权的女皇。关于她的分析和研究，对于人们了解两汉初期的历史和妇女在政治生活中的地位和作用，都是有价值的。

一

吕雉是单父（今山东单县）吕公的女儿。同那个时代的其他妇女一样，她没有权力自由恋爱，而是遵照父亲的命令嫁给了当时沛县（今属江苏）的泗水亭长（相当于今天的乡镇干部）刘邦。不过，婚后的生活还是融洽的。

刘邦是个小私有者，家境并不富裕。吕雉常常参加田间劳动。后来，刘邦因为帮助农民躲避秦王朝的差役，同农民一起逃亡芒砀山区（在今安徽北部）。她受牵连，被捉进监狱，遭受了各种侮辱。出狱以后，吕雉长途跋涉地来到芒砀山区寻找丈夫。刘邦参加秦末农民大起义以后，她大力支持丈夫。秦王朝覆灭以后，刘邦与项羽争夺天下，沛县属项羽治下，她为了免遭项羽的迫害，又带领全家老少，企图穿越敌人的防线去和刘邦会合。不幸途中同敌军遭遇，她的儿子和女儿逃脱，她因照顾刘邦的老父变成了敌军的俘虏。一直到楚汉议和，才获得释放。应该说，她在中青年时期的表现还是不错的。

这以后，吕雉的生活境遇和社会地位都发生了急剧的变化。她由楚军俘虏营中的女囚一变而成为威势显赫的汉王第一夫人。

随后，她又以汉王最高代表的身份，被刘邦派回关中，协助和监督丞相萧何开展支前工作。

半年以后，刘邦在垓下决战中打败了项羽，从而登上了皇帝的宝座。吕雉也由汉王的第一夫人变成汉高祖的皇后，即西汉帝国的第一夫人。

到这时为止，人们对她的品格和能力还是不大认识的。就是她的丈夫也以为她不过是一个平凡的女人。但是，不久以后，这个不安分的女人，就接二连三地以一种她所特有的凶狠而彻底的作风，卷入了统治阶级内部的几场事关重大的斗争。这时，人们才不得不以一种新的眼光，重新打量她。

二

第一场斗争是汉宫内部的夺嫡之争。

这场斗争是刘邦的爱姬戚夫人发动的。她倚仗自己的美丽和才华，向吕雉的皇后地位和吕雉儿子刘盈的太子地位发起了挑战。刘邦支持戚夫人，几次打算废嫡立庶，让戚夫人的儿子如意为太子。这时的吕雉年长色衰，刘盈软弱无能，他们在这场宫廷斗争中，处于非常不利的地位。但是，出人意外的是吕雉却能在这样不利的条件下，克服各种困难，最后战胜了刘邦和戚夫人的联合战线，保住了她和她儿子原有的地位。

她的斗争策略是动员起刘邦的大臣来为她主持公道。她没有办法在感情方面里与才艺兼备的戚夫人争短长，却能在政治领域里为自己的战线扩大阵容。这样就使刘邦和戚夫人在太子废立问题上处于孤立地位，只要刘邦在朝议中提出这个问题，就遭到大臣们的反对。

吕雉在争取大臣的工作中，用尽了各种手段。有一次刘邦硬要作决定了，大臣们当廷力争，口齿结巴的御史大夫周昌说："陛下虽欲废太子，臣期期不能奉诏。"吕雉在厢房窃听了这次廷议，她为了鼓励大臣们继续支持她，竟打破一切礼仪常规，亲身向周昌行跪谢礼。张良是刘邦最得力的谋士，吕雉为了争取和利用这个关键性人物，竟叫他兄弟吕释之劫持张良，强逼他为保护太子出主意。张良没有办法，只好告诉她，这不是用口舌可以争清楚的问题，建议她用卑辞厚礼，去把刘邦非常重视而又屡聘不就的四位德高望重的老人请出来，让他们作太子的辅助。这样，就可以改变刘邦的决心。吕雉按照张良的建议，请来了这四位"须眉皓白"的老人，并让这四位老人陪着太子在国宴上露了面。这一着出奇制胜的政治突袭，把刘邦弄得目瞪口呆。四位老人离席时，刘邦指着他们的身影对戚夫人说："我想改换太子，可是他们却辅助他，现在人家羽翼已成，难以改动了，吕后真的成了你的主人了。"戚夫人哀伤地恸哭了。刘邦也唱起悲凉的楚歌：

鸿鹄高飞，一举千里。羽翮已就，横绝四海。横绝四海，当可奈何！虽有矰缴，尚安所施？（《史记·留侯世家》）

一个曾经在战场上打败过盖世之雄的开国皇帝，却在宫廷斗争的战场上输给了一个从来不曾指挥过军队的女人。

三

接着是诱杀韩信和请诛彭越。

在这两场斗争中，刘邦和吕雉的立场是一致的，但是一致之中，又有着差异。

韩、彭都是西汉帝国的开国元勋。在楚汉之争中，如果没有他们的死力相助，刘邦是难以迅速取得对项羽的胜利的。但是这两个人又都是桀骜不驯、难以控制的个人野心家。他们同刘邦一样，也是从人头滚滚的战场上冲杀出来的"英雄好汉"。每人都单独指挥过千军万马，当惯了领袖，是汉王朝潜在的不安定因素。打败项羽以后，刘邦一方面用裂土封侯的办法暂时羁縻着他们，一方面也时刻警惕着他们。刘邦清楚地知道这些人从本性上说都是凶悍狡黠、无所畏惧的。只要有了适当的时机，他们是不会对他讲什么忠信礼义、仁爱和平的。但是，没有正当的理由和充分的准备，要铲除他们也并不容易。那样做，非但不能达到稳固自己统治的目的，相反还会使自己在道义上陷入被动，甚至引起全国的动乱。刘邦捉了韩信又放，收了彭越又不敢杀，其原因就在这里。他要权衡利弊，考虑后果，不愿意一下子把事情做绝，以免给自己造成不必要的麻烦。

吕雉则不。楚汉相争时，她关在敌人的俘虏营中，很少知道战争的具体情况，也不大了解现实斗争同历史因素相互交织的复杂情况。她所念念不忘的是这些开国功臣对她丈夫和她自己的巨大威胁。只要能铲除这些人，她什么手段都可以使用，什么道义都可以不讲，什么影响都可以不顾。她一得到控告韩信谋反的密报，马上就叫萧何将韩信诱进长乐宫开刀问斩；一看见彭越流放蜀地，马上就用假话把他骗回来，然后请求刘邦把他处死。用欺哄小孩的方式搞这样残酷的斗争，也只有她这样的人才做得出来。所以韩信到死也不服气，说上了“儿女子”的当。

由于吕雉在诛杀功臣时采用的手段太卑劣、太残酷，所以，长期以来，她在历史上的形象是不好的。各个时代都有人对她进行严厉的谴责。著名的封建道学家朱熹在《通鉴纲目》中对韩、彭非但不书“反”字，而且还用春秋笔法指责吕雉“专杀”。

事实上，根据《史记》《汉书》的记叙，韩信与陈豨联合谋反的问题大体上还是可以肯定的，但是吕雉不经正常的司法审讯，就杀人头颅，毕竟难以折服人心。而彭越的“谋反”，则是没有事实依据的。彭越这样的人，在某种历史条件具备时，是会谋反的，但是他当时并没有谋反。吕雉仅仅根据一些不能构成法律依据的推测，就致人以死，这是随意制造冤狱。

当然，历史上也有一些人从维护封建国家统一的观点出发，对吕雉诛杀功臣的行为采取肯定态度。司马迁对吕雉也是贬中有赞，他说："吕后为人刚毅，佐高祖定天下，所诛大臣多吕后力。”（《史记·吕太后本纪》）

是的，西汉初期的异姓王，大多是一些既有实力、又有野心的地方割据派，他们确实是国家统一和社会安定的消极因素，人民在长期的战争中受尽了苦难，他们迫切要求休养生息，再挑起战乱是不符合人民的利益和社会发展要求的。但是，即使从这个观点看，也不能认为吕雉在诛杀功臣时所采取的那种匆忙杀人头颅、随意制造冤狱的做法是正确的。

问题不在于动机。在封建统治阶级内部争权夺利的斗争中，无论是刘邦、吕雉还是韩信、彭越，都不可能具有真正合乎人民利益和社会发展要求的动机。

问题在于后果，在于吕雉采取的历史行动所造成的社会后果。吕雉那种匆忙杀人头颅、随意制造冤狱的做法真的维护了国家的统一和社会的安定吗？没有。这样不明不白地诛杀异己，反而引起了各地封王的重重疑虑，从而给国家和人民造成了新的、更多的动乱。

高祖十一年（公元前196年）春正月夷韩信之族，三月夷彭越之族。七月，淮南王英布就起兵反叛。十二月，同刘邦亲如手足的燕王卢绾又公然造反。所以楚令尹薛公说，英布的反叛是因为韩、彭被杀，“自疑祸及身”；卢绾则说，他的造反是因为吕雉“专欲以事诛异姓王及大功臣”。总之，都与吕雉对韩、彭的急峻而严酷的处理有关。

其实，不仅不应根据可能犯罪的理由随意制造彭越的冤狱，就是对确有谋反活动的韩信也不应处理得那样简单、草率。韩信当时在首都的力量很小，把他抓起来以后，危险已经成为过去，完全不必要匆忙杀头。慢慢地把有关事实审查清楚，使其反叛活动的真相大白于天下，这样做，对维护国家社会的安定统一要好得多。

认识到封国的异姓诸侯政治上的不可靠，认识到他们服从汉王朝是有条件的，因而对他们保持警惕，准备应付突然事变的力量，这些都是必要的。但是这并不意味着可以随意去扩大自己同各国诸侯的矛盾和冲突，更不意味着可以盲目地在政治上采取鲁莽灭裂、逼人造反的引爆措施。而且在发生韩信与陈豨联合谋反的事件以后，西汉王朝所应当做的，倒是在军事斗争的同时，迅速采取各种措施安定异姓诸侯的情绪，稳定既有的政治局面，并避免在短时间内再出现影响全国安宁的战乱。为此目的，在韩、彭问题的处理上尤应慎重从事，而吕雉却反其道而行之。结果是紧接着韩、陈的叛乱，很快又发生了英布和卢绾的叛乱，把个汉王朝弄得手忙脚乱、焦头烂额，全国大部分地区的老百姓也跟着遭了殃。

政治事务也是一种在互相联系和矛盾统一的状态中向前发展的客观事物。不顾事物内在的辩证运动规律，一味按照自己“一厢情愿”的主观愿望胡干、蛮干，就势必要把事物的运动引向自己主观愿望的反面。这种情形在历史上已经是屡见不鲜了。

当然，封建统治阶级的历史人物，由于时代和阶级的限制，不可能懂得历史运动的辩证法，但是他们仍然应当而且可以从历史的经验中学习到有益的东西，从而争取做到把自己的行动限制在合理的范围以内。刘邦对韩、彭原来的留有余地的处置方法就比吕雉高明一点，他的错误是经不起吕雉的反对，未能把自己正确的做法坚持到底。

不管是有意还是无意，凡是违反历史辩证法的，都要受到历史的惩罚。刘邦和吕雉也不例外，他们也为自己的历史错误，付出了历史的代价。

英布起兵叛乱时，大局动荡。荆王刘贾被杀害，楚王刘交被击溃，东南危困，屏障尽失。当时刘邦正在生病，又没有思想准备，处境非常困难。他要太子刘盈领兵平叛，吕雉吓得啼哭起来。无奈何，刘邦只好自己带病出征。这一战打得很苦，在战斗中刘邦为流矢射中，疾病加重，后来仗虽然打赢了，但伤病却难愈好，终于不治而死。

吕雉并没有从自己那种不高明的政治斗争策略里取得任何教训。相反，在刘邦死后，她为了独揽大权，竟然更加肆无忌惮地玩弄起她那些拙劣的阴谋手段来。她的政治野心很大，但是对自己的力量又缺少信心，再加上当时支持她的上将军樊哙生死未卜。在这种情况下，她竟想再次使用哄骗韩信那种“儿女子”方法，把刘邦的一大批将领集中起来加以翦除。这是一个足以把她自己推上断头台的计划。有一位将军风闻了此事，大吃一惊，马上找她的一个亲信审食其陈述利害，说这样一来，内外将领必将联合起来造反，那时情况就危险了。她的亲信向她转述了以上意见，她害怕了，这才放弃了那个愚蠢的计划。

既然不敢向强者下手，那就吞噬弱者。她终于得到了向自己的宿敌戚夫人发泄多年积怨的机会。她凶狠地扑向这个失去了一切保护的女人，命人拔去了她的头发，锁上了脖子，把她送到宫廷监狱里服苦役。戚夫人的儿子当时在赵国为王，她在苦役中思念自己的儿子，悲痛地唱起“舂米歌”。吕雉闻说大为愤怒，叫人把赵王召回首都，用鸩酒毒杀。接着，又惨无人道地残害戚夫人，叫人挖掉她的眼睛，砍断她的手足，熏聋她的耳朵，弄哑她的嗓子，然后把她圈进厕所，称之为“人彘”。她暴戾、狠毒的本性，在这件事情上得到了充分的暴露。

她的儿子孝惠皇帝刘盈奉命去参观“人彘”。这个尚未失去“赤子之心”的年轻皇帝，为眼前的人间惨剧惊呆了。他无法想像自己的母亲怎么能做出这样伤天害理的事情，他大哭之后，沉病不起。从此也不肯听政了。他用自己的政治罢工，明白地向他母亲的残暴行为，表示了深沉的抗议。后来刘盈抑郁而死。

失去了丈夫，又失去了儿子的吕雉，仍然是本性不改。她继续玩弄阴谋手段，杀害了刘邦另外几个庶子。与此同时，又公然违背刘邦“非刘氏而王，天下共击之”的“白马之盟”，大封吕氏诸子为王，以扩大自己家族的势力。后来有人由此而把她称作是中国封建社会历史上常见的“外戚之祸”的肇始者，这是符合历史事实的。

四

暴戾、凶残、肆虐、狠毒是一切剥削阶级反动的阶级本性。作为封建剥削阶级代表人物的吕雉，在争夺权力的斗争中，表现了剥削阶级固有的本性，这是可以理解的。但是为什么在这样一个妇女的身上，表现得如此突出、如此集中呢？这却是需要给以合理解释的。

吕雉这种特别凶狠的性格的形成，是与她所处的特殊历史条件分不开的。

当她作为一个青年妇女，耕耘于田野的时候，她或许也具有一般女性所应具有的优美品德。但是战争改变了这一切。她随着自己的丈夫卷进了时代斗争的大漩涡，当她因丈夫的逃亡而被投入监狱、遭受屈辱时，她读的是暗无天日的刑狱“教科书”；当她因丈夫的突然发迹而变成比豪门贵族还要神气的汉王时，她读的是由起义农民向新封建贵族转化的“教科书”；当她因丈夫作为强大的新兴封建集团领袖与另一个新兴封建集团领袖项羽争夺天下，而变成楚国俘虏时，她读的是封建集团内部阴谋诡计、争权夺利的“教科书”。这楚军的俘虏营，对她来说，是一所修业时间漫长的政治大学。尽管史书对她的这一段生活的历史记载很少，但是她在这里接受的教育却最多。她是楚军最大敌人刘邦的嫡妻，她在俘虏营中遭受的压迫和歧视是可以想见的。项羽把她的老公公绑上断头台，而刘邦却要分一杯羹的情景，是她永远难以忘却的。这一幕残酷无情的政治戏剧，撕破了封建统治阶级相互关系中温情脉脉的面纱。残酷无情的人生遭遇，使她感觉到充塞于宇宙空间的只有冷漠和残忍。她的心冷却了，凝结了。什么道义，什么仁爱，什么人的同情心，统统都与她绝了缘。残酷的人生大学只能培养出凶狠残忍的学生，一切普通劳动女性的优美品德，什么温柔、善良，什么热情、婉约，所有这些人类美丽的花朵，在剥削阶级争权夺利的相互残杀中都被现实的车轮碾压成齑粉。囚禁生活的黑暗王国就这样铸就了吕雉凶残而冷酷的性格。

她被楚军释放，回到了刘邦的身边。但是这时的刘邦已经不是流亡于芒砀山区的刘邦了，他现在已经变成了威风凛凛、雄视一代的霸主，宫廷里有着众多的新欢。他没有忘记患难与共的妻子，并给了她崇高的地位，但是却没有能给予她最需要的爱恋和温暖。她的宫廷生活是冷冰冰的。更困难的是，她还要日复一日地压抑自己嫉妒和愤懑的情绪，因为一旦她控制不了自己的感情而触犯龙颜时，她就会遭到失去一切的危险。最使她感到难以忍受，同时也是最难堪的事情，莫过于戚夫人对她皇后地位的挑战了。为了应付这个挑战，不知她流下了多少辛酸的眼泪，度过了多少难熬的夜晚！"蓄之既久，发之必深。"长期的、痛苦的精神压抑，使她温软的心变成了尖硬的刀。有朝一日，她一定要把这把刀插进敌人的胸膛。她做过多少这样复仇的噩梦！发过多少这样凶狠的誓言！在囚禁生活中铸成的凶残而冷酷的性格，就这样在精神压抑的宫廷生活中得到了深化。

她是一个在封建社会里处于受歧视地位的女人，没有上过战场，没有带兵打过仗。皇帝不喜欢她，那些虎狼般的开国元勋也没有多少人肯用正眼看她一下。她清楚地知道，这些人都是她自己和她儿子未来发展的障碍。她早已从楚汉战争残酷斗争的场面中懂得了权力之争的你死我活的性质。她文化不高，知识不多，见闻不广，能力不强，闭塞的生活环境，限制了她的政治视野和政治气魄。那么，在争权夺利的激烈斗争中，对于她所不能控制的力量，除了"儿女子"式的欺骗和愚蠢而卑劣的阴谋手段以外，又能企求她以什么呢？

五

但是，在评价像吕雉这样一个影响了一个时代的人物时，不能只看她所表现的凶残而冷酷的性格，还要看她在统治期间对人民、对经济、对社会发展实行了什么样的政策，以及这种政策的实践结果。而且，这一方面应该是评价她的主要方面。

正是在这一方面，吕雉有她光亮的一面。

在她实际执掌国家政权的十五年间，全国的局势格外平静。除了她统治后期北方边界发生过几次匈奴入侵以外，国内没有发生过人民起义，也没有发生过其他战乱。从战国以来的二百八十多年间，中原人民第一次享受到了一个和平的时期，虽然对于劳动人民来说这仍然是一个贫困的、而且是饱含辛酸和眼泪的和平，但是它比起颠沛流离、生命没有保障的战乱时代，毕竟要好多了。

这个女皇在她的统治期间，继续执行刘邦、萧何制定的休养生息政策，黄老的听其自然、无为而治，减少对人民干扰的思想成为国家政治生活的指导思想。国家政权对于人民的经济剥削和压榨也有所减轻。“十五税一”的田赋政策得到了贯彻，官吏收入和国家开支有所控制，人民的徭役负担也有所减少。孝惠皇帝刘盈时期，两次修筑长城，每次征发的人力都没有超过十五万，只相当于秦始皇修建阿房宫和地下宫殿用人的十分之一；而且安排在农闲，时间只有一个月。同时还奖励人口增殖，奖励开垦荒土，对生产好的人，减免徭役负担。

此外，国家的罪犯也比以前减少。刑罚也比以前减轻。尤其令人惊奇的是，这个喜欢在刑罚上玩弄残酷花样的皇太后，竟然还发布过废除三族罪（即戮及三族的法令）和妖言令（即追查谣言的法令）。

对于这些政绩，司马迁在《史记》中给予了高度的评价。

孝惠皇帝、高后（即吕雉）时，黎民得离战国之苦，君臣俱欲休息乎无为，故惠帝垂拱，高后女主称制，政不出房户，天下晏然。刑罚罕用，罪人是希，民务稼穑，衣食滋殖。（《吕太后本纪》）

司马迁在《史记》中还一反儒家轻视妇女的观点，依据史实，将吕雉列入专写皇帝的《本纪》中，并说她“为人刚毅，佐高祖定天下”。但是司马迁对吕雉的这些评价，两千多年来并没有为人们广泛接受。尽管他是史学权威，尽管有《汉书》作者班固这样的有力人物的支持，仍然不断有人反对他的看法。有人干脆说吕雉“几乎没有做过一件好事”，这些都是“虚夸溢美之词”。

究竟应该怎样看待这个问题呢？

第一，要从事实出发。在评价吕雉时，对她所做的那些反映剥削阶级丑恶面目的事实，要给予揭露。但是，对她统治期间全国出现的政治安定、经济复兴的历史事实，也应当予以肯定。

第二，要作具体分析。应该看到，在吕雉执政期间，全国出现的历史进步现象，是秦末农民大起义的成果，而不是这个女皇的个人力量造成的。秦王朝对农民的残酷剥削，引起了全国农民的反抗。他们揭竿而起，拼死战斗，推翻了这个极不得人心的反动政权，这才为社会生产力的继续发展创造了有利的条件。封建地主阶级的力量由于受到农民大起义的沉重打击，不能再像以前那样剥削和压榨农民，他们为了维持自己的存在，也只能在新的阶级力量对比的情况下，采取一些减轻对农民剥削和压迫的措施。这就是西汉初期统治阶级采用黄老思想和休养生息政策的实质。这种新方针虽然使农民(主要是小生产者)得到了某些利益,但是从中得到利益最大的仍然是地主阶级自身。正是休养生息的政策,帮助地主阶级重新积聚了被农民大起义削弱的力量。

第三,还应该看到,休养生息的政策不是吕雉的个人创造,它是以刘邦、萧何为代表的新兴地主阶级集团按照国内阶级斗争的现实力量集体确定的。这样的基本方针在国内形势没有大的变动时,是不能随着统治阶级内部某一派别力量的消长而随意改变的。否则执掌政权的人就很难在他所代表的阶级面前站得住。继萧何为相的曹参"举事无所变更,一尊萧何约束",就是这个事实的反映。曹参向孝惠皇帝说的:"……高帝与萧何定天下,法令既明,今陛下垂拱,参等守职,遵而勿失,不亦可乎?"(《史记·曹相国世家》)讲的也是这个道理。

第四,在肯定以上原则的前提下,才可以说吕雉执掌国家政权时,在执行休养生息的政策和维护国家的政治安定方面,也发挥了个人的积极作用。不管她的个人品质怎样不好,但是在对待人民态度问题上,她毕竟不像秦二世和汉王朝那些末代子孙那样昏庸残暴。她没有为了个人穷奢极欲的目的而利用手中的权力横征暴敛、胡作非为,没有强迫人民去做那些民不堪命的事情。她所以能做到这一点,也是与她特殊的个人生活经历分不开的。她在民间生活过,亲身体会过劳动的艰辛,她接受过反秦农民大起义的教育,亲自看见过不可一世的秦王朝是怎样被揭竿而起的农民打翻的。她懂得一点农民的力量,她不能也不敢以对待戚夫人和赵王如意那样残酷的办法来对付农民,这就是在统治阶级内部斗争中表现得很凶恶的吕雉,在对付人民的态度上却表现得比较和缓的原因。

在对待历史人物评价的问题上,最根本的问题是看他的历史活动是否符合人民的利益和社会进步的要求。正是在这一点上,吕雉执掌国家政权期间的表现,有可以肯定的地方。当然,司马迁在评价这个时期的政绩时,夸大了她个人在历史上的作用，是不对的。但是完全否定她个人的历史作用，只看她在统治阶级内部斗争中表现残忍的一面，根本不理会她的历史活动中存在着对于历史进步有益的一面，这也是失之片面的。

六

关于吕雉评价中的最后一个问题，是她在处理同匈奴的关系问题上，是否采取了投降主义的方针。

匈奴是当时西汉帝国最大的边患。刘邦死后，匈奴单于冒顿，专门派遣使者持信来向吕雉求婚。信中说：

孤偾之君，生于沮泽之中，长于平野牛马之域，数至边境，愿游中国。陛下独立，孤偾独居，两主不乐，无以自虞，愿以所有，易其所无。（《汉书·匈奴传》）

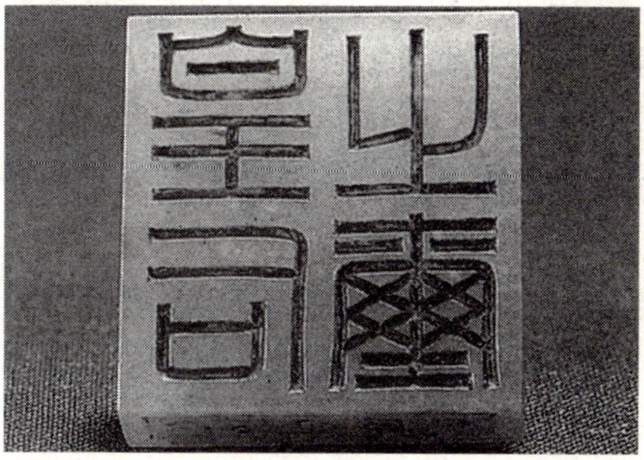

这样傲慢不逊的求婚文书，在讲究礼仪的汉室宫廷中被认为是奇耻大辱。吕雉愤怒至极，召集大臣，要同匈奴大战。她的支持者樊哙口出大言，说："愿得十万众，横行匈奴中！"其他人为了讨好吕雉，都表示赞同。在这和战之议，系于一发的时刻，勇敢而雄辩的将军季布猛然喊道："樊哙可斩！"什么理由？他说："上一次，匈奴冒顿把高帝的四十万大军围困于平城，樊哙当时是上将军，却不能奋力为高帝解围，现在战争创痍未瘳，樊哙又想动摇天下，妄言以十万众横行匈奴，这不是当面欺上吗？"这一盆冷水浇醒了大家发烧的头脑，但是同匈奴作战是吕雉的意思，樊哙又是她的妹夫，季布这样喝责樊哙不是自讨苦吃吗？正当大家为季布的命运担心的时候，吕雉却听取了季布的意见，放弃战争的打算。

大谒者张泽受命给冒顿写了一封谢绝婚事的复信：

"单于不忘弊邑，赐之以书，弊邑恐惧。退日自图：年老气衰，发齿堕落，行

步失度。单于过听，不足以自汙。弊邑无罪，宜在见赦。窃有御车二乘，马二驷，以奉常驾。”（《汉书·匈奴传》）

这个张泽文学水平不高，回信写得不得体，实在有失大汉王朝的尊严。但是冒顿得了回信，却感到内疚，又派人来道了歉。于是，双方继续维持和平局面。事情的经过，就是这样。

这件事无论从维护汉王朝利益的观点还是从维护人民利益的观点看，吕雉的处理都是正确的。当时匈奴的兵力强大，汉王朝却刚从连年的内战中解脱出来，吕雉要是为匈奴一封态度粗野的来信就轻率地同匈奴宣战，这不仅可能危及汉王朝的安全，而且对汉匈人民也是一场灾难。

这件事处理过程中的缺点是回信写得不得体，而不是什么对匈奴采取投降主义方针的问题。

这件事也从一个侧面反映出吕雉政治领导上的一个特点。这就是尽管她心胸狭窄、见识浅薄、个人品质上有许多恶劣的东西，但是她在处理关系全国大局的政治问题上，仍然要考虑她所代表的阶级和政治集团的意见，仍然要权衡事情的利害关系和自己的实际力量。有些事情上，她是为所欲为的，但在另一些事情上，特别是那些牵涉她或她的阶级、集团根本利益的问题上，她并不为所欲为，而且有时还能努力克制自己暴烈的性格。

历史上的妇女同男子一样具有领导国家政治事务的能力。但是奴隶主阶级和封建统治阶级长期推行的鄙视和压制妇女的社会制度，限制和损害了她们的这种能力。历史上某些参与国家政治事务的妇女所表现的畸形的性格是同她们所处的特殊历史条件有关系的。这就是历史上从事政治领导事务的妇女，除了具有她们所代表的阶级所共有的种种属性（反动的或进步的）以外，还具有某些特殊性格的主要原因之一。在这个问题上，历史给予人们的教训是值得深思的。因为妇女从政的权力，至今仍然没有得到妥善的解决。

夏侯婴和叔孙通
——车夫与大儒

这里要分析的是西汉初期两个有趣的,但却并非无关紧要的历史人物。

他们是车夫出身的滕公夏侯婴和博士出身的大儒叔孙通。

他们都是秦末农民大起义的参加者,都是刘邦和他的继承人极为信任的人物。西汉帝国的初期,有多少雄杰英俊在新旧权力的争斗中毁灭了,就连开国功臣萧、曹、哙、绛等也都曾遭到刘邦或他的继承人的惩戒或防范,唯有他们这一文一武却从来不曾遭到过人主的猜忌。各种险滩暗礁在他们的脚下都变成了平坦的大道,他们平安无事地位跻公卿、附会将相,最后又却是身名俱荣,结局相当美满。

历史的喜剧同历史的悲剧都不能是纯粹的偶然。那么,在车夫和大儒演出的历史悲喜剧里,能给人们透露出什么消息呢?

这是两个道德情操和思想作风极不相同的历史人物,这可以用以下几个方面的事实来说明。

立　身

叔孙通是一个读书做官的文化人,他是秦汉之际儒家学派的首脑人物,授业弟子数以百计,是当时文化思想界的一大势力。他并不迂阔,很会处世,尤其善于看风使舵。即使在秦始皇"焚书坑儒"以后,他仍能带着一批儒家弟子,在秦王朝当待诏博士。

陈胜起义的时候,秦二世召集儒生征询对于时局的意见。三十多个人异口同声地说："陈胜反叛朝廷，罪死无赦，应当立即发兵剿灭。"秦二世不高兴了，脸上有怒色。叔孙通看出了秦二世的心意，马上说："诸生说得都不对，现在明主在上，四方一家，谁敢反叛，陈胜之流不过是鼠窃狗盗，不足挂齿，地方上会惩治他们，不必忧虑。"秦二世听了这话，才转怒为喜，事后还给了他重赏，并把主张发兵平叛的人下狱治罪。

叔孙通真的像秦二世那么糊涂吗？才不呢。他非但不糊涂，而且还很明智哩！很有点政治眼光。他不等起义军打来，就去投奔了起义军中势力最大的项梁。项梁兵败，他又投奔怀王。后来看出怀王是个空架子，再转投项羽。刘邦端了项羽的老窝以后，他又投靠刘邦。总之是：谁的来头大他就跟谁跑。左右逢源，八面玲珑，很有点有奶就是娘的味道。他是当时政治气候中的风向标。无怪乎有人当面斥责他品格低劣，"前后侍奉过的主子有十个，专门靠阿谀奉承得亲贵！"

夏侯婴是个生活在社会下层的劳动者，他原来是沛县（今属江苏）政府机关的马车驭手，文化不高，但是为人豪侠，是个"为朋友敢两肋插刀"的好汉。他早年同刘邦相好，一次刘邦同他戏耍，误伤了他，有人利用这件事指控刘邦打架斗殴，刘邦不承认，找他作证，他为刘邦开脱了责任。哪知原告不服，上级复审，羁押了夏侯婴，刑讯逼供，掠笞数百，他宁可自己受屈，也不肯牵累朋友。最后坐了一年多监狱。

陈胜起义以后，夏侯婴跟随刘邦扯旗造反，经常驾驭兵车，驰骋于战场。在战斗中，"以兵车趣攻战疾"，屡建功勋，后来被刘邦封为列侯。楚汉战争时，刘邦有好几次被项羽打得落荒而逃，每次都是夏侯婴保着他，驾车脱难。刘邦和他是君臣、主从，又是忧患与共的兄弟。

救　厄

夏侯婴是个为了救护别人、不怕牺牲自己的好汉。

刘邦兵败彭城（今江苏徐州）时，坐上夏侯婴的马车狼狈逃命，路上收载了自己的儿子刘盈和女儿鲁元。后来，敌兵追得很紧，马匹又疲乏了，刘邦为了减轻车辆的负载，几次把自己的儿女推下车去，夏侯婴却几次把这两个小孩抱回来。刘邦发火了，用刀剑吓唬他，他不予理会，继续抱着孩子策马逃奔。最后终于把大人、小孩一起救护出来。这种为保护儿童不顾自己生命的高尚风格,极可敬佩。刘邦的继承人吕雉,对一般人很冷酷,唯独对夏侯婴却感恩戴德。刘邦死后,她和孝惠帝(即刘盈)在最靠近北阙的地方,为夏侯婴起了一座府第,名之为“近我”。

无独有偶,叔孙通也曾经在危难中救护过孝惠帝。

刘邦一直想废除太子孝惠,另立庶子如意。吕雉联合了许多大臣极力反对。叔孙通是孝惠的太傅,也不同意改换太子。高祖十年(公元前 197 年),朝廷上又为这个问题展开激烈争论,御史大夫周昌干脆表示对于刘邦废太子的决定拒不奉诏,刘邦只好作罢,以后吕雉按张良的计策,请来了德高望重的“四皓”(四位老人)作孝惠的辅助,孝惠的地位才稳固下来,但是刘邦仍不死心。在这种情况下,叔孙通为维护孝惠的太子地位,向刘邦表示了下面的意见,原话如下:

昔者晋献公以骊姬之故废太子,立奚齐,晋国乱者数十年,为天下笑。秦以不早定扶苏,令赵高得以诈立胡亥,自使灭祀,此陛下所亲见。今太子仁孝,天下皆闻之;吕后与陛下攻苦食啖,其可背哉!陛下必欲废嫡而立少,臣愿先伏诛,以颈血汙地。(《史记·叔孙通列传》)

是的,他是太子太傅,废嫡立庶,关系到他的切身利害,但是待人处世从来都以个人为最高出发点的叔孙通,这次竟然为保护太子孝惠的地位而甘愿“颈血汙地”,这总不能不使人感到惊奇。尽管他并没有真的“颈血汙地”,但总是一种勇敢精神的表示吧。而且,这件事,就其政治意义来说,简直可以同夏侯婴的战场救厄相比美,或许人们对于这个“一代儒宗”的看法应当有所改变吧!

令人扫兴的明末清初偏偏有个叫做王夫之的思想家,在《读通鉴论》中一笔戳穿了他的西洋镜。

叔孙通之谏易太子也,曰:“臣愿伏诛以颈血汙也”。烈矣哉!夫抑有以使之然者:高帝之明,可以理喻也;吕后之权,足持也;留侯、四皓之属之为羽翼,而诡随者惮高帝而不敢竞也。通知必不死,即死而犹有功,何惮而不争?呜呼!以面谀事十余主之通,而犯颜骨鲠也可使如此。上有明君,下存贤士大夫。佞者可忠,柔者可强。天下岂患无人材哉!

荐　人

在传说故事里,夏侯婴是一个能够识别千里马的伯乐。据说,他死的时候,战马“不行，踣地悲鸣”。是不是这样，我们不知道。但是夏侯婴在识别人才方面，倒确实是一个别具慧眼的伯乐。

怀才不遇的韩信被判处死刑，监斩官是夏侯婴，韩信悲愤地向他问道：“汉王不想得天下吗？为什么斩杀壮士！”这一句不同凡响的话语，像重锤一样击在夏侯婴的心弦上。他特赦韩信，同韩信谈了话，并由谈话中认出了韩信是一个困辱于軛下的千里马。他不遗余力地向刘邦、萧何推荐这个人才，为韩信后来的登坛拜将铺设了道路。

英布叛乱的时候，天下震动。当时刘邦正在病中，很感困难，他召集诸将问计：“英布叛乱，怎么办？”夏侯婴又及时地向刘邦推荐了自己的门客薛公。薛公为刘邦分析战略形势，帮助刘邦制定了军事策略。

叔孙通也是个喜欢向刘邦推荐人才的人。但是从来没听说他推荐过千里马。就是八百里马、五百里马，大概也没有。

他念了那么多书，怎么推荐不了一个千里马呢？主要的问题是他的荐人原则不对。他荐人的首要原则不是看人的才干，而是看人主的颜色。人主喜欢什么人，他就推荐什么人。

他投靠刘邦的时候，跟他来的儒家弟子有一百多号人，但他看刘邦不喜欢儒生，因此在荐人的时候，只提“壮士”、“大猾”，绝口不提一个儒生。而且，就连他自己，也脱下了儒服，改穿短衣，不再以儒生自居。他的这些乖巧的举动，很能讨刘邦的喜欢。

也许有人说，“叔孙通看人主的颜色荐人虽然不对，但是他不肯利用自己的地位树立私人势力，总还是好的吧！”这也不见得，他的弟子质问他：“为什么你专门向上面推荐‘壮士’、‘大猾’，而不推荐儒家弟子？”他说：“别着急，现在时机不到，我忘不了你们。”

时机果然来了，刘邦登基为皇帝，要他制定礼仪。他和弟子们忙乎了一个多月，搞了一套朝贺皇帝的礼仪，把个刘邦趋奉得满心欢喜，高兴地说：“我今天才知道做皇帝的尊贵。”于是升他为太常，赐辛苦费五百金。他看到皇帝高兴儒生了，马上抓紧机会推荐自己的儒家弟子。刘邦大手一挥，统统把他们封了官。他向弟子们报告了好消息，并且把刘邦赐赏的五百金分给了大家。儒家弟子们封了官又得了钱，欢呼雀跃，颂扬他是当代“圣人”，说他“知当世之要务”。这圣人是孔夫子的专门称号，叔孙通用五百金赚来这样一个称号，其成本实在不很高。

进　言

夏侯婴同刘邦的关系可以说是极好，但他绝不认为刘邦没有错误。相反，他发现了刘邦的错误就能向刘邦当面进言，从而帮助刘邦改正错误。

项羽的将军季布，在楚汉战争中屡次困窘刘邦，刘邦对他怨恨极了。楚汉战争结束以后，刘邦悬赏千金，到处追捕他。并规定谁要是包庇他，要夷三族。大侠朱家把季布藏了起来，然后乘车去洛阳求见夏侯婴，问道："季布究竟犯了什么罪，追捕得这么紧？"夏侯婴说明了原因，朱家听了夏侯婴的说明以后，向夏侯婴讲了一段简直可以编入古典政治学教科书的至理名言。原话如下：

臣各为其主用，季布为项籍用，职耳。项氏臣可尽诛邪？今上始得天下，独以己之私怨求一人，何示天下之不广也！且以季布之贤，而汉求之急如此，此不北走胡即南走越耳。夫忌壮士以资敌国，此伍子胥所以鞭荆平王之墓也。君何不从容为上言邪？（《史记·季布列传》）

这一段十分要紧的、但两千年来很少有人能真正领会的话语，却被一个车夫班头听懂了。他并不向朱家索求价值千金的案犯，而是直接去向刘邦转达朱家给他讲述的真理。聪明的刘邦猛然醒悟，立即颁布了赦免季布的命令。季布后来成为西汉的名臣。

叔孙通位居博士，又是太子太傅，他的责任就是向皇帝进言建说。可是史书里却没有留下他多少有价值的言论。

什么东西妨碍了这位精通诗书的儒学大师的言论自由呢？原来还是他的老毛病，就是他要看皇帝的颜色说话。皇帝的颜色是他一切活动的轴心，他的言论当然也要围绕这个轴心旋转。他是皇帝的影子，人们对影子能抱什么奢望呢？

完全抹杀他，似乎也不对。在进言上，他也有一个"大发明"。

这个"大发明"就是：孝惠皇帝叫人修一条类似现代立交桥的复道。这条复道截断了城外的高祖陵和城内高祖庙的通道。他向皇帝进言说："这样做对祖先不敬。”孝惠一听急了，说：“那就把正在修的复道拆除吧。”他说：“不，‘人主无过举’，要是把正在修的复道拆除了，老百姓就知道皇帝犯错误了。为了妥善解决这个问题，可以在城外为高祖另修建一个庙。”这“人主无过举”的屁话，同夏侯婴当面指正刘邦的错误，其思想境界上的差异，何止十万八千里！

封建统治阶级在其新旧替代的发展过程中也是需要英雄人物的。但是这种英雄人物却极少。这种需要和现实的矛盾是这样产生的，即作为一个阶级的英雄，他应当具有高出阶级一般成员的品质，而历史上的剥削阶级在其新兴时期固然是先进的、生气勃勃的，但它们的黄金时代很短暂，而由先进向反动转化的速度却很迅捷。战国时期六国贵族和秦始皇末代子孙的腐朽没落，就是这种趋势的说明。

于是，封建统治阶级在其发展的过程中，不能不从其他社会阶级中（包括其对立面农民阶级）吸取各种能够维持自己生存的力量。这样，在阶级斗争的战线上就出现了一种非常复杂的历史现象。即阶级斗争的各方，一方面处于互相对立的斗争中，一方面又处于互相渗透的统一中，不同阶级的成员在一定条件下可以互相转化，不同阶级的意识形态在一定条件下也可以互相影响。

西汉初期新兴的封建贵族集团就是在这种阶级斗争复杂化的历史条件下产生的。

这个新兴的封建贵族在它进一步的发展过程中也要走向腐朽没落，但是在一定时期内它仍然要保留自己的英雄色彩，并且要在历史舞台上演出比较有声色的戏剧。夏侯婴这样的人就是他们的典型代表。

而已经成为封建社会文化思想界一大势力的儒家门徒却属于旧有封建贵族的上层建筑。他们是在社会大变动的时代，抛弃了旧的躯干而攀附上新枝的。这个古老的学派本来就极少革新精神，经过几百年的变迁，这极少的一点革新精神也丢得差不多了，甚至连孔子的“仁者爱人”的说教、孟子的“民为贵”的呼声也不大听到了。从他们的众多门徒那里，触目所见的大量现象只是：读书做官，看人主的颜色说话、办事，高喊“人主无过举”，投机钻营，献媚取巧，阿谀奉承，敷衍偷生，以至假借大义，沽名钓誉，冒充圣人。如果旧的靠山要倾倒了，那就赶紧设法脱身免祸，另外投靠新主人。并不是所有的儒家门徒都是这样的，少数杰出人才也是有的，但是他们中的大部分都是这样的。

叔孙通说，像他们这样的儒者，虽然“难与进取，但可守成”。其实从没落贵族转化而来的儒家，是既不能进取，也不能守成。他们在秦王朝统治的后期，受法家极端派的压制，对于反秦大起义采取支持的态度，这是好的，但是他们所坚持的那种反动的思想体系和思想作风对于新兴封建贵族集团，则不啻是一种历史腐蚀剂。他们在西汉王朝的重兴时期，身名俱荣不过表明这新起的封建贵族集团，也像旧有的封建贵族集团一样，在这般“时贤”的诱导下又逐渐走上了由生气昂然向腐朽没落转化的老路而已。当然这种腐朽没落的转化也是有一个过程的，有一个从点到面、从局部到全部的过程，并不等于新起的封建贵族集团一旦在某些环节上出现了腐朽没落，就意味着它再不能有进步的可能，再没有发展余地了。

封建统治阶级在其新旧替代的发展过程中需要英雄人物，这就产生了夏侯婴那样的历史人物。但是在它们走向腐朽没落过程中，又出现了叔孙通那样的代表腐朽方向的历史人物。两种历史人物在历史发展的交叉点上汇合了，这就构成了上述那些有趣的历史现象。

要从封建统治阶级演出的历史悲喜剧里吸取一点有益的东西吗？

那就要学会在斗争中观察人、选用人，要重视那些能够经受艰苦环境考验、在厄难中表现其优秀品质的人，而不要轻信那种逃避困难、贪图安逸、见风使舵、投机取巧的人。

尤其重要的是要尊重那些敢于坚持真理，能够当面指正自己的错误的正派人，鄙视那些当面阿谀奉承、看领导颜色说话办事的人。“巧言令色，鲜矣仁”。儒家的老祖先似乎也并不欣赏他们继承人的这般作风。

虞美人、戚夫人和五言诗的起源

中国最古老的诗歌，是每句四个字的四言诗。现存古代典籍中最早的诗篇是上古时代人们歌颂禹舜禅让的《卿云歌》，它是四言的：

卿云烂兮，纠缦缦兮，日月光华，旦复旦兮！（《尚书大传·虞夏传》）

《诗》三百篇，也大都是四言的。由此可见，从夏到周，四言诗是古典诗的主要形式。

随着时代的发展，生活的内容日益丰富，四言诗的形式，不能充分表达人们的情感，它被突破了。骚、赋、五言、七言，各种诗歌的新形式不断出现。

在各种新形式的诗歌中，每句五个字的五言诗占重要的地位。它不仅是几千年中国古典诗歌中最普遍、最常见的形式，而且直到今天，它依然是中国人喜闻乐见的一种有生命力的诗歌形式。

五言诗是怎样起源的？

对这个问题，古人有各种说法。

南北朝时期的钟嵘写了一部诗评专集《诗品》，对五言诗的起源是这样说的：

逮汉李陵，始著五言之目矣。（《总论》）

钟嵘的同时代人任昉在《文章缘起》里也说："五言诗，创于汉骑都尉李陵与苏武诗。"

这里说的李陵就是汉武帝时投降匈奴的那个倒霉将军。所谓李陵与苏武诗，就是后来流传甚广的"嘉会难再遇，三载为千秋，临河濯长缨，念子怅悠悠"等三首古诗。

但是，这种说法早在钟、任的时代就受到人们的怀疑。后来的考据学家研究了所谓李陵与苏武诗，认为这几首五言诗的时间、地点和语言形式，都与当时的实际情况不合，例如苏武与李陵在匈奴中都住了十几年，而诗中却说是“三载”。而且这几首五言诗同《汉书》中所记载的李陵与苏武的诗“经万里兮渡沙幕”也不一致。这样，五言诗起源于李陵的说法就站不住脚了。

那么，五言诗究竟起源于何时、何地、何人呢？

从现有的材料来看，五言诗应起源于古代的民间歌谣。最早的五言诗是周代的民间歌谣《行露》：“谁谓雀无角，何以穿我屋？谁谓女无嫁，何以遭我狱？”（《诗经·召南》）

孔子的时代，又有流行于民间的歌谣《孺子歌》：

“沧浪之水清兮，可以濯吾缨；沧浪之水浊兮，可以濯吾足。”（《孟子·离娄》）

西周时，民间歌谣是以四言为主，像《行露》那样的五言句并不多见。但是随着时代的发展，五言诗逐渐在民间流行起来，《孺子歌》只是一例。战国时，《孺子歌》仍在楚国流行，渔父同屈原对话时唱的也是这个歌。见《楚辞·渔父》。

但是五言诗由滥觞汇成诗歌的巨流，应是秦汉以后的事。清人杜文润编辑的《古谣谚》，从魏晋之际哲学家杨泉所著的《物理论》中，引述长城民谣：“生男慎勿举，生女哺用脯。不见长城下，尸骸相支柱。”据说这首民歌是秦末的民歌。如果这个说法能够成立，那么它当是现有秦汉五言诗中最早的了。但这首民歌同三国时期诗人陈琳的五言诗《饮马长城窟行》相同，而陈琳的生卒年要比杨泉为早，所以杨泉著作中的长城民歌是不是秦代歌谣尚不能肯定。

秦汉之际五言诗确实流行起来了。它的流行还与历史舞台上两位命运悲惨的美丽女性有关。

这两位美丽的女性，一位是楚霸王项羽的爱姬虞美人，另一位是汉高祖刘邦的爱姬戚夫人。她们都是在告别尘世之时，用五言诗唱出她们心中最后的歌。

虞美人的歌谣是在楚汉垓下决战时唱的。据作于西汉时期的《楚汉春秋》和司马迁的《史记》记载：楚霸王项羽兵败垓下、身陷重围时，夜闻四面楚歌之声，乃起身与爱姬虞美人饮酒作别，项羽慷慨悲歌，歌词为：

力拔山兮气盖世，时不利兮骓不逝；骓不逝兮可奈何，虞兮虞兮奈若何？

歌数阕，虞美人和之。歌词为：

汉兵已略地，四方楚歌声。大王意气尽，贱妾何聊生！

这里项羽的歌为七言；虞姬的歌为五言，有人以虞姬和歌的五言与项羽悲歌的七言不合体，而怀疑虞姬和歌的真实性，这个理由是不充足的。英雄美人生离死别之际，什么形式能表达自己的悲愤之情，就用什么形式。当时民歌中七言、五言都已流行，项羽用七言，虞姬用五言，只要能表达激情就行。在激烈战斗的战场上，不能像闲暇时文人雅士那样讲究文体。

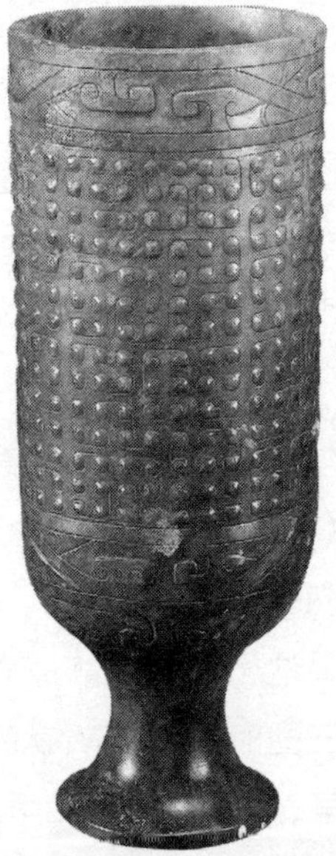

戚夫人是定陶（今山东定陶西北）人，常常跟从刘邦出征，很得刘邦的宠幸。刘邦统一天下之后，几次想废弃吕后所生的太子刘盈，另立戚夫人所生的儿子如意，但是大臣们不同意，刘邦只好把如意封为赵王，让他在邯郸立国。吕后对戚夫人嫉恨极了。刘邦一死，吕后就把她关押在宫廷监狱永巷，拔了她的头发，锁了她的脖子，强迫她劳动。

戚夫人在永巷一面劳动，一面怀念远在邯郸的儿子赵王，她用民谣把自己的遭遇写成了《舂米歌》，唱道：

子为王，母为虏，终日舂落幕，常与死为伍；相离三千里，当使谁告汝。（《汉书·外戚传》）

这首歌唱出了戚夫人遭受吕后迫害的悲哀，抒发了自己思念儿子的感情。它表明戚夫人是一位善于向民间歌谣学习的歌手。

吕后听说戚夫人在唱《舂米歌》，大为恼怒。她气愤地说："你还想依赖你的儿子吗？"于是，下令把赵王如意从邯郸召回首都长安，用鸩酒毒杀；接着又惨无人道地挖掉戚夫人的眼睛，砍断她的手足，熏聋了她的耳朵，弄哑了她的嗓子，把她当作"彘"，圈在厕所里。吕后的儿子惠帝看到这种惨相，吓坏了，从此不再上朝听政。

从各种古书的记载看，戚夫人不仅会唱歌、编歌，而且还会跳舞，她是一位具有多方面艺术才能的宫廷艺术家。《史记》《汉书》都有戚夫人同刘邦一同楚歌、楚舞的记载。《西京杂记》说："戚夫人善鼓瑟，帝常拥戚夫人倚瑟而歌，毕，每泣下流涟。夫人善为翘袖折腰之舞……侍婢数十，皆习之，后宫齐首高唱，声入云霄。"这样一位才艺卓绝的宫廷艺术家惨遭迫害，是令人同情的。

虞美人、戚夫人——这两位美丽的女性，在她们生命的最后一息，各用五言诗抒发胸臆的事实，是中国古典诗歌发展史上的一个值得注意的现象。它表明从民谣中发展而来的五言诗在秦汉之际已开始为人们所接受，并变为一种新的歌唱形式了。

文景之治——汉文帝刘恒和汉景帝刘启

吕雉的严苛专制给汉王朝的大臣留下了深刻的印象。吕雉死后，周勃等人发动了宫廷政变，推翻了被吕氏家族把持的中央政权，但是大家仍然心有余悸。他们鉴戒往事，主张选择外家谨良的代王刘恒为新皇帝，是为汉文帝，在位二十二年。刘恒死后，太子刘启继位，是为汉景帝，在位十六年。文景二帝在近四十年的执政期间，继续执行汉高祖刘邦制定的“与民休息”(即与民休养生息)政策，恢复了被封建统治阶级过度剥削和长期战争所破坏的社会经济，稳定了社会秩序，提高了人民的生活水平。旧时代的史学家把这个时期称之为“文景之治”，并且给予了极高的评价。

《史记》作者司马迁说：“孔子言‘必世然后仁。善人之治国百年，亦可以胜残去杀’。诚哉是言！汉兴，至孝文四十有余载，德至盛也。”又说：“汉兴，孝文施大德，天下怀安”，孝景时，“天下翕然，大安殷富”。(《史记》两帝《本纪》、《太史公自序》)

汉文帝

《汉书》作者班固说：“孔子称斯民，三代之所以直道而行也。信哉！周秦之敝，罔密文峻，而奸轨不胜。汉兴，扫除烦苛，与民休息。至于孝文，加之以恭俭；孝景遵业，五六十载之间，至于移风易俗，黎民醇厚，周云成康，汉言文景，美矣。”(《汉书·景帝记》)

《资治通鉴》作者司马光说：孝文、孝景在位期间“清净恭俭，安养天下，七十余年之间，国家无事，非遇水旱之灾，民则人给家足”。(《资治通鉴》卷十六)

历代其他史学著作中，关于“文景之治”溢美之词也很多，什么“上守常法”、“民安乐业”、“布德偃兵”、“政简刑清”、“承平世界”、“浩荡乾坤”、“天下归诚”、“太平盛世”等等皆是。对“文景之治”采取批评态度的史学家极少，而且所批评的也多是枝节方面的问题。

旧时代的史学家这样赞扬“文景之治”是可以理解的。“文景之治”在灾难深重的中国封建社会历史上，犹若荒漠上的一片绿洲，确实是值得他们景仰的。就是现代的人们对西汉历史上这生动的一页，也应该给以实事求是的评价。

一

毛泽东说：“我们是马克思主义的历史主义者，我们不应当割断历史。”对待一切历史事件和历史人物，都要把它们放到产生这一历史事件或历史人物的时代背景、社会发展的具体阶段以及其他各种有关的历史条件的范围内来进行考察。曾经对社会生产力和社会关系的进步产生促进作用的历史事件和统治阶级人物，仍然要根据不同的状况给予积极的肯定。之所以这样，是因为剥削制度的消灭和无产阶级的解放，是要以过去时代社会生产力和社会关系的不断发展和进步为条件的。否定过去时代的进步，就等于否定历史。

“文景之治”所处的时代是封建社会的初期，这是一个人类学会了使用铁器来垦殖土地的时代。社会生产力提高了，劳动者开始从奴隶者的悲惨境遇里摆脱出来，但是铁器工具还很简陋，劳动者争得的自由也不很多。新兴地主或从奴隶主转化为地主兼奴隶主的统治者，仍然不肯轻易放弃过去时代剥削者对待被剥削者的各种特权。社会生产的主要承担者农民阶级仍然被束缚着手脚，难以充分发挥自己的积极性。特别是秦始皇统一宇内以后，骄奢佚纵，横征暴敛，把农民的生活水平压缩到了最低限度。继秦始皇而后的秦二世，更加残暴，弄得农民无法生存。农民为了活命，只好起来造反。最后，起义的农民终于推翻了反动的秦王朝，但是农民阶级本身也在战争中蒙受了巨大的牺牲。反秦农民起义胜利后不久，全国人民又陷入了楚汉两大新兴封建集团的长期内战中。在这个战争结束时，无论是代表新兴封建地主阶级的刘邦集团，还是承担长期战争重荷的农民阶级都已经精疲力尽。《汉书》记叙楚汉战争之后民生凋敝的状况，说：“汉兴，接秦之敝，诸侯并起，民失作业，而大饥馑，凡米石五千，人相食，死者过半……天下既定,民亡盖臧,自天子不能具醇驷,而将相或乘牛车。"(《汉书·食货志》)这是一种城乡残破,土地荒芜,到处疮痍满目,连农业和手工业的简单再生产都难以维持的严重局面。为了维持社会的存在和发展,无论是统治者或劳动人民,都迫切需要恢复社会的生产。封建地主不能用老办法统治农民了,但是农民也需要一个安定下来进行生产劳动的机会。汉王朝初期所实行的"与民休息"政策,就是这种历史条件下的产物。

刘邦在统一全国以后,制定的"与民休息"政策,其主要内容大致有以下几项:

一、减轻田赋。"十五税一",即按十五分之一的比例征收田赋。这个税额比战国时的"十一税"和秦王朝时的"泰半之赋"都大为降低。

二、复员军队。在关中务农者,免除十二年田赋,去其他地方的,免除六年田赋。

军吏士卒各按军功赐予爵位,并按等级分给田宅。获得七大夫以上爵位者,可以食邑(分享国家租税收入);七大夫以下的,免除自身和家属赋役。

三、招抚流亡。过去"聚集山泽"的民众,各归原籍,恢复原有产业、爵位。

四、废除奴隶。"民以饥饿自卖为人奴婢者,皆免为庶人"(因犯法而成为官奴者不在内)。这个法令虽然后来未得彻底实行,但它仍是中国历史上第一个废奴法令。

五、鼓励生育。生育子女的,免徭役一年。

六、节制国家财政开支。"量吏禄,度官用。"自皇帝至封君均以各自的山川田池和市场租税收入作为"私养费",不再从政府领取经费。据《汉书·食货志》记载,实行这些办法以后,当时从关东运往关中的官府用粮,每年不过数十万石。

七、限制地方税。规定郡国在算赋(人口税)以外,只能按照每人每年六十钱的数额征收献费。

八、废除秦朝连坐、车裂等酷刑。

刘邦死后,吕雉与大臣萧何、曹参、陈平等继续执行刘邦的这些政策,经过全国人民二十三年的努力奋斗,到汉文帝即位时(公元前 180 年),西汉的社会经济得到了初步的恢复。《汉书》记叙当时的情况是"天下晏然。刑罚罕用,罪人是希。民务稼穑,衣食滋殖"(《高后纪》)。

地主阶级是一个依靠封建地主所有制和各种政治特权榨取农民劳动为生的阶级。残酷剥削劳动人民，无情掠夺社会财富是他们的阶级本性；追求奢侈豪华、荒淫腐朽的生活方式，是他们的人生目的。西汉社会经济的初步恢复，为地主阶级强化他们反动的阶级本性，实现他们腐朽的生活方式提供了条件。但是作为封建统治阶级代表人物的文、景二帝，却能在这种条件下继续执行刘邦等人在开国初期制定的“与民休息”政策，而且还能在社会生产得到初步恢复的基础上，进一步把刘邦的“与民休息”政策推向深化，从而为社会生产力的发展提供了更为良好的环境。这是不容易的。

“与民休息”政策的深化，表现在以下几个方面：

一、轻徭薄赋，即进一步减轻田赋、算赋、徭役。

田赋：文帝前二年（公元前.178 年）田赋由“十五税一”改为“三十税一”。从文帝前十三年（公元前 167 年）到景帝前元年（公元前 156 年）十三年内，全部免除田赋，景帝二年恢复“三十税一”。

算赋：文帝时由每人每年交一百二十钱，减为四十钱；景帝时把算赋的起征年限从十五岁推迟到二十岁。

徭役：文帝时削减大型工程，不再大规模征调劳动力，服役时间由原来的每个劳动力每年一次，改为三年一次。

二、大力提倡节约。

文帝很注意节约。史家说他执政期间，“宫室苑囿狗马服饰无所增益”。有一次，他打算修筑一个露台，召工匠估价，工程费用需要百金（一百万钱）。他说百金等于“中民十家之产”，现在有的宫室已经可以了，不要再建了。为了提倡朴素风气，他要求自己宠爱的慎夫人“衣不曳地，帏帐无文绣，以示敦朴，为天下先”。修建自己的陵墓“皆瓦器，不得以金银铜锡为饰”。景帝时，还严令禁止官员到下面去大吃大喝，捞取各种好处。

三、努力救济灾荒。免除困难户拖欠。

四、慎狱轻刑。

文帝前元年（公元前 179 年）十二月，废除一人有罪株连全家的“收孥诸相坐”令。

文帝前二年（公元前 178 年）三月，废除“诽谤妖言”罪。

文帝前十三年(公元前 167 年)五月,因听取了少女缇萦的救父申诉,下令废除黥刑、断趾等肉刑,改为笞刑。

景帝中二年(公元前 148 年),改磔市(张尸于市)为弃市。

景帝中六年(公元前 144 年)五月,为了防止犯人被鞭笞时死亡,下令减少笞刑的鞭笞次数。

此外,文、景二帝还多次发布"赦天下令"。文帝后四年(公元前 160 年)五月的赦令中有"免官婢为庶人"的规定。

这些措施实行的情况也比较好。首先是农业生产有了进一步的恢复和发展,大批荒芜土地被开垦出来,粮食和牲畜产量有明显增加;其次是手工业和商业也得到了发展。在生产发展的基础上,多数地方人民的生活有所改善,社会秩序相对稳定,人口也恢复到了战国时的水平。《史记·平准书》描述说:从文、景至汉武帝初期,汉兴七十余年之间,"民则人给家足,都鄙廪庾皆满,而府库余货财。京师之钱累巨万,贯朽(钱串子烂了)而不可校。太仓之粟陈陈相因,充溢露积于外,至腐败不可食。众庶街巷有马,阡陌之间成群"。这繁荣景象的确是中国封建社会历史上前所未有的。它不仅与西汉初年那种民生凋敝、财政困窘的局面形成了强烈的对比,而且与汉武帝改变文、景时期政策后出现的那种赋役繁重、国库空虚、人民生活困苦的局面相比,更显得难能可贵了。

历史唯物主义的原理告诉我们,人类社会的历史首先是物质生产的历史。从根本上说,作为社会上层建筑的国家政权,是由构成生产关系总和的社会经济基础决定的。但是作为社会上层建筑的国家政权,对于社会经济基础也有很大的能动作用。在国家政权中占据统治地位的阶级所实行的各种政策,在一定条件下也能够通过对社会经济关系的调整,而对社会经济的发展起促进或延缓的作用。如果说秦二世的反动统治,表明了一个封建政权,在执行阻挠生产力发展的政策时,对社会经济可以起到怎样的破坏作用;那么,"文景之治"则表明封建政权在采取顺应历史发展的政策时,也能对社会经济起一定的积极作用。这也就是我们今天所以要对"文景之治"给以积极评价的原因。

二

但是,我们对于"文景之治"的积极评价又同旧时代史学家对于"文景之治"

的歌颂，有着原则的区别。

旧时代的史学家认为“文景之治”是皇帝赐给人民的恩惠。我们则认为“文景之治”不过是秦末农民大革命的副产品。

由于历史条件的限制，秦末农民大革命在推翻破坏社会生产力发展的秦王朝以后，未能建立新的社会制度，但是它仍然打击了封建生产关系中某些严重阻碍生产力发展的环节。无节制地层层盘剥农民的封建势力在暴风骤雨般的农民大革命中受到应有的惩罚。他们中有人失去了财产，有人被消灭，有人变成了流亡者。农民阶级在这场大革命中，虽然因为遭受反动派的残酷镇压而损失了自己的力量，但是同惨遭农民力量打击的封建地主阶级比较起来，他们的组织力和团结力仍然是不可轻视的。利用农民革命力量起来的新兴封建统治阶级代表人物刘邦、吕雉等，面对阶级力量对比的新形势，不得不调整他们前任的阶级政策，否则，他们就不能安抚处于动乱中的农民，也不得不赶快让这些已经在革命斗争中显示了自己力量的革命群众迅速回到劳动生产中去，以免形成新的不安定因素。而且问题还不仅仅是让农民回到劳动生产中去，更为紧迫的是要调动他们的劳动积极性，否则就不能恢复长期遭受破坏的农业经济。

关于西汉开国初期社会经济问题的严重性，前面已经说过。在那种城乡经济处于崩溃的情况下，如果西汉的统治者不能采取一些适应历史发展要求，至少是不再破坏社会经济的政策，那么，就连他们自己的存在也不能维持下去。西汉初期封建统治阶级的“与民休息”的政策，就是在这种历史背景下产生的。这个政策实际上是秦末农民大革命以后出现的客观形势造成的，所以说它是农民大革命的副产品，而不是封建帝王或英雄豪杰的恩赐。

文景时期，被破坏的社会经济已经有了初步的恢复，新兴地主对农民的统治力量也有所加强。这个时候，作为封建地主阶级的最高代表文、景二帝，仍然继续执行“与民休息”的政策，而不是像后来的皇帝那样穷奢极欲地加紧盘剥农民，这一点也是应当予以肯定的。它说明，文、景二帝同历史上为数众多的昏庸皇帝比较，确实有他们杰出的地方。但是，我们在肯定杰出历史人物个人作用的同时，也要看到文、景二帝所以能继续执行“与民休息”政策，仍然是由当时客观历史条件决定的。

首先是当时的国内形势不允许他们改变现行的政策。当时国内的经济局面虽然已经有所好转,但是全国的局势仍然是不稳定的。文、景二帝执政期间,史书记载的较大灾荒就有八次,有时是连年灾荒。经济刚刚有点恢复,新的打击又接踵而来,"与民休息"的政策不能很快收效,在社会大动荡中生活惯了的农民又很敏感,只要有点风吹草动,就会再闹乱子,农民起义的阴影一直笼罩在未央宫的上空。

文帝前十二年(公元前 168 年),已经是文帝执政的中期了,但是经济的起色仍然不大,他在诏令中承认:"朕亲率天下农,十年于今,而野不加辟,岁一不登,民有饥色。"(《汉书·文帝记》,下同)为了加速农村经济的发展,他在第二年,免除了农民的全部田赋。但到后来农村经济仍然未能摆脱发展缓慢的状态。他弄不清为什么农业老是上不去,向大臣们问道:"间者数年比不登,又有水旱疾疫之灾,朕甚忧之……何其民食之寡乏也?夫度田非益寡,而计民未加益;以口量地,其于古犹有余,而食之甚不足者,其咎安在?"这种情况一直到景帝执政初期仍然存在。景帝也和文帝一样,不断地向下面发布查究"民多乏食"的原因,但是问题还是难以解决。这就是文景时期全国政治经济发展的实际状况。形势已经比西汉初期有了很大的改善,但基础还是不牢靠。昏庸的皇帝可以利用形势的有利改变现行政策,骄奢淫逸,但是在经济发展状况尚不稳固的情况下,他很快就会把社会现存的各种矛盾激化起来,最终弄得自己垮台。文、景二帝是两个肯于学习的人,虽然算不上才能出众,却不是不学无术。他们当然不会昏头昏脑地让自己陷入这种尴尬的境地。

除了形势的因素,还有自己阶级内部各种力量的钳制。秦末农民大起义给予封建地主阶级的教训是深刻的,赤手空拳的农民竟然摧毁了武装到牙齿的秦王朝,这个奇迹般的历史的事变,不断地冲激着新兴地主的头脑。享受着农民革命胜利果实的刘邦、吕后和文景两帝,都多次要人研究过这一历史经验。许多封建阶级的政治家、思想家,如张良、萧何、曹参、陈平、盖公、陆贾、贾谊、晁错等人都曾对这一历史事变作出过自己的解释。他们的共同看法是,统治者要想维护自己的统治,就要让被统治者有最低限度的生活条件。横征暴敛、盘剥无度、滥用刑罚、一味镇压,势必要官逼民反,招致自己的覆灭。他们发现,早在战国时期,黄老学派就对这些思想做过深刻的阐述。老子所说的:"民之饥"就是由于统治者"食税之多";民之"难治"就是由于统治者"有为"太多;民之"田荒食虚”就是由于统治者“奢侈”过度；“盗贼多有”就是由于统治者“法令滋章”（镇压得太厉害了）。还有什么“民不畏死奈何以死惧之”、“强梁者不得其死”等等都已经为秦末农民大起义的历史所证实。因此老子所提倡的“知止知足”、“去甚，去奢，去泰”、“无为而治”、“我无为而民自化，我好静而民自正，我无事而民自富，我无欲而民自朴”，以及老子说的“我有三宝，持而宝之，一曰慈（不滥用刑罚，不过分压迫人民）；二曰俭（节省民力，提倡俭朴）；三曰不敢为天下先”，就变成了新兴封建统治者维护和巩固其统治的指导思想。“与民休息”的政策，就是这种基本思想的具体实施。谁要违背这些思想，另图改弦更张，谁就会在统治阶级内部受到指责。

窦太后的故事就很能说明这个问题。窦太后是文景时期宫廷中很有影响的一个老人。她出身贫寒，原来是吕雉的侍女，后来跟上文帝，生下景帝，因而做上了皇后。由于家庭出身和当时政治环境的影响，她对主张减缓剥削和压迫的黄老思想极感兴趣，要景帝和外家诸窦都来研究黄老的著作。有一次儒生辕固在窦太后面前发表了轻视黄老思想的意见，立即受到窦太后的怒斥，窦太后说：“难道一定要儒家思想吗？”后来还罚他去同野猪搏斗。所以景帝执政十六年，一直是谨遵母教，敬奉黄老。

汉武帝初立时，窦太后担心他好儒，常常出来干预政治，御史大夫赵绾反对窦太后干预政治，结果下狱自杀。以上的情况说明，西汉初期的“与民休息”的政策，是新兴封建统治阶级总结农民革命战争的历史教训而制定的一种带有根本性的国策，得到了统治阶级内部许多权势人物的支持，在这一批人退出历史舞台以前，要改变方针，也是不容易的。

不言而喻，文、景二帝个人的谨慎性格也是促使他们继续执行“与民休息”政策的重要因素。但是即使是这种个人性格的因素，主要也是由他们所处的历史环境造成的。汉文帝是一个兢兢业业的皇帝。他是刘邦的庶子，母亲原来是一个为人看不起的卑贱者。京师喋血，大臣们派人迎接他进京当皇帝时，他害怕这是别人为他设置的圈套，迟迟不敢启行。后来虽然进京当了皇帝，还是不敢恣意妄为。当时有资格当皇帝的人有好几个，大家都用眼睛看着他，他做一切事情都得小心谨慎。碰到个天灾人祸，也总是忐忑不安，生怕再出问题。汉景帝没有经受过他老子那么多磨难，作风随便得多，但是刚即位两年，就来了七国叛乱。这场挑战，把他弄得手忙脚乱。仗虽然打赢了，教训却难以忘怀，从这以后他做事情就更加严谨了。统治阶级因权利相争而打内战，对于农业生产的恢复与发展是不利的。但统治阶级为了利用农民夺取战争的胜利，并避免农民去支持他们的反对派，也就更加不敢随意改变现行的与民有利的政策。景帝执政期间，“与民休息”的政策能得到继续贯彻，这也是一个原因。我们还应该看到，文景时期，社会经济的恢复和发展的根本力量，是在生产斗争中承担所有重负的劳动者。正是由于他们艰辛的劳动才使长期遭受破坏的社会经济重新繁荣起来。文、景二帝尽管经常举行亲耕籍田的仪式，但那只是一种摆摆样子的表演，其实是不能给社会增加多少粮食的。

旧时代的史学家认为“文景之治”是封建统治者爱护人民，对人民施行“仁政”的表现。我们则认为，封建统治阶级实行的“与民休息”政策，依然是从封建统治阶级的总利益出发的。同秦王朝统治时期相比，这个政策减轻了封建统治者对于人民的剥削和压迫，这是好的。但它并没有、也不可能从根本上取消对于人民的剥削和压迫。被称为“仁政”的“文景之治”依然是封建统治阶级对于人民的统治，虽然剥削压迫减轻了，但是中央和郡国庞大的国家机器以及世家贵族、大大小小的地主依然是压在农民头上的一座座大山，农民依然要把最好的东西无代价地贡献给这些剥削压迫者，他们自己只能过简陋的生活。

在这个问题上，我们只要对文景时期推行的“与民休息”政策进行一番分析，事情就明白了。

首先拿“轻徭薄赋”来说。在当时土地荒芜、劳力严重缺乏的情况下，不执行这一条政策，农业生产就没有办法恢复，农业生产不恢复，新兴统治者就无法维持其存在。所以这一条政策，从某些方面看，对农民有一些好处，但是从根本方面看，对封建统治者好处更多。当然，由于实行“轻徭薄赋”政策，封建统治者减少了一部分收入，但是没有小的牺牲，就没有大的利益。而且在这项政策中，免除徭役和田赋最多的是有军功的新地主，他们是西汉政权的主要支柱。复员军人和爵位低下的军士减免的数量有限。占有大量土地的一般地主在减免赋税的政策中，获得的利益也很大。这些人在秦末农民大起义中不同程度地受到了革命农民的打击，经济力量比以前削弱了。减免田赋的政策有利于他们迅速恢复经济实力，以加强对被剥削农民的控制。至于占地很少的普通农民虽然也减少了一些负担，但是得利并不是很多。他们在减少一点负担以后，仍然要按期服劳役，按期交纳国家田赋和人口税，私人田租则不能减少。即使有些年限不交国家田赋，但是其他赋税仍得按期交纳。"轻徭薄赋"可以减轻但不能改变农民受剥削的地位。

再看"招抚流亡"。这项政策主要也是照顾地主阶级的。所谓"聚保山泽"的民众，其中有农民，但相当多的是地主和旧官吏，因为逃亡秦王朝苛政的农民，许多人在农民大起义后，变成了革命造反者，他们已经跟着革命队伍走了，只有一部分人才跟着地主和旧官吏逃亡山泽。"招抚流亡"的政策，号召"聚保山泽"的人各回原籍，并发还产业、爵位，指的主要是这些逃亡的地主和旧官吏。至于跟着他们跑的一批没有产业、爵位的农民，回去以后依然要受地主老爷的剥削。

第三是节省国家财政开支、提倡节俭的政策。尽管对人民也有好处，但是其主要作用，也是为了巩固和维持封建统治者的国家政权。

第四是"自卖为人奴婢者皆免为庶人"的规定，这确实对人民有利，但未能彻底实施。而且封建统治者的这个规定，对于封建统治者补充劳动力和缓和社会矛盾、调动被压迫者的生产积极性也是有利的。

第五是废除秦代苛法和慎狱、轻刑。这些措施缓和了过去的封建统治者对人民的残酷压迫，对社会发展有积极作用。不过，汉初与民"约法三章"固然有安定人心的作用，但"杀人者死，伤人及盗抵罪"的规定，仍然包含着维护封建地主私有财产权和人身权不可侵犯的内容。这两项权利正是封建统治阶级须臾不可缺少的东西。所以，这仍然是封建阶级的法权。至于其他慎狱、轻刑的规定都属于执法的量刑和方法问题，而不涉及法律的阶级属性。同时对于封建统治阶级来说，慎狱和轻刑比起冤狱和苛刑是更有利于巩固和维护他们对于人民的专政。

旧时代的历史学家总是把"文景之治"说成是中国历史上的"太平盛世"。事实上"文景之治"，虽然是中国历史上人民生活较好的时期，但是它仍然没有能改变豪强吞并农民土地、残酷掠夺农民的事实。文景时期封建统治者所实施的各种政策，仅仅在一定程度上和缓了阶级斗争，而没能改变阶级斗争的实质。

西汉政论家贾谊在文帝执政的后半期向皇帝进言说：

汉之为汉，几四十年矣，公私之积，犹可哀痛。失时不雨，民且狼顾。岁恶不入，请卖爵子。（《汉书·食货志》）

随后，晁错又上书皇帝说：

今农夫五口之家，其服役者，不下二人；其能耕者，不过百亩。百亩之收，不过百石。春耕、夏耘、秋获、冬藏，伐薪樵、治官府、给徭役。春不得避风尘、夏不得避暑热、秋不得避阴雨、冬不得避寒冻。四时之间，亡日休息。又私自送往迎来，吊死问疾，养孤长幼在其中。勤苦如此，尚复被水旱之灾。急政暴赋，赋敛不时，朝令而暮改。当具有者，半贾而卖，亡（无）者，取倍称之息。于是，有卖田宅、鬻子孙以偿债者矣！（《汉书·食货志》）

贾谊、晁错在这里说的还只是那些有一小块土地的小农的生活状况。是的，他们的生活状况，比起秦王朝统治时期略为好一些，但是在封建赋税和徭役的压榨下，生活仍然很艰辛。一有个天灾人祸或者赋敛不时，就会陷入地主、商人和高利贷者的罗网，最后弄得倾家荡产、鬻儿卖女。贾谊、晁错还没有把贪官污吏残害农民的情况，如实地向皇帝报告。文景时期官吏“以货赂为市，渔夺百姓，侵牟万民”的情况是普遍的。这种情况后来连景帝也知道了，他去世前发布的一个诏文里，就对这种情况提出过严厉的斥责。

没有土地或失去土地的农民生活状况如何呢？他们中的很多人只能依靠替地主、豪强耕种土地为生。西汉初期的“休养生息”政策，给他们带来的好处不多。但这个政策中关于国家赋税、徭役等的规定，却能给占有一小块土地的农民带来某些好处。除此之外，它未能减少地主豪强对于租佃土地为生的贫苦农民的剥削和压迫。大儒董仲舒说，秦时“耕豪民之田，见税什五”的情况，在西汉前期“循而未改”。百分之五十的剥削量是相当高的。《汉纪》的作者荀悦说，汉初国家征收的田赋虽然少，但是富人占的田多，“官家之惠，优于三代，豪强之暴，酷于亡秦”。老百姓依然饱受剥削之苦。荀悦对于“文景之治”的这种评价，在旧时代的历史家中，是独具眼光的。

在封建国家和地主豪强的双重剥削下，贫困的农民日益增多，地主兼并和高利贷的猖狂，又进一步加速了农民贫困化的进程，农民阶级通过秦末大起义取得的一点成果，就这样被封建地主阶级一点点剥夺去了。许多生活不下去的农民，有的“出逃流亡”，有的沦为地主豪强或大商人的奴隶，新的阶级斗争的大风暴正在孕育着。“太平盛世”并不太平。实事求是地说，“文景之治”给了老百姓一个比之秦王朝更好的生活环境，但远远称不上什么“太平盛世”。所以毛泽东说，“高祖之后，史家誉之为文景之治，其实文景二帝乃守旧之君。”(吴冷西：《毛主席几次谈话的回忆》，中央文献出版社 1993 年版)毛泽东对文、景二帝和“文景之治”只给以有限的肯定是有其道理的。

贾谊和他的《治安策》

贾谊是西汉文帝时的著名政论家。

公元前200年，汉高祖刘邦率领大军与匈奴作战，被围于平城（今山西大同市东北），七日始得出，就在这一年，贾谊在河南洛阳（今河南洛阳东）呱呱落地。

他是个天资聪颖的孩子，十八岁就以文学才识著名于洛阳，当时河南郡守吴公爱惜有才华的年轻人，便收他为门下弟子。吴公的地位相当于今天的省长，他是秦朝名相李斯的学生，为人能干，政绩为天下第一。贾谊跟从吴公以后，接触到李斯的学说，政治水平大有提高。

不久，吴公调任中央廷尉（最高司法长官）。汉文帝登基后下诏求贤，吴公向文帝推荐贾谊。文帝命贾谊为博士，这时他才二十一岁，在诸博士中年纪最轻。

文帝经常向博士们咨询各种问题，“诸老先生不能言，谊尽为之对”（《汉书·贾谊传》）。文帝很欣赏他的才华，不到一年，就越级提拔他为太中大夫。太中大夫是汉代掌管议论的高级长官。

文帝前二年（公元前178年），贾谊建议皇帝重农务本，并引述管子“仓廪实而知礼节，衣食足而知廉耻”的思想，说明经济实为政治之根本。文帝采纳了他的意见，确定了“以农立国”的方针。文帝还想提拔他任公卿之职，但遭到以周勃为首的大臣们的反对。周勃是用宫廷政变手段铲除吕后势力、扶助文帝上台的大功臣。周勃驰骋疆场的时候，还没有贾谊，他怎么能让一个毛孩子压在他头上颐指气使呢？他向皇帝说：“这个年轻的洛阳人，想擅权乱政，不可重用。”皇帝没办法，只好把贾谊下放到湖南当长沙王太傅。

贾谊虽然才华过人，但毕竟年少不经事。他既不会与“老干部”搞好关系，又心理脆弱，经受不了挫折。官场失意之后，他情绪灰暗、意志消沉。过湘江的时候，他写了一篇《吊屈原赋》，文中以屈原自况，表达对周勃和皇帝的不满。后来又写了一篇《鹏鸟赋》，这篇文章讲万物变化、祸福相倚的道理，文字很美，但他以鹏鸟为不祥之鸟，认为鹏鸟之至，象征自己寿命不长了，悲观绝望至极。

好在皇帝没有忘记他。文帝前六年(公元前174年)贾谊又被召回京师。这时各诸侯王多骄奢放纵，横行不法，淮南王更举兵造反；加之匈奴又不断侵掠边境，军队抗击不力。其他各种危及国家安定的隐患，亦未能很好解决。于是贾谊向皇帝上《治安策》，指出当前局势有可为痛哭者一(指诸侯王割据)；可为流涕者二(指匈奴侵扰)；可为长太息者六(指“一人耕之，十人食之”等)。并为国家的长治久安提出各种谋划。贾谊这篇文章，胸怀大局，情感激昂，叙事有理有据，不仅在当时受到皇帝的重视，后来又被奉为政论文之冠。清代文学评论家金圣叹称赞此文真“如海如潮”，“汪洋排荡”，纵极无边，教人“万遍读之”。革命文学家鲁迅则称其为“西汉鸿文，沾溉后人，其泽甚远”。毛泽东的评价更高，他说“《治安策》一文是西汉一代最好的政论”，“全文切中当时事理，有一种颇好的气氛，值得一看”。

贾谊还有一篇著名的政论《过秦论》，内容是总结秦王朝灭亡的经验教训，以警戒后人。这篇文章也受到汉文帝的重视。鲁迅和毛泽东对它也很赞赏。《过秦论》的许多名句，如“始皇奋六世之余烈，振长策而御宇内”，然而陈涉“奋于大泽而天下响应”、“一夫作难而七庙隳”等等，一直到今天仍然脍炙人口。他总结的国家“存亡之由”：“安民可与为义”，“危民可与为非”，几千年来一直受到人们的重视。一个封建时代的政论家，能从历史的兴亡中，看到人民的力量，这是非常可贵的。

文帝还常和贾谊探讨鬼神问题。君臣畅谈到深夜，有时文帝听得入神，不知不觉地就移坐到贾谊前面。文帝对人说：“吾久不见贾生，自以为过之，今不及也。”(《汉书·贾谊传》)唐代诗人李商隐对这件事很有感慨，他在《贾生》一诗中说：

宣室求贤访逐臣，贾生才调更无伦。
可怜夜半虚前席，不问苍生问鬼神。

李商隐的感慨引起了历代怀才不遇的知识分子的共鸣，但实事求是地说，汉文帝对贾谊还是不错的，这个皇帝也还是个关心老百姓的人，不能说他"不问苍生"。对鬼神问题的探讨，也有益于文化修养，不能说问问"鬼神"，就犯了什么大错误。不久汉文帝拜贾谊为幼子梁怀王的太傅。后来梁怀王堕马死，贾谊自以为失职，忧郁自伤，一年后也死了。死时才三十三岁。毛泽东读《贾谊传》，为他的早死，深以为憾。

毛泽东还写过两首怀念贾谊的诗：

一、七绝·贾谊

贾生才调世无伦，哭泣情怀吊屈文。
梁王堕马寻常事，何用哀伤付一生。

二、七律·咏贾谊

少年倜傥廊庙才，壮志未酬事堪哀。
胸罗文章兵百万，胆照华国树千台。
雄英无计倾圣主，高节终竟受疑猜。
千古同惜长沙傅，空白汨罗步尘埃。

——《毛泽东诗词集》，中央文献出版社 1996 年版，第 219、221 页

治 安 策

毛泽东说过，贾谊的《治安策》，"是西汉一代最好的政论"，"除论太子一节近于迂腐以外，全文切中当时事理，有一种颇好的气氛，值得一看"。(《毛泽东书信选集》)

贾谊的《治安策》确为千古至文。古今各种文选，多收录此文，但多为摘编。金圣叹的《天下才子必读书》收录得最全，但亦有删节。为便于读者了解此文全貌，现从中华书局编辑出版的《二十四史·汉书》中摘录其全文。简注为作者参照各种注本所加。贾谊的另一篇名文《过秦论》，全文在各种文选如《古文观止》中都能找到，这里不再附录。

臣窃惟①事势，可为痛哭者一，可为流涕者二，可为长太息②者六，若其它背

① 惟：思考。
② 长太息：长叹。

理而伤道者，难遍疏举。进言者皆曰天下已安已治矣，臣独以为未也。曰安且治者，非愚则谀，皆非事实知治乱之体者也。夫抱火厝之积薪之下而寝其上，火未及燃，因谓之安，方今之势，何以异此！本末舛逆，首尾衡决，国制抢攘①，非甚有纪，胡可谓治！陛下何不壹令臣得孰数之于前，因陈治安之策，试详择焉！

夫射猎之娱，与安危之机孰急？使为治，劳智虑，苦身体，乏钟鼓之乐，勿为可也。乐与今同，而加之诸侯轨道，兵革不动，民保首领，匈奴宾服，四荒向风，百姓素朴，狱讼衰息，大数既得，则天下顺治，海内之气清和咸理，生为明帝，没为明神，名誉之美，垂于无穷。《礼》祖有功而宗有德，使顾成之庙称为太宗，上配太祖，与汉亡极。建久安之势，成长治之业，以承祖庙，以奉六亲②，至孝也；以幸天下，以育群生，至仁也；立经陈纪，轻重同得，后可以为万世法程，虽有愚幼不肖之嗣，犹得蒙业而安，至明也。以陛下之明达，因使少知治体者得佐下风，致此非难也。其具可素陈于前，愿幸无忽。臣谨稽之天地，验之往古，按之当今之务，日夜念此至孰也，虽使禹舜复生，为陛下计，亡以易此。

夫树国固必相疑之势③，下数被其殃，上数爽其忧，甚非所以安上而全下也。今或亲弟谋为东帝，亲兄之子西向而击，今吴又见告矣。天子春秋鼎盛，行义未过，德泽有加焉，犹尚如是，况莫大诸侯，权力且十此者乎！

然而天下少安，何也？大国之王幼弱未壮，汉之所置傅相方握其事。数年之后，诸侯之王大抵皆冠，血气方刚，汉之傅相称病而赐罢，彼自丞尉以上遍置私人，如此，有异淮南、济北之为邪！此时而欲为治安，虽尧舜不治。

黄帝曰："日中必熭④，操刀必割。"今令此道顺而全安，甚易，不肯早为，已乃堕骨肉之属而抗刭之⑤，岂有异秦之季世乎！夫以天子之位，乘今之时，因天之助，尚惮以危为安，以乱为治，假设陛下居齐桓之处，将不合诸侯而匡天下乎？臣又以知陛下有所必不能矣。假设天下如曩时，淮阴侯尚王楚，黥布王淮南，彭越王梁，韩信王韩，张敖王赵，贯高为相，卢绾王燕，陈豨在代，令此六七公者皆亡恙，当是时而陛下即天子位，能自安乎？臣有以知陛下之不能也。天下殽乱，

---

① 抢攘：混乱貌。
② 六亲：应劭注：父母兄弟妻子。
③ 树国固必相疑：《汉书》郑氏注：今建立国泰大，其势必固相疑。
④ 日中必熭：熭（wèi 卫），暴晒。
⑤ 抗刭：抗，举；刭，割颈。

高皇帝与诸公并起，非有仄室之势以豫席之也①。诸公幸者，乃为中涓②，其次廑③得舍人，材之不逮至远也。高皇帝以明圣威武即天子位，割膏腴之地以王诸公，多者百余城，少者乃三四十县，惪至渥④也，然其后十年之间，反者九起。陛下之与诸公，非亲角材而臣之也，又非身封王之也，自高皇帝不能以是一岁为安，故臣知陛下之不能也。然尚有可诿者，曰疏，臣请试言其亲者。假令悼惠王王齐，元王王楚，中子王赵，幽王王淮阳，共王王梁，灵王王燕，厉王王淮南，六七贵人皆亡恙，当是时陛下即位，能为治乎？臣又知陛下之不能也。若此诸王，虽名为臣，实皆有布衣昆弟之心，虑亡不帝制而天子自为者。擅爵人，赦死罪，甚者或戴黄屋，汉法令非行也。虽行不轨如厉王者，令之不肯听，召之安可致乎！幸而来至，法安可得加！动一亲戚，天下圜视而起，陛下之臣虽有悍如冯敬者，适启其口，匕首已陷其匈矣。陛下虽贤，谁与领此？故疏者必危，亲者必乱，已然之效也。其异姓负强而动者，汉已幸胜之矣，又不易其所以然。同姓袭是迹而动，既有征矣，其势尽又复然。殃祸之变，未知所移，明帝处之尚不能以安，后世将如之何！

屠牛坦一朝解十二牛，而芒刃不顿者，所排击剥割，皆众理解也。至于髋髀之所，非斤则斧。夫仁义恩厚，人主之芒刃也；权势法制，人主之斤斧也。今诸侯王皆众髋髀也，释斤斧之用，而欲婴以芒刃，臣以为不缺则折。胡不用之淮南、济北？势不可也。

臣窃迹前事，大抵强者先反。淮阴王楚最强，则最先反；韩信倚胡，则又反；贯高因赵资，则又反；陈豨兵精，则又反；彭越用梁，则又反；黥布用淮南，则又反；卢绾最弱，最后反。长沙乃在二万五千户耳，功少而最完，势疏而最忠，非独性异人也，亦形势然也。曩令樊、郦、绛、灌据数十城而王，今虽以残亡可也；令信、越之伦列为彻侯而居，虽至今存可也。然则天下之大计可知已。欲诸王之皆忠附，则莫若令如长沙王；欲臣子之勿菹醢⑤，则莫若令如樊、郦等；欲天下之治安，莫若众建诸侯而少其力。力少则易使以义，国小则亡邪心。令海内之势

---

① 仄室：卿大夫之妾所生之子为侧室，仄通“侧”。
② 中涓：皇帝的近侍，指为皇帝倚重的人。
③ 廑：通“仅”。
④ 惪至渥：惪，通“德”；渥，优厚。
⑤ 菹醢（zū hǎi 祖海）：剁成肉酱。

如身之使臂，臂之使指，莫不制从，诸侯之君不敢有异心，辐凑并进而归命天子，虽在细民，且知其安，故天下咸知陛下之明。割地定制，令齐、赵、楚各为若干国，使悼惠王、幽王、元王之子孙毕以次各受祖之分地，地尽而止，及燕、梁它国皆然。其分地众而子孙少者，建以为国，空而置之，须其子孙生者，举使君之。诸侯之地其削颇入汉者，为徙其侯国及封其子孙也，所以数赏之：一寸之地，一人之众，天子亡所利焉，诚以定治而已，故天下咸知陛下之廉。地制壹定，宗室子孙莫虑不王，下无倍畔之心，上无诛伐之志，故天下咸知陛下之仁。法立而不犯，令行而不逆，贯高、利幾之谋不生，柴奇、开章之计不萌，细民乡善，大臣致顺，故天下咸知陛下之义。卧赤子天下之上而安，植遗腹，朝委裘①，而天下不乱，当时大治，后世诵圣。壹动而五业附②，陛下谁惮而久不为此？

天下之势方病大瘇③。一胫之大几如腰，一指之大几如股，平居不可屈信，一二指搐，身虑亡聊④。失今不治，必为锢疾，后虽有扁鹊，不能为已。病非徒瘇也，又苦䟡戾⑤。元王之子，帝之从弟也；今之王者，从弟之子也。惠王之子，亲兄子也；今之王者，兄子之子也。亲者或亡分地以安天下，疏者或制大权以逼天子，臣故曰非徒病瘇也，又苦䟡戾。可痛哭者，此病是也。

天下之势方倒悬。凡天子者，天下之首，何也？上也。蛮夷者，天下之足，何也？下也。今匈奴嫚娒侵掠，至不敬也，为天下患，至亡已也，而汉岁致金絮采缯以奉之。夷狄征令，是主上之操也；天子共贡，是臣下之礼也。足反居上，首顾居下，倒悬如此，莫之能解，犹为国有人乎？非亶⑥倒悬而已，又类辟，且病痱⑦。夫辟者一面病，痱者一方痛。今西边北边之郡，虽有长爵不轻得复，五尺以上不轻得息，斥候望烽燧不得卧，将吏被介胄而睡，臣故曰一方病矣。医能治之，而上不使，可为流涕者此也。

陛下何忍以帝皇之号为戎人诸侯，势既卑辱，而祸不息，长此安穷！进谋者率以为是，固不可解也，亡具甚矣。臣窃料匈奴之众不过汉一大县，以天下之大

---

① 朝委裘：幼君坐朝因为身体小，裘下垂地上，所以朝拜幼君，叫朝委裘。
② 壹动而五业附：即上文所说，采取一种措施（众建诸侯），而产生明、廉、仁、义、圣等五种功业。
③ 大瘇：脚浮肿。
④ 亡聊：无所依赖。
⑤ 䟡戾：（zhī lì）：脚掌折断了。䟡，即蹠字，脚掌；戾，折断。
⑥ 非亶：即非但。
⑦ 辟、痱：辟，足病，不能行走；痱，风疾，痛楚。

困于一县之众，甚为执事者羞之。陛下何不试以臣为属国之官以主匈奴？行臣之计，请必系单于之颈而制其命，伏中行说①而笞其背，举匈奴之众唯上之令。今不猎猛敌而猎田彘，不搏反寇而搏畜菟，玩细娱而不图大患，非所以为安也。德可远施，威可远加，而直数百里外威令不信，可为流涕者此也。

今民卖僮者，为之绣衣丝履偏诸缘，内之闲中，是古天子后服，所以庙而不宴者也，而庶人得以衣婢妾。白縠之表，薄纨之里，缇以偏诸，美者黼绣，是古天子之服，今富人大贾嘉会召客者以被墙。古者以奉一帝一后而节适，今庶人屋壁得为帝服，倡优下贱得为后饰，然而天下不屈者，殆未有也。且帝之身自衣皂绨，而富民墙屋被文绣；天子之后以缘其领，庶人孽妾②缘其履：此臣所谓舛也。夫百人作之不能衣一人，欲天下亡寒，胡可得也？一人耕之，十人聚而食之，欲天下亡饥，不可得也。饥寒切于民之肌肤，欲其亡为奸邪，不可得也。国已屈矣，盗贼直须时耳，然而献计者曰"毋动"，为大耳。夫俗至大不敬也，至亡等③也，至冒上也，进计者犹曰"毋为"，可为长太息者此也。

商君遗礼义，弃仁恩，并心于进取，行之二岁，秦俗日败。故秦人家富子壮则出分，家贫子壮则出赘。借父耰鉏④，虑有德色；母取箕帚，立而谇语。抱哺其子，与公并倨；妇姑不相说，则反唇而相稽。而慈子耆利，不同禽兽者亡几耳。然并心而赴时，犹曰蹶六国，兼天下。功成求得矣，终不知反廉愧之节，仁义之厚。信并兼之法，遂进取之业，天下大败；众掩寡，智欺愚，勇威怯，壮陵衰，其乱至矣。是以大贤起之，威震海内，德从天下。曩之为秦者，今转而为汉矣，然其遗风余俗，犹尚未改，今世以侈靡相竞，而上亡制度，弃礼谊，捐廉耻，日甚，可谓月异而岁不同矣。逐利不耳，虑非顾行也，今其甚者杀父兄矣。盗者剟⑤寝户之帘，搴⑥两庙之器，白昼大都之中剽吏而夺之金。矫伪者出几十万石粟，赋六百余万钱，乘传而行郡国，此其亡行义之尤至者也。而大臣特以簿书不报，期会之间，以为大故。至于俗流失，世坏败，因恬而不知怪，虑不动于耳目，以为是适然

① 中行说：姓中行，名说。宦官，后投靠匈奴。
② 孽(niè 聂)妾：地位低卑的婢妾。
③ 亡等：没有上下尊卑等次了。
④ 耰鉏：农具。
⑤ 剟(duō 多)：割掉。
⑥ 搴(qiān 千)：拔掉。

耳。夫移风易俗，使天下回心而向道，类非俗吏之所能为也。俗吏之所务，在于刀笔筐箧，而不知大体。陛下又不自忧，窃为陛下惜之。

夫立君臣，等上下，使父子有礼，六亲有纪，此非天之所为，人之所设也。夫人之所设，不为不立，不植则僵，不修则坏。管子曰："礼义廉耻，是谓四维；四维不张，国乃灭亡。"使管子愚人也则可，管子而少知治体，则是岂可不为寒心哉！秦灭四维而不张，故君臣乖乱，六亲殃戮，奸人并起，万民离叛，凡十三岁，而社稷为虚①。今四维犹未备也，故奸人几幸，而众心疑惑。岂如今定经制，令君君臣臣，上下有差，父子六亲各得其宜，奸人亡所几幸，而群臣众信，上不疑惑！此业壹定，世世常安，而后有所持循矣。若夫经制不定，是犹度江河亡维楫，中流而遇风波，船必覆矣。可为长太息者此也。

夏为天子，十有余世而殷受之。殷为天子，二十余世而周受之。周为天子，三十余世而秦受之。秦为天子，二世而亡。人性不甚相远也，何三代之君有道之长，而秦无道之暴也？其故可知也。古之王者，太子乃生，固举以礼，使士负之，有司齐肃端冕，见之南郊，见于天也。过阙则下，过庙则趋，孝子之道也。故自为赤子而教固已行矣。昔者成王幼在襁抱之中，召公为太保，周公为太傅，太公为太师。保，保其身体；傅，傅之德义；师，道之教训：此三公之职也。于是为置三少，皆上大夫也，曰少保、少傅、少师，是与太子宴者也。故乃孩提有职，三公、三少固明孝仁礼义以道习之，逐去邪人，不使见恶行。于是皆选天下之端士孝悌博闻有道术者以卫翼之，使与太子居处出入。故太子乃生而见正事，闻正言，行正道，左右前后皆正人也。夫习与正人居之，不能毋正，犹生长于齐不能不齐言也；习与不正人居之，不能毋不正，犹生长于楚不能不楚言也。故择其所耆，必先受业，乃得尝之；择其所乐，必先有习，乃得为之。孔子曰："少成若天性，习惯如自然。"及太子少长，知妃色②，则入于学。学者，所学之官也。《学礼》曰："帝入东学，上亲而贵仁，则亲疏有序而恩相及矣；帝入南学，上齿而贵信，则长幼有差而民不诬矣；帝入西学，上贤而贵德，则圣智在位而功不遗矣；帝入北学，上贵而尊爵，则贵贱有等而下不隃矣；帝入太学，承师问道，退习而考于太傅，太傅罚其不则而匡其不及，则德智长而治道得矣。此五学者既成于上，则百

① 虚：通"墟"，废墟。
② 妃色：即女色。知妃色，即懂得男女之道。

姓黎民化辑于下矣。”及太子既冠成人，免于保傅之严，则有记过之史，彻膳之宰，进善之旌，诽谤之木，敢谏之鼓。瞽史诵诗，工诵箴谏，大夫进谋，士传民语。习与智长，故切而不愧；化与心成，故中道若性。三代之礼：春朝朝日，秋暮夕月，所以明有敬也；春秋入学，坐国老，执酱而亲馈之，所以明有孝也；行以鸾和①，步中《采齐》趣中《肆夏》②，所以明有度也；其于禽兽，见其生不食其死，闻其声不食其肉，故远庖厨，所以长恩，且明有仁也。

夫三代之所以长久者，以其辅翼太子有此具也。及秦而不然。其俗固非贵辞让也，所上者告讦也；固非贵礼义也，所上者刑罚也。使赵高傅胡亥而教之狱，所习者非斩劓人，则夷人之三族也。故胡亥今日即位而明日射人，忠谏者谓之诽谤，深计者谓之妖言，其视杀人若艾草菅然③。岂惟胡亥之性恶哉？彼其所以道之者非其理故也。

鄙谚曰：“不习为吏，视已成事。”又曰：“前车覆，后车诫。”夫三代之所以长久者，其已事可知也；然而不能从者，是不法圣智也。秦世之所以亟绝者，其辙迹可见也；然而不避，是后车又将覆也。夫存亡之变，治乱之机，其要在是矣。天下之命，悬于太子；太子之善，在于早谕教与选左右。夫心未滥而先谕教，则化易成也；开于道术智谊之指，则教之力也。若其服习积贯，则左右而已。夫胡、粤之人，生而同声，耆欲不异，及其长而成俗，累数译而不能相通，行者有虽死而不相为者，则教习然也。臣故曰：选左右、早谕教最急。夫教得而左右正，则太子正矣，太子正而天下定矣。《书》曰：“一人有庆，兆民赖之。”④此时务也。

凡人之智，能见已然，不能见将然。夫礼者禁于将然之前，而法者禁于已然之后，是故法之所用易见，而礼之所为生难知也。若夫庆赏以劝善，刑罚以惩恶，先王执此之政，坚如金石，行此之令，信如四时，据此之公，无私如天地耳，岂顾不用哉？然而曰礼云礼云者，贵绝恶于未萌，而起教于微眇，使民日迁善远罪而不自知也。孔子曰：“听讼，吾犹人也，必也使毋讼乎！”为人主计者，莫如先审取舍；取舍之极定于内，而安危之萌应于外矣。安者非一日而安也，危者非一日而危也，皆以积渐然，不可不察也。人主之所积，在其取舍。以礼义治之者，积

① 鸾和：车马上的铃铛。行车以铃铛为节奏。
② 《采齐》、《肆夏》：均为古乐曲名。
③ 杀人若艾草菅：艾通刈，割取；菅即茅，杂草。
④ 一人有庆，兆民赖之：一人指皇帝，兆民指亿万民众。此语见《尚书·吕刑》。

礼义；以刑罚治之者，积刑罚。刑罚积而民怨背，礼义积而民和亲。故世主欲民之善同，而所以使民善者或异，或道之以德教，或驱之以法令。道之以德教者，德教洽而民气乐；驱之以法令者，法令极①而民风哀。哀乐之感，祸福之应也。秦王之欲尊宗庙而安子孙，与汤武同，然而汤武广大其德行，六七百岁而弗失，秦王治天下，十余岁则大败。此亡它故矣，汤武之定取舍审而秦王之定取舍不审矣。夫天下，大器也。今人之置器，置诸安处则安，置诸危处则危。天下之情与器亡以异，在天子之所置之。汤武置天下于仁义礼乐而德泽洽，禽兽草木广裕，德被蛮貊四夷，累子孙数十世，此天下所共闻也。秦王置天下于法令刑罚，德泽亡一有，而怨毒盈于世，下憎恶之如仇雠，祸几及身，子孙诛绝，此天下之所共见也。是非其明效大验邪！人之言曰："听言之道，必以其事观之，则言者莫敢妄言。"今或言礼谊之不如法令，教化之不如刑罚，人主胡不引殷、周、秦事以观之也？

人主之尊譬如堂，群臣如陛，众庶如地。故陛九级上，廉远地②，则堂高；陛亡级，廉近地，则堂卑。高者难攀，卑者易陵，理势然也。故古者圣王制为等列，内有公卿大夫士，外有公侯伯子男，然后有官师小吏，延及庶人，等级分明，而天子加焉，故其尊不可及也。里谚曰："欲投鼠而忌器。"此善谕也。鼠近于器，尚惮不投，恐伤其器，况于贵臣之近主乎！廉耻节礼以治君子，故有赐死而亡戮辱。是以黥、劓之罪不及大夫，以其离主上不远也。礼不敢齿君之路马③，蹴④其刍者有罚。见君之几杖则起，遭君之乘车则下，入正门则趋。君之宠臣虽或有过，刑戮之罪不加其身者，尊君之故也。此所以为主上豫远不敬也，所以体貌大臣而厉其节也。今自王侯三公之贵，皆天子之所改容而礼之也，古天子之所谓伯父、伯舅也，而今与众庶同黥、劓、髡、刖、笞、傌、弃市之法，然则堂不亡陛乎？被戮辱者不泰迫乎？廉耻不行，大臣无乃握重权，大官而有徒隶亡耻之心乎？夫望夷之事，二世见当以重法者，投鼠而不忌器之习也。

臣闻之，履虽鲜不加于枕，冠虽敝不以苴履⑤。夫尝已在贵宠之位，天子改

---

① 极：同殛，惩罚意。
② 廉远地：廉即殿堂的边侧。殿堂的边侧远离地面叫廉远地。
③ 礼不敢齿君之路马：按照礼的规定，不能议论为君侯拉车路马的年龄。
④ 蹴：践踏。
⑤ 苴（jū居）：草垫。

容而体貌之矣，吏民尝俯伏以敬畏之矣，今而有过，帝令废之可也，退之可也，赐之死可也，灭之可也；若夫束缚之，系绁之，输之司寇，编之徒官，司寇小吏詈骂而榜笞之，殆非所以令众庶见也。夫卑贱者习知尊贵者之一旦吾亦乃可以加此也，非所以习天下也，非尊尊贵贵之化也。夫天子之所尝敬，众庶之所尝宠，死而死耳，贱人安宜得如此而顿辱之哉！

豫让事中行之君，智伯伐而灭之，移事智伯。及赵灭智伯，豫让衅面①吞炭②必报襄子，五起而不中。人问豫子，豫子曰："中行众人畜我，我故众人事之；智伯国士遇我，我故国士报之。"故此一豫让也，反君事雠，行若狗彘，已而抗节致忠，行出乎列士，人主使然也。故主上遇其大臣如遇犬马，彼将犬马自为也；如遇官徒，彼将官徒自为也。顽顿③亡耻，谖诟④亡节，廉耻不立，且不自好，苟若而可，故见利则逝，见便则夺。主上有败，则因而挻⑤之矣；主上有患，则吾苟免而已，立而观之耳；有便吾身者，则欺卖而利之耳。人主将何便于此？羣下至众，而主上至少也，所托财器职业者粹于群下也。俱亡耻，俱苟妄，则主上最病。故古者礼不及庶人，刑不至大夫，所以厉宠臣之节也。古者大臣有坐不廉而废者，不谓不廉，曰"簠簋⑥不饰"；坐汙秽淫乱男女亡别者，不曰汙秽，曰"帷薄不修"⑦；坐罢软不胜任者，不谓罢软，曰"下官不职"。故贵大臣定有其罪矣，犹未斥然正以呼之也，尚迁就而为之讳也。故其在大谴大何之域者，闻谴何则白

① 衅面：用漆涂脸面(为的是改变面貌)。
② 吞炭：吞食木炭(为的是弄坏音带)。
③ 顿：同"钝"。
④ 谖诟：《汉书》原文为謑(xī)诟，俞樾考证，"謑"为"谖"或体，谖诟，没有志气。
⑤ 挻(shān)：篡取。
⑥ 簠簋(fǔ guǐ 府轨)：祭器，盛饭用。方叫簠，圆叫簋。
⑦ 帷薄：隔离内外用的帐幔。"惟薄不修"，古时隐喻家庭生活淫乱的婉词。

冠氂缨，盘水加剑，造请室而请罪耳，上不执缚系引而行也。其有中罪者，闻命而自弛，上不使人颈盭而加也。其有大罪者，闻命则北面再拜，跪而自裁，上不使捽抑[1]而刑之也，曰："子大夫自有过耳！吾遇子有礼矣。"遇之有礼，故群臣自憙；婴以廉耻，故人矜节行。上设廉耻礼义以遇其臣，而臣不以节行报其上者，则非人类也。故化成俗定，则为人臣者主而忘身，国而忘家，公而忘私，利不苟就，害不苟去，唯义所在。上之化也，故父兄之臣诚死宗庙，法度之臣诚死社稷，辅翼之臣诚死君上，守圄扞敌之臣诚死城郭封疆。故曰：圣人有金城者，比物此志也。彼且为我死，故吾得与之俱生；彼且为我亡，故吾得与之俱存；夫将为我危，故吾得与之皆安。顾行而忘利，守节而仗义，故可以托不御之权，可以寄六尺之孤。此厉廉耻行礼谊之所致也，主上何丧焉！此之不为，而顾彼之久行，故曰可为长太息者此也。

① 捽抑：捽同"揪"，抑同"按"，意思是揪住头发，往下按。

晁错和他的军事思想

晁错(公元前 200～前 154 年)是一个悲剧性人物,是历史前进行程中的一个牺牲品。

他是汉代初期的政治家、思想家,颍川(治今河南禹州)人,汉文帝时曾为太子家令,号称“智囊”,深得太子信用。景帝即位后,任命他为御史大夫。这是一个位置仅次于丞相和太尉的重要职务。他看到汉初各诸侯王国逐渐发展成为地方割据势力,影响国家的统一发展,便建议汉景帝采取各种办法削弱各王国的封地。当时反对他的人很多,他父亲听说他在干这种得罪人的事情,也不满意,打老远地从乡间跑到京城来劝阻他。但他为维护封建国家的整体利益,没有退缩。果然,他建议采取削弱王国封地的措施,引起了以吴王刘濞为首的七国叛乱。刘濞等打着“请诛晁错,以清君侧”的旗号起兵造反,汉景帝为平息七国之怒,按照他们的要求,腰斩了晁错。但是叛乱仍不停息,后来汉王朝派出周亚夫、窦婴等率领军队镇压,才平息了叛乱。

这是公元前 154 年的事。他死后的两千年,即公元 1955 年,毛泽东对这件古老案件作了一个历史性的评论。他说:“自从汉朝的吴王濞发明‘请诛晁错(汉景帝的主要谋划人物),以清君侧’的著名策略以来,不少野心家奉为至宝。”(《人民日报》1955 年 6 月 10 日)由此,晁错这个历史人物引起了现代史学家的注意。人们研究了他被冤杀的案件,认为他为之贡献生命的事业,虽然属于巩固封建国家统一的性质,但在当时历史条件下对历史的进步有益,应予肯定;而吴王刘濞等人的叛乱,不仅危害封建国家的统一发展,而且他们发动的战争在当时还直接给人民造成痛苦,不符合历史进步的要求,应予否定。晁错终于在历史进步的长河中获得了他应有的位置。

这里我们要介绍的不是“清君侧”案件，而是他抗击匈奴侵略的军事思想。

他并不是一个军事家，但他为了国家防务的需要，认真研究过当时直接威胁国家安全的匈奴侵略问题，并得出了一些在军事上颇有价值的思想。他是汉初首先从战略全局的观点对匈奴的侵略进行了认真研究的一个人，他的研究成果之一，就是写给汉文帝的《言兵事书》，这是他留传至今的少数著作中的一篇重要代表作，原文如下：

臣闻汉兴以来，胡虏数入边地，小入则小利，大入则大利。高后时再入陇西，攻城屠邑，驱略畜产。其后复入陇西，杀吏卒，大寇盗。窃闻战胜之威，民气百倍；败兵之卒，没世不复。自高后以来，陇西三困于匈奴矣，民气破伤，亡有胜意。今兹陇西之吏，赖社稷之神灵，奉陛下之明诏，和辑士卒，底厉其节，起破伤之民以当乘胜之匈奴，用少击众，杀一王，败其众而大有利。非陇西之民有勇怯，乃将吏之制巧拙异也。故兵法曰：“有必胜之将，无必胜之民。”繇此观之，安边境，立功名，在于良将，不可不择也。

臣又闻用兵，临战合刃之急者三：一曰得地形，二曰卒服习，三曰器用利。兵法曰：丈五之沟，渐车之水，山林积石，经川丘阜，草木所在，此步兵之地也，车骑二不当一。土山丘陵，曼衍相属，平原广野，此车骑之地，步兵十不当一。平陵相远，川谷居间，仰高临下，此弓弩之地也，短兵百不当一。两阵相近，平地浅草，可前可后，此长戟之地也，剑盾三不当一。萑苇竹萧，草木蒙茏，支叶茂接，此矛铤之地也，长戟二不当一。曲道相伏，险厄相薄，此剑楯之地也，弓弩三不当一。士不选练，卒不服习，起居不精，动静不集，趋利弗及，避难不毕，前击后解，与金鼓之指相失，此不习勒卒之过也，百不当十。兵不完利，与空手同，甲不坚密，与袒裼同；弩不可以及远，与短兵同；射不能中，与亡矢同；中不能入，与亡镞同：此将不省兵之祸也，五不当一。故兵法曰：器械不利，以其卒予敌也；卒不可用，以其将予敌也；将不知兵，以其主予敌也；君不择将，以其国予敌也。四者兵之至要也。

臣又闻小大异形，强弱异势，险易异备，夫卑身以事强，小国之形也；合小以攻大，敌国之形也；以蛮夷攻蛮夷，中国之形也。今匈奴地形技艺与中国异。上下山阪，出入溪涧，中国之马弗与也；险道倾仄，且驰且射，中国之骑弗与也；风雨罢劳，饥渴不困，中国之人弗与也：此匈奴之长技也。若夫平原易地，轻车突骑，则匈奴之众易挠乱也；劲弩长戟，射疏及远，则匈奴之弓弗能格也；坚甲利刃，长短相杂，游弩往来，什伍俱前，则匈奴之兵弗能当也；材官驺发，矢道同的，则匈奴之革笥木荐弗能支也；下马地斗，剑戟相接，去就相薄，则匈奴之足弗能给也；此中国之长技也。以此观之，匈奴之长技三；中国之长技五。陛下又兴数十万之众，以诛数万之匈奴，众寡之计，以一击十之术也。

虽然，兵，凶器；战，危事也。以大为小，以强为弱，在俛卬之间耳。夫以人之死争胜，跌而不振，则悔之亡及也。帝王之道，出于万全。今降胡义渠蛮夷之属来归谊者，其众数千，饮食长技与匈奴同，可赐之坚甲絮衣，劲弓利矢，益以边郡之良骑。令明将能知其习俗、和辑其心者，以陛下之明约将之。即有险阻，以此当之；平地通道，则以轻车材官制之。两军相为表里，各用其长技，衡加之以众，此万全之术也。

传曰："狂夫之言，而明主择焉。"臣错愚陋，昧死上狂言，唯陛下裁择。（《汉书·晁错传》）

这篇著作的重要意义，首先在于它第一次提出了匈奴是可以被打败的思想，并由此建议皇帝对匈奴的侵略采取战略反攻和战略进攻的作战方针。这些思想在后来看似乎都是理所当然的事情，但是在晁错生活的时期，却不是一件简单的小事。

匈奴贵族对中原北方的侵扰，从战国时期起，就是一个不好解决的老大难问题。我们看秦始皇不惜耗费巨大人力、财力修筑的万里长城，就可以明白这件事情的严重性。秦朝末年冒顿单于统一匈奴各部之后，势力更加强大，不断南下侵扰中原。它简直是北方的狂飙，一个风暴袭来，人民的生命财产被扫荡，封建地方政权被摧垮，有时甚至威胁到汉王朝中央政权的存亡。汉高祖刘邦威加四海，够厉害的了。可是他对匈奴却没有办法。他在统一中原以后，也曾经满怀壮志地企图解决这个危害他政权存亡的问题。公元前 200 年亲自率领大军三十万，去抵御匈奴的侵略，结果非但没打败匈奴，反而被匈奴围困在平城（今山西大同市东北），七天不得出。后来用了陈平的计策，走了单于王后阏氏的后门，才得逃脱性命。你看这问题多严重。吕后也够凶狠的吧，可是刘邦去世以后，单于几次入侵，还用书信轻慢不逊地侮辱她。她气坏了，找大臣商议对策。樊哙口出大言，说要率兵十万去荡平匈奴。老成持重的大臣季布断然地拒绝了这种轻率的冒险。他说，高祖率兵三十万还打不过匈奴。你樊哙为了讨好吕后，却口出大言，要率兵十万去荡平匈奴。现在国力尚弱，你拿国家命运来孤注一掷，实在该斩。吕后听了季布合情合理的话，也没有办法，只好忍气吞声了事。

从这以后，匈奴在许多人眼中，即变成了不可战胜的神物。在这种情况下，晁错能从陇西（治今甘肃临洮南）人民抗击匈奴侵略获得胜利的事实中，看出从高、惠、吕、文以来，中国同匈奴的力量对比在发生变化，从而提出"兴数十万之众"以打败匈奴的战略设想。与此同时，还提出一系列积极对抗匈奴侵略的对策，这对反击匈奴侵略斗争事业，是一个很大的思想突破，应予充分肯定。

其次，晁错关于军事四要素（即他的一择良将，二得地形，三卒服习，四器用利，"四者兵之至要"）的分析，作为一种古代的军事思想也是有价值的。他很强调良将的组织指挥作用，很强调军队的训练，但也很重视武器的作用，他说武器不好，等于把战士的命运交给敌人，这些意见就是在今天，对我们也是有启发的。

第三，他提出的要认真研究敌我双方在军队、兵器、地形、战术等方面的长处和短处。并提出在战斗中要发扬自己的长处，避免自己的短处，要以己之所长击敌之所短。这些都是有价值的。他讲的那些匈奴之长三，中国之长五之类的具体东西，虽然今天读来已时过境迁，但我们从他分析问题的方法中，仍能感到这个古代思想家观察问题确有敏锐之处。

第四，他极严肃地提出了要联合其他少数民族共同对付匈奴。这一条政策后来为汉武帝采用，并在反击匈奴侵略的战争中起过很大作用。

此外，他在守边备塞等著作中，还提出储备战备粮，奖励车骑，募民徙边、充实边塞力量等对付匈奴的建议。

他非常重视备荒和备战结合的问题，认为关于粮食的后勤供应是国防力量的基础。他说，"神农之教曰：'有石城十仞，汤池百步，带甲百万，而亡粟，弗能守也。'是以观之，粟者，王者大用，政之本务。"（《论贵粟疏》）这些建议证明他是把抗击匈奴侵略的事业看作是一个整体的事业，需要国家各项工作特别是经济工作应与之密切配合的重要任务。他的确是一个抗击匈奴侵略战争的积极策划者。

他抗击匈奴侵略的主要动机是为了维护封建统治阶级的国家政权。但是，他在政治思想上同当时杰出的政治家、思想家贾谊一样，都是主张“民为邦本”的。贾谊有过一些民主色彩非常鲜明的思想，“自古至今，与民为仇者，有迟有速，而民必胜之”，这些思想晁错没有。但是，他对劳动农民的痛苦生活很同情，他在上皇帝书中说：“今农夫五口之家，其服役者不下二人；其能耕者，不过百亩。百亩之收，不过百石。春耕、夏耘、秋获、冬藏，伐薪樵、治官府、给徭役。春不得避风尘、夏不得避暑热、秋不得避阴雨、冬不得避寒冻。四时之间，亡(无)日休息。又私自送往迎来，吊死问疾，养孤长幼在其中。勤苦如此，尚复被水旱之灾。急政(征)暴赋，赋敛不时，朝令而暮改。当具有者半贾而卖，亡(无)者，取倍称之息。于是有卖田宅鬻子孙以偿债者矣！”在古代封建统治阶级的政治家中，像这样认真过问农民生活的人是很少的。从这些情况分析，我们有理由认为他在抗击匈奴侵略问题上，虽然主要是出于保卫封建统治阶级的利益，但是也有保护农民利益的思想。

当然，他的保护农民利益的思想仍然是为了维护他们的封建统治。因此，他在根本上还是不能懂得人民的力量。他把抗击匈奴侵略的希望寄托于皇帝。皇帝虽然看了他的《言兵事书》，但是由于各种原因，没有能够采纳他的意见。一直到他死后的二十多年，另一个皇帝汉武帝才下决心认真解决同匈奴的战争问题，而完成这个事业的是一大批年轻有为的将军和战士。这些人当他在世时，有的是小孩子，有的是奴隶，有的还根本没有出生。就是这么一大批他当时根本没有放在眼里的新生力量，在人民的支持下，以非凡的毅力完成了他梦寐以求的理想。

周亚夫平定七国叛乱

一

秦始皇在统一中国的过程中，废除了裂土封侯的分封制度，在全国实行了地方归属中央的郡县制。这在政治制度上是一项重大改革，对于加强中央集权，促进全国的经济发展，都起过有益的作用。

刘邦统一中国以后，根据秦末农民大起义和楚汉战争以后的政治、经济形势，并鉴于秦王朝在农民大起义时孤立无援的教训，实行了中央集权领导下的郡县制和分封制相结合的制度。即一方面在王朝统治的中心地区实行郡县制；一方面又在中央集权的领导下，把一部分疆土分封给自己同姓的子弟，建立了一些相对独立的诸侯王国，以作为中央政权的藩篱。楚汉战争刚结束时，刘邦根据当时的实际情况，也分封过一些异姓王国，但是不久后这些异姓王国绝大部分都被改为同姓王国。

这些王国，可以建立军队，可以征收租税，可以发行货币，还可以任免除了太傅、丞相以外的官吏。这样，就在一些地方逐渐形成了封建割据势力。疆土约占原秦朝三十六郡中的十五郡。

汉文帝时，卓越的政治家贾谊，看到地方封建割据势力的发展不利于全国政治局面的安定，曾经在《治安策》中建议削弱诸侯王国的势力。汉文帝虽然也注意到了这个问题，并采取划分大国为几个小国的办法，来减弱地方势力，但是未能根本解决问题。

到汉景帝时，诸侯王国封建割据势力继续发展，当时全国分封的诸侯王国共有二十多个。这就是：

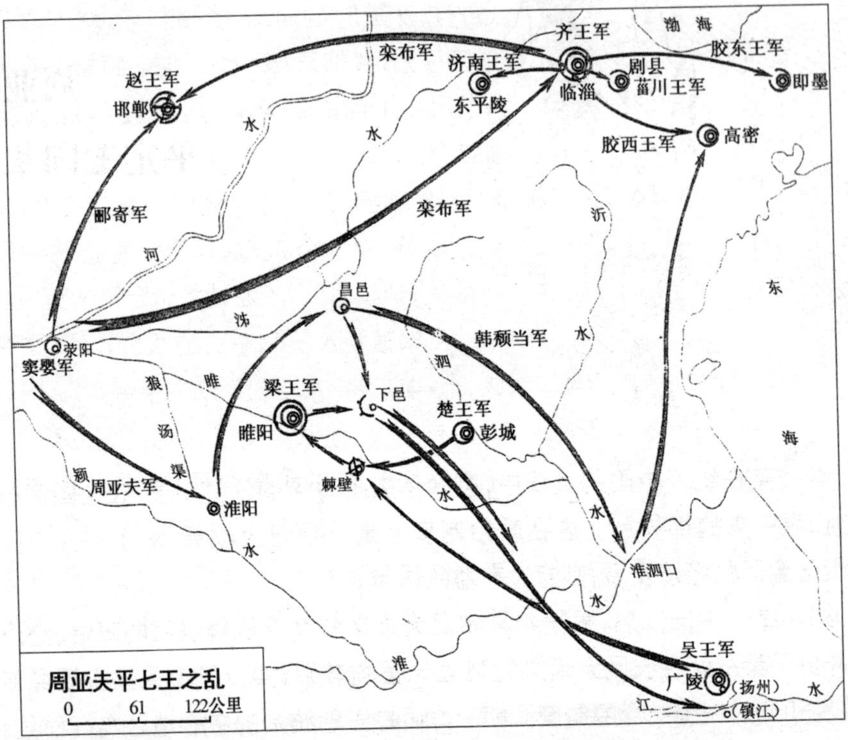

周亚夫平七王之乱
0 61 122公里

1. 吴国,刘濞＊
2. 楚国,刘戊＊
3. 胶西国,刘卬＊
4. 胶东国,刘雄(熊)渠＊
5. 菑川国,刘贤＊
6. 济南国,刘辟光＊
7. 赵国,刘遂＊
8. 济北国,刘志
9. 齐国,刘将闾
10. 城阳国,刘章
11. 燕国,刘嘉
12. 淮南国,刘安
13. 梁国,刘武
14. 常山国,刘舜
15. 衡山国,刘勃
16. 庐江国,刘赐
17. 河间国,刘德
18. 临江国,刘阏
19. 淮阳国,刘余
20. 汝南国,刘非
21. 广川国,刘彭祖
22. 长沙国,刘发

＊反叛之七国

二十多个王国里,力量最大的是吴国。吴国的国王刘濞是刘邦的侄子,他

是刘邦开国时封的王，资格很老，封国管辖的地区很大，共辖三郡五十三城。特别是在他的封国里，有丰富的铜矿和广阔的海域。他采铜矿铸钱，煮海水为盐，巧取豪夺，获取厚利，封国很快富强起来。随着经济力量的增大，刘濞的政治野心也相应发展起来。他招纳内地逃亡的人，训练军队，不断地扩张自己的势力。

刘濞蔑视汉王朝中央的权威，从汉文帝以来，他一直不肯亲自赴朝觐见皇帝。

有一次，他派吴太子代他赴朝入觐，吴太子却又因为赛棋跟皇太子（就是后来的汉景帝）发生争执，被皇太子失手打死。这样一来，吴国同汉王朝的关系迅速恶化。尽管汉文帝采取了许多安慰性的措施，但是未能从根本上改善双方的关系。汉景帝即位以后，双方关系更加紧张。御史大夫晁错看到诸侯王国割据地方尾大不掉，特别是吴王刘濞野心勃勃、企图作乱的情况，就上书皇帝，建议采取措施，逐步削减藩国封地，以加强国家统一，巩固中央集权的地位。

晁错的建议原文如下：

昔高帝初定天下，昆弟少，诸子弱，大封同姓，故孽子（旁系子孙）悼惠王王齐七十二城，庶弟元王王楚四十城，兄子王吴五十余城。封三庶孽，分天下半。今吴王前有太子之隙，诈称病不朝，于古法当诛。文帝不忍，因赐几杖（老人坐的时候要凭几，走的时候要倚杖，皇帝赐吴王几杖，表示对他的尊敬和照顾），德至厚也，不改过自新，乃益骄恣，公然即山铸钱，煮海为盐，诱天下亡人，谋作乱逆。今削之亦反，不削亦反。削之其反亟，祸小。不削之其反迟，祸大。（《汉书·荆燕吴传》）

此外，他还建议借故削减楚王刘戊、赵王刘遂、胶西王刘卬等的封地。

于是，吴王刘濞就联合楚王刘戊、赵王刘遂、胶西王刘卬、胶东王刘雄渠、菑川王刘贤、济南王刘辟光共七国，并由赵王刘遂派人联络匈奴，以“请诛晁错，以清君侧”的名义，共同起兵，反抗汉王朝中央政权。

公元前154年，刘濞亲自率领吴军二十万，经广陵（今江苏扬州）北渡淮河，同刘戊的楚军会合，首先向汉景帝弟弟刘武的梁国进攻。同时，刘卬、刘雄渠等也合兵围攻刘将闾的齐国。梁王和齐王紧急向朝廷求援。汉景帝听到七国叛乱的消息，急忙召集大臣商议对策。晁错建议汉景帝亲自率领大军前往荥阳抵抗，由他监守后方。汉景帝没有采纳他的意见，而是派太尉周亚夫率领三十六将军出兵讨伐吴、楚，派大将军窦婴和栾布、郦寄两将军讨伐赵、胶西、胶东、菑川、济南诸王。

这时，前吴国丞相袁盎认为七国叛乱是晁错的削藩措施引起的，建议汉景帝按照七国的要求，先斩晁错，以平息七国的怒气，然后再同七国举行谈判，争取和平解决争端。

汉景帝听信了袁盎的意见，下令腰斩晁错。随后，派袁盎出使吴楚，企图通过谈判同七国商得一个和平妥协的办法。

但是，七国“请诛晁错，以清君侧”的口号，不过是一种策略和借口。汉景帝牺牲晁错的办法，没有能达到预期的目的。七国叛乱是吴楚等国企图依靠自己增长起来的经济、政治实力，篡夺全国政权的长期谋划。晁错的死，非但不能让七国的叛乱者罢休，反而更助长了他们的气焰。在这种情势下，汉景帝只好下定决心，敕令周亚夫积极进兵，全力平叛。

二

七国叛军的主力是攻打梁国的吴楚大军，偏师是胶东、胶西、赵国的军队。平叛大军的主力是周亚夫和三十六将军所率领的军队，偏师是窦婴、栾布、郦寄率领的军队。决定胜负的主战场是梁、楚地区。

周亚夫是西汉初期著名将军绛侯周勃的儿子，初任河内太守（辖境相当今河南黄河以北、京汉铁路以西地区）。他在公元前158年抗击匈奴的备战活动中崭露头角。那一年冬天，匈奴单于背弃和亲条约，分兵两路大肆入侵中原，汉文帝得到警报，一方面派兵出击，一方面调周亚夫等三将军分驻长安附近的霸上、棘门、细柳备战。汉文帝在巡阅部队时，先到霸上，再到棘门，都是直接进入军营，随意驰骋。唯独到细柳时，守营甲士手持武器，阻挡御驾，不准进入。皇帝手下的人大声叱责守营甲士，说是皇帝来了。守营甲士不客气地回答说："我们这里只听将军的命令，皇帝来了也不能随便入营。"没办法，汉文帝只好派人手持信节入营通报。周亚夫这才叫人打开营门，但是传令，不准皇帝的车队在军营中急速驰骋。皇帝进入营中，周亚夫带领军士披甲带剑出来迎接皇帝，只行军礼。这一切都使汉文帝感到惊奇。他感叹地说："这才是真正的将军呢！比起这里，霸上、棘门的军营就好像儿戏一般。如果受到敌人的袭击，连他们的主将都要变成人家的俘虏，怎么能比得上周亚夫那样，无隙可乘呢？"于是，就提拔周亚夫为中尉，并且在病重弥留之际，告诉汉景帝说："周亚夫是个缓急可恃的人才，将来国家要是有动乱，可以由他统帅军队。"汉景帝听到七国叛乱消息时，想到他父亲临死时的嘱咐，马上指派周亚夫为太尉，要他主持平叛军务。

周亚夫的军队从首都附近的霸上出发，经蓝田出武关，迅速驰向军事要冲荥阳。

这时，吴楚两国的几十万大军已经在梁国得手，梁国的形势非常紧张。吴楚两国起兵，梁王先是派兵坚守军事要地棘壁，结果棘壁被吴楚叛军攻克，梁王的数万守军被吴楚的军队歼灭。接着，梁王又派兵在半途截击吴楚军队，也被吴楚军队打败。梁王被吴楚军队逼得没办法，只好同将军韩安国、张羽激励部下将士，死守国都睢阳（今河南商丘南）。后来，得知周亚夫的军队到了荥阳，就接连派出使者去催促周亚夫快来救援。但是周亚夫却不肯去援救。梁王气坏了，上书皇帝，控告周亚夫，皇帝下命令要周亚夫去救援梁国。奇怪的是周亚夫接到了皇帝的诏书以后，非但不去救援，反而率领军队向位于梁国国都东北方向的昌邑（今山东巨野东南）退缩。到了昌邑他就要军队筑垒自守，任凭梁王怎样发火，他却再也不肯出来了。

这究竟是怎么一回事呢？

原来周亚夫对平叛有自己的既定方针，他要按自己的既定方针进行军事部署。

周亚夫分析了敌我双方的军事特点，认为吴楚方面谋叛的准备已经有许多年，他们的军队剽悍轻进，有锐气，但是他们离国远征，战线很长，后勤供应紧张，所以利于速战速决。在这种情况下，让汉王朝的军队匆匆赶到梁国国都郊野去同敌人决战，正好迎合了敌人的需要，对战斗的胜利显然是不利的。出于这种考虑，周亚夫不能听梁王和皇帝的摆布，他采取的军事部署是：

一、在汉王朝的军队控制了军事要冲荥阳、保证了王朝首辅地区的安全以后，不忙于去救援梁国，而是让梁国依靠自己的军事力量固守一个时期，以牵制吴楚军队；

二、周亚夫率领自己的军队向梁国东北的昌邑方向转移，目的是制造汉王朝军队畏战不前的姿态，以麻痹敌人，让敌军继续盲目躁进；

三、然后，悄悄派出一部分精兵迂回敌后，直插淮泗口（在今安徽西北部），深入吴楚空虚的后方，以切断正在前线作战的吴楚军队同后方的联系；

四、上述军事部署完成以后，吴楚的几十万大军失去了粮食供应和退路，军心就会动摇、慌乱，原有的锐气就会丧失。这时，他们就会被迫离开梁国国都来同汉王朝的军队作战，汉王朝的军队就可以逸待劳，相机歼敌。

战局发展，果然同周亚夫预测的一样。吴楚方面看到周亚夫的军队非但不来救援梁国，反而向昌邑方向退缩，就放心大胆地去继续攻打梁国国都，几十万大军屯聚在梁国国都的城郊之下，同死命拒守的梁国军队日夜争斗。战争陷入胶着状态，就在这时，周亚夫派出弓高侯韩颓当率领轻骑兵出淮泗口，深入到吴楚两国的后方，切断了吴楚大军的粮道和归路。吴楚方面听到这个消息大为惊恐，只好抛弃了包围多日的梁国国都回师寻击周亚夫的主力，这时周亚夫早就把军队转向吴楚军队回师必经的地带，筑起壁垒，严阵以待。

吴楚的军队同周亚夫的军队在下邑（今安徽砀山）遭遇。刘濞和刘戊怒气冲冲地指挥军队向周亚夫的大营发动进攻，周亚夫并不忙于出战，他只是叫军士呆在驿垒里以强弩坚守。

吴楚军队的几次进攻都被打退了。这时，他们进不能进，退不能退，烦躁极了。于是，就用声东击西的办法半夜劫营。哪知这个计划又被周亚夫识破。周亚夫放过了敌人佯攻的地方，而在敌人实攻的地方布置了伏兵，结果又把吴楚军队打得大败。

这样折腾了一阵子，吴楚军队的人马疲劳了，士气消竭了，粮食也没有了，而汉王朝的军队却人强马壮，士气旺盛。周亚夫抓住了这个有利的决战时机向吴楚军队发动进攻。汉王朝的军队勇猛直前，锐不可当。特别是在这次战争杀出威风的灌夫，率领所部奋勇陷阵，所向披靡。抗击匈奴的名将李广也在这次作战中，表现了他凌厉剽悍、勇敢杀敌的战斗风格，受到梁王刘武的特别赞赏。

粮食匮乏、士气低落的吴楚军队，在周亚夫军队的连续打击下，终于支持不住了。刘濞看到大势已去，只好抛弃了大部队，带了一千亲兵半夜突围，逃奔东越(今福建及浙江南部地区)。刘戊兵败自杀。吴楚两国的几十万大军就这样土崩瓦解了。

周亚夫击败吴楚大军以后，又派韩颓当率领所部去援助窦婴、栾布，平定了胶西等国的叛乱。刘濞逃到东越以后，被东越王诱杀，传首长安。吴楚七国的叛乱全部平息。

三

吴楚七国叛乱发动的时间是公元前 154 年的正月，平息的时间是前 154 年的三月，前后不过三个月。

这次叛乱所以能迅速得到平息，首先是由于七国叛乱的战争性质决定的。

吴楚七国的谋反叛乱，是封建统治阶级内部权利和土地问题的争夺战。这个战争不仅从封建统治阶级的正统观点来说是不义的战争，就是从人民利益的观点看，也是不义的战争。它危害了人民的生命财产的安全，破坏了人民的正常生活，增加了人民的负担，却不能给人民带来什么利益。因此，人民不支持这个战争，就是吴楚七国统治地区的人民也不赞成这个战争。吴楚七国的叛乱，得不到人民的支持，这是他们无法取得战争胜利的根本原因。

周亚夫的平叛对人民，特别是对战区的人民也是有害的，但是叛乱的平息，毕竟有利于国家的安定统一，从而能够减少战争的动乱，减轻人民的无谓牺牲。

所以人民对待它的态度比起对待吴楚七国的叛乱，当然是较为积极的。人民的态度对于参加战争士兵的战斗情绪是一种直接的影响，这对于叛乱的迅速平息，是有重大意义的。

其次，平叛战争的迅速胜利，也是由汉王朝中央政权和吴楚七国双方经济、政治、军事力量的实际对比决定的。七国叛乱发动的时间正是汉王朝中央政权统治比较稳定的时期。当时吴楚七国虽然由于多年的经营，经济、政治、军事力量都比以前有所增强，但是汉王朝中央政权的经济、政治、军事力量也增强了。以军事力量来说，吴楚七国的军队总数大致是三十余万，中央政权的军队号称百万，实际上也有五六十万。在军队的指挥上，中央政权的军队是集中统一的，吴楚七国的军队是分散独立的。特别在军事指挥人才上，汉王朝方面的名将很多，吴楚七国却是将才匮乏。此外，在后勤补给上，汉王朝中央政权的军队也明显地比吴楚七国要好。总而言之，就战争的物质条件来说，汉王朝的中央政权远远要比吴楚七国为优越。

以上是平叛战争迅速胜利的客观因素。平叛战争迅速胜利，还同战争的主观指导因素有密切的关系。

首先是汉王朝中央政权军队的统帅周亚夫对于战争的正确指挥。周亚夫的确是一个指挥才能卓越的将军。他能够统观战争全局，并善于根据敌我双方的情况，制定出符合客观实际的作战方针。

他制定的迂回敌后、断敌粮道、把敌人拖疲劳了再打的方针，不仅在理论上完全符合《孙子兵法》中的“避其锐气，击其惰归”的重要军事法则，而且在实践上，也为后来战争迅速胜利的事实所肯定。

周亚夫制定的作战方针，核心是争夺军事行动的主动权。不先把剽悍轻捷的敌人搞到士气不振、疲劳不堪的地步，就难以迅速打垮敌人。匆匆忙忙地按照敌人的需要让自己的军队赶到梁国国都的郊野去同敌人作战，这种打法，表面上看是积极出击、救人于水火，似乎很主动，而实际上却是被动应付，使自己就范于敌人。弄不好就会打败仗，或者拖延战争胜利的时间。而周亚夫制定的迂回敌后、断敌粮道、把敌人拖疲劳了再打的方针，表面上看，好像是在强敌面前畏缩不前，实际上却争得了军事行动的主动权，把敌人调动到自己的跟前来打，使敌人就范于我。

周亚夫不仅善于制定正确的作战方针，而且能在困难的情况下，不怕承担重大的责任，坚决地把正确的作战方针贯彻到底。

梁王是汉景帝的弟弟，汉景帝和母亲窦太后都非常喜爱他。汉景帝甚至说过要让他做皇位的继承人。他的国都被困，多次派遣使臣求救，情况吃紧到那样地步，连皇帝都下了紧急救援的命令，任何一个别的将军处于这种境地，都难以拒绝发兵救援的要求。唯独魄力宏大的周亚夫，却仍然能从战争的全局利益出发，毫不动摇地继续执行既定的战斗计划，不肯仓促地把自己的军队赶向不利于战争胜利的战场。为此受到了梁王的弹劾，他也不在乎，这就叫做“对于关系战争全局的问题，要紧紧地抓住不放”，这正是指挥才能卓越的将军所必须具备的品质。

与此相反，吴楚军队的统帅刘濞在战争指挥上却连续犯错误，这就从另外的方向上加速了七国叛乱的失败。

刘濞骄横而愚蠢。他发动的叛乱是一次自取灭亡的叛乱。首先，发动叛乱的时机就选择得不对。他选择了敌人处于稳固的时机，去向敌人发动进攻。尽管如此，由于袭击方式的突然和汉王朝思想准备的不足，汉景帝一时举止失措，竟按照他“清君侧”的要求，腰斩了晁错，并派袁盎前来谈判，这时，他本来可以利用谈判，并通过袁盎在政治上、军事上取得一些有利于今后斗争的地位，可是他却把袁盎回绝了，白白失去了一个改善自己斗争条件的机会。

其次，在军事指挥上，他既没有一个统筹全局的战略方针，又没有具体而可靠的战斗计划。叛乱之初，在决定进军方向时，曾经有一些有见识的谋士和将军建议他乘中央政权未能及时发兵的机会，迅速向西进军，绕过梁国，去夺取天下的军事要冲荥阳。这是一个比较正确的计划。荥阳在西汉时，地处天下的中心，是东西交通的枢纽，历来是兵家必争之地。特别是当时它东有大粮仓，西有武器库，是国家战备物资储藏的重地。占有了荥阳，不仅可以把吴楚七国紧密地联系起来，而且在军事上进可以陈兵武关，退可以迂回齐、赵，而且还可以依恃荥阳附近的粮仓和武库解决自己军队的后勤供应问题。但是刘濞计不出此，却一定要集中自己的几十万大军去攻打一个不肯跟他谋反的梁国，结果给周亚夫造成了迂回吴楚军队后方，切断自己交通线的机会。此外，他的大将军田禄等人也曾经建议他从阻力较小的地区向汉王朝首都袭击，他也不肯听从。

周亚夫平定七国叛乱以后，受到汉景帝的重用，官做到丞相。后来由于权位太大，表现又骄傲，受到皇帝猜忌。有一次汉景帝为了考察他，故意请他吃肉，而吃肉时，又不给他箸具。按照常理，这时，他应当向皇帝请求赐给箸具，他却转过头去，斥责皇帝手下的仆役。汉景帝认为这个人在自己的面前都这样，将来怎么肯耐心地去侍奉自己年轻的儿子。于是就在公元前 143 年，借口他私自购买皇帝殉葬时用的甲盾，把他逮捕。那些卑污的审判官，按照皇帝的旨意，诬蔑他图谋不轨，他不服，负气绝食，呕血而死。

雄才大略的汉武帝

中华五千年的文明史上，功业显赫的帝王有十几位之多，他们就是毛泽东多次论及的秦始皇、刘邦、汉武帝、光武帝、曹操、唐太宗、武则天、宋太祖、成吉思汗、朱元璋、康熙等。在这些人中，毛泽东非常重视汉武帝，认为他是一位雄才大略的皇帝，在他写的《沁园春·雪》篇章中，将其与千古一帝秦始皇并称。

汉武帝即刘彻(公元前156～前87年)，是汉景帝的次子。汉景帝先立长子刘荣为太子，后来刘荣因母亲栗姬失宠而被废，刘彻被立为太子。公元前141年，汉景帝死，他继承王位，一直做了五十四年皇帝。中国历史上在位时间最长的皇帝有三个人：第一是清代的康熙(六十一年)，其次是康熙的皇孙乾隆(六十年)，第三位就是他。

汉武帝是汉王朝第四代传人，他的曾祖汉高祖刘邦打下天下，并以“与民休息”的国策，稳定了社会经济，建立了帝国的基业。他祖父的长兄汉惠帝和汉惠帝的母亲吕后，以及祖父汉文帝、父亲汉景帝继承汉高祖的事业，减轻赋税，增殖人口，开垦土地，恢复了被长期战乱破坏的生产力，使社会经济得到了很大的发展。汉武帝乃得在此基础上大展宏图，在文治和武功方面都建立了显赫的功业。中国旧时代的史学家常常颂歌他祖父汉文帝和父亲汉景帝领导的时期是中国历史上最好的时期，并称之为“文景之治”。其实汉武帝的时代才是中国历史上最好的时期，尽管汉武帝一生(特别是晚年)错误不少，但他依靠国家经济实力和人民的力量，开创了中国历史上空前未有的“鼎盛之业”。他的雄才大略在中国历代封建帝王中非常突出，只有秦始皇、唐太宗和康熙大帝才可以与之比拟。

汉武帝的一生最了不起的是胜利地组织了伟大的抗击匈奴战

抗匈战争耗费了国家巨大的财力和人力，但换来了长年的和平和安宁。

居住在中国北方边疆的匈奴部落，在其贵族头人的领导下，以其强悍的骑兵，侵扰中原一百多年。因限于国力，汉王朝无法与之抗衡。汉高祖曾倾全国兵力与匈奴战于平城(今山西大同市东北)，终因军力不敌，而委屈求全地以“和亲政策”求得安宁。但尽管汉王朝不断给匈奴送去美女、金帛，匈奴还是侵扰不止。当时的匈奴贵族，大部分都是一些刚从烧杀抢掠行径中转化出来的野蛮人，可以说，他们除了以武力满足贪欲以外不懂其他。文景以来，汉匈之间也是旋和旋战，你给他送去了金帛、财宝，他跟你签订了和平条约，但过不了多久，就又不认账了，还是武力相向。汉武帝时，匈奴吞并了西域三十多个国家，势力大增，更加频繁地向中国的西北、华北、东北地区大举进犯。人民遭杀戮，财产被抢夺。当时仅边境各郡，每年被虏杀的人口就有好几万，被抢夺的财产更是不计其数。汉武帝忍无可忍。乃厉兵秣马、整饬军备，积极准备力量与匈奴决战。

公元前138年，汉武帝派张骞出使西域，寻找反击匈奴的同盟军。与此同时，在陇西、代郡一带集结汉军主力，一面进行军事训练，一面寻找时机，打击匈奴。

公元前133年，汉武帝采纳熟知匈奴事务官员王恢的意见，在马邑(今山西朔州)布设口袋，企图引诱匈奴入塞，聚而歼之。这次动员的汉军兵力达三十余万，可惜这个计划后来被匈奴单于识破，未获成功。

公元前129年、128年、127年、124年、123年、119年，汉武帝多次派名将卫青、霍去病等统率大军与匈奴作战，深入匈奴后方消灭了匈奴军队主力。公元前119年的漠北大战是汉匈之间一次决定命运的大战，双方出动的兵力都在十万以上，在狂风沙砾中生死搏战。最后是汉胜匈败，匈奴单于仅率余骑数百突围，向西北逃遁。汉军追逐到北海(今俄罗斯贝加尔湖)。此役汉军共杀虏匈奴九万余人，汉军自己亦损失几万人。《资治通鉴·汉纪》载，从此“匈奴远遁，漠北无王庭”。汉武帝的抗匈战争取得了决定性的胜利。

抗匈战争胜利后，汉武帝又派出许多使节到西域和中亚各国联系，开辟了中国通往欧洲的交通干线（丝绸之路），使中国和外国的经济、文化交流出现了新局面。

解决了西域问题，汉武帝又用兵东北。当时朝鲜为燕国人卫满及其后人占据。卫氏王朝常杀害汉朝边郡的官吏，汉武帝认为他们有意挑衅，乃派兵水陆并进，灭掉了卫氏王朝，在其地分设四郡。

汉武帝还出兵平定闽越，又平定南越，在其地设南海、苍梧、郁林、合浦（今广东、广西等地）等九郡。还通好夜郎（在今贵州）。收复西南夷和滇国（今四川、云南等地），在其地设武都、牂牁、益州、越嶲等郡。于是今福建、广东、广西、云南、贵州、四川等地均统一于西汉帝国。

汉武帝在发展经济方面的重大贡献

在发展经济方面，汉武帝亦有其重大贡献：

第一是兴修水利，改进农具和耕种方法，增加农业生产。

汉武帝虽然膏粱子弟出身，但却是一位懂得水利事业和农业生产重要性的皇帝。他为了巩固帝国统治，促进农业发展，首先在关中，继而在全国范围花大力气兴修水利。他在水利事业上的成就，不论在数量和规模上，都是古代皇帝中最卓著的。

据《史记·河渠书》和《汉书·沟洫志》的记载，汉武帝时兴修的水利工程，其中较重要的就有下列一些：

（一）漕渠。

元光六年（公元前129年），汉武帝采纳大司农郑当时建议，引渭穿渠，起长安终南山下，至黄河三百余里，三年而通，既便于运输，又灌溉民田万余顷。

（二）河东渠。

漕渠建成后，河东郡守番系，建议穿渠引汾河与黄河水灌溉河东土地。当时估计，渠修成后，年可增收谷物二百万石。汉武帝认为可行，“发卒数万人”开渠。但此渠修成后只用了几年，就因河道迁移，无法再用。

(三) 龙首渠。

大概在汉武帝元封年间(公元前 110～前 105 年)前,有个叫庄熊罴的人建议穿渠引洛水,灌溉关中重泉(在今陕西澄城西南)以东的万顷恶地(盐卤地),每亩可增收十石。汉武帝采纳了这个建议,"发卒万人"穿渠引洛。但两岸地质条件不好,坍方严重,建设者只好在地下开渠通水,十年才完工。此渠因为是从地下取水,效益不是很大,不过这个办法后来传到缺水的西域,他们按这个办法修建地下引水渠道,名之谓"坎儿井","坎儿井"对当地的农业灌溉起了很大作用。

(四) 治理黄河,这是汉武帝花力气最多的大工程。

汉武帝元光三年(公元前 132 年),黄河在瓠子(在今河南濮阳市西南)大决口。决口以后,黄河之水从巨野泽冲向淮泗,东南地区十六郡皆泛滥成灾,以致造成这一地区"岁以数不登(即长年无收成),而梁楚三地尤甚"。这是黄河迁移史上的大变局。"自三代以来,河患未有甚于此时者"(郑肇经《中国水利史》,上海书店 1983 年版)。汉武帝为解救民众的困厄,用了二十多年时间,征发役夫、刑徒堵塞决口,结果是堵了又决,决了再堵,堵了再决。瓠子决口给人民带来的苦难是既深又重,时间又漫长。

元封二年(公元前 109 年),汉武帝泰山封禅之后来到了瓠子,他决定利用当年天旱少雨的时机,征发数万役夫,堵塞大河决口。他亲自坐镇指挥,下令将军以下的大臣都要下去参加堵河筑堤的劳动。连淇园的竹子也都砍伐了竖立在河边筑堤。经过上下一心的努力奋斗,终于在被认为是无法堵塞的瓠子决口处筑起了坚固的堤坝。从此为患东南十六郡二十多年的水患获得解决,梁楚等地农业生产得以恢复,人民生活得到了改善。

在工程的进行中,汉武帝作《瓠子歌》,咏志:

瓠子决兮将奈何?浩浩洋洋,虑殚为河。殚为河兮地不得宁,功无已时兮吾山平。吾山平兮巨野溢,鱼弗郁兮柏冬日。正道弛兮离常流,蛟龙骋兮放远游。归旧川兮神哉沛,不封禅兮安知外!皇谓河公兮何不仁,泛滥不止兮愁吾人!啮桑浮兮淮泗满,久不反兮水维缓。河汤汤兮激潺湲,北渡回兮迅流难,搴长茭兮湛美玉,河公许兮薪不属。薪不属兮卫人罪,烧萧条兮噫乎何以御水!隤林竹兮揵石菑,宣防塞兮万福来。

汉武帝的《瓠子歌》记述了他对治理黄河决口的决心和克服困难的过程。歌中“不封禅兮安知外”这一句话，很值得注意。过去人们认为汉武帝的泰山封禅，实为提倡封建迷信的奢侈之举，现在看，此举亦含有通过封禅活动，到下面去了解民情的目的。结合他在诏书中所说的在封禅道上“问百年民所疾苦”，了解了瓠子决口洪水泛滥，对人民所造成的苦难，因而下决心亲临现场，指挥堵口工程。中国的皇帝多居深宫，为女子小人所包围，荒淫无道。汉武帝能冲出包围圈，了解一些民情，并亲自组织力量，为民众解除河患之苦，这是值得肯定的。

（五）朔方、西河、河西、酒泉水渠。

《汉书·沟洫志》说，瓠子堵塞黄河决口工程完成后，“用事者争言水利，朔方、西河、河西、酒泉皆引河及川谷以溉田”。这些工程所灌溉的土地数以万余顷计，规模都不小。

（六）灵轵、成国、沣水渠。

汉武帝元封年间，关中又有灵轵、成国、沣水三条水渠的兴建，共灌溉土地万顷。其中包括周至、户县和渭河南，以及渭河北的眉县、扶风、武功、兴平、咸阳等地大片地区。

（七）六辅渠。

这是著名的郑国渠的辅助工程。郑国渠是战国时秦国所建，至汉武帝元鼎年间已经用了一百三十多年。此时左内史倪宽建议在郑国渠上游开掘六条辅助水渠，灌溉郑国渠旁边的高地。汉武帝批准了这一计划。六辅渠完成后，许多地势高卬的田地也得到了灌溉。充分发挥了郑国渠的灌溉作用。

（八）白渠。

汉武帝太始二年（公元前95年），赵国中大夫白公建议穿渠引泾河水，灌溉渭中平原。经汉武帝批准，工程很快上马。完成后，渠水流经泾阳、三原、高陵、临潼等地，灌溉田地四千五百余顷，产量大为提高。当时民间有颂歌云：

田于何所？池阳谷口。郑国在前，白渠起后。举锸为云，决渠为雨。泾水一石，其泥数斗，且溉且粪，长我禾黍。衣食京师，亿万之口。

除此之外，汉武帝期间修建的水利工程还有汝南、九江的引淮工程，东海郡的引巨定泽工程，泰山下的穿渠引汶水工程。这些工程所灌溉的田地面积也都在万顷以上。由于汉武帝的提倡和支持，全国各地兴建的其他小型水利工程，不可胜计。可以说，汉武帝时期是中国古代兴修水利的高潮时期。

在改进农具和农田耕作方法上，汉武帝也作了许多贡献。

经过秦末农民起义后阶级关系的调整，再加上汉初“与民休息”政策的实施，农业生产出现了恢复与发展的势头。

战国时期已出现牛耕，但多用于发土。西汉以后牛耕更为普遍，“不仅用于发土，而且用于播种”。至汉武帝“以赵过为搜粟都尉，教民耕殖，其法二犁共一牛，一人将之，下种挽耧，皆取名焉，日种一顷，至今三辅犹赖其利”(《齐民要术》，引崔寔《政论》)。据记载，赵过的新法比旧法效率提高四倍。《汉书》也说，赵过所推广之农具比旧农具巧便，如当时推广的耧犁发土兼下种，一人一牛即可，效率大大提高。

赵过还在耕作方法上作了改进，他以代田法代替一岁一休的轮番休耕法。所谓代田法即圳田代处法。圳就是沟，圳田代处，就是《汉书·食货志》所说的“一亩三圳，岁代处”。即每亩田地，开三条深、宽各一尺的沟，沟里的土翻上，旁边作成垄，宽度与沟相同。种子种在沟中，禾苗长出后，一面锄草，一面将垄上的土耙入沟中。这样，禾苗就可以长得根深叶茂，又不倒伏。第二年沟改为垄，垄改为沟，如此每年易地耕种，就可以既做到土地年年轮休，又做到庄稼年年种植。根据史书记载，代田法比旧法亩产量可增加百分之二十五至五十。代田法经过试验获得成功后，汉武帝即令全国郡守派遣所属县令、三老、力田(基层农官)、老农集中到首都附近，学习新的耕种方法，逐步推广。

二十世纪七十年代，在河北满城的汉墓中发现许多随葬的铁犁，汉墓的年代是汉武帝时期，铁犁由犁壁、犁铧、犁冠组成，这种犁可以用来深耕，同时又可以用来翻土、松土、开沟、培垄，效率很高。它应当是赵过推行代田法使用的生产工具。根据英国、日本等国学者的研究，这种犁壁与犁铧相结合的铁犁十八世纪后由东方传入欧洲，对欧洲农业的发展，也起过很好的作用。

第二是抑制豪强兼并，限制过度剥削。

在汉武帝时期，豪强地主和大商人，依靠他们的权势和财富，逐渐加重了对农民和其他小生产者的剥削。土地兼并和贫富两极分化日趋严重。董仲舒在给皇帝的“对策”中批判当时的豪强时说：

身宠而载高位，家温而食厚禄，因乘富贵之资力，以与民争利于下，民安能如之哉！是故众其奴婢，多其牛羊，广其田宅，博其产业，畜其积委，务此而亡已，以迫蹵民。民日削月朘，寖以大穷。富者奢侈羡溢，贫者穷急愁苦，穷急愁苦而上不救，则民不乐生，民不乐生，尚不避死，安能避罪。（《汉书·董仲舒传》）

为解决因贫富悬殊而激化的阶级矛盾，董仲舒建议“限民名田，以澹不足，塞兼并之路”，“去奴婢，除专杀之威”，“薄赋敛，省繇役，以宽民力”。

汉武帝为稳定封建统治，亦采取了许多抑制豪强兼并、限制过度剥削的措施。

这些措施有：一、多次把郡国的豪族富家入迁三辅，将他们在郡国兼并来的土地收为公田，再以较低租税租给农民耕种。二、以商人“无得籍名田”的命令，没收他们占有的大量土地，并将这些土地转化为公田，租给农民耕种。三、任用酷吏“锄豪强兼并之家”，并命令刺史监察郡国，查问“强宗豪族田宅逾制，以强凌弱，以众暴寡”事项，犯者“大者灭族”，“小者乃死”，家私充公。

此外，汉武帝还屡次命令各级官府将所属公田、荒地、山林、园囿，特别是边郡的土地租给农民耕种，或实行屯垦，以缓解农民无地耕种、流离失所的状况。当时国家的田赋是“三十税一”（百分之三点三），豪强之田租是“见税什五”（百分之五十）。据《盐铁论》所载，农民种公田的租税比豪强之田租轻得多，但比“三十税一”要重，在执行中，与公家有关系的人往往以低税租来土地，然后把土地再转手租给农民，从中剥一层皮。尽管如此，其剥削程度比之豪强的“见税什五”要低得多。

汉武帝是封建统治阶级的代表人物，他不可能像现代革命领袖那样爱护人民，但是他为了稳定自己的统治，也要关心贫苦人民的生活。他抑制豪强，限制剥削，注意赈济灾荒，安置流民。特别对赈济灾荒，一直抓得比较认真。这些对于人民总是有利的。

第三是实行盐铁国营，增加国库收入。

盐指晒制和熬煮海盐、池盐，铁即炼制钢铁以及用钢铁制造各种兵器和生产用具。这些物资都是社会重要的生活、生产资料。从战国以来，大都是豪门和富家经营的，这些人利用盐铁“上争王者之利，下锢齐民之业”，形成一股大势力。汉武帝时，抗匈战争耗费巨大，加上赈灾移民，国家财政出现困难，而盐铁富豪"冶铸煮盐,财或累万金,而不佐国家之急"(《汉书·食货志》)。于是汉武帝采纳公卿们的建议,下令在全国实行盐铁国营,当时各地普设盐官、铁官来管理此项工作,违犯这项政策者,要受到严惩。有一个中央派下去的官员矫制允许胶东和鲁两郡国煮盐铸铁,结果被判死刑。

盐铁国营之后,大大增强了国库收入,解决了抗匈战争和赈灾移民的数以万计的开支。为盐铁生产服役的佣工等的生活待遇也要比富豪经营时为好。盐铁国营也产生许多弊端:(一)产品品种单一,无法满足社会多方面的需求;(二)产品"多苦恶",质量不能得到保证;(三)管理者营私舞弊,腐败扰民,"民烦苦之"。但在当时的历史条件下,盐铁国营的积极意义仍是主要的。

第四是建立平准、均输机构,调控物价,保障供应。

平准又名平粜、平籴,是战国时魏相李悝创立的一种调剂民食、平抑物价的措施。即丰年粮多时,由政府以平价买进粮食,存贮于粮仓;荒年缺粮时,再由政府以平价卖出粮食,以解决民生疾苦。汉武帝将调剂民食扩大为调剂各种重要物资,要官府"贵则卖之,贱则买之",谓之平准。

均输,就是从中央到地方设立货物的运输兼贸易机构,主管物资的采集、运送、售出事宜。均输的主要物资还是盐铁、粮食、布帛及其他生产、生活必需品。一般的操作是在各地采集价格低平的必需物资,运到京师和需要这些物资的地方,然后以稍高价格出售。这样既可以保证政府的物资供应,免除大商人中间剥削,又可以从中获得商业利润。民众也可以从均输中以较合理的价格买到生产、生活必需用品,免除"万物腾跃"之苦。

《盐铁论·力耕篇》评论均输的作用时说:

往者财用不足,战士或不得禄。而山东被灾,齐、赵大饥,赖均输之蓄、仓廪之积,战士以奉,饥民以赈。故均输之物,府库之财,非所以贾万民而专奉兵师之用,亦所以赈困乏而备水旱之灾也。

据《汉书》所记,汉武帝元封四年(公元前107年),全国许多地方遭遇灾荒,关东流民在二百万口以上,这些灾民都是靠了均输库存物资,才得以渡过困难的。

但与盐铁国营一样,平准与均输在执行中也都产生过各种弊病,如官吏任意刁难百姓,强迫百姓贱卖货物;又如在采购货物中,利用官府特权,恣意留难,甚至垄断市场，乱发号令，无理没收等，结果弄得一些地方的平准、均输非但没有为百姓带来利益，反而造成危害。

汉武帝在文化上亦有许多建树

毛泽东曾说汉武帝“略输文采”。这是说，汉武帝在其功业中，文化方面有所不足。这个评价与历代封建史学家的见解大相径庭。

《汉书》作者班固对汉武帝文化方面的业绩评价很高，他说：

汉承百王之弊，高祖拨乱反正，文景务在养民，至于稽古礼文之事，犹多阙焉。孝武初立，卓然罢黜百家，表章《六经》。遂畴咨海内，举其俊茂，与之立功。兴太学，修郊祀，改正朔，定历数，协音律，作诗乐，建封禅，礼百神，绍周后，号令文章，焕焉可述，后嗣得遵洪业，而有三代之风。如武帝之雄才大略，不改文景之恭俭以济斯民，虽诗书所称何有加焉！（《汉书·武帝赞》）

《资治通鉴》作者司马光对汉武帝多有批评，但仍高度评价其文化方面的业绩。他说：“秦以之亡，汉以之兴者，汉武能遵先王之道，知所统守。”

毛泽东与封建史学家在汉武帝文化业绩上的评价不同，也恰恰在“尊儒术”、“罢百家”、“表章六经”、“遵先王之道”的问题上。

意识形态要为政治经济服务。从中国出现中央集权的统一国家后，这个国家政权就要求有一种能与它相适应的文化思想体系。秦王朝时期是独尊法家，西汉初期是独尊黄老，汉武帝时期则独尊儒术。

汉武帝之选择儒家，是因为儒家一贯主张春秋大统一和尊王攘夷思想，以及他们所宣扬的君臣、父子、夫妇等伦理纲常，非常适合汉武帝加强以皇帝为中心的中央集权和实现国家大统一的客观需要。

汉武帝所提倡的“独尊儒术，罢黜百家”，都是相对的，他是在以什么思想为主导的角度来提出这个问题的，而不是像董仲舒所主张的那样“诸不在六艺之科，孔子之术者，皆绝其道”，以彻底灭息“邪僻之说”。相反，除了儒家，汉武帝还兼用法家、纵横家、黄老等，特别是对法家，汉武帝仍很注重。汉宣帝说汉武帝“儒法并用”、“王霸杂之”，是说得很对的。

儒家学说经过汉武帝的提倡，后来变成几千年封建社会的统治思想，它助长了封建专制思想的发展，扼制了民主思想萌芽的生长，阻碍了中国向近代民主社会的转变。所以从明清以来，儒家思想屡屡受到具有民主意识的启蒙思想家李贽、黄宗羲等人的批评，“五四”运动以来又受到历次革命运动的冲击。终其一生都在同倡导专制主义的儒家思想作斗争的革命家毛泽东，他不欣赏汉武帝“独尊儒术，罢黜百家”，批评汉武帝在文化事业上的不足，是有道理的。

尽管如此，毛泽东并没有否定汉武帝在文化事业方面的贡献。

汉武帝在文化事业方面的确亦有所建树：

第一，汉武帝是中国历史上第一个懂得教育重要性的皇帝。元朔五年（公元前 124 年）他下令兴办学校，在中央设“太学”（即国立大学），郡国设官学（即地方学馆）。自此以后，政府办学成为一种制度，一直沿袭下来。尽管他的教育目的是为封建统治政权服务，但通过办学也促进了文化的发展。

第二，项羽烧掉秦朝的藏书以后，古典文献损失严重。汉武帝常因图书缺失，喟然叹息。于是下令“建藏书之策”，“置写书之官”。百年之间，书积如山。古典文献在有汉一代得到了较好的整理和保存。

第三，实行历法改革。汉初使用战国时的颛顼历，以农历十月为岁首，因年代久了，日月差失，出现朔、望与月相不符的情况。汉武帝下令造太初历。太初历以正月为岁首，是为夏历，于太初元年（公元前 104 年）颁布施行。太初历对节气、朔望、置闰，以至五星运行、日蚀月蚀，都有比较精确的计算，是当时世界上水平最高的历法。沿用至今的农历，其计算方法，许多仍从太初历而来。

第四，汉武帝在音乐、诗赋上颇有造诣，在他的提倡下，汉赋和乐府都出现了兴盛的局面，音乐、舞蹈（包括乐器的改进）都有所创新。汉武帝时期出现了许多才华卓越的文学家、史学家、艺术家。司马迁、司马相如、枚乘、东方朔、李延年等都是这个时期出现的大家。汉武帝本人也是诗赋的大家，他的代表作有《瓠子歌》（前文已引）《天马歌》《秋风辞》《悼李夫人赋》等。鲁迅在《汉文学史纲要》中说：“武帝词华，实为独绝”，“虽词人不能过也”。

汉武帝晚年能下“罪己诏”，认真改过

汉武帝一生错误不少，但晚年能下“罪己诏”，认真改过，仍不失其崇高的历

史地位。

汉武帝一生的错误择其大者，有奢侈、黩武、迷信三条：

第一奢侈。

汉武帝的奢侈，不是一般性的，而是“奢侈无度”（汉光禄大夫夏侯胜语）。秦始皇大兴土木，在首都修阿房宫，在全国各地修离宫。汉武帝步其后尘，在首都除了重新装修长乐宫、未央宫，又修建章宫，在全国各地除了重新装修秦代三百离宫，又修建甘泉宫。重新装修的未央宫以木兰、文杏为梁柱，以黄金、珍玉为壁带，极尽华丽之能事，后宫有昭阳、飞翔、增成、合欢、兰林、搜香、凤凰、鸳鸯八殿，藏尽天下美女。新建的建章宫，周二十余里，千门万户，中殿阶层“皆以玉为之”，又“发燕赵美女两千人充之。率取十五以上，二十以下，满四十者出嫁……凡诸宫美人可有七八千”（《汉武帝故事》）。武帝住的四宝宫有七宝床，杂宝桉、厕宝屏、列宝帐。除了宫室，还有皇帝的园囿，其中最大的上林苑，方三百四十里，离宫七十所，“游观奢靡，穷妙极丽”，能容千乘万骑。苑中养百兽，供汉武帝秋冬射猎之用。修建上林苑时，东方朔曾极力劝谏，他说这一地区是关中富饶天下的“陆海”，耕地肥沃，号称“土膏”，矿产林木丰富，为“万民所仰足”。万不可辟为林苑，但汉武帝不听。

汉武帝的日常生活也是“奢侈无度”。据《西京杂记》所载，他用的马以身毒国的白玉为羁，以玛瑙为勒，以白光琉璃为鞍。“鞍在暗室中常照十余丈，如昼日”。他穿的衣是西域所献“吉光裘”，“入水不濡，上时服此裘以听朝”。他的园囿，布满了珍禽怪兽，他玩的狗，亦饰以文锦。这些只是汉武帝奢侈生活的一角。

第二黩武。

黩武就是滥用兵力。这是旧时史学家批评汉武帝时用的词。汉武帝用兵的主要方向是抗击匈奴。从战国以来，匈奴一再侵略中原，汉朝虽采取和亲政策，屈辱求和，但匈奴仍然侵扰不止。匈奴所杀郡守、掳掠的人口，真是不可胜数。汉武帝在国力雄厚的基础上，组织兵力抵抗匈奴，并随后派遣远征军深入匈奴后方，与之决战于漠北，终于取得了抗匈战争的胜利，保障了边疆的和平。这是一项正义的、崇高的、伟大的事业，不可谓之黩武。可以批评汉武帝的是，在漠北决战取得胜利，匈奴单于逃遁、已无力再侵扰中原的状况下，他依然要组织大军深入不毛之地，要匈奴臣服。第一次是天汉二年（公元前 99 年）派李广利率三万骑兵出天山；此后又派公孙敖出西河，与路博德会师涿涂山（在今蒙古国境内满达勒戈壁以南一带）；再派李陵率步兵出击浚稽山（约在今蒙古国境内戈壁阿尔泰山脉中段）。这些军事行动，或无功而返，或挫折失败，且耗费巨大。汉武帝不从中吸取教训，又于天汉四年（公元前 97 年），第二次派李广利、路博德等将军率骑、步兵二十一万出击匈奴，也是无功而返。征和三年（公元前 90 年），汉武帝第三次派李广利、商丘成等率步、骑十四万，出击匈奴。这次商丘成将军无功而返，李广利七万人在燕然山（即今蒙古国境内杭爱山）覆没。这三次征讨匈奴的目的，是要匈奴俯首称臣，但目的未达到，反而加重了老百姓的负担，激化了国内矛盾。十几万大军的远征，需要巨大的后勤支援，人力的动员要几十万，粮食、马匹、兵器、服装、车辆等的供应，几乎耗尽了国库所有的储备。事实上在匈奴远遁之后，是不需要倾全国之力进行这种劳而无功的军事远征的。把汉武帝这几次军事行动称之为“黩武”，是可以的。

第三迷信。

一是迷信方士。秦汉之际，有一些被称为“方士”的江湖骗子自诩能上通神仙，有长生不老之术，藉以骗取官禄和钱财。秦始皇上过当，汉武帝又上当。汉武帝不是一个愚蠢的人，有时他也能看出方士的欺骗伎俩，这时他就愤怒地把方士杀掉。但杀了一个骗子，又会冒出另一个骗子，这时他又相信，发觉上了当，就再杀。直到临死前一年，才对方士完全绝望。他对臣下说：

“向时愚惑，为方士所欺。天下岂有仙人？尽妖妄耳。”（《资治通鉴·汉纪十四》）

这真是至理名言，可惜来得晚了。

二是迷信巫蛊。与方士同类的还有巫蛊。巫蛊不讲长生不老，专讲害人致死。它先刻制木偶小人，作为被害人的代表，然后把木偶埋于地底下，用巫术诅咒，说这样就可以让被害人生病致死。巫蛊迷信造成的最大灾难是巫蛊之祸。

汉武帝征和元年（公元前 92 年），有人告发宰相公孙贺在驰道埋木偶，诅咒汉武帝，后来公孙贺全家被杀。第二年，汉武帝又命江湖骗子江充率人四出追查巫蛊，被无端杀害者前后达数万人。江充因为与太子刘据有矛盾，乃诬告太子宫中埋有木偶。太子恐惧，发兵杀江充。汉武帝闻讯，派人追究，太子引兵抗拒，双方激战五日，死者又是数万人。太子亦死于此役。其母卫皇后自杀。后来在此案的反复调查中，又使宰相刘屈髦和御史大夫商丘成牵连致死。为此案入狱者，更是连年不绝。总之，巫蛊之祸使汉王朝统治阶级内部产生了巨大的震荡，并影响了社会的稳定。

汉武帝的大修宫室，奢侈无度，增大了农民的劳役和田赋负担；累次远征匈奴，加大了国家的开支。国家开支不足，又要增大农民的负担。远征匈奴时，农民还要承担输送粮草、辎重的任务。仅这一项任务，就弄得农民无法生活。当时有个统计，从山东运到朔方一石粮，要用去一百多石的运费。这还不计牛死、人病的损耗。

汉武帝时期，天灾不断。建元三年（公元前 138 年）、元光三年（公元前 132 年）、元狩三年（公元前 120 年）、元鼎三年（公元前 114 年）、元封三年（公元前 108 年）都发生过大面积的灾荒，流民以十万、百万计。元封四年关东流民高达两百万人，朝野为之震惊。但在这以后不久，汉武帝仍然发动几万到几十万的大军远征匈奴。于是，统治阶级与农民的矛盾冲突达到空前尖锐的程度，梁、楚、齐、燕、赵等地农民被逼聚众造反。大郡数千人，小郡数百人，“攻城邑，取库兵，释死罪，缚辱郡太守、都尉，杀二千石”（《史记·酷吏列传》）。汉武帝调动军队把这些农民起义镇压下去了，但矛盾并没有解决。以后不久，又发生“巫蛊之祸”，表明统治阶级内部也出现了分裂。这种局面促使汉武帝反省自己的作为，他开始有所悔悟。

征和四年（公元前 89 年）春天，汉武帝在巡游东莱（治今山东莱州）、巨定（今山东广饶东北）和泰山时，了解到一些下情。于是，在泰山石闾会见群臣，说：

朕即位以来，所为狂悖，使天下愁苦，不可追悔。自今有伤害百姓，糜费天下者，悉罢之！（《资治通鉴·汉纪十四》）

这是一位雄才大略的封建皇帝对自己多年来所犯的错误的深刻反省，这个反省是认真的。在这次会见中，大鸿胪田千秋请罢斥方士神仙。汉武帝又作了自我批评，说：“大鸿胪言是也”，决定“悉罢诸方士候神人者！”（同上）

这年夏天，汉武帝下“罪己诏”。这个“罪己诏”又称“轮台罪己诏”，是对桑弘羊等大臣奏请遣发田卒去西域轮台屯田建议的答复。在这个答复中，汉武帝反省自己多次决策派兵远征匈奴，造成“军士死略离散”、“海内虚耗”的错误，指出轮台远在车师国以西千余里，再派田卒去轮台屯田，势必再次“扰劳天下，非所以优民也，今朕不忍闻！”决定今后“不复出军”。

他在“轮台罪己诏”中还严禁再增加农民负担。他说：“前有司奏，欲益民赋三十助边用，是重困老弱孤独也”，指出“当今务在禁苛暴，止擅赋，力本农，修马复令，以补缺，毋乏武备而已”(《汉书·西域传》)。

应该说，汉武帝“禁苛暴，止擅赋、力本农”的三项措施确实是解救当时困难局面的良策。以后汉武帝又以实际行动认真贯彻这些政策，令农业改革专家赵过为搜粟都尉，推行代田法，恢复被战争破坏的农业经济。修马复令是恢复养马免徭役的法令，目的是利于征集军用马匹、充实军备。他虽然中止了劳民伤财的远征匈奴，但仍不忘武备，时刻准备反击匈奴的侵略。汉武帝去世后，他的接班人汉昭帝、汉宣帝继续执行“轮台罪己诏”的方针，西汉帝国出现了中兴的局面。

从西汉末年的刘歆，东汉的班彪、班固到后世的许多大家，如司马光、朱熹、李贽、袁枚，都对汉武帝“晚而改过”的“轮台罪己诏”给以很高的评价。有的说他：“天资高、志向大，足以有为”，“轮台之悔，亦是天资高，亦如此”；有的说他：承文景之业，开辟唐虞未有的事业，是英雄；轮台“挽悔”亦是英雄。是的，一个创建了许多英雄业绩，并大权在握的封建皇帝，能够诚挚地向臣民检讨自己的错误，而且肯认真改过自新，这种见识和勇气的确是不同凡响。

1957年是中国人民意气风发的一年，这一年的6月，毛泽东曾与《人民日报》社的领导成员谈过一次话，这次谈话中，毛泽东评论过汉武帝。他说：“汉武帝雄才大略，开拓刘邦的基业，晚年自知奢侈、黩武、方士之弊，下了‘罪己诏’，不失为鼎盛之世。”(引自吴冷西《忆毛主席》，新华出版社1995年版，第143页)历史的规律是：大英雄常有大失误。但大失误之后，仍能从地上爬起来，重振雄风者，很少很少。秦始皇的大失误，遗祸子孙；项羽的大失误，乌江自刎；隋炀帝的大失误，身丧国陨。唯汉武帝在大失误之后，能放下皇帝的架子，诚恳地自我批评，认真地改正错误，最后依靠手持耒耜驱使疲牛的农民的辛勤劳动，在一定程度上恢复了往日的繁荣。

毛泽东惺惺惜惺惺，不因一个大英雄的大失误而全面否定他，仍然给了他以雄才大略的评价，这个评价应该说是实事求是的。

卫青、霍去病与伟大的抗匈战争

公元前二世纪，发生于古代中国境内的西汉与匈奴的战争，是中国古代史上很重要的篇章。这场规模巨大、时间延续很久的战争，对当时以及后来中国历史的发展都产生过重大影响。卫青与霍去病是这场战争中汉王朝方面的著名将领，他们在汉武帝的领导下，具体组织和指挥了这场战争，在夺取战争最后胜利的过程中表现了自己的才智。这里拟围绕他们的历史活动，简明地叙述一下这场战争的全过程，并由此探讨几个与这次战争有关的认识问题。

战国以来匈奴入侵问题的严重性以及汉武帝大规模反击作战的战略决策

匈奴是生活在古代中国北方广大草原和戈壁滩上的游牧民族。他们所占据的地方疆域辽阔、水草丰美，非常有利于游牧经济的发展。因此人口、牧畜发展很快，到战国时期，已经是一个部落众多、人丁兴旺的强大国家。他们的主要生产是养畜马、牛、羊、驴、骡，兼营狩猎。生活方式是食畜肉，饮奶酪，衣皮革，被旃裘，逐水草而居。这是一个刚从原始时代进入文明时代的新兴民族，在社会发展阶段上，大体是处于奴隶社会的中期。一小部分牛马满山、奴仆成群的奴隶主贵族，是这个社会的主要统治者；大批失去人身自由、受奴隶主任意驱使的男女奴隶、童仆（名叫“赀”，财产的意思），是这个社会的被统治者；中小奴隶主、监护奴隶的管理人员是这个社会的次要统治者；自由牧民组成这个社会的中间阶层。

这个游牧民族的奴隶主贵族是一批贪得无厌的剥削者。他们为了扩大自己的生产规模和财富，到处掠夺奴隶，抢劫财物。正如恩格斯所说的："他们是野蛮人。进行掠夺在他们看来是比进行创造劳动更容易甚至更荣誉的事情。以前进行战争，只是为了对侵犯进行报复……现在进行战争，则纯粹是为了掠夺，战争成为经常的职业了。"(《家庭、私有财产和国家的起源》)

地处匈奴居处之南的中原地区，由于较早地进入农业经济发达的封建社会，物产丰富，人口众多，因而变成了匈奴掠夺人口、抢劫财物的最好对象。他们面对这块香美的肥肉，真是馋涎欲滴。于是，他们就利用中原地区列国纷争、社会动荡的局面，屡次发兵入侵内地。攻城屠邑，掳掠人口，抢夺牲畜、粮食、金银、财帛，尝到了不少甜头。这以后他们更加贪得无厌，几月一小入，几年一大入，侵掠战争变成了他们的家常便饭。而且，随着入侵的频繁，奴隶主贵族的反动本性也得到了进一步的发展，残酷、野蛮程度更加厉害，简直是无恶不作。战国诸雄虽然用修筑长城、加强边防的办法组织过抵抗，但由于政治不统一和军事力量的不足，总是吃亏的时候多。赵国的边将李牧是抗击匈奴侵掠战争最有名的将领，但是他在匈奴铁骑飘忽迅疾的打击下，常常也是没有办法，只好消极避战，闭关防守。他公开向守边的战士交代的作战方针就是"匈奴即入盗，急入收保。有敢捕虏者斩"(《史记·廉颇蔺相如列传》)。赵王不满意他这种消极避战的方针，撤了他的职，要别人代他为将。这个代他为将的人每逢匈奴入侵就出关战斗，结果总是打败仗，人民所受的损失更大。严重的时候，田不能耕，畜不能养，比李牧为将的时候更糟。赵王没有办法，只好再请李牧守边。李牧杜门不出，不肯上任。赵王一定要他上任，他就说："王必用臣，臣如前。"就是说，他还是要采取他的闭关防守老办法。赵王也只好同意。闭关防守老办法用了好几年，李牧才得以利用匈奴贵族的麻痹情绪，布置奇兵，诱敌深入，一举歼灭了匈奴骑兵十余万人。这是战国时期，中原人民抗击匈奴侵掠战争少有的一次重大胜利。匈奴贵族吃了这么一个意想不到的大亏，这才收敛了一下嚣张气焰，中原地区的人民也因此次战争的胜利，获得了十几年的安定生活。

秦始皇统一中国之前的一段时间，列国之间战争频繁，无力兼顾边防，匈奴贵族又乘机活动起来，并侵占了黄河以南的河套地区。到秦始皇消灭六国的时候，匈奴已经变成威胁秦王朝安全的头号强敌。为了对付这个北方的强敌，秦始皇任命大将蒙恬统率三十万大军，把匈奴驱逐到黄河以北，又动员巨大的人力、物力，修建了从临洮（今甘肃岷县）到辽东延续万里的国防工程"万里长城"。匈奴的侵掠活动受到了很大的遏制。

秦始皇死后，抗击匈奴大军的统帅蒙恬被杀。不久，陈胜、吴广领导的农民大起义爆发，接着是楚汉战争，整个中原地区卷入激烈的内战之中，社会长期大动荡，根本无力再过问边防问题。恰在这时，匈奴却空前地强大起来。

公元前 209 年，即陈胜、吴广揭竿而起的那一年，匈奴的冒顿单于杀了他的父亲头曼，自立为王。以后，又东灭东胡，西逐月支，北破丁零，南征楼烦，并侵占了位于现今新疆的乌孙、楼兰等三十六国的大片土地，在大漠南北和现今的东北、西北以及中亚、西伯利亚的广大地区，建立了以奴隶制为基础的、空前强盛的统一政权。这时，不仅原属于秦王朝的河套地区（今内蒙古黄河以南的土地），早已陷入匈奴手中，而且从西北到华北的许多郡县也变成了匈奴贵族跑马游弋、猎取金帛子女的场地。

公元前 202 年，刘邦打败了项羽、统一了中原地区以后，立即同正在大肆南侵的冒顿单于发生了严重的对抗。这个建立了西汉帝国的开国皇帝不容许匈奴贵族侵犯他的国家，双方不可避免地进入了战争状态。

公元前 200 年，冒顿单于经现今山西省的雁门关南下，前锋到达太原郡（治今山西太原西南），刘邦亲率三四十万大军前去同匈奴决战。结果被匈奴的四十余万骑兵包围于平城附近的白登山上（今山西大同市东北），七日不得饮食。后来，用陈平计，以丰厚的贿赂，打通冒顿单于的王后，才得以逃归。

经过这次失败，汉高祖才认识到这个北方强邻不是轻易可以打倒的。既然无法以武力战胜对方，就只好承认现状，委屈求全。他被迫采取和亲政策，把宗室女儿送给冒顿单于做妃子，并向匈奴进贡大量的丝绸、美酒、粮食等，以求匈奴不再频繁入侵。这项政策，在当时敌强己弱的情况下，虽然避免了一些军事冲突，但未能改变匈奴贵族对汉王朝安全的严重威胁，也未能完全消除匈奴贵族经常入侵内地的活动。

汉高祖死后，汉王朝继续对匈奴采取忍让政策。当时，冒顿单于来信侮辱吕后，吕后气愤之极，召集大臣们商议打击匈奴的对策，吕后的支持者上将军樊哙口出大言，要率兵十万，横扫匈奴。中郎将季布说，高祖率领三四十万人还打不过匈奴，樊哙却要以十万人横扫匈奴，这是当面欺上。季布认为国家在战乱之后，创痍未瘳，应当休养生息，积蓄力量，而不应贸然地拿国家命运孤注一掷。吕后听了季布的分析，也只好收起打击匈奴的念头，叫大臣们给匈奴单于写了一封忍气吞声的回信，继续委屈求全。

文景时期，中原地区的农业生产有了初步的恢复和发展，汉王朝的力量比以前有所加强。这时，汉王朝对匈奴的政策也比以前略为强硬。以前，汉王朝对匈奴的侵掠活动，总是退让避战，这时，已能在有利情况下，给予坚决抗击。

汉文帝初执政时，仍然按以往和亲的方针，给匈奴赠送大量的金帛丝絮等物品，但是匈奴却屡次侵略内地。汉文帝前元年（公元前 179 年）五月，匈奴右贤王大举进犯黄河以南汉方管辖地区，汉文帝毅然下令叫骑兵将领灌婴率军出击，结果灌婴打败了右贤王，把匈奴赶出塞外。但是个别战役的胜利，还不能改变汉王朝在汉匈对峙中的被动地位，也没有能制止匈奴对中原地区不断的侵掠活动。

汉文帝前六年（公元前 174 年），汉王朝向匈奴冒顿单于赠送了丰厚的礼物，双方重新订立了和亲条约。冒顿单于死后，汉文帝为继续坚持和亲的政策，除了每年赠送各种物品以外，又主动把宗室女儿嫁给冒顿单于的继承人老上单于。但是不到五年，匈奴骑兵就毁约入侵陇西郡（治今甘肃临洮南），掠夺了大批人畜，饱载而归。文帝前十四年（公元前 166 年），老上单于又派匈奴骑兵十四万大肆入侵北地郡（治今甘肃庆阳西北），入朝那、破肖关，杀死北地郡都尉，烧毁皇帝陇西郡的行宫，前锋一直进到雍甘泉（今陕西泾阳西）。自此以后，匈奴累年入侵，杀害边吏，掳掠人口，破坏人民的生产、生活。仅云中（治今内蒙古托克托东北）、辽东（治今辽宁辽阳市）两郡，每年被掳掠的人口就各在万人以上。

汉文帝后二年（公元前 162 年），汉匈双方经过多次协商，又订立了和亲条约，汉王朝依照和约，每年继续给匈奴送去大量的缯帛、粮食、米酒。但是公元前 158 年匈奴老上单于死后，其继承人军臣单于又不顾和约，派骑兵六万分两路大举入侵云中、上郡等地，沿途掳掠烧杀，火光连天，警报直传到首都长安。汉文帝一面调动人马奔赴前线迎击，一面派出周亚夫、刘礼、徐厉三将军屯兵长安附近的细柳、霸上、棘门备战，一直紧张了好几个月。

汉景帝时，汉匈又和亲，汉景帝把宗室女儿嫁给了军臣单于。但是匈奴入侵活动依然不断，北方的一些郡县房屋被焚烧，人民遭掳掠，城池亦被匈奴弄得很残破。但是由于吴王刘濞等人发动了七国叛乱，以及汉王朝内部的其他问题，汉景帝无法集中力量对付匈奴入侵，只能对匈奴采取消极防御的方针。

对匈奴的侵掠战争，从消极防御转入积极进攻的是汉武帝。

汉王朝从汉高祖以来，持续不断地执行休养生息的政策。到汉武帝时，农业、手工业生产已经得到了全面的恢复和发展，统治者和被统治者之间的阶级矛盾仍然是存在的，而且在某些时候、某些地区还非常尖锐，但是国家总的情况要比以前好。人口增多了，粮食、牲畜增长了，人民生活改善了。在生产发展的基础上，国家的军事力量和后勤供应工作都有了加强。与此同时，由于七国叛乱的平息，中央的政权巩固了，政治局面稳定了，这就为国家集中全力对付匈奴的侵掠创造了有利的条件。

于是汉武帝下定决心，集中兵力同匈奴作战。这是汉王朝在战争和平问题上的重大决策。

公元前 133 年春，汉武帝向大臣们说，“匈奴一面收受我们丰厚的金帛、文绣，一面仍然不断地侵盗边境，太不讲道理了，现在我准备出兵反击，你们以为如何?”大臣们纷纷表示支持。

前面说过，从匈奴发动侵掠中原的战争以来，给予它最大一次打击的是战国时期的赵国名将李牧。李牧采取诱敌深入、大军伏击的策略，一举聚歼匈奴骑兵十万余。这个一百多年前的著名战例给了汉武帝以启发，他也按李牧的办法制定了一个诱敌深入、大军伏击，大批聚歼匈奴骑兵的战斗方案，这就是历史上有名的“马邑之谋”。

马邑，是一个山区小城，在现今山西省的朔州市，原来属秦王朝的边邑。楚汉战争时期被匈奴侵占，后来又为汉王朝夺回，但是匈奴仍然常常来侵扰。汉武帝就利用这一情况，派马邑地方的有名人物聂壹去引诱匈奴军臣单于来攻取马邑。同时，又命令将军韩安国、李广、公孙贺、王恢等率领三十万大军埋伏于马邑城外的山地中，俟机出击。匈奴单于果然上当，率领十万骑兵深入。但是，他刚刚进入汉军埋伏圈，就从现场的一些迹象和俘虏口供中觉察出了汉军的计谋，迅速引军撤退。汉武帝对花费巨大代价布置的这次伏击战，没有达到预期的效果，感到非常失望。可是匈奴单于却被这一次差一点导致他全军覆没的预谋激怒了。于是,他又采用匈奴骑兵草原游击战的老战术,在从西到东的几千里战线上,向着汉帝国的北方郡县大肆进行侵扰活动,把个中原地区搅得鸡犬不宁。

诱敌深入、聚而歼之的计划失败了。分兵把口、处处设防的办法,又无法应付敌人流动性很大的入侵活动。这种情况使汉武帝认识到:要有效地抗击匈奴的侵略,必须在依靠国防工事进行防御作战的同时,在战略上采取外线进攻作战的方法,以大量消灭匈奴骑兵的主力。所谓外线进攻作战,就是组织兵力,深入到匈奴的腹地,寻求机会打击其指挥中心,在外线消灭骑兵主力。

如果说,在抗匈战争中,"马邑之谋"是汉武帝由消极的战略防御方针转入积极的战略防御方针;那么,现在要采取的外线进攻作战,则表明汉武帝已由积极的战略防御方针转入战略反攻和战略进攻的方针。

这是一个战略方针的根本转变,是由前一个战略方针的转变发展而来,但它要比前一个战略方针的转变更为重要。延续了几十年的汉匈对峙,从此形势大变,抗匈战争出现了不断向有利方向转化的新局面。

卫青、霍去病同匈奴贵族的八次战役

反击作战的力量雄厚了,正确的战略方针确定了,但是抗匈战场上还缺乏能够统观全局、提挈全军,具体指挥战争进行的勇敢而明智的将军。老将军中李广缺少智谋、韩安国缺少锐气。新将军还没有涌现出来。

当时的情形真是"闻鼙鼓而思良将"。但是必然的历史运动,从来不会停留在人才缺乏的障碍上。正像马克思所说的,历史运动不会缺少它所需要的历史人物,没有这种人物,它就要把他创造出来。抗匈战争所需要的名将,终于在抗匈战争的实践活动中被历史创造出来了。卫青、霍去病就是其中的杰出者。他们在汉王朝最高军事统帅汉武帝的领导下,从公元前129年到公元前119年十年时间里,对匈奴进行了八次大规模的反击作战,最后终于打败了匈奴骑兵的主力,取得了抗匈战争决定性的胜利。

卫青出身卑贱,他原来是汉武帝姐姐平阳公主的养马奴。他的姐姐卫子夫是一个既漂亮又很有才华的女歌手,原来也是侍奉平阳公主的女奴。一次汉武

西汉帝国的疆域及其四邻简图
奄蔡
康居
安息
大宛
大月氏
烏孙
呼揭
伊列
匈
奴
鲜卑
夫餘
烏桓
挹娄
羌
婼羌
身毒
(桥萨罗国)
(摩揭陀国)
(羯陵伽国)
(案达罗国)
(朱罗国)
图例
首都
郡
县
西域都护治所
西域小国名
国界
長城
运河

帝在平阳公主家里见到了她，喜欢极了，便把她带回宫中。那时汉武帝的皇后是“金屋藏娇”故事里的陈阿娇，汉武帝得到卫子夫以后，陈阿娇便失宠了。后来卫子夫还当上了皇后。卫青由于姐姐的关系，被汉武帝提拔为车骑将军。

公元前129年，汉武帝为反击匈奴对上谷（治今河北怀来东南）的侵掠，决定派出四位将军率领四万人马，分兵四路去打击匈奴。卫青是这四路兵马中的一路，负责从上谷方向出击敌人。另外三路兵马，一路是李广率领的，负责从雁门（治今山西右玉南）方向出击敌人；一路是公孙敖率领的，负责从代郡（治今河北蔚县东北）方向出击敌人；一路是公孙贺率领的，负责从云中（治今内蒙古托克托东北）方向出击敌人。

这是汉王朝抗匈战争中的第一次大规模反击作战，卫青就是在抗匈战争的第一次大规模反击作战中，一举成为名将的。

这四路兵马，由于上下配合得不好，李广、公孙敖的两路都打了败仗，公孙贺一路也无所作为。只有卫青一路，抓紧敌人大队人马外出的时机，从上谷出发，成功地奇袭了匈奴的后方龙城（在今蒙古国鄂尔浑河西侧和硕柴达木湖附近），歼敌七百余人。龙城又称龙庭，是匈奴单于祭天和大会诸部的重要处所，卫青对龙城的胜利袭击，歼敌虽然不是很多，但是其军事意义是重大的，这是汉匈战争以来，汉军第一次深入匈奴内地的成功袭击，使匈奴贵族受到了很大的震动。这次袭击告诉了匈奴贵族，现在不仅匈奴骑兵可以用奇袭的方法侵犯中原内地，汉王朝也可以用骑兵奇袭的方法打击匈奴的后方。匈奴铁骑任意横行而不受惩罚的时代从此结束了。

公元前128年匈奴骑兵又侵扰了辽西（治今辽宁义县西）、渔阳（治今北京密云西南）、雁门，杀掠惨重。汉武帝又命令卫青、李息等率领三万人马，从雁门、代郡出发打击敌人，歼灭匈奴骑兵好几千人。这是抗匈战争中的第二次大规模反击作战。

公元前127年，匈奴骑兵又侵扰中原地区，突入上谷、渔阳两郡，杀掠吏民一千多人。汉武帝再次派遣卫青、李息两将军征讨。这是抗匈战争中的第三次大规模反击作战。

卫青、李息率领军队出云中郡（治今内蒙古托克托东北），渡西河、战高阙（今内蒙古杭锦后旗东北），向陇西郡（治今甘肃临洮南）迂回，接连打败匈奴的白羊王、楼烦王，歼灭敌人三千余人，收复秦时黄河以南的河套地区。汉武帝在河套设立了朔方郡(治今内蒙古杭锦旗北，包括河套西部、北部)和五原郡(治今内蒙古包头西，包括河套东部)。这是抗匈战争中的一次大胜利。汉武帝听到捷报很高兴，这个昨日的养马奴，竟然是一个出色的将军，在进攻作战中，把个不可一世的匈奴骑兵打败了。于是加封卫青为长平侯。河套地区土地肥沃，形势险要。它的收复，对抗匈战争有重要的战略价值。它不仅解决了匈奴从北部对首都长安的威胁，而且为抗匈部队的后勤供应，打开了便捷的通道。

匈奴军臣单于在这三次汉匈的战事后死去。军臣单于的弟弟伊稺斜自立为单于。

公元前126年至前125年，伊稺斜单于屡次侵犯代郡、雁门、上郡、定襄(治今内蒙古和林格尔西北)、朔方等地杀害郡守，掳掠人口。

公元前124年，汉武帝派卫青率三万骑兵出朔方、高阙，深入匈奴后方进击匈奴，又使将军苏建、公孙贺、李蔡、李沮等一并出塞，都归卫青节制。此外又派将军李息、张次公等在右北平方向配合卫青作战，总兵力共达十余万。这是抗匈战争中第四次大规模反击作战。这次战役，卫青进军神速，乘匈奴右贤王夜间饮宴欢乐时，包围了他的大营。右贤王仓促间无法组织抵抗，带领了少数人突围而去。卫青攻破匈奴营垒，俘虏了一万五千余人，其中的匈奴小王就有十几个，近百万的牲畜全部截留。为了奖励这次出击的重大胜利，汉武帝派出使节到军中拜卫青为大将军。后来还要给卫青家中的子弟封侯，卫青坚决推辞。他说了一句老实话，即他每次的胜利，都是靠将士们的努力作战取得的，他家里的小孩子什么事情都没做，怎么能封侯？于是，汉武帝就选了他军队中十个功劳最大的将士封了侯。卫青的这种谦虚态度，获得了全军将士的拥护。

卫青昨日的女主人平阳公主也为他的胜利而感到骄傲。这个公主的丈夫早死了，她心中深深爱着这个自己昨日的奴隶。她托卫皇后帮助她同卫青结合，两人在汉武帝的主持下，举行了婚礼。

匈奴战败以后，又向代郡寻机报复。公元前123年，汉武帝再派卫青统帅公孙贺、公孙敖、李广、李沮、苏建、赵信等六将军、十万余骑出定襄讨伐匈奴。这是抗匈战争中的第五次大规模反击作战。年方十八岁的霍去病也在这一年首次跟随卫青参加对匈奴作战。

反击作战开始后，战斗进行得很顺利。各路兵马互相配合，打败了匈奴，歼敌三千余人。军队休整一个多月后，又在扩大战果的追击战中歼敌一万多人。但是在继续深入时发生了问题。原因是苏建和赵信两路兵马追击得过了头，变成了孤军，被匈奴数万骑兵包围。赵信原来是从匈奴方面投降过来的人员，这时他又跑回匈奴方面，帮助匈奴攻打苏建。汉军先头部队三千多人全部覆没，仅苏建一个人孤身逃回。其他四路兵马在继续作战中战绩也不大。出人意料的是初生之犊霍去病竟在这次艰苦的追击战中独当一面，勇敢杀敌，最后以惊人的战绩，替全军挽回了几乎要丢失的荣誉。

霍去病是卫皇后姐姐卫少儿的私生子。卫少儿原来也是平阳公主的女奴，年轻时同平阳公主家里办事的县吏霍仲孺私恋，生了霍去病。霍去病虽然出身卑微，可是在卫子夫和卫青平步青云以后，他也以卫子夫和卫青外甥的身份，挤入贵族少年的行列。不同于一般贵族少年的是，霍去病在少年时代即非常爱国。他为人豪侠，胆气过人，每天以坚持不懈的毅力学习骑射、兵法，苦练杀敌的本领。这次以校尉军官的身份跟随卫青出征匈奴，立志要去边疆为国家建立功勋。

在追击作战中，他带领八百轻骑向匈奴后方进发。在接近匈奴大军营垒的时候，率领自己的队伍向敌人发起风暴般的袭击，歼灭了敌人两千二百多人，并在战斗中击杀了匈奴的老大王，俘虏了匈奴单于的叔叔和相国大臣。

汉武帝听到他心爱的皇后家族中，又出现了这样一个少年英雄，当然更加高兴。因为霍去病这次骑兵突袭，战功辉煌，汉武帝封他冠军侯。

公元前121年春天，汉武帝为实现设想多年的联络西域、斩断匈奴右臂的计划，派霍去病以骠骑将军身份率领一万骑兵，从陇西方向出击匈奴。这是抗匈战争中的第六次大规模反击作战。

霍去病从陇西出发以后，即与匈奴骑兵遭遇，双方连续作战六天，匈奴骑兵抵挡不住霍去病的猛烈攻击，全线溃败。霍去病指挥自己的部队紧追，一直追过了燕支山(今甘肃山丹东南)外一千余里，斩杀匈奴的折兰王、卢侯王，歼敌八千九百余人，并俘虏了匈奴属国浑邪王子和相国大臣等多人。得休屠王祭天金人。由于霍去病这次战役的胜利，汉王朝从此控制了河西走廊，打开了通向西域的道路。

在霍去病出击陇西时,匈奴单于率领骑兵又在东线大肆活动,接连侵入代郡、雁门等地,掠夺人口、财物。汉武帝听到报告很是震怒,决定从东西两个方向,再次给匈奴以沉重打击。

霍去病飞马驰入敌阵,接受浑邪王投降。

公元前121年夏天,汉武帝派霍去病、公孙敖率领骑兵数万,出北地(治今甘肃庆阳西北)攻打匈奴。同时,又派博望侯张骞和著名老将李广率领骑兵一万四千人,从代郡、雁门方向,出击匈奴。这是抗匈战争中的第七次大规模反击作战。

这次作战,张骞、李广一路打得不够好,但是霍去病一路又建立了大功。他们发扬春天在河西走廊勇猛作战的精神,渡居延泽(在今内蒙古额济纳旗北境),过小月氏,再接再厉,连续打胜仗,夺取了匈奴占据的燕支山和祁连山,歼灭敌人三万多。这次战役以后,匈奴属国浑邪王和休屠王要求率部归附汉王朝。汉武帝派霍去病去迎接。后来浑邪王被汉武帝封为漯阴侯。从此东起金城(今甘肃兰州西北),西到盐泽(即今罗布泊),均归汉王朝的统辖。匈奴失去了这一大片地区之后非常伤心,哀伤地唱道:

亡我祁连山,使我六畜不蕃息,
失我燕支山,使我妇女无颜色。

在掠夺战争中,不知给其他民族带来多少痛苦和眼泪的侵略者,这一次自己也尝到了被剥夺的滋味。

这次战争以后,汉王朝开始在河西走廊设置郡县,实现了汉武帝斩断匈奴右臂的计划,由此开辟了中国通向欧洲的国际通道——丝绸之路。

由于霍去病在反击匈奴的战争中屡建奇功,汉武帝曾经要人在长安为他修建府第。霍去病认为抗匈战争尚未取得完全的胜利,自己不应先做家室美宅的打算,便向汉武帝辞谢说:"匈奴未灭,何以家为!"

汉武帝为这个年纪才二十多岁的青年人的雄心壮志所感动,对他更加器重了。

匈奴贵族在西线受到挫败，便集中力量在东线向汉王朝的郡县侵扰。公元前120年，匈奴骑兵数万人入侵右北平、定襄(治今内蒙古和林格尔西北)，杀了一千多居民，抢夺了大量财物，然后扬长而去。

公元前119年春，汉武帝决心派兵深入漠北，给匈奴以严厉惩罚。

这次他派卫青、霍去病各领五万骑兵从定襄和代郡分兵两路，直趋匈奴王庭去围攻匈奴，目的是消灭匈奴贵族的骑兵主力，以从根本上解决匈奴侵掠中原的问题。这是抗匈战争中的第八次大规模反击作战。

因为这次反击作战要深入漠北，远涉匈奴王庭，所以除了卫青、霍去病两人率领的总数为十万人的骑兵部队以外，还有配合骑兵作战和保证后勤供应的步兵几十万，驮运军用物资的军马十四万匹。这是抗匈战争以来规模最大的一次决定性战役。

卫青的一路兵马，战将有李广、公孙贺、赵食其等人。霍去病的一路兵马，战将有路博德、李敢等人。

卫青的一路兵马从定襄进入匈奴内地以后，分东西两部以钳形状向漠北合拢。东部的统兵将领是李广、赵食其，西部的统兵将领是卫青、公孙贺。卫青、公孙贺统率的西部兵马在远离定襄一千余里处，发现了匈奴伊穉斜单于正率大营精兵，列阵而待。双方即刻进入战斗，仗打得很激烈。日暮时，大风起，风沙扑面，两军仍在鏖战。汉军在卫青等人的指挥下，勇敢作战，逐渐在战斗中占据上风，从两翼包围了匈奴单于。如果这时东部的兵马能够按期赶到，就可以造成对匈奴骑兵的围歼形势。可是东部的兵马却因为迷失走向，久久不能到来。卫青只好率领所部单独力战。匈奴单于看到自己的骑兵即将溃败，只好率领数百骑兵向西北方向逃跑。卫青迅速派轻骑兵紧跟追击，连追了好几天，也没能追上。

卫青一马当先，冲向匈奴侵略者。

卫青这次作战，打垮了匈奴单于的主力骑兵，歼敌一万九千，并在追击作战中缴获了匈奴在寘颜山（约在今蒙古国杭爱山南端）囤积的大批粮草，收获很大。

在狼居胥山主峰欢庆胜利

霍去病的一路从代郡方向出发，寻击匈奴骑兵主力。他们一连行军两千多里，才同匈奴右贤王的大军相遇。他和路博德、李敢等人率领所部勇敢作战，接连打胜仗，不仅歼灭了匈奴骑兵七万多人，还俘虏了匈奴的三个王、八十三个将军和相国大臣。霍去病这次进军漠北，前锋一直到达狼居胥山和姑衍山（均在今蒙古高原东北境）。他们登上最北面的高山时，望见了瀚海（即今内蒙古满洲里以南的呼伦湖和贝尔湖），这是西汉王朝军队过去从未到达过的最北线。

卫青、霍去病这次进军漠北，共歼灭敌人九万人，完成了汉武帝深入漠北王庭，给匈奴以决定性打击的预定方针。匈奴贵族经过这次打击，就像泄了气的皮球一样，从此一蹶不振。当时的匈奴单于伊穉斜不得不承认失败。在相当长的一段时间里，匈奴贵族非但不敢再南下侵犯中原地区，而且在漠南地区也很少见到他们的影子。西域各国看到匈奴衰落了，也纷纷脱离他们的羁縻，不肯再向他们进贡。

这次战役以后，匈奴单于由于担心汉王朝的军队再次进攻，曾经派人要求同汉王朝和亲，但汉武帝却不肯答应了。

抗匈战争胜利经验的总结

抗匈战争并不是一个一般性的民族问题，也不是一个小规模的民族冲突，乃是古代中国境内中原地区一个新兴的、疆域广阔的、中央集权的封建制大国同边远地区另一个新兴的、疆域广阔的、军政统一的奴隶制大国之间的一场为时持久、规模宏大的战争。

战争双方的特点是:

匈奴的社会生产发展阶段虽然比汉王朝落后,但是它比汉王朝统一得早,其军事力量,特别是它的骑兵部队的作战能力要比刚从内战中摆脱出来的汉王朝强大。

他们的军队基本上是由各部落里的贵族和受贵族控制的自由牧民组成的。军事组织和生产组织合一。他们的骑兵,和平时期,住下来就能够放牧;战争时期,上了马就可以打仗(除了妇幼老弱和看管奴隶的人以外)。他们的马吃牧草,人吃奶酪,后勤供应问题容易解决,军事机构也简约敏捷。这些情况是汉王朝那种既脱离生产又需要庞大后勤供应的官僚军队所无法比拟的。再加上匈奴军队的战略技术灵活,“利则进,不利则退,不羞遁走”(《史记·匈奴列传》),飘忽迅疾,打了就跑。这一点,也是汉王朝那种作战方法笨拙的军队所不及的。

在经济上,尽管他们尚处在游牧阶段,而且人口也比中原地区少,但是生产力在不断发展,贵族和民众的矛盾不是很大,社会情况比较稳定。这同中原地区由于秦王朝对人民过度压榨和长期国内战争所造成的生产破坏、经济凋敝的局面相比,也要好得多。西汉王朝建立之初,皇帝要找四匹御用的纯色马都不容易,卿相中有人坐的还是牛车,而那时匈奴贵族却已经是牛马成群了。

这种政治、军事、经济的差别,就造成了汉匈双方力量对比中的复杂情况。这就是尽管西汉的社会制度先进、人口众多,匈奴的社会制度落后、人口稀少,但是一定时期内,后者在总体上却能胜过前者。汉高祖的谋士如云,猛将如雨,但是平城一役却被匈奴打得狼狈不堪,其根本原因就在这里。

汉王朝要战胜匈奴贵族吗?那它就要首先改变双方在总体上实际上存在的敌强我弱的力量对比。不改变这种敌强我弱的力量对比,就无法在对匈战争中取得胜利。

这种总体力量对比的改变,不是一天两天可以完成的,它需要一代、两代以至几代人持续不断的长期努力。改变总体力量对比的可能性是存在的,中原地区内战的结束,政治统一,轻徭薄赋政策的实施,再加上社会制度的先进,人口的众多,资源、气候条件的优越,这些都是汉王朝可以在政治、军事、经济力量的发展上超过匈奴的根据。但是可能性还不等于现实性,力量对比的改变,还需要时间。而在力量对比改变的可能性变成现实性之前，汉王朝还必须对自己的这个嗜好战争、侵掠成性的北方强邻采取忍让求全的政策。

经过汉高祖、汉惠帝、吕后、汉文帝、汉景帝几代人的努力，人民得到了休养生息，农村经济得到了恢复和发展，粮食、牲畜增加了，军队素质改善了，骑兵强大了。于是争取抗匈战争胜利的任务，自然就提到了历史的议程上来。汉武帝、卫青、霍去病就是这一历史任务的承担者。

时势创造英雄，但是适应时势发展的英雄，也可以根据历史发展的可能条件在历史上充分发挥自己的特殊作用。汉武帝、卫青、霍去病就曾经自觉或不自觉地根据历史发展提供给他们的条件，在抗匈战争的历史上发挥了自己的积极作用。这种积极作用，主要表现在他们对战争的主观指导方面。

首先，在战略方针上，他们从消极防御及时转入积极防御，又从积极防御转入战略进攻。这种根据国家政治、经济发展形势和军事斗争的需要而采取的战略方针的转变，是及时而正确的。决定这个战略方针转变的是汉武帝，但是卫青、霍去病在执行这个战略方针转变上也是出色的。

第二，在战略方针上，卫青、霍去病针对匈奴骑兵作战的特点，采用以优势骑兵夹击、包围为主要形式的作战方式和以歼灭其有生力量为主要目的的作战方针也是正确的、有效的。与此相配合，用少量精锐骑兵突然袭击匈奴后方或其军事要害部位的草原运动战方针也是必要的、有威慑力的。经验证明，在广袤辽阔的草原或荒漠上，也应采用匈奴贵族“利则进，不利则退，不羞遁走”的方针，与匈奴贵族作战，占有土地没有很大意义，仅仅把敌人击溃也起不了多大作用。唯有歼灭其有生力量和奇袭其后方或军事要害部位的草原运动战，才是令敌人闻风丧胆的作战方针。

第三，在战斗作风上，卫青、霍去病勇敢战斗、一往无前的精神，非常突出。在好几次敌我力量悬殊的军事奇袭中，他们就是依靠这种勇猛果敢的战斗作风使战斗化险为夷的。这是他们在抗匈战争中不断夺取军事胜利的重要原因。特别是霍去病所实行的精选轻骑、急速猛进、突然袭击敌人要害，并依靠敌人的俘获解决军队一部分给养的办法，都很有特色。

第四，在军队管理上，卫青、霍去病所领导的军队，纪律是严格的、赏罚是严明的。这也是他们的军队所以能攻战必克、屡战不垮的重要保证。他们对行军误期、作战畏葸、战斗失败、投降叛国等各种违反军队纪律的行为处置很严，不管你官阶多大，功劳多高，犯了律条，就按照军法处理，不大讲情面。甚至像立过大功的博望侯张骞、著名的将军李广，都只因为行军超过了时限，受到严格的处分。有些事情尽管从现代观点来看，使人感到过分，但是当时却是保证军事胜利的必需。事实上，维护严格的军事纪律，是任何一个想打胜仗的军队都不可以缺少的素质。特别是对敌人的分路夹击包围，一旦误了时间，不仅不能战胜敌人，反而会使自己的军队遭到覆没。汉武帝、卫青对违反军纪将军的严格处置，并不是没有必要的。

除此以外，在战争的主观指导上，当然还有其他导致胜利的因素。例如在汉王朝的军事统帅部内部，最高统帅汉武帝和大将军卫青、骠骑将军霍去病之间能够互相信任，互相理解；卫青、霍去病同下级将士之间，能患难与共，甘苦与共，这些都是值得肯定的。

关于抗匈战争几个认识问题

抗匈战争的性质问题

西汉抗匈战争是正义的，还是非正义的？

这个战争的领导者，包括卫青、霍去病都是封建贵族，他们同匈奴的奴隶主贵族一样也是人民的统治者。这两个统治者之间的战争冲突，难道有是非标准吗？

如果把问题仅仅放在抽象的范围里进行考察，那么，关于抗匈战争的性质，是一个很难给以确定答复的问题。尽管封建统治阶级比之奴隶主阶级在社会发展阶段上是进步的，但是不能说，凡是封建社会统治者对于社会发展阶段比它落后的统治者所发动的战争都是正义的。恰恰相反，历史情况表明，这类战争，其性质倒常常是非正义的。

如果把问题放在具体的历史环境里考察，那么，我们就不难发现，西汉的抗匈战争，尽管是发生在汉王朝与匈奴单于之间的战争，但总的来说，其性质是正义的。

判断战争性质是正义的还是非正义的，从根本来说表现在它对社会生产的发展是起保护、推动的进步作用，还是起阻碍、破坏的反动作用，表现在它符不符合人民群众和民族大多数的利益。

匈奴奴隶主对中原地区发动的侵掠战争，阻碍和破坏了中原地区的社会生产，给中原地区的劳动人民和各民族的大多数成员带来了灾难和痛苦，使许多本来处于封建生产关系剥削下的、尚有一点人身自由的劳动人民，变成了奴隶主手下完全丧失人身自由的奴隶。社会生产方式出现了倒退和反动。这样的战争，其性质当然是不义的。而反抗这种阻碍和破坏社会生产，造成各民族人民苦难，使社会生产方式出现倒退和反动的战争，尽管它是封建统治阶级所进行的，其性质却是正义的。

如果匈奴贵族入侵中原的战争，发生在封建社会自身的没落时期，那时，中原地区的封建社会由于自身矛盾的恶性发展，农民在地主阶级非常态的剥削下，被剥夺了起码的生存权利，实际上变成了近于奴隶甚至连奴隶都不如的饥民的时候，在这种时候，游牧民族奴隶主贵族的入侵，尽管也可以给中原地区带来战争的破坏，但同时也有可能沉重打击以至扫除那种残酷压迫劳动人民的封建政权，在客观上给人民的反抗封建压迫的斗争带来某种间接的，值得加以利用的有利条件。如果新的入侵者在政治上能够适应劳动人民反抗封建统治者的某些要求，给予被剥夺了土地的农民以起码的生存权利和必要的生产条件，那么，被经济剥削和战争烈火所破坏的社会生产，还有可能出现恢复的可能。但是西汉时期匈奴贵族所发动的入侵中原的战争却不属于这种情况。那时，中原地区的封建经济，在农民大起义以后，已经初步调整了内部的关系，社会生产已处在恢复和上升的阶段，这种时候，匈奴贵族所进行的那种肆意掠夺性的战争，就变成了完全不符合各族人民利益的反动行为。因此反抗和打击匈奴贵族的斗争，就变成了保护生产发展、维护人民利益的进步事业。抗匈战争的正义性质，就表现在这里。

当然，汉王朝的封建统治者进行抗匈战争的主要目的是为了保持自己的统治，即保卫他们剥削人民的权利不被匈奴贵族抢走；此外，还有转过身来掠夺匈奴人口、土地和牲畜的欲望。在这些方面，汉王朝的封建统治者和匈奴贵族都是非正义的。但是，抗匈战争是一个有广泛社会阶层参加的行动，所涉及的利益范围不仅包括封建统治者，而且包括了劳动人民。是的，对人民来说，抗匈战争的胜利非但不能使他们摆脱封建统治阶级的剥削，而且在一定时期还要加重他们的经济和劳役上的负担。但是抗匈战争的失败，却使他们用农民起义的巨大牺牲为代价，换来的那一点较好的劳动和生产的条件，有丧失殆尽的危险。

抗匈战争的反击作战的必要性问题

在匈奴铁骑蹂躏中原大地的时候，是没有人反对抵抗的。但是是否有必要派出强大的军队深入匈奴后方去对匈奴进行大规模的反击作战呢？这样做是否给匈奴的人民造成苦难，从而把反侵略的正义战争变成侵略性的不义之战呢？

如果匈奴骑兵对中原地区的侵扰活动仅仅是一种少量的、暂时的、带有偶然性的行动，那么，从战争正义性的观点来看，汉王朝是不应派出强大军队深入匈奴后方去进行大规模反击作战的，这样的战争的确是给匈奴人民造成苦难的不义之战。但是历史的情况不是这样，历史的情况是从战国时期以来，特别是从秦汉之际冒顿单于统一匈奴各部落以后，匈奴贵族对中原地区的侵扰活动一直持续不断，烧杀掠夺无恶不作。秦始皇的万里长城，汉高祖的和亲政策，吕后的含羞忍辱，汉文帝的厚赠金帛，都不能根本改变这种状况。文景时汉王朝为了加强边境防务，对匈奴的侵扰活动，进行了消极的防御作战，但是依然不能有效地抵挡匈奴贵族的入侵。情况常常是今天你防了东，他打西，明天你防了西，他打东，弄得汉王朝那一点国防部队东奔西跑，穷于应付。

怎么办呢？怎样才能从根本上改变这种军事上的被动局面呢？

只有变消极防御为积极防御，即改变军事上的单纯防御为反攻和进攻的攻势防御，在自己的力量超过敌人时，转入战略进攻，大量消灭敌人发动战争的有生力量。

在汉武帝的决策下，由卫青、霍去病组织的，深入匈奴后方的大规模反击作战，完全符合上述要求。他们按照军事学的客观必需，做了他们应当做的事情。正是由于他们正确的战略决策和卓越的军事指挥，西汉政权才得以从根本上解决了匈奴的入侵问题，保证了他们的国家政权和人民的安全。这种为抗匈战争胜利所必要的大规模反击作战，同整个抗匈战争一样，其性质也是正义的。

深入匈奴后方的大规模反击作战，会不会给匈奴人民带来苦难？会的，这种作战方式是会给匈奴人民带来战争苦难的。而且,不可否认,无论是汉武帝还是卫青、霍去病,他们都是封建统治者,他们狭隘的封建剥削阶级的眼光,不能使他们在匈奴贵族和匈奴人民之间划出性质不同的界限,相反他们剥削阶级贪婪的本性,还会使他们在战争胜利时,以战胜者的姿态去掠夺和伤害匈奴的人民。

火与剑,血与泪,飞来的横祸,残酷的报复……匈奴贵族在入侵中原地区时所表现的一切丑恶,也会出现在被汉王朝的军队攻入的匈奴后方。这是历史的不幸,但是谁是这种历史不幸的首要责任者呢?不是别人,正是以不断的侵掠活动挑起汉匈这场巨大战祸的匈奴奴隶主贵族。

汉武帝、卫青、霍去病对于汉王朝军队在反击匈奴侵掠战争中所做的各种不合于正义原则的行为,也应当承担历史的责任,但是他们的责任是第二位的。

抗匈战争的历史作用问题

抗匈战争的正义性与必要性,同抗匈战争以后出现的人民负担加重、国内阶级矛盾的加剧是否相矛盾呢?汉王朝从汉武帝中期以后出现了全面性的政治经济危机,以及汉帝国由盛到衰的转折,是否同抗匈战争有关呢?人民的利益是检验一切政治集团政策好坏的试金石,如果抗匈战争造成了人民生活的痛苦和国力的衰微,怎么能说这个战争是正义的与必要的呢?究竟应该怎样来评价抗匈战争的历史作用问题呢?

的确,从汉武帝在匈奴入侵的问题上,实行新的战略决策以后,由于国家各种开支的逐年扩大,使汉王朝建国以来所实行的轻徭薄赋,与民休息的政策无法继续了。而在国家各种开支中,抗匈战争耗费最大,这种耗费当然会加重人民的负担,加剧国内的阶级矛盾。这个事实告诉我们,对于汉王朝抗匈战争的历史作用要看到两个方面:一方面,如前所述,这个战争的确有效地阻挡了匈奴贵族对中原地区的不断侵掠,保卫了国家的安定和人民的利益;另一方面,这个战争,又有加重人民的负担,给人民增添痛苦的一面。

但是,不言而喻,战争本身就是人类生活中的一种残酷无情、代价昂贵的行为。历史上的任何一种战争,哪怕是革命的战争,都不可避免要或多或少地造成生产的破坏与人民的痛苦。问题是要权衡利弊,对具体的战争进行具体的分析。特别是对于抗击匈奴这样情况比较复杂的战争，我们要研究它的全过程，比较它的不同方面的历史作用，分析哪一个方面是主要的，这样才能得到对于它的全面认识。

我们不难看到，直到公元前 119 年卫青、霍去病深入漠北进行规模宏大的决定性战役的时候，人民为抗匈战争所付出的代价尽管已经很沉重了，但是还没有引起政治、经济的全面危机。这次战争的胜利，使匈奴发动侵略战争的基础力量受到了惨重的打击，从战国时期以来的匈奴入侵中原的问题，得到了基本的解决。人民为抗匈战争所付出的代价，得到了应有的补偿。到此时为止，抗匈战争的历史作用，其积极方面是主要的。

诚然，也就在抗匈战争接近决定性胜利的时刻，汉王朝长期积蓄起来的、比较充实的国库空虚了。为此，汉武帝指派桑弘羊等人理财。但是造成国库空虚的原因是多方面的，不完全是抗匈战争的消耗。例如，就在第八次大规模抗匈反击作战的前一年，山东地区发生了非常严重的水灾，为了救灾和安置多达七十万的灾民，汉王朝开支的钱款数以亿万计。也是在这一年，汉武帝在首都长安郊区修建外围达四十里的巨大水利工程昆明池，耗费的钱款也是以亿万计。此外，尚有宫室建筑和皇家的奢侈生活的开支。这些款项加起来，其数目要比抗匈战争的开支更大。由此可见，抗匈战争并不是国库空虚的唯一原因。怎么能把国库的空虚统统归咎于抗匈战争，并由此而否定抗匈战争的正义性和必要性呢？

其次，抗匈战争也不是造成汉王朝全面性的政治、经济危机，使汉帝国发生由盛到衰转折的原因。

历史事实是，到公元前 119 年抗匈战争取得基本胜利的时候止，汉王朝并没有爆发全面性的政治、经济的危机，汉帝国在这时也没有出现由盛到衰的转折。

真正促成汉王朝政治、经济危机，从而使汉帝国发生由盛到衰转折的，是汉武帝在抗匈战争取得决定性胜利以后所犯的各种错误。

抗匈战争的大捷，冲昏了汉武帝本来就不够清醒的头脑，他好大喜功的骄傲思想急剧地膨胀起来，简直认为自己无所不能。

匈奴单于由于自己的军事力量受到了决定性的打击，暂时只好退居漠北，不再南下。这时候,汉武帝迫切需要做的事情本来应该是松弛一下已经紧张了多年的战争弓弦,减轻一下由于战争和其他各种巨额开支所加重的人民负担,让人民有个重新休养生息的机会。但是,他非但没有这样做,反而愈加骄奢淫逸起来。他利用抗匈战争胜利的声势,穷兵黩武,四面出击,随意欺侮边远地区的弱小民族,连年不断地用兵于帝国疆土的开拓。特别是公元前 109 年进攻朝鲜的战争和公元前 104 年进攻大宛(在今中亚细亚)的战争,其规模都很大。这就不仅给其他国家和民族造成了巨大的战争苦难,而且也给自己的国家和人民造成了巨大的战争苦难,并使以前属于正义性质的抗匈战争,走向了它的反面。

由于汉武帝对外扩张战争需用非常巨大,再加上各种皇家工程和奢侈生活的需用日益增多,汉王朝已经空虚的国库无法满足这样浩大的耗费。尽管桑弘羊等人用增加商税和盐铁酒专卖等办法拼命地搜刮钱财,但是国家财政收支仍然入不敷出,国家出现了财政经济危机。为了弥补开销,汉武帝就用各种办法增加苛捐杂税,向人民搜刮更多的钱财。谁不服从,就给以残酷的刑罚,这样就使人民生活陷入困难不堪的境地。他们无法忍受这样沉重的经济负担和政治压迫,纷纷起来反抗。公元前 99 年终于在黄河南北爆发了声势很大的农民起义。表面强大的汉王朝从根底上动摇起来,国家终于出现了政治、经济危机,西汉帝国走到了从盛到衰的转折点。汉武帝害怕重演秦二世亡国的悲剧,只好在公元前 89 年颁布诏书,表示悔过自新。他向人民保证今后不再穷兵黩武、轻易用兵,并且禁止残暴的刑罚,减轻人民的负担。悔过诏书颁布以后,汉武帝又按照诏书的内容,采取了一些实际步骤,在一定程度上实现了自己的诺言,汉王朝岌岌可危的局面,这才勉强稳定下来。

由此可见,汉王朝的政治、经济危机的出现和汉帝国由盛到衰的转折都是抗匈战争胜利以后多年的事情,它并不是抗匈战争的直接后果,因此,它不能成为否定抗匈战争正义性与必要性的理由。

抗匈战争的民族团结问题

对于抗匈战争及其领导者的肯定是否符合民族团结的原则呢?汉武帝为什么不可以采取和平的手段来协调汉匈两个民族间的关系呢?汉武帝的后人汉元帝所采取的王昭君和亲的政策,不是比汉武帝的战争政策远为正确吗?

对这个问题也要做具体的历史分析。

无论过去和现在，各民族之间的团结，都是人民根本利益之所系。民族间的团结原则，应该是我们评价一切民族关系问题的根本原则。古代历史上，各民族的政权为统治阶级所掌握，各民族的代表一般是民族的上层统治者，人民不能掌握国家的命运。在这种情况下，民族间的团结，常常是通过统治阶级代表人物来实现的。因此，凡是在历史上实行符合民族团结政策的统治阶级代表人物，以及他们所从事的符合民族团结利益的活动，都应该得到肯定的评价；而一切违反民族团结原则的侵掠战争，以及各种民族扩张主义都应该得到否定的评价，这是没有疑义的。

但是民族团结的原则绝不排斥对于民族压迫的反抗，也不意味被压迫的民族对压迫民族只能委屈求全，实行不抵抗主义。民族投降主义和民族团结原则是毫不相干的两回事。相反，对于民族压迫的不屈斗争，却能打击民族侵掠战争的发动者，消煞民族压迫者甚嚣尘上的气焰，从而为民族间的平等、和平相处创造必要的历史条件。

在汉武帝以前，以汉族为主体的中原各族人民及其统治者，对于发动侵掠战争的匈奴贵族不是没有和平愿望的，他们也曾经企图用和亲的政策与匈奴建立民族间的平等关系，但是嗜好战争、掠夺成性的匈奴贵族，不肯给你和平。从汉高祖到汉景帝，汉王朝分别向冒顿单于、老上单于、军臣单于三次奉送美女和亲，而且奉送的美女都是"血统高贵"的宗室公主，与此同时，每年还向匈奴进献大量的金帛厚赂，但是匈奴还是经常毁约，侵暴不已。汉文帝为了同匈奴和平相处，一而再、再而三地派人去同匈奴讲大道理。使者多得"冠盖相望，结辙于道"，但匈奴却并不受感动。汉使要向人家讲礼义，人家说，"废话少说，你只管送来足够的、质量美好的缯絮、米酒就是了，否则秋高马肥的时候，我们就派骑兵去蹂踏你的庄稼。"其实就是送去了足量的丰美的厚礼，匈奴还是要侵略。汉武帝、卫青、霍去病所进行的抗匈战争，就是在这一历史背景下产生的。当然，我们应当看到，汉武帝在受到匈奴贵族侵掠时，是民族压迫的反抗者。但是，在抗匈战争取得基本胜利以后，他又变成了压迫其他民族的代表。以前是匈奴贵族拒绝他的和平要求，现在反过来是他拒绝匈奴贵族的和平要求。不宁唯此，他还一次又一次地发动侵掠边远地区其他弱小民族的战争。这种在民族斗争问题上由进步立场向后倒退的急剧变化,是由他的地主阶级的本性所决定的。但是,历史不能因为汉武帝后来的倒退,而否定其前期反抗匈奴贵族侵掠斗争的正义性。

汉武帝的后人汉元帝,为什么又能对匈奴采取正确的和亲政策呢?因为汉王朝和匈奴双方在长期斗争之后出现了新的均势。

汉匈双方新的均势是这样造成的:

首先,从匈奴方面说,自从卫青、霍去病在八次大规模的反击作战中,沉重打击了它的骑兵主力以后,匈奴的力量即大为削弱,公元前 72 年汉王朝又联络西域乌孙等国共同打击匈奴,获得大胜,匈奴的力量更为衰落。此后,匈奴内部又发生分裂,五个单于争夺统治权,最后分为南北两部,南匈奴单于呼韩邪同汉王朝和好相处。

其次,从汉王朝方面说,尽管它在同匈奴贵族的斗争中不断取得胜利,但是因为累年发动各种战争,国家的力量消耗很大,统治阶级和被统治阶级矛盾尖锐化,这种情况极大地限制了汉王朝再对其他民族进行大规模的战争行动。汉王朝在对匈奴的斗争中仍然占有优势,但这种优势地位并不很稳固。因此它也希望采取一些措施,来维持汉匈之间的和好关系,以巩固自己的统治地位。

公元前 36 年,汉王朝的西域都护陈汤在康居打败北匈奴的郅支单于,坚持同汉王朝和好的呼韩邪单于得到了匈奴的全部统治权,从此匈奴同汉王朝关系更加亲密,北方出现了“边城晏闭,牛马布野”的和平局面。这种政治情势使汉匈和亲问题成为汉匈双方迫切的需要。公元前 33 年,汉元帝和匈奴呼韩邪单于为了适应这种需要,在汉宫演出了“昭君和番”的喜剧,从而促成了一代的和平。

由此可见,汉元帝和亲政策的成功,不仅不能否定汉武帝前期抗匈战争的必要性;而且,汉武帝前期抗匈战争的胜利,正是促成汉元帝和亲政策成功的历史因素。没有对匈奴贵族的这种军事打击,匈奴骑兵的主力不会削弱,平等相处的和亲政策就很难被匈奴贵族所接受。汉匈和平的新局面,是汉匈多年军事、政治、外交斗争的结果,不是汉宫美人王昭君个人的美丽姿色和智慧才能造成的。当然王昭君在这次和平事业中也起到了她的积极作用,但却不是决定性的。决定性的力量是整个国家全体军民多年来的斗争。

汉武帝的抗匈战争，在他的条件下，是历史的必要；汉元帝的和亲政策，在他的条件下，也是历史的必要。没有汉武帝前期抗匈战争的胜利，也就不可能有汉元帝宫廷里盛大的和亲欢宴。在汉王朝没有在保卫自己权利的军事方面表现其力量之前，匈奴贵族是不会把和平端在银盘子里送过来的。无论你送去多少绝代佳人也没有用。但是我们也不可以低估以汉元帝为代表的汉王朝在和平的可能性已经具备的情况下，对匈奴采取和亲政策的历史进步意义。在历史上，和亲政策是各民族之间一种利用婚姻关系发展民族间和平友好的政治措施，只要不是那种被迫的、屈辱的，名为和亲，实为变相进贡美女的滑稽剧，就有利于促进各民族间的友好往来和经济文化交流，符合于各民族广大人民的根本利益。

飞将军李广

一编青史，记林中射虎，沙场追敌。半世都从马鞍上，胡虏望风逃匿。避祸无门，封侯无骨，大漠烟犹直。饮刀自笑，此因非是人力。

——燕垒生：《念奴娇》

一

他不是西汉抗击匈奴侵略的主将，也没有封过侯。

西汉抗击匈奴侵略的主将是长平侯、大将军卫青，其次是冠军侯、骠骑将军霍去病。公元前 119 年卫青、霍去病率汉军主力与匈奴军队主力决战时，他只是汉军的前将军。但是在汉代所有抗匈的名将中，他最为当时的人民和战士所敬仰。

就在这一次战争中，他因为争当前锋同大将军卫青闹矛盾，郁郁不欢。后来误了行军限期，按当时的军法这是很严重的错误，是要受到追究的。他不愿意为此去同那些刀笔吏打交道，就引刀自刎了。死耗一传出来，李广的军队“一军皆哭”，老百姓听说了，无论熟识不熟识他的，也无论老壮，“皆为垂涕”。这情景是史学家司马迁所亲历，他说：“余睹李将军，悛悛(谦恭谨慎)如鄙人(普通人)，口不能道辞，及死之日，天下知与不知，皆为尽哀。”(《史记·李广列传》)当时所有的公卿王侯都没有受到过人民和战士这样的崇敬。即使是极威至上的汉武帝，死的时候，官吏、人民不过是奉命穿白而已，而李广却得到了人民和战士出自内心的哀悼。这是他真正的荣耀，是任何封号、爵位都比不了的。

他为什么能得到当时人民和战士这样真诚的爱戴呢？原因是他的确是一

个把自己的生命和热血献给了抗击匈奴侵略事业的人。

二

他是陇西成纪(今甘肃静宁西南)人,从青少年时代起,就投身于反抗匈奴侵略的斗争。这是汉文帝前十六年,即公元前 164 年的事。那时匈奴长驱直入,大举入侵关中与西北的交通要冲萧关(今宁夏固原东南),他为了保卫自己的国家,积极参军与匈奴作战,因为战功被选为汉中郎。这以后的四十多年,他大部分的时间都是在与匈奴的战斗生活中度过的。

他开始与匈奴搏战的年代,同后来的情况不一样。

汉王朝初建的时候,由于长期内战的巨大消耗,国力不强,整个国家在空前强大的匈奴侵略者面前,束手无策。刘邦率领四十万众同匈奴作战,结果被围困于平城(今山西大同市东北),后来以贿赂匈奴王后得脱。吕后受到单于轻慢不逊的凌辱,也无可奈何。到了文景时期虽然农业生产已有恢复,但战备力量仍然有限,对匈奴只能进行一些防御性的作战。那是抗匈战争最艰难的年代,也是北方人民遭受匈奴侵扰最痛苦的年代。潮水般的匈奴骑兵,在匈奴贵族的指挥下,袭击城乡,杀人放火,抢夺财物,掳掠人口,什么道理也不讲。就在这样的年代,李广带着一支同他生死与共的小部队,活跃在陇西、上郡、北地、雁门、代郡、云中、上谷、右北平(今甘肃、宁夏、陕西、山西、河北、内蒙古、辽宁等省区的一部分)的国防前线上,以自己的生命、热血,同匈奴侵略者死拼硬斗,保卫着人民生命财产的安全。

他是秦代名将李信的后代,从小练就一身精良的骑射功夫。据说他力气很大,能挽强弓。有一次出去打猎,见草中巨石,以为是虎,弯弓射击,箭锋竟射进了石头里。但这些还不是最主要的,最主要的是他对无端侵略国土、危害人民生命财产的匈奴侵略者,充满了愤怒,在战斗中表现得非常英勇。他的战士大多数也是亲身经受过匈奴侵略之害的农民,大家学习他英勇作战的榜样,积极地同匈奴作战。他就这样在同强寇的血战中,杀出了威风,敌人给他起了一个名字叫"飞将军",一听见他的名字就害怕。

公元前 128 年,匈奴又一次侵入边地,杀死了辽西太守,打败了汉王朝的名将韩安国，韩安国退守右北平，不久身亡。右北平的人民陷入惊恐之中。这时汉武帝召见李广，拜他为右北平太守，叫他“率师东辕，弥节白檀(今河北滦平东北)”，去抵御匈奴的进犯。李广的军队一到，匈奴听说“飞将军”来了，逃避而去，几年不敢再入右北平。

到这时为止，他已经在国防前线辗转战斗了近四十年。在这样长的时间里，他用尽自己的力气，持续不断地同凶恶的侵略者搏战着。那时全面反击匈奴的斗争刚提到日程上来，赫赫有名的抗匈名将卫青、霍去病才刚露圭角。而在他以“飞将军”的威名、令敌人闻风丧胆的时候，这些人才不过是十几岁或几岁的小孩子。

试想，对于这样一个在抗匈战争最困难的漫长时期里，辗转奋战于国防最前线，不知解救了多少处于危难险境中的人民的老将军，人民怎么能不爱戴他呢?

三

他爱战士，战士也爱他。

他的军队所以能团结一致，所以比较有战斗力，所以不易打垮，其秘密在于他能同战士打成一片。

他是古代将军里少有的能同战士同甘共苦的将军。

他艰苦朴素、廉洁奉公，不贪求个人财产。每次作战，得到赏赐都分给部下。他常同部下一起饮食。他年俸二千石，不算少，可是当了四十多年的将军，“家无余财，终不言家产事”(《史记·李广列传》)。

他率领军队出没荒漠，走到乏绝之处，见不到水草，人渴马乏。突然找到水，他总是让战士先饮，战士不尽饮，他不近水。吃饭的时候，他也是让战士先吃饱，战士不吃饱，他不就食。

他对待战士很宽厚，不苛刻，态度比较平等。战士们非常拥护他，打起仗来，愿意跟着他死战到底。

他“讷口少言”，不擅长于辞令。他不是单纯依靠命令来领导军队，而且靠自己的模范行动来带动和影响自己的军队。司马迁用了一句谚语来形容他的作风:“桃李不言,下自成蹊”(桃李并不言语,她们只用花朵和果实吸引人,其下自成路径)。是的,身教胜于言传。实际生活中表现出来的优秀作风,比一切空洞的说教更能吸引人。

这样的将军,战士怎么能不爱戴他呢。

四

他的勇敢简直是惊人的。

汉景帝时,匈奴大举入侵上郡,李广在上郡与匈奴力战。这时,皇帝派了一个中贵人(皇帝的亲信宦官)来跟李广学习武事。这个中贵人是个草包,一次率领数十人外出,在途中同三个匈奴骑兵遭遇,竟被打得大败,逃了回来。李广听说,带了一个小分队纵马去追赶这三个人,杀两人生俘一人。正在这时,匈奴几千人的大队伍来到。李广的随从都惊慌起来。李广说:“我们现在离开大军数十里,要是往回逃,敌人一定派兵追射我们。要是不逃,敌人以为我们是来引诱他们,必定不敢攻击我们。”于是他下令,叫小分队继续朝前走,到离开匈奴大队很近的地方下马解鞍,装着很安逸的样子。随从说:“敌人这么多,又离得这么近,要是他们打过来怎么办?”李广说:“敌人以为我们要走,我们下马解鞍,表示不走,让他们疑惑,越疑惑,他们越不敢来打。”一会儿,敌人派了一个骑白马的将军出来巡护,李广立刻带十几个骑兵疾驰过去,杀了这个骑白马的将军。回来后,又叫战士下马解鞍,纵马休息。匈奴因为害怕埋伏,总不敢出击,夜半撤走了,李广才回大营。

公元前 129 年,李广带领一万多人马出雁门(治今山西右玉南)打击匈奴,匈奴探知了李广的兵马,集中了自己的大部分骑兵进行伏击。因为匈奴兵多,李广打了败仗,自己也负伤被俘。匈奴想叫他投降,把他安置在两匹马搭起的吊床上,押着他往大营里送。在路上,李广看见一个匈奴骑兵骑了一匹快马,就乘其不备,忍着伤痛一跃而起,跳上那匹快马,把匈奴骑兵推下去,并随手夺过弓箭飞快逃奔。匈奴派了数百骑兵追击,李广用夺来的弓箭射杀追兵,终于跑回军中。

最危急的一次是公元前 121 年夏天,李广率领四千先锋部队出右北平,追击匈奴。因为率领主力部队的张骞误了行军期限，他的先锋部队成了孤军，被匈奴左贤王的四万骑兵包围。战士们很恐慌。李广叫他勇敢的儿子李敢率几十个骑兵冲进敌军的队伍，砍杀了一阵，胜利归还，然后，用这个事实教育自己部队说，敌人没什么了不起，不要怕他们。军心安定以后，李广把战士布置成一个圆阵，每个人都向外站立，抵御着从四面八方向自己进攻的敌人。左贤王发动进攻，矢如雨下，战士死伤很多，而且弓矢渐尽。李广亲自用强力的大黄连弩，射杀了敌人好几个将领，才把敌人击退。天黑的时候，战士们疲劳不堪，李广却依然意气自如，大家都佩服他。明日复战，正好张骞的主力部队赶到，匈奴只好解围而去。

他就是这么一个临危不惧、指挥若定、艺高胆大、勇冠三军的将军和猛士。

五

我们在肯定李广历史功绩和优良作风的同时，也应该看到他毕竟是一个封建王朝的将军，他同封建统治阶级中的其他历史人物一样，具有那个时代一般人所具有的种种封建意识。但是，历史并不是按照人们参与历史活动的主观意识发展的，我们对历史人物的评价主要也不是以他参与历史活动的主观意识为标准。我们更重视的是历史人物历史活动的客观效果。不管李广参与历史活动的主观意识是什么，他反击匈奴侵略的历史活动，其客观效果主要是保卫了人民的利益。原因是匈奴贵族对中原地区的侵略，当时不仅危害着汉王朝的统治，而且更危害人民的利益，在许多情况下，人民是匈奴侵略者首要的、直接的受害者。正是由于李广反击匈奴侵略的历史活动其客观效果有利于人民，所以他作为一个封建王朝的将军，才能受到人民的欢迎。

更重要的是，我们还要看到西汉王朝进行了百年之久的反击匈奴侵略的斗争，虽然其组织者主要是封建统治阶级的代表人物，但其主体力量还是深受匈奴侵略之害，并积极支持这场反侵略斗争的劳动人民。这个斗争不仅推动了古代中国社会的发展，而且是影响一切杰出人物历史活动及其精神面貌的伟大动力。

正是人民的影响和推动，才使封建统治阶级的一个杰出的将军李广，保持了旧时代将军中所罕有的许多优良作风。

当然，不是别人而是他能够从人民之中接受这样大的影响，这是同他所特殊生活环境有关的。

他出身“良家子弟”，是那个社会的自由民。这种社会地位，使他能比那些自恃“血统高贵”的贵族将军更接近人民。他生活的故乡陇西地区屡遭匈奴残破的经历，使他更能理解反击匈奴斗争伟大的历史意义。他在行军作战的戎马生涯中，经常看到的人民对于反击匈奴战争的热烈支持，也使他不断从人民中得到激励。所有这些都是他所以能长期保持比较艰苦朴素、平等待人的作风，英勇同敌人奋战不息的原因。如果人民对抗匈战争的热烈支持，能够使一个从小过着贵族生活的青年英雄霍去病产生“匈奴未灭，何以家为”的壮烈胸怀，为什么不能使一个出身平民的将军，抛弃为个人积累家财的愿望，贯注他的全力，去从事这项正义的事业呢？

正如毛泽东讲的，正义的战争“能改造很多事物”(《论持久战》)。正义战争本身确实具有一定程度的抵抗各种剥削阶级思想毒素的作用。在一定的条件下，正义的战争能够引导一个军队和他的领导者在不同程度上排除他本身原有的污秽，从而使自己得到不同程度的净化。这个原理，不仅对于古代是适用的，就是对于现代也是适用的。

李广终生没有得到封侯，同他一起参军的堂弟李蔡，名望比他差远了，可是由于屡建战功，封东安侯，位至三公。甚至他的部下，也有不少人封侯拜爵，可是他总是得不到封侯。有一次他向一个望气的先生请教，望气先生问他，你一生中有没有做过亏心的事？他说，有一次他诱降了八百个敌人，当天就背弃诺言把他们全杀了，这是他一生最大的遗恨。望气的说，“祸莫大于杀已降”，这是你所以得不到封侯的原因。

杀已降，历来不得人心。但从科学的观点分析李广得不到封侯的原因并不是这个。不过，他终生没有得到封侯，对于历史，对于他本人，也许并不是一件坏事。我们看见多少奋发有为的历史人物，因为得了高官厚禄而骄傲奢侈，壮志消磨！李广要是封了侯，前呼后拥起来，他那些比较艰苦朴素、平等待人的作风也许就不能长期保持下去了。

六

封不了侯不是他的缺点，也无损于他的历史地位。

他真正的缺点是缺乏谋略。这一点古代已经有人指出过了。他封不了侯的原因，亦可以从这里寻求。

匈奴骑兵百战不殆的主要方法是，“利则进，不利则退，不羞遁走”（《史记·匈奴列传》）。李广的作战方法则是猛烈袭击，击溃敌人了事。他如同鸷鸟猛兽一般的迅猛袭击使敌人猝不及防，无法抵抗，只好逃跑。也许就是这个原因，使他获得了一个比封侯更光辉的称号“飞将军”。“人怕出名，猪怕壮”，从此他也倒了运。一般情况下，他再也难以找到敌人，再也难以找到建立显著的战功的机会了。敌人听见他来了就跑，不同他打。可是一有机会就集中优势兵力，扭住他不放，而且要活捉这个令人生畏的“飞将军”。他到了右北平，敌人为了逃避他，可以几年不同他着面，这是前一种情况的例子；可是等他从右北平孤军深入，领兵出击的时候，敌人却能迅速集合十倍的兵力，把他团团围住不放，几乎弄得他全军覆没，这是后一种情况的例子。“飞将军”出了名，好是好，但坏起来也够麻烦。什么事情都有两重性。

他不大讲究合围、夹击，不大讲究歼灭战，这是他用兵的致命弱点。战争的本质，即战争的目的是保存自己、消灭敌人。消灭敌人最有效的方法不是击溃，而是集中优势兵力迂回、包围敌人的全部或一部，予以大量杀伤、俘获。对于匈奴这种如同狂飙一般、来去无踪影的敌人，击溃战的用处一般不大，因为它不能决定战争胜负。只有消灭其有生力量的歼灭战才能达到决定战争胜负的目的。而要打歼灭战，就要讲究合围，夹击，迂回包围。李广恰恰在这个关系战争根本大计的战略思想上，缺乏悟性。他只满足于面对敌人，勇猛冲锋。它的确很英勇，但英勇之后，敌人逃跑了。劳师动众，靡费巨亿，却不能解决战争根本问题。

他的死是一个令人惋惜的悲剧。但是我们却不能为他赞一词，也难以为他辩护。我们能说的只是大将军卫青不善于做这个老将军的思想工作。他一定要争着当前锋去面对匈奴打一场，却不愿在迂回方向配合正面部队来夹击敌人。他的理由是，“臣结发而与匈奴战，今乃一得当单于”。为什么结发与匈奴战的人，就不可以在迂回方向战斗呢？这除了说明他在思想上从来就不重视迂回、夹击，又能说明什么呢？大将军没听他的意见，下了死命令，他“恼怒”、消沉，结果误了行军期限，破坏了全军夹击作战的计划。上面一追究，他不愿意面对刀笔吏，自杀了。是的，那个时候的一些审理专案的人（俗称刀笔吏），屁本事也没有，就会坐在审判台上装腔作势，陷人于罪，灵魂丑恶得很。但是这就值得自杀吗？不可以用钱赎罪，重返战场吗？“水至清则无鱼，人至察则无徒”，他太脆弱了。

李广自杀后，他那个勇敢又可爱的儿子李敢，怨恨卫青，在一次争执中击伤了卫青，卫青宽大为怀，隐匿不究。卫青的外甥、冠军侯兼大将军霍去病却受不了啦，终于在一次围猎中挟私报复，用箭射杀了李敢。这是杀头大罪，可霍去病是皇帝的心尖儿，谁敢处理他！抗匈名将们，就这样仇雠相报起来。战场上的大英雄，在生活中竟像个小孩子。但李敢、霍去病，当时都不是小孩子，而是全军景仰的成年人了，他们应为自己的不法行为负责。卫青的隐匿、皇帝的包庇都是错误的，可以在法律范围内从轻处分，但却不应隐匿、包庇。

同李广缺乏谋略的缺点相联系的另一个缺点，是他虽然很勇敢，很机智，但行军作战有时失之轻率。

战国兵家吴起在《论战将》中说：“凡人论将，常观于勇。勇之于将，乃数分之一尔。夫勇者必轻合，轻合而不知利，未可也。”李广的缺点就是勇者的轻合。史书上说他“其将兵数困辱”，连射兽有时“亦为所伤”。其原因就是他自恃勇敢，什么都不在乎。前面说过，他作为一军的首领，为了追击敌人的三个游骑，亲率少数人出击，弄得大军都不知道他的去向，自己也险些遭难，就是一例。

他出击匈奴时，行军布营不按照规定办事，只拣水草方便的地方屯息，人人自便，夜里军营里也不击刁斗巡更，只远派几个游动巡逻哨。另一个名将程不识行军布营严格按照规定办事，夜里击刁斗巡更。这两种行军布营的方法都没有出问题。战士们喜欢李广的简易方便的方法，而讨厌程不识烦扰难弄的方法。程不识说，李广的办法好是好，就是敌人猝然来犯时，没法应付；我的办法烦是烦，但敌人猝然来犯时却奈何我不得。从军事观点来看，程不识行军布营的繁琐方法应当改进，但其防患未然，时刻做好战斗准备的精神则是正确的。古人讲行军应准备，“出门如见敌”，现在讲备战如临敌，时刻准备战斗，都是这个意思。李广人人自便的办法，虽然简易，但的确是难以应付敌人的突然袭击，尤其是他布置的游动巡逻哨，一旦出了问题，全军就有遭歼灭的危险，这就是他勇者轻合的毛病。

他的缺少谋略，他的失之轻率，就是他“自击匈奴，不为后人”，但却不中首虏，军功甚少，终身不得封侯，反倒经常遭遇危险的真正原因。可惜他认识不了这个原因，请教望气的，仍然得不到正确的解释，只好归诸命不好、数奇。后来，连皇帝老倌也相信这一套，出军时告诉卫青，“李广老数奇，毋令当单于，恐不得所欲”。他屡次自请当中路前锋，卫青总是不肯，为什么？就是皇帝说了，他的命不好、数奇，担当中路前锋，万一弄不好，会影响大局。

他的命真是不好吗？不好，就不好在缺少谋略上。

他的数真是奇吗？奇，就奇在失之轻率上。

西汉帝国的最高司法长官张汤

西汉帝国的最高司法长官是廷尉。廷尉掌管全国刑狱。他是皇帝直接领导的九卿之一，权力极大。举凡现代机构的公安、检察、法院、司法、监狱以至帝国法令的制定都是廷尉的职责范围。

张汤(？～公元前 115 年)是汉武帝时的廷尉，是西汉帝国历任廷尉中名望最大、争议最多的一个人物，司马迁把他列入《酷吏列传》中。酷吏一般指用法严酷，刑罚残暴的官吏，他们历来是不得人心的。但是司马迁却说酷吏以“严削”手段对付“倍本多巧”，“轨弄法”者，对于国家、社会有“方略教导”，“禁奸止邪”(引自《史记·酷吏列传》，下同)的作用。同时他还认为酷吏之间也是有区别的，其中有伉直廉洁的，有污秽、恶劣的，而汉代著名酷吏张汤就是酷吏中比较廉洁的一个。《汉书》作者班固对酷吏和张汤个人的看法，大致同司马迁一致。他们的这种观点是否正确呢？本文试图以张汤作为典型，对这个问题作一些历史分析。

一

张汤是由一个偶然机缘踏上酷吏之途的历史人物。

单纯的偶然机缘不能成为个人历史发展的重要因素，但是偶然机缘与个人和历史的特殊条件相结合，就可以影响一个人的终身命运。张汤一生的道路就是从一只偶然撞到他身边的老鼠开始的。

张汤是西汉杜(今陕西西安东南，后称杜陵)人，父亲是长安丞(首都长官的辅佐)。他少年时大概生活在一个鼠害猖獗的年代。一天，父亲外出，要他看家，老鼠跑出来，叼走了家中的肉，父亲回来发现家中的肉丢失了，打了他一顿。他气极了，就挖掘鼠穴，捉到了老鼠，并找到了老鼠偷走的剩肉。他严厉地审讯了老鼠，写了“判决书”，判处老鼠死刑立决。他写的“判决书”，文辞严刻，就像出自老狱吏的手笔。父亲大为吃惊，乃培养他练习写作律令和判决书之类的司法文书，由此开始了他未来的生活道路。

我们完全赞成少年张汤对于窃贼老鼠的严厉处置，这属于人类向自然界争夺生存权利的斗争，小题大做，也无可厚非。但是，当少年张汤变成文墨小吏，而后又青云直上，最后变成了执掌人们生死大权的帝国最高司法长官的时候，他再用处置老鼠的手段来处置人类自身的社会问题，那么问题就复杂化了。

二

张汤年轻时，由于父亲的提携，在首都司法界有点小名望。父亲死后，他继承父业，任长安丞。汉武帝的舅舅田胜触犯刑律，被关押在长安监狱。张汤对这个高贵犯人很照顾，“倾身为之”(侍奉之意)。田胜出狱后为报答张汤，把他引进上流社会，同豪门贵族广泛交往。于是张汤就在豪门贵族的支持下，平步青云，由长安丞而为茂陵尉，又由茂陵尉而为丞相吏，再补御史，从而挤入高级干部的行列。但是他能够名列九卿，最后当上了帝国最高司法长官——廷尉，还是得力于他能够迎合天子，得幸于汉武帝的赏识。

汉武帝“金屋藏娇”的陈皇后——阿娇太骄傲了，皇帝不喜欢她，对她冷冷淡淡的。陈皇后企图重新夺回皇帝的宠爱，搞了一些属于妇人媚道之类的迷信活动。这就是史书上说的“巫蛊案”。张汤奉命审理此案。他迎合皇帝的意图在办案过程中深文周纳，深究党羽，最后诛杀了三百多人，被皇帝认为能干，迁升太中大夫。不久又晋升为廷尉。

汉武帝提倡儒学，张汤就请博士弟子任廷尉史。上书奏事，皇帝说是，他赶紧称颂主上英明，皇帝说非，他赶紧进行自我批评。皇帝要重办案件，他想尽办法从重加罪；皇帝要轻办的案件，他想尽办法从宽开释。当时汉武帝与某些贵族的矛盾很大，碰到这类案件，张汤必“舞文巧诋”，加之以罪。但他对“羸弱下户”却比较宽松，“羸弱下户”违法犯罪，他按时条文具奏，但在讨论时，却为之开脱，要皇帝圣裁。皇帝往往听从他的意见，给予宽大处理。皇帝也因此获得体谅“羸弱下户”的美誉，对他更加满意。

司马迁、班固说，张汤还有一个好处，即“推贤扬善”。他常常“扬人之善，蔽人之过”。皇帝说他的某一条意见好，他就说：“这不是我有什么高明，而是我的部下某某向我提的建议。”皇帝说他的某一条意见不对，他就说：“我的部下某某也说过我的这个意见不对，可惜我没听他的话，结果犯了错误。”由于这些表现，虽然他办案“文深意忌”，用法不平，但在政界声誉比较好，特别是他的保护“羸弱”、“推贤扬善”很得人心，丞相公孙弘“数称其美”，汉武帝也非常信任他。

元狩二年（公元前 121 年），张汤由廷尉晋升为相当于中央副丞相的御史大夫。张汤所以能登上御史大夫的高位，其直接原因是由于他在审理淮南王刘安等人的谋反大案中，表现了他的严峻和酷烈。

淮南王的谋反活动，危及了汉武帝神圣不可侵犯的皇权统治，这是汉武帝深恶痛绝的大患。张汤体察皇帝的旨意，在审理这个案件时，采用各种手段，追究根本。淮南王的谋臣伍被、严助在淮南王谋反过程中曾因时机不成熟，劝说淮南王不要造反，连汉武帝都觉得这两人可以从宽。张汤却坚决主张严办。他一反常态，竟与皇帝争执起来。他说：“伍被本来是谋反的策划者，而严助是刘安最亲幸的人，出入禁闼，交私诸侯，这样的人都不诛，以后怎样治狱。”皇帝只好放弃自己的意见，听他的。这件事从表面上看，好像是顶撞了皇帝，其实这样的顶撞，既可以摆脱皇帝虐杀的责任，又可以彻底贯彻皇帝铲除异己的方针，它正是汉武帝所需要的。由于张汤的严苛诛求，淮南王案最后被诛杀的列侯、二千石、豪杰竟多达数千人。这一案由于杀人太多，社会反响很大，博士狄山当着皇帝的面指责张汤治淮南狱，“以深文痛诋诸侯，别疏骨肉，使蕃臣不自安”，骂他是“诈忠”。这个书呆子对张汤的批评有正确的一面，但是他向皇帝指责张汤的那些话，对汉武帝来说，则不啻是对张汤的表扬。因为汉武帝喜欢的正是张汤这样善于体会他的意图，能够不顾一切地替他铲除异己力量的“国之爪牙”。所以，后来张汤生了病，天子亲自去视看，而狄山则被送到边防做守卫，任匈奴斩其头颅而去。张汤以皇帝意志为法律依据的做法，为后世的酷吏奉之为常法。

“以皇帝意志为法律依据”的最恶劣案例，是张汤制造的颜异冤案。颜异是西汉王朝的大司农，以廉直见称。他反对汉武帝制造物超所值的白鹿皮币，惹得皇帝不高兴。后来有人控告颜异曾用反唇的举动,对皇帝的做法表示不满。张汤竟以“腹诽”罪名诛杀颜异,开启了法制史上以“腹诽”论罪的先例。

张汤之后,有一个“其治大仿张汤”的酷吏杜周,他学张汤的样,办理一切案件,都以皇帝的意志为转移。《史记·酷吏列传》叙述杜周的行状时说:

“上所欲挤者,因而陷之;上所欲释者,久系待问而微见其冤状。客有让周曰:‘君为天子决平,不循三尺法,专以人主意指为狱。狱者固如是乎?’周曰:‘三尺安出哉?前主所是著为律,后主所是疏为令,当时为是,何古之法乎?’”

张汤没有杜周这样坦白而谬误的法学理论,但是他的一切行动,都表现了这个论理。他是西汉时期步先秦法家极端派后尘,在司法领域内,大力推行“以皇帝意志为法律依据”的法学理论的始作俑者。

唐代名臣魏徵批评张汤以皇帝的喜怒,“轻重其心,而汉刑以谬”(《新唐书·魏徵传》)。这是说得对的。

三

处置封建统治阶级内部的异己力量,保卫皇帝的最高权威,只是酷吏张汤工作的一个部分,而不是他工作的全部,也不是他工作的主要部分。我们从《史记·酷吏列传》所叙述的事实看,张汤在自己酷吏生涯中所处置的对象,更多的是那些被封建统治者称为“盗贼”的穷人,处置的办法是无情地杀戮。

张汤为御史大夫时,他的得力部下有义纵、王温舒等,这些人都是杀人如麻的刽子手。

王温舒治河内(治今河南沁阳),一上任就大肆逮捕“盗贼”,抓的人数以千计。“大者至族,小者乃死”,“奏行不过二三日……至流血十余里”。仅三个月功夫,“郡中毋声,毋敢夜行,野无犬吠之盗”。

按当时规定,立春之后各地停止杀人,他竟顿足而叹,说:“令冬月益展一月,足吾事宜!”

另一个由文墨小吏迁升为御史、受到张汤称赞和重用的尹齐,也是个杀人不眨眼的屠夫,他的名声甚至比当时一个治民如“狼牧羊”的酷吏宁成更坏。

这些就是张汤执掌帝国司法大权时,以“严削”手段“禁奸止邪”的图景。

当然，对一个处于正常生产运转中的社会，“盗贼”是一种消极因素。但在封建社会里，统治阶级是根据自己阶级利益来确定法律的。什么是盗贼？什么是犯罪？都是以维护封建阶级的利益，特别是维护他们的财产私有制为转移的。就以张汤、赵禹所制定的三百五十九章律令、四百零九条大辟条例来说，其主要作用就是加强对于劳动人民的镇压，以维护少数剥削者的利益。《汉书·刑法志》在叙述这部法典产生的背景时说：

“及至孝武即位，外事四夷之功，内盛耳目之好，征发烦数，百姓贫耗，穷民犯法，酷吏击断，奸轨不胜。于是，召进张汤、赵禹之属，条定法令，作见知故纵、监临部主之法，缓深故之罪，急纵出之诛。”

这就明白地告诉了我们，张汤所镇压的“盗贼”其大多数人就是“犯法”的“穷民”，他们犯法的原因是由于统治者的剥削过度，老百姓被剥夺了仅有的一点土地和其他生存资料（这就是统治者所说的“贫耗”），他们为求活命，只好铤而走险（这就是统治者所说的“奸轨”），这就触犯了穷奢极欲的统治者的利益，于是就名之为“盗贼”，滥加捕杀（这还不包括许多纯属敲诈勒索性质的冤狱）。知情不报的要连坐，心慈手软的要治罪。张汤的主要工作就是为了维护封建统治阶级的利益，而去镇压被统治者逼上绝路的“穷民”。

四

残害老百姓的地痞流氓、土匪团伙也是有的，但是这一部分黑社会分子，恰恰又同各地的豪强恶霸联系密切，或者就是直接接受他们指挥的爪牙。这一股同地方豪强恶霸相互勾结，互为表里的恶势力，实际上是封建统治阶级的一个特殊的组成部分。

只是由于他们的活动常常同封建统治集团的整体利益相矛盾，因而双方时常发生冲突。一般的官吏由于种种原因，不能同他们作认真的斗争，有时弄得连政府的法令也无法贯彻实施。这种时候，少数执法严峻并得到皇帝大力支持的酷吏，倒是敢于去摸他们的老虎屁股，给这些为非作歹的恶势力以及他们的支持者地方豪强恶霸以沉重的打击，张汤就是其中之一。正是由于这种原因，司马迁、班固对张汤这样的人给予了某些肯定的评价，这从维护封建统治阶级国家利益的观点来说，是完全可以理解的。我们从减轻人民的痛苦的观点对张汤打击和消灭地方恶势力的行为，也应当给予肯定的评价。但是，从阶级分析的观点看，封建统治阶级的中央和地方、全体和局部，在根本利益上毕竟是一致的。地方的豪强恶霸同封建统治阶级的国家政权之间尽管有时可以闹得剑拔弩张，大打出手，但两者从根本上说仍然是一回事。当他们互相吞噬时，有时也能给人民带来某种好处，但是他们互相勾结时，却也能给人民带来比原来更多的灾难。

王温舒的统治就是一例，据《史记》记载：

“温舒为人谄，善事有势者；即对无势者，视之如奴。有势家，虽有奸如山，弗犯；无势者，贵戚必侵辱。舞文巧诋下户之猾，以焄（音熏，威胁）大豪。”

在这种情况下，即使像张汤这样的酷吏，为了维护封建统治阶级的根本利益，确实惩治了若干既危害封建统治阶级的国家秩序，又残害老百姓的地方恶势力，从而给人民带来某种好处，但是这对于改良黑暗的封建统治仍然是杯水车薪、作用有限。

五

但是张汤仍然有高于历史上一般酷吏的地方。这就是他的廉洁。确实如司马迁所说的，他治狱惨烈，但不贪污。他是封建社会一个少有的清官，在贪污成风的汉武帝时代，这一点尤为可贵。除此以外，他还是汉武帝抵抗匈奴侵略和反对地方割据势力的支持者，他在担任御史大夫职务期间，为了保证国防开支和救济灾民，还曾经采取了一些坚决措施，向豪门富商筹款，这些也是应当给以肯定的。

这里所说的廉洁、清官，是在相对意义上说的，封建统治阶级的国家政权，本身就是一个贪婪无比的巨大剥削机构。皇室公卿、各级官吏所得的薪俸、赏赐，本身就是劳动人民血汗的结晶。在这个意义上封建社会里根本无所谓廉洁的清官。这里所说的廉洁清官指的是在封建国家规定的合法收入之外，不再利用职权敲诈勒索、巧取豪夺，猎取非法的额外收入。正是在这一点上张汤表现了他的杰出之处。司马迁说的酷吏中“其廉者足以为仪表”，指的就是张汤这样的人。

历史上的酷吏以苛法整人，但是他们自己的下场也常常很惨。这原因是酷吏往往只对人主一个人负责，只要是皇帝所指，他们就会不顾一切地去干。他们整起人来凶狠得不得了，不管别人死活，也不计个人后果。不给他人、也不给自己留任何余地。事情做绝，路子断绝，这样，他们就理所当然地成为千夫所指、万人所恨的对象。众多的仇家莫不欲生啖其肉、夜寝其皮。他们的位子爬得很高，但是支撑点只是一根独木。除了皇帝的宠信以外，就再无臂助，他们是一些名副其实的孤独者。在这种情况下，他们的反对派只要利用各种手段成功地在皇帝那里做一点挑拨离间工作，或者利用社会对他们的不满，给他们煽点风、放点火，弄得皇帝都不得不出来与他们划清界限。这时候，他们的末日就来到了。突然间，大厦就会倾倒，他们就会从九天之上掉到九地之下，摔得粉身碎骨。

张汤也没有能逃脱这个历史规律。

丞相庄青翟的长史朱买臣、王朝、边通，原来的地位都在张汤之上。例如张汤为小吏时，朱买臣已经是太中大夫，见面时，张汤都要跪伏在地。后来张汤位列三公，这些人反而要伏拜在他的面前。这对于朱买臣等人来说，本来就很难堪了，而张汤还不满足，总要利用各种机会凌折他们。于是，这三个人就联合起来诬告张汤向商人出卖经济情报。材料弄得头头是道，汉武帝看了信以为真，叫人责问张汤“怀诈面欺”，张汤却不肯认错。于是，皇帝又叫大臣张禹去责备张汤。张禹说，“君何不知分也（你怎么这样不自觉），君所治夷灭者几何人矣（你累年办案杀的人不计其数），今人言君皆有状，天子重致君狱，欲令君自为计（皇帝查问你的问题，不过是要你自己作个打算），何多以对簿为（还辩白什么呢）？”张汤听了这话只好自杀，死前留下了遗书，说阴谋陷害他的人是朱买臣等三个长史。

张汤死后家中的财产被查抄，这一查抄却查抄出了一个奇迹。他的家产总值不过五百金，全都是公家的奉赐，除此以外，再无其他收入。他的亲友要为他举行厚葬，张汤的母亲说，“汤为天子大臣，被污恶言而死，何厚葬乎？”于是用牛车装载薄棺木入土。这样一来所谓出卖经济情报的案子就不攻自破。连汉武帝听了这些情况，也为之动容。他表扬了张汤的母亲说，“非此母不能生此子。”

并诛杀了造谣诬害张汤的三长史，三长史的上司庄青翟自杀。被人逼上死路的人，仍能以自己的死向敌对者进行胜利斗争的，春秋时有吴起、战国时有苏秦、西汉时又有张汤，他们是死亡世界的英雄。

为什么一个执法惨烈、与人民对立的酷吏，又能是一个不贪污受贿的“清官”呢？这个问题虽然从现象上看似乎有点矛盾，但却不是不可以解释的。

阶级的观念虽然是近代人类认识的产物，但阶级的客观存在却是长远的历史事实。有阶级的存在，就有阶级的全体利益同阶级成员个人利益的矛盾。每个阶级和代表他们的政治集团，在长期的历史活动中都能得出这样的认识，即在处理阶级的全体利益同个人利益矛盾的时候，应当要求后者服从前者。儒家学派就提出过私人利益应当服从公家利益的要则。虽然由于剥削阶级贪得无厌的本质，他们中的多数人在处理公与私的矛盾中，是不能贯彻这个原则的，但这不妨碍他们中的少数成员能够较为正确地对待这个问题。力求把自己的收入限制在合法范围以内的少数清官就是这样的人。但这并不意味清官由此就改变了他们剥削阶级的本质，也不意味清官就能够不是酷吏，就能够不与人民对立。

相反，在某些情况下，由于清官自恃廉洁奉公，他们在对待人民的态度上，可能比其他手脚不干净的官吏更加残酷、更加肆无忌惮。刘鹗在《老残游记》里描写了两个自命不要钱，却滥用刑罚、成千虐杀无辜百姓的地方大员，就是酷吏而兼“清官”的典型。作者说，“赃官的可恨，人人知之”，而清官的可恨，“人多不知”，“盖赃官自知有病，不敢公然为非，清官则自以为不要钱，为何不可！”他还说，清官以杀民为业，他们的“路不拾遗”的政声和红顶子，都是用人民的鲜血换来的。这本书写的虽然是距离张汤两千多年以后的故事，但事情的本质是一样的。

在评论历史人物的问题上，我们的出发点应当是具体分析历史人物在对待人民利益问题上的态度，看他们在对待同人民利益攸关的问题上是处在历史的进步方面，还是处在历史的反动方面。赃官对待人民的态度是既贪又残，应予批判。清官虽然不贪，但是如果他们对待人民同赃官一样残酷，甚至更加厉害，那么，也是应当给予否定的。只有那种在主观上或客观上为人民做了好事的清官，才是应当予以肯定的。

通过对汉代著名酷吏张汤的分析，我们可以看到，历史上的酷吏不过是封建皇帝手中的一把杀人的刀子。这把刀子的主要作用是维护封建阶级的统治，其主要锋芒是对着人民的。它是封建统治阶级实行阶级专政的残酷工具。

但是，作为封建统治阶级镇压广大劳动人民的国家机器，除了镇压被剥削劳动群众的主要职能以外，也具有调节统治阶级内部矛盾的职能。在统治阶级各个不同集团之间，因为某些利益的冲突，处于不可调和的对抗状态时，掌握国家权力的集团也可以利用自己手中的国家机器来压制同自己进行对抗的一方。在这种情况下，酷吏也可以成为封建皇帝手中杀向统治阶级内部异己力量的刀子。酷吏在执行封建国家这种职能的时候，也可能在局部范围内做出一些在有限意义上对人民有利的事情，但是这不能改变酷吏压迫人民的阶级本质。

自从司马迁在《史记》中，为酷吏写了列传以后，历代的史学家也多在自己的著作中因袭《史记》的体例，为各个时代的酷吏作书立传。但是随着封建统治阶级历史地位的没落，酷吏压迫人民的阶级本质也越来越为人们所认识。酷吏在人民中变成贪官污吏的同义词。

司马迁在《酷吏列传》中尚在为某些酷吏说好话，但是到了后晋，刘昫却只能在《旧唐书·酷吏传序》中说："彼酷吏与时上下，取重人主，无怵惕之忧，坐致尊宠，杖起卒伍，富拟封君，岂唯数金之利耶？则盗官者为幸矣。"

历史逻辑终于纠正了古代最杰出历史学家的迷误。

汉武帝时三个失败的大型水利工程

一

中国自古以来，就是一个以组织大规模水利工程而闻名于世的文明国家。从大禹到秦汉，著名的水利工程就有：黄河分流、鸿沟、邗沟、都江堰、灵渠、漳水渠、郑国渠等等，这些工程中，有些直到今天依然起着灌溉或航运的作用。

但是，中国古代历史上，也有一些组织得不好，甚至完全失败的水利工程。汉武帝时期的河东渠、褒斜漕、龙首渠，就是三个失败了的大型水利工程。对于这些失败的大型水利工程，历史学家司马迁在《史记》中倒是如实地作了记载；可是后人在谈论古代水利工程时，津津乐道的仍是都江堰、郑国渠这些成功的范例，而对那些失败的水利工程则谈论得很少。其实，对于古代成功水利工程的回顾，固然可以增加我们的知识、经验和爱国主义热情，而了解一下古代失败了的水利工程，也可以帮助我们从历史中吸取有益的经验教训，作为我们今天的借鉴。

二

汉武帝时三个失败了的水利工程，其开工和失败的情形如下：

河东渠

汉武帝元光六年（公元前 129 年）为解决关东运输粮食的困难，并扩大关中灌区，大司农郑当时建议兴办引渭入河工程。汉武帝接受了这个建议，命令水利专家徐伯表测量渠道，然后组织几万民工进行开掘工作，最后不仅建成了引渭入河的漕运航道，而且把沿渠旱地都变成了水浇地。引渭工程的成功，鼓舞了人们兴办水利工程的积极性。河东郡（治今山西夏县西北）太守番系建议，在河东郡兴建引汾、引河工程，以利用汾水和黄河水灌溉五千顷荒地。按照番系的计算，这工程完工后，每年可以收获二百万石谷子。汉武帝听说工程收益巨大，就决定按照番系的计划组织数万民工开渠修田。后来，工程完工，但是渠成后只用了几年就因河道迁移，无水可引，修成的田种下庄稼，连种子都收不回来，工程只好报废。

褒斜漕

汉武帝元狩年间，又有人上书建议开凿褒斜漕（在今陕西汉中地区），使褒水通沔水，斜水通渭水，以沟通褒、斜、沔、渭，使这四条河都可以通航运输。“如此汉中之谷可致，而山东从沔无限”（《汉书·沟洫志》）。褒斜闭塞的局面亦可改观，所产的木材、竹箭到时候就能源源外运了。汉武帝为这个计划所吸引，决定任命御史大夫张汤的儿子张卬为汉中太守，主办褒斜漕工程，张卬组织了几万民工开掘褒斜漕，前后共挖掘五百余里。但是漕道挖成时才发现从褒斜山谷中奔泻而下的流水水势湍急，连石块也被冲得上下翻滚，船只根本无法通行，偌大的五百里褒斜漕就这样变成了毫无用处的东西。

龙首渠

褒斜漕工程失败后，又有个叫庄熊罴（汉书作严熊）的人，向汉武帝建议兴办引洛工程，据说这个工程完工以后可以用洛水浇灌重泉（在今陕西蒲城西南）以东的一万多顷田地，使这个地区的大片盐碱地得到改造，那时一亩地就可以收十石粮。这个计划又得到汉武帝的欣赏，一万多民工上阵，在洛水边开渠引水。不料洛水一带的地质条件很坏，施工中不断发生塌方事件，工程无法进行。民工们只好在地下凿井修暗渠，凿井最深处竟有四十余丈。这样苦战了十几年，才把洛水引到了目的地，但是使用起来费工费时，很不方便，农民获益很少。开渠引洛时，挖土挖出了古生物化石，时人疑为龙骨，因而把这项工程命名为龙首渠。

三

汉武帝时，国家对于大型水利建设的经验不太多，加之科学技术发展水平又比较低下，特别是水文、地质的测量手段不高，对于许多工程技术上可能出现的问题不能作出科学的判断；在这种情况下，工程中出现一些始料不及的失误，确实是难以避免的。但是这些客观原因并不能掩盖汉武帝主观决策上的错误。汉武帝时三个失败的水利工程，在当时的技术条件下，都是规模宏大的工程。这些工程动员人力少则万余，多则数万；花费时间，少则数年，多则十余年。当时全国的人口不过几千万，又处在同北方匈奴的长年战争中，在这种情况下，征调这样巨大的人力去从事这样长时间的建设，无论从国家的安定或人民的生计考虑，都应当是慎之又慎的，但汉武帝在决定这样重大问题的时候，却很草率。引渭工程的胜利，无疑使汉武帝头脑发热，他把一切都看到很容易，很少考虑工程中可能出现的种种困难和问题。虽然由于当时科学技术条件的制约，人们的认识受很大的局限，但是富有经验的水利专家还是有的，在工程决策以前，多派些懂得水利的人员去对工程的水文、地质和历史情况作些可行性的探讨，以求决策上的尽量正确还是可以做到的。至少像河流改道的历史和水流速度这样的问题，以当时的技术水平是可以解决的。有些工程建议者为了向别人论证自己建议的正确，常常不能实事求是地对待问题，虚张声势，极力夸大工程效益的情况时有所见。对于这些浮夸的东西，只要结合实际情况考察一下，是不难识别的。拿褒斜漕工程来说，在山脉起伏的汉中地区，即使真的能打通渠道，其航运效率也很有限，怎么能一下就改变那里交通闭塞的局面呢？再以龙首渠来说，当时北方的水田亩产一般不过四石（合今八斗），假使龙首渠真的修成，也不可能使大片盐碱地一下子亩产十石。如果汉武帝对这些浮夸之辞能认真作一些研究，他也许不至于那样匆匆忙忙地决定问题。由此可见，只考虑工程的美好前景，不考虑工程的实际困难，盲目乐观，一厢情愿，这种思想方法上的片面性，实在是汉武帝一再在工程决策问题上犯错误的重要原因。从这个角度看，汉武帝对于上述几个失败了的水利工程，确实负有不可推诿的历史责任，尤其在已经发现原有的工程设想有严重问题的时候，他仍不肯毅然下马，这更是不对的。龙首渠修了十年还不见效，劳民伤财到这般地步，他仍不肯罢休，就是一例。有人说，龙首渠工程虽然岸堤崩溃，但从此发明了井渠法，也是一个创举。但是为了一些盐碱地，轻易地让数以万计的民工年复一年地去开掘那井深达几十丈的地下渠道，是完全不合算的。司马迁批评说这项工程“作之十余岁，渠颇通，犹未得其饶”(《史记·河渠书》)，是符合历史事实的。至于井渠法的发明，确实是劳动人民的伟大创造，这项发明后来流传到西域，成为著名的地下万里长城坎儿井的先河。中原地区劳动人民耗费在龙首渠上的无效劳动，在祖国的西北边陲得到了补偿。这也算是“失之东隅，收之桑榆”吧。

四

我们指出汉武帝上述水利工程决策上的错误，并不意味着否定他在兴修水利工程上的历史功绩，汉武帝其实是继大禹以来功绩最著的水利工程倡导者。汉代农业生产的进步，是与他对水利工程的积极倡导和大规模的建设分不开的。事实上，在汉武帝决定兴修的数量众多的水利工程中，像上面说的那种属于决策错误的工程还是少数，成功的水利工程是多数。在这多数成功的水利工程中，除了上面说过的引渭工程外，还有倪宽建议修建的六辅渠工程、关中地区的灵轵渠、河淮地区的引淮工程、东海地区的巨定泽、泰山地区的引汶工程等，这些都是汉武帝时水利工程中成功的例子。尤其是元封二年(公元前 109 年)汉武帝在瓠子河(今河南濮阳市西南，已堙)地区亲自指挥的治理黄河工程，这次工程动员的人力有好几万，官员自将军以下都参加了劳动。司马迁也在这次工程中奉命参加背运木材、修堤筑坝的劳动。这项工程，由于汉武帝的亲自指挥，最后终于堵住了溃决了二十年的黄河大决口，从而解决了河淮泛区多少年的洪涝灾害。当然，治黄工程的胜利，其主要作用应该归功于成千上万的劳动者，而汉武帝在组织指挥上的功绩也是不容抹杀的。太始二年(公元前 95 年)汉武帝批准开工的引泾工程——白渠，也是应当提及的一项水利建设。这项工程把渭水中部长达两百里地区的耕地变成肥田沃土，农民歌颂这项工程说：“举臿为云，决渠为雨。泾水一石，其泥数斗。且溉且粪，长我禾黍。衣食京师，亿万之口。”(《汉书·沟洫志》)此外，也应看到，汉武帝后来倒也是从失败的水利工程中吸取了有益的经验教训。汉武帝晚年，齐人延年上书说，为了根除黄河水患和防止匈奴南下，应当从西北地区向匈奴占据的胡中（今内蒙古地区）方向，开辟一条新黄河。汉武帝认真看了他的建议，答复说："延年计议甚深，然河乃大禹之所道也……恐难改更。"（《汉书·沟洫志》）对于水利建设，他已经有了一些亲身体验，不再那么容易地为一些空洞而美丽的计划所迷惑了。这大概就是千千万万劳动者，以他们辛酸而无效的劳动，在一个绝对权威的头脑里所刻下的一道深深的痕迹吧。

苏武与李陵

苏武(? ～公元前60年)杜陵(今陕西西安东南)人。

李陵(? ～公元前74年)陇西成纪(今甘肃静宁西南)人。

这是中国古代抗击匈奴侵略战争中，两个不同历史人物不同遭遇的故事。他们是广大社会阶层所熟悉的人物。两千多年来，从封建统治阶级的知识分子到民间目不识丁的村妪老妇，都在叙说着他们的故事。有关苏武牧羊的戏剧、音乐、评弹等文艺作品，在民间十分流行，深为人民大众所喜闻乐见。当然封建统治阶级知识分子的叙说和民间的叙说，两者之间是有差别的。封建统治阶级知识分子说的大体是根据《汉书》，强调苏武忠于皇帝，但又同情李陵。民间的叙说，虽然也夹有忠于皇帝的思想，但强调的是苏武坚持民族气节，不肯投降匈奴，并把李陵描写成为历史丑角。除此以外，他们还塑造了一些帮助苏武的匈奴族老百姓。例如《汉书》说，苏武被匈奴单于扔在大窖里以后，是靠雪水和旃毛过活的；民间传说则是一个匈奴族老大娘偷偷给他送食物。

我们这里对苏武和李陵的评论，主要还是依据现有史书的记叙。虽然如此，我们仍然承认民间的传说中关于匈奴族老百姓帮助苏武等情节，也许比现有史书的记叙更为接近历史的真实。苏武本人在北海(今俄罗斯贝加尔湖)牧羊时，同匈奴族妻子和睦生活的事实，也从侧面反映了这一点。

除此以外，我们还打算分析一下使李陵丧师辱国的浚稽山之战，并从军事上总结一些有益的经验教训。

苏武奉使不辱命

公元前二世纪末，卫青、霍去病几次进军漠北，歼灭了匈奴的主力部队以后，匈奴一时无力再向中原地区进行大规模的掠夺战争，汉匈的关系趋于缓和，但双方的基本矛盾没有解决。匈奴没有放弃在有利情况下向中原地区侵扰的政策，汉王朝也没有放弃继续打击匈奴的政策，双方不仅冷战不断，热战状态也还继续存在。

公元前 100 年，且鞮侯继承匈奴王位后，他怕汉王朝乘他初立的时机发兵袭击他，便采取友好态度，归还了历年扣留在匈奴的汉方使节路充国等。汉武帝为回报且鞮侯的好意，也归还了扣留在汉方的匈奴使节，并派中郎将（皇帝侍卫官头目）苏武、副中郎将张胜携带礼物，出使匈奴。

外交使命在顺利地执行着。苏武把汉武帝的礼物送给单于，单于虽然显得很骄傲，但没有要扣留他们的意思，使节都在准备返国了。想不到就在这时发生了意外。苏武的副使张胜未经许可，私自介入了匈奴内部缑王的谋反活动。事情暴露以后，匈奴单于大怒，要杀苏武等人。

张胜介入匈奴内部的谋反活动，并非汉武帝的委托，也未经苏武同意，这是一种个人的非法活动。当时汉匈关系本来就处于敌对地位。匈奴放回汉使路充国等，不过是一种暂时和缓紧张局势的做法，一点火星就可以使双方再次公开对抗。张胜的错误活动，立即使汉匈关系由暂时和缓重新转入紧张。

苏武等人被当做参与阴谋活动的犯人受审，只有投降，才能赦免死罪。苏武不愿屈节辱命，引佩刀自杀，佩刀割伤了脖子。匈奴方面派医生抢救，医生把昏厥的苏武放在烧热的地坑里保暖，然后用脚踩他的脊梁清出淤血，救活了他。匈奴单于佩服这样有气节的人，越发想叫他归降。每天派人探望和询问他的伤情。但苏武仍不肯投降。于是，单于就派从汉王朝归降过来的大臣卫律来逼迫苏武投降。卫律先拿张胜开刀，他向张胜说，你参加谋反活动有死罪，只有投降才可以免死罪。肇事者张胜在敌人的屠刀架到脖子上的时候，怕死投降了。接着，卫律又对苏武说，副使有罪，正使应当连坐。苏武说，我和他既无共谋，又非亲属，为什么要连坐？卫律就用降服张胜的老办法，把屠刀架在苏武的脖子上威逼，苏武不怕死，挺起胸膛毫不动摇。卫律没有办法，只好放下屠刀，再次进行劝说。他说："苏君！我卫律背弃汉朝归顺匈奴，单于赐我王号，现在奴仆成群，马畜满山，富贵到这般地步。苏君今日降顺了单于，明日也和我一样。要不，白白死在这里，尸首扔在草野里，谁知道你？"苏武对他的一派胡言不屑答理，卫律不自觉，又说："苏君要是听我的话，归顺单于，我与君约为兄弟，要是不听我的话，以后想再见我都不可能了。"听了这样无耻的话，苏武忍无可忍了，便手指卫律骂道："像你这种厚颜无耻、忘恩负义、背叛朝廷、背叛父母的人，谁想再见你！"卫律知道苏武坚如磐石，不可能投降，只好回来向单于汇报。单于想用生活折磨的方法，迫使苏武屈服，就叫人把他放在大窖中，不给他饮食。苏武在大窖中吞食雪水、旃毛，得以不死。匈奴单于等人看他不吃东西还能活着，认为有神灵保佑他，就把他流放到北海（今俄罗斯贝加尔湖）牧羊，说什么时候公羊下了仔，才放他回国。苏武在北海手持汉王朝的使节杖牧羊，一直被扣押了近二十年。

苏武不肯屈节辱命投降匈奴的光荣事迹，表现了他对祖国忠贞不渝的感情，几千年来一直被当做爱国主义的典范，为广大人民所热爱。因为他的爱国主义思想是同忠于皇帝的思想混合在一起的，所以历代的封建统治阶级也把他当做忠君保国的榜样，极力为他宣传。例外的只是在少数民族入主中原时期，由于这种宣传的民族主义色彩太浓，不利于他们的统治，因而遭到冷遇或禁止。但是越在这种时候，民间关于苏武牧羊故事的宣传却越发广泛。特别是一传十、十传百的口头流传，是任何统治集团用任何办法所无法制止的。苏武牧羊的故事所以为穷乡僻壤目不识丁的村妪老妇所熟知，就是这个原因。

问题是今天我们应该怎样对待这个历史人物呢？

无产阶级是主张解放全人类的，他们应有广博的国际主义胸怀，像这样局限于一个民族、一个王朝的爱国主义思想，能给以肯定吗？尤其是，按照阶级分析的观点，一个忠于皇帝的封建统治阶级代表人物，现在还应当受到人民的尊敬吗？

对于这些问题，我们的答复是：无产阶级既不一般地排斥现实中的爱国主义，也不一般地排斥历史上的爱国主义。

爱国主义指的是对自己生长于其中的祖国的忠诚和热爱，这是千百年来历史形成的一种深厚的感情。它在不同历史时期、不同的民族、不同的阶级中，有着不同的内容。

在现代，有无产阶级的爱国主义，也有资产阶级的爱国主义，有殖民地、半殖民地、被压迫民族、被压迫人民的爱国主义，也有帝国主义、沙文主义、法西斯主义的爱国主义;有独立自主国家反霸权主义的爱国主义,也有霸权主义国家的爱国主义等等。

在古代,有人民大众的爱国主义,也有统治阶级的爱国主义;有被侵略民族的爱国主义,也有侵略民族的爱国主义;有以君主为国家、以忠君为唯一出发点的爱国主义,也有虽然包含有忠君思想,但主要是或实际上是爱护生长自己的土地和维护人民利益,不受外来侵略的爱国主义,等等。

我们排斥一切反动的、倒退的,损害别国人民或其他民族利益,也损害本国人民和本民族利益的爱国主义;而支持一切在一定的历史条件下,起进步、革命作用的,有利于本国人民和本民族利益也有利于别国人民和其他民族利益的爱国主义。

我国是一个多民族的国家,它的形成和发展有一个很长的历史过程,在这个漫长过程中,曾出现过数个民族政权并存的局面,也出现过许多次数个民族政权战争的局面。这些战争有正义的,有非正义的,有侵略性的,有反侵略性的。

总的来说,古代匈奴侵略中原的战争,是匈奴奴隶主为掠夺中原财富,扩大自己的统治权利而发动的,它破坏生产,破坏文化,阻碍历史的进步。不仅损害中原地区人民(包括汉族和其他少数民族)的利益,也损害匈奴族本民族人民的利益。它是非正义的侵略性战争。而汉王朝和以汉族为主的中原人民反击匈奴侵略的战争却是正义性的战争。因此,在这个战争中,汉王朝人民表现出的为保卫自己土地和人民利益的爱国主义思想应予以肯定。汉王朝统治阶级中的某些代表人物,尽管出于忠君思想,但由于他们在维护人民利益不受外来侵略这个根本问题上同人民站在一起,所以也应予以肯定。从这个观点出发,我们对于苏武不肯屈节辱命投降匈奴的爱国主义行为,也应予以肯定。

这样会不会把我们所主张的忠于人民的革命气节同忠于皇帝的封建气节混同起来?不会。苏武不屈于匈奴的爱国主义行为,尽管以忠君为表现形式,但实际上维护了当时深受匈奴侵略之害的广大人民的利益,表现了他们反抗民族压迫和掠夺,不肯丧失民族气节的大无畏精神。毛泽东在《中国革命和中国共产党》里说,“在中华民族的几千年的历史中,产生了很多的民族英雄和革命领袖”。苏武就是其中的一个民族英雄。如果不是这样,如果苏武是在纯属封建统治阶级内部的斗争中表现了他对皇帝的忠贞不渝的气节，那么我们就没有必要给以肯定，因为它对历史的进步没有意义。

苏武在封建统治阶级内部的斗争中，矢忠于汉宣帝，不满于霍光。为此，他受到了皇帝的垂青。关于这些事情，尽管史书中有一大篇记载，但是现在没有什么人认为它对于历史有什么价值。几千年来，人民传说着苏武在匈奴侵略者面前坚持民族气节的种种故事，却没有人去传说他怎样矢忠于汉宣帝的事迹，这个历史事实本身就说明了苏武为人民所尊敬的原因。

匈奴的大部分人后来在长期的共同经济生活中同汉族人民融合了，匈奴的大部分人后来与汉人实际变成了一个民族，在这种情况下，我们去谈论这个古老民族斗争中的英雄人物有什么意义呢？

不能这样地提出问题。考察任何一个问题，都应该把问题放在具体的历史范围里进行分析。在未来的时代里，国家消灭了，人类实现了大同理想，是否那时抗日战争、抗美援朝和一切反帝斗争，都变得没有意义了呢？就不需要去肯定这些斗争中的英雄人物了呢？当然不是这样。今天的历史是昨天历史的发展，今天的历史进步是昨天历史斗争的成果。中国古代反匈奴侵略战争的胜利对古代中国社会经济发展的意义甚大，秦汉的社会经济发展同宋元比较，受到新起游牧民族的侵略破坏较小，这是中国古代灿烂文明发展的条件之一。我们在回顾历史进步的时候，不应该忘记为历史进步付出了沉重牺牲的千百万人民，也不应该忘记当时同人民站在一起的英雄人物。

李陵在浚稽山战役中的失败及其经验教训

苏武被扣押以后，汉匈关系迅速恶化，双方冲突不断。公元前 99 年秋天，即苏武被扣的第二年，汉武帝决定再次向匈奴发动进攻。

汉武帝派贰师将军李广利（他是皇帝宠爱的李夫人的哥哥）率骑兵三万，从酒泉（治今甘肃酒泉），赴天山（祁连山）去攻击匈奴右贤王。汉武帝又召见李陵，要他为李广利护送辎重。李陵不愿给李广利搞后勤工作，表示要率领自己所训练的荆楚步兵五千，深入匈奴单于王庭，以少击众。汉武帝为李陵这个豪壮的但却是无知的建议所鼓动，“壮而许之”，要他带兵从居延（今蒙古额济纳旗东南)向漠北的匈奴王庭所在地进发,并派驻守居延的强弩都尉路博德配合他。

李陵是抗匈名将李广的孙子,善骑射,谦让下士,孝顺母亲。汉武帝以他有李广的作风,提拔他任骑都尉,原在张掖(治今甘肃张掖西北)一带驻防。

李陵见了皇帝以后,回到张掖。奉诏接迎他的路博德,不同意这个作战计划。这个军事经验丰富的老将军认为当时秋高马肥,匈奴兵强马壮,而李陵却兵少将寡,不宜深入匈奴王庭。他上书皇帝,建议等明年春天,让他和李陵一起兵分东西两路向匈奴王庭出击,认为这样才可以打败单于。汉武帝看了路博德的建议,误以为是李陵说了大话后悔了,不敢出击了,因而串通了路博德上书推辞。他下诏批驳了路博德,调令路博德去驻守西河,接着,命令李陵九月从遮虏障(在居延附近)出发向浚稽山方向寻击匈奴单于,如果碰不上敌人再回受降城休整。

浚稽山是匈奴经常出入的地方,位置约在今蒙古图戈壁阿尔泰山脉中段,受降城在今内蒙古乌拉特中旗东。这两处地方离开汉朝军队屯驻的军事要塞都很远。

李陵接到皇帝命令以后,即率领所部五千步兵,出遮虏障,向北进发,在荒漠中长途行军三十天才到达浚稽山。他刚派人向皇帝送出报告,即被匈奴单于的三万骑兵包围。李陵以辎重大车为营,率战士在营外列阵,前排的战士持戟盾,后排的战士持弓弩,与敌人激战。在敌人冲击时,汉军千弩俱发,击退了敌人。单于又从谷地调来八万人马,继续包围。李陵的士兵太少,寡不敌众,只好边战斗,边向南方撤退。单于害怕汉军另有埋伏,不想追击了,但是匈奴的将领不肯舍弃,还是追击。这时,李陵的军队中出了叛徒,告诉敌人说:李陵是孤军,没有埋伏,也没有救兵,箭矢也快用完了。只有李陵、韩延年两人率领部队八百人在前面顶着。单于得了这个情报大喜,指挥骑兵猛追猛打。最后把李陵的余部围困在一个峡谷里,匈奴的士兵从山上往下面放滚石,汉军死伤累累,无法再战。李陵只好叫剩下的几百人各持干粮、冰块四散突围。李陵和韩延年一起突围,敌人派骑兵追赶,韩延年战死,李陵投降。

这就是丧师辱国的浚稽山之战的全过程。

这个战役从作战计划的提出就是错误的。作战计划应该建立在对敌我双方情况的了解及其相互关系周密思索的基础上,但浚稽山战役的计划恰恰不是建立在这个基础之上的，它是建立在一厢情愿的、狂妄而热烈的主观空想之上的。匈奴的单于王庭远在漠北，离汉军大本营的路程以千里计，那里不仅有数以万计的骑兵守御，而且周围的部落都有随时可以调动的队伍。它的战斗力要比距离边塞较近的匈奴右贤王的部队大得多。贰师将军李广利三万骑兵还没有打赢右贤王，李陵却要以作战能力比骑兵差得多的五千步兵，长途跋涉地去袭击匈奴王庭，这样的作战计划不是建立在一厢情愿的、狂妄而热烈的主观空想之上，又是什么？当然，军事奇袭是可以以少胜多的，但它必须是奇袭，必须是攻其不备、出其不意。李陵呢？五千步兵，还捎带着一部分随军家属，拖上大车辎重在光天化日之下大大咧咧地在荒漠上向北方进发，三十天的疲劳行军，这样的部署能是军事奇袭吗？难道敌人都是木头、石头、笨伯、傻瓜吗？

它完完全全是孤军深入。

它没有任何友邻部队，南北朝时期出现的伪作《李陵答苏武书》中说，当时是"五将失道，陵遇独战"，这是作伪者不读史书的瞎说，什么五将失道！除了李陵这支孤军以外，其他是一将也没有。在李陵提出的作战计划和汉武帝指示的作战方略里说的都是"以少击众"，以五千步兵"涉单于王庭"，根本没有什么其他作战部队问题，哪里来的"五将失道"呢？要真是"五将失道"，那李陵兵败之后，汉武帝不知要拿多少脑袋为自己的错误塞责呢！

它没有同后方的骑兵联络，只是李陵初达浚稽山的时候，派人回京给皇帝送去一个报告。以后，再没有得到他的消息。他打了败仗辗转南下，离边塞只有一百多里，边塞部队却仍然不知道他的消息。

匈奴骑兵擅长的是草原运动战，你的兵力少，打起来对他有利，他就打你；你的兵力多，打起来对他不利，他就跑掉。你合围夹击，他还要集中兵力，争取时间，想办法吃掉你一路。何况你是孤军深入呢？汉王朝的军队在作战中为什么特别讲究行军期限呢？就是为了防止合围的部队行军误期，致使先头部队变成孤军。于今李陵倒好，千里迢迢把一支孤军送上门请你来打。这样愚蠢的作战方案，竟然被汉王朝的最高统帅部认为是英雄气概，"壮而许之"，愚蠢的将军和愚蠢的统帅是多么合拍！

孤军深入历来为兵家所忌。而李陵的孤军深入又孤得这么奇特，深得这么绝远，这真是军事史上少见的军事冒险主义。

任何一种军事计划都要追求有利的作战时间，有利的作战地点，有利的军力对比；李陵提出的作战方案，却要追求不利的作战时间，不利的作战地点，不利的军力对比，而且是越不利越好。一个名将之后，居然在军事指挥上低能到这般地步，这也是惊人的。

军事冒险主义有时可以成为军事投降主义的先导。它的表现是先空话大话，大有灭此朝食之气概；等碰了壁，就消极悲观、被敌人吓倒；穷途末路了，就蝼蚁贪生、投降变节。李陵就是这种人的典型。

他的先人同敌人作战一往无前，至死不降，重伤被俘，还夺马逃回；他却在兵败之后，向敌人屈膝求生。

他的战士成批成批地战死沙场，他的亲密战友也为保护他力战而死，他作为一军的统帅，却甘心向刚刚屠杀了他的战士和亲密战友的敌人俯首称臣，这是多么耻辱的事！

浚稽山之战，丧师辱国的经验教训告诉人们，以少量的步兵孤独地向驻有强大敌军的荒漠冒险深入，是何等的荒谬！战争中的克敌制胜是一种科学，它是不以任何人（即使他是皇帝或名将之后）的主观愿望为转移的。无数战争流血的经验告诉我们，在敌人尚有很大作战能力的情况下，不可以孤军深入，这是一条军事学的重要法则，我们切不可轻视它。

战争史上有多少骁勇的名将之花，在智慧的战场上被敌人轻易地击倒了，有时击倒他们的人竟是一些非常卑琐的人物。现在一个名将的后裔“经万里兮度沙漠”、“士众灭兮名已隤”的耻辱史，又一次告诉我们，在军事斗争中仅仅有勇敢和壮志是不行的，勇敢不等于狂妄，壮志有别于冒险。在军事斗争中我们要提倡的是勇敢而明智，勇敢而谨慎。一定要把勇敢和智慧结合起来，努力做到智勇双全，有勇有谋。

苏武和李陵在北海的一幕

苏武和李陵原来相好，李陵投降匈奴的时候，苏武在北海牧羊，他不敢去见苏武。

后来，匈奴单于听说他们相好，就叫李陵去劝说苏武投降。李陵奉命到达北海，为苏武举办宴席，置酒设乐。

酒宴中李陵向苏武说："单于听说陵与子卿（苏武字）交情深厚，特意叫陵来劝说足下。单于非常尊敬足下，愿意虚心相待足下，希望足下归顺。你反正回不了汉朝了，为什么要白白在这个死地方受苦呢？有谁能看得见你的忠义呢？过去，您的哥哥苏嘉替皇帝扶辇，下台阶时折断了车辕，被执法官弹劾为大不敬，伏剑自刎。后来，你的弟弟苏贤又因为完不成追捕犯人的任务，自杀身亡。我来的时候，您的老母已经去世。您的夫人年轻，不能久等您，听说也改嫁了。家中只剩下两个妹妹和几个小孩，现在过了这么多年，也不知存亡。人生如朝露，您何必把自己苦成这样呢？现在皇帝年纪大了，法令无常，大臣无罪而被夷灭的有数十家，国家安危都不可知，您还为谁呢？希望您听我的话，不要再有什么想法。"

李陵以为自己这套花言巧语和背叛哲学，可以打开苏武的心扉了，哪知竟遭到苏武的严词拒绝。苏武表示他愿意为朝廷"杀身自效，死无所恨"，即便是蒙受斧钺汤镬，也绝不投降，要李陵不必再讲。

李陵碰了一鼻子灰，只好饮酒遮羞。饮了几天酒后，他还不死心，又要苏武听他说话。苏武只好采取断然措施了，他说，"王必要苏武投降，我今日就效死于你的眼前。"这王是指李陵，他那时已是匈奴的驸马爷，被封为右校王，比卫律还吃得开。苏武对李陵的王爷称呼，表示不承认过去的友谊关系了。李陵看到苏武这种决绝态度，知道劝降任务是完不成了，同时也感到了一阵难堪。他喟然叹道："唉，你真是个义士啊，我和卫律都有罪呀！"然后掉了几滴眼泪，与苏武诀别而去。我们不知道，他最后这些表现是一种故作姿态，还是反映了一个背叛者的两重人格，也许都有一点。

苏武和李陵在北海的这一幕，是一个正在过着劳动生活的汉王朝的使节，同另一个已从汉王朝的将军变为匈奴右校王的政治对话。这个对话从表面形式上看，似乎是忠于汉朝皇帝还是归顺匈奴单于的问题，它好像仅仅是统治阶级内部的叛降是非问题，但其实质内容却要比它的表面形式复杂。

这幕对话是在汉匈长年侵略反侵略的背景下展开的。在这种背景下的统治阶级内部的叛降是非问题，不仅牵涉到是跟皇帝还是跟单于的问题，而且还牵涉到怎样对待民族的侵略压迫问题，怎样对待人民利益的问题。或者说，是坚持民族和人民的利益，坚决反抗匈奴贵族侵略压迫的斗争呢？还是向匈奴贵族屈膝投降，并帮他们去侵略压迫自己的民族和人民呢？这是那个时代的大是大非问题，它的意义远比是忠于皇帝还是归顺单于要重大。也正是由于这个原因，人民才对这一幕与自己切身利益攸关的北海对话表示了关注，并在民间传说中对对话中的两个主角表示了强烈的爱憎。

在民间关于这一幕对话的传说中，李陵是以一个寡廉鲜耻的历史丑角面目出现的。这是符合他的身份的。他劝说苏武归降单于的谈话，是他极端利己主义的丑恶灵魂的暴露。正是这种封建地主阶级和奴隶主阶级所共有的剥削阶级人生观的恶性发展，才使他由反匈奴贵族侵略压迫的立场，变成为虎作伥、甘心听从匈奴贵族驱使的民族败类；他忘记了他陇西先人们百年来所遭受的匈奴侵犯和掠夺之苦，忘记了他的民族和人民是在怎样的条件下，并且是为什么来进行抗击匈奴战争的，忘记了他的家族从小教给他骑射是叫他以这些武器去打击匈奴侵略者，而不是叫他用来帮助匈奴侵略者来打击自己的民族和人民的。

李陵经常以皇帝如何寡恩少义来掩饰自己的背叛。这是站不住脚的。难道一个国家就只包含着皇帝吗？除了皇帝，他的民族、他的祖国、他的乡土、他的亲人、他的好友等等就都不存在了吗？即使在人民没有权利的时代，人们也知道一个国家、一个民族，不仅包含着皇帝。况且，皇帝不好，你可以反对皇帝，为什么要去投降匈奴侵略者呢？如果皇帝不好，就可以背叛降敌的逻辑能够成立，那么凡是受皇帝压迫的人不是谁都有理由去投降侵略者，并帮助敌人来压迫自己的同胞了吗？可是，这样的人，却只能遭到人民的唾弃，被人民骂为汉奸、走狗和可耻的叛徒。

李陵以孝顺母亲出名，他也曾经以皇帝杀了他的老母亲来为自己的投降行为辩护。我们坚决谴责封建时代那种一人犯罪，株连九族的野蛮行径。但是，生活在那个时代的李陵，如果真的爱护自己的老母亲，那么他应该知道无论如何不能投降匈奴，因为投降匈奴就意味把自己的老母亲送上断头台。汉武帝在他投降匈奴的一年多时间里，对他的老母亲是关而不杀的，这当然是为了争取他返回。如果他热爱他的老母亲，就应该在这个不算太短的时间里寻找机会逃回，只要他下决心，这种机会是可以找到的，但是他并没有这样做。此外，李陵有自己的老母亲，难道被匈奴铁骑掠夺和杀害的千万人民就没有自己的老母亲了吗？你反对汉武帝杀害你的老母亲，为什么却要去帮助匈奴掠夺和杀害千万人的老母亲呢？

李陵的劝降活动失败之后，面对大义凛然、威武不屈的苏武，感到难堪，说了几句言不由衷的自我谴责的话，这也许是可能的，背叛者有时也有一点内心矛盾。对于历史上重新由反动转向进步的背叛者，我们不应采取简单的否定态度。但李陵远没有达到重新转变的地步。他在背叛汉王朝，当了匈奴单于驸马爷以后，没有对原来养育他的民族尽过自己一点责任。他甚至没有为两个民族的和好做一点工作，本来他在这方面是大有可为的，他的心冷却了。

汉武帝死后，汉昭帝立，匈奴与汉和亲。汉王朝的辅政大臣霍光、上官桀过去都与李陵有交情，他们派使节来劝李陵归汉。李陵胡服椎结，不肯归去。汉王朝使节还向匈奴单于要求归还苏武。单于不肯，便说苏武已死。同苏武友谊多年的李陵也不肯帮一点忙。后来还是当年同苏武一起被俘的常惠，偷偷把苏武在北海牧羊的情况告诉汉王朝使节。并教使节用汉天子在上林苑射雁，得到苏武系在雁足上帛书的办法，去向单于要人。汉王朝的使节听了大喜，就用这个话质问单于。单于听了，吓了一跳，以为是苏武的忠心感动了飞鸟，只好答应归还苏武。李陵这才备了酒去向苏武道别，他们从此分离，再也没有见过面。

公元前 81 年，苏武与常惠等归汉，封典属国，这是一个掌握民族事务的高级官职。他出使的时候是壮年，经过近二十年的牧羊生活，回来的时候，须发尽白了。他坚持民族气节，在任何情况下，宁死不肯背叛祖国的行为，受到了全国人民的尊敬。

论司马迁冤狱

他，司马迁（公元前145～前87年），一位曾读万卷书、行万里路的旷代奇才，一位绝代奇文的作者和中国纪传体史学体系的建构者，竟然为一个不同意见，被一位大皇帝凭其封建专制的权威，横蛮无理地押送至暗无天日的蚕室，残酷地处以比死刑更耻辱的腐刑。

百代千秋，中华民族的子孙读到这位大文豪纵横排宕、激昂悲情的文章时，想起他悲惨的遭遇，心中都会有一种隐痛。是的，司马迁的冤狱，是我们民族永恒的痛！

汉武帝在战争失败责任问题上的恶劣作风和司马迁的不幸

司马迁的冤狱是由李陵与匈奴浚稽山战役的失败而引发的。应该对这一丧师辱国的战役负领导责任的是谁呢？是汉武帝。李陵提出的那种孤军深入、率五千步兵“涉单于王庭”的作战计划是根本错误的。可是他竟轻率地加以赞许。他被不久前抗匈战争中的巨大胜利冲昏了头脑，得意得连基本的军事常识都忘记了。他不知道，不久前的军事胜利是近百年来全国人民长期备战的结果，是卫青、霍去病等一大批将领认真组织、规划的结果，是数以几十万计的士兵勇敢作战的结果。他作为战争战略方面的最高决策者，也起到了应有的作用。但是这种作用是有限的，它只有在战争客观条件所规定的范围内才是正确的。超越了客观条件的规定，他的战略决策和战争指挥，对战争非但不能起任何积极作用，反而要起破坏作用。当他昏昏然地，以为以往的军事胜利是他天才头脑的产物时，他的头脑也就走向了反面。所以，李陵那种无知的狂妄建议，正好适应他那种狂妄的心态，两者一拍即合。他一听这个建议，马上就被鼓动起来。长期在西域作战的将军路博德看出了李陵作战计划的致命弱点，千里上书提出不同意见。他非但不听，反而给李陵下达了紧急作战命令。这个命令甚至把千里之外大军的行军路线都预先规定好了，他以为只要他向天空划一道弧线，敌人就灰飞烟灭了。

他期待着胜利的捷报，却等来了李陵兵败投降的消息，他主观主义的热昏计划全部破产。他该引咎自责了吧！不，他是天之骄子，一贯正确，他怎么能引咎自责呢！统统是李陵的罪过，把他的老母、妻子抓了起来。是的，李陵是有罪过的，但是决定这一切的是谁呢？他真的不知道自己的责任吗？不，你看他那“惨怆怛悼”的样子，岂不说明他内心陷入极大的矛盾之中了吗！

根据司马迁《报任安书》的自叙，公卿王侯，几天前在李陵送来行军报告时，还在宴会上向皇帝奉觞上寿，歌颂皇帝指派李陵深入漠北的壮举。现在又在揣摸皇帝推卸战争失败责任的心理，一齐攻击李陵。他对大臣们随风转篷的作风很不满意。正好皇帝征询他的意见，他就说李陵原来表现不错，这次深入戎马之地，“足历王庭”，打了败仗，但“所杀过当”，现在身虽陷敌，也许别有意图。司马迁的这些话，同汉武帝企图重责李陵、推卸战争失败责任的意图完全相反。李陵功劳这么大，兵败陷敌又情有可原，那么战争失败的责任，除了由发出作战指示的汉武帝来承担，还能推给谁人呢？

汉武帝勃然大怒了，以“为李陵游说”的罪名，将司马迁逮捕入狱。那些为虎作伥、专会揣摸皇帝意图的刀笔吏给司马迁拟就了最高罪名：“诬上”，即攻击皇帝。判处的刑罚是最惨无人道、最侮辱人格的腐刑(即宫刑)。司马迁“家贫，货赂不足以自赎，交游莫救视，左右亲近，不为一言”，既然没有一个人来援救司马迁，他就只好在那暗无天日的蚕室里惨遭腐刑。这一年司马迁才四十六岁。

司马迁为什么要替李陵辩护

司马迁究竟同李陵是什么关系，他为什么要无端地出头为李陵辩护，承担这样大的风险呢？

没有什么特别关系，他们只是青年时代的同事，但“素非能相善也，趋舍异路，未尝衔杯酒，接殷勤之余欢”（司马迁：《报任安书》）。他为李陵辩护的动机，就是前面他自己说过的两条：一、不满于大臣们的随风转篷、落井下石、墙倒众人推；二、他觉得李陵过去的表现尚好，作战有功，可能事情尚有曲折，想说一些公道话，以利于问题的正确处理。这在不了解李陵兵败陷敌具体经过的情况下，对于一个性格正直的没有处世经验、又不会耍滑头的书呆子是合乎情理的，他的自叙是完全可信的。

在汉王朝已得到李陵兵败陷敌的消息以后，司马迁还出来为李陵辩护，这样做难道不是非常错误的吗？难道不是包庇在反匈奴侵略斗争中的叛降者吗？

不。我们认为，从当时的具体情况看，不能认为司马迁为李陵的辩护是什么非常错误，更谈不上包庇问题。

这是因为在古代的战争中，不易区别战败被俘和投降附敌这两种不同性质的问题，在历史记载上常常把这两种不同情况的不同行为混同一律。但在处理上，无论是战争的哪一方，在弄清情况时，都是有区别的。李陵身陷匈奴之初，就是汉武帝也弄不清他究竟是无可奈何的被俘，还是真心实意的变节投降，而只是怪他没死。试问司马迁又怎样弄得清具体情况呢？由此可见，司马迁在尚不了解李陵陷敌的具体情况时候，根据李陵以往的表现，认为李陵：“身虽陷败，彼观其意，且欲得其当而报于汉”（《报任安书》），这并不是什么不可以理解的事情。司马迁对李陵的看法，既谈不上是什么了不起的错误，更谈不上包庇。

在判明李陵确实投降敌人之后，司马迁对李陵的态度如何呢？司马迁对他进行了很严厉的谴责。司马迁在《史记·李广列传》的结尾，附了李陵的简单事迹，说：“单于既得陵，素闻其家声，及战又壮，乃以其女妻陵而贵之。汉闻，族陵母妻子，自是之后，李氏名败，而陇西之士居门下者，皆用为耻焉。”在司马迁《报任安书》里又说：“李陵既生降，隤其家声。”司马迁一贯主张砥砺气节，他说过“人固有一死，死有重于泰山，或轻于鸿毛”。他认为一个人最大耻辱是辱其先人，“行莫丑于辱先”，“太上不辱先，其次不辱身”。所以他对李陵“生降”敌人，“隤其家声”的谴责，在当时社会的道德观念上是极其严厉的谴责。

有人说，既然司马迁谴责李陵的投降，为什么在《报任安书》里，又为李陵说好话呢？

在《报任安书》中，司马迁的确讲了李陵有"国士之风"，"与单于连战十有余日"，"能得人死力，虽古之名将不能过也"。但这只是为了说明他当时为什么为李陵辩护，说的是他当时对李陵的看法，没有这些看法，他怎么会惹怒汉武帝，受那么大的迫害呢？因而不能视为又替李陵说好话。在《史记·李广列传》中，他对李陵就没有那么写。那里，他只是在叙述李陵兵败的过程中写了一句"而所杀伤匈奴亦万余人，且引且战，连斗八日"，接着就是对他投降匈奴的谴责。而且，就连这句话也是对于历史过程如实的叙述（他订正了以前的"连战十余日"的说法），并不能理解为为他说好话。一个人过去好，后来变坏了，他在历史上应该受到谴责，但是不能因此而不承认他过去做过的好事。"背叛"这一名词本身就表明事物性质的转折，革命的、进步的事业的背叛者，本身就表明这个人过去从事过革命的、进步的事业，否则就无所谓背叛，反之亦然。你说他背叛，又不承认他过去非背叛的历史，那不是自相矛盾吗？对于抗击匈奴侵略事业中的背叛者李陵，司马迁一方面在总的论述中给予严正的谴责，一方面又在有关章节中记叙了他未背叛前的抗敌战斗，一是一，二是二，这种客观求实的论史态度是司马迁一贯的作风，是他忠实于历史科学优秀品格的表现。从汉王朝的正统观点看，项羽是刘邦的敌人，韩信、英布等是大逆不道的人，司马迁在《史记》里虽然或者根据他们的实际错误，或者根据当时的传统观点，对他们进行了历史谴责，但也如实地记叙了他们的历史活动，并对他们的历史功绩给予了评价。如果没有这些如实的记载，大概我们今天很难知道反秦起义和楚汉之争的历史真貌。

在李陵之祸中，司马迁有没有自己的责任

难道李陵之祸中，司马迁自己就没有自己的责任了吗？难道全是汉武帝的过错？对的。全是汉武帝的过错，司马迁没有责任。

首先，事情的起因，即决定李陵孤军深入漠北，给军队造成覆灭性灾难的是汉武帝，与司马迁无干。如果因为这次战争的失败，而一定要有一个人受腐刑处分的话，那么这个人只应该是汉武帝。正是由于他的狂妄无知，轻率地决定用没有战骑、没有后勤、没有配合的孤军去袭击单于王庭，才造成了战争的悲惨

结果。要是一个大臣犯了这样的错误,不杀头也得逮捕法办,可是皇帝犯了错误,连个检讨都没有。非但没有检讨,还要借名士的血去堵塞别人的嘴。文过饰非到了这般地步,真是恶劣之极了。我们承认汉武帝是一位雄才大略的皇帝,他在抗击匈奴侵略,发展国家经济、文化方面都作出了很大的贡献。但是我们从他对李陵案件和司马迁问题的处置上即可以看出,他不仅具有一般统治阶级野蛮、虚伪和极端利己的本质,而且在精神世界的某些方面,还具有与他性格相适应的极渺小的东西。这些方面比起他的乃祖刘邦,差得太远了。刘邦也有蛮横无理的时候,有时还要倚仗权力随便杀人。但是别人规劝他,甚至驳斥他,他还能听。他打的败仗很多,有时败得很惨。他自认晦气,收拾收拾再干,并没有为维护自己的假面,去找个替罪羊开刀。汉武帝呢?只能说好,不能说坏,专横跋扈,暴虐贪鄙,一发火就要残酷整人,没有起码的民主。他尽管是刘邦的后代,但在性格上却与秦始皇一脉相承。他们是封建主义历史发展中必然产生的同一类型的专制主义者。秦始皇反儒,他尊儒,方向虽异,实质则一,都是为了加强自己的专制统治,而不准有反对声音,这叫殊途而同归。

在李陵投降事实确定以后,谁都可以看出司马迁为李陵辩护以及为此惨遭迫害是不值得的。这一点司马迁也认识到了,他认为这是一个悲剧。他在《报任安书》中说:"李陵既生降,隤其家声,而仆又茸以蚕室,重为天下观笑。悲夫!悲夫!"但是因此就可以要司马迁对这场悲剧负什么责任,从而为悲剧的真正制造者减轻罪责吗?不可以。其原因是我们不应把在此以后发生的事情提到在此以前。司马迁为李陵辩护的时候,事情还不清楚,在这种情况下,他对事情做一点好的估计,希望在处理上留一点余地,没有什么不对。而且,那还是皇帝自己征求人家意见,人家才讲的。你要人家讲意见,人家如实地讲了。言者无罪。为什么要翻脸整人呢?一切都要顺着你的意图讲,不对就要惩办,那还征求什么意见!

辩护错了,就不该负责吗?不,在汉武帝整治司马迁的时候,还没有证据证明司马迁的辩护是错了。即使当时有证据证明司马迁的辩护是错了,也不能整人。为什么一个人有了罪就不能为他辩护一下呢?人类从神话时代开始,智慧女神就为犯罪规定了辩护制度,为什么文明发展了几千年,到了封建时代,却不准为犯罪辩护了呢?

还有,错误的辩护永远不应该与辩护的错误等同。既然有辩护,就会有正确的辩护和错误的辩护，这是辩护的题中应有之义。只准正确的辩护存在，不准错误的辩护存在，就等于不准辩护。错误的辩护只是一种意见错误，它可以受到质询、批判、谴责、驳斥，但辩护不能构成罪状，不应受到惩处。而且，即便是错误的辩护，也要比没有辩护优越千百倍。因为没有辩护，则不能纠正错误，而错误的辩护，亦能反证正确。为什么要害怕它呢？

大概后来，汉武帝自己也意识到在李陵问题上对司马迁的处置是太残酷了，太不得人心了，于是又提拔司马迁为中书令。有的史学工作者说，这个任命表明了汉武帝的胸怀宽广，爱惜人才，还有人在新编历史故事中，描写汉武帝如何大力鼓励和支持司马迁写《史记》，甚至在有人攻击《史记》时，还出来为司马迁主持正义，并检讨了自己对司马迁处置的错误，这些都是无中生有的粉饰之词，统统不符合历史事实。汉武帝只是在晚年时，对自己用兵过多、民众负担过重，以及处理太子案件和迷信方士等问题上的错误，作过一个检讨。这就是史书上有名的“轮台罪己诏”。这个检讨尽管是被当时群众造反的形势逼出来的，但是毕竟表明汉武帝尽管不及他的乃祖刘邦，可是比起后来的那些昏庸皇帝高明多了。只是这个检讨并没有涉及司马迁的问题，对此是不能随意编造的。

司马迁冤狱的深层原因和司马迁悲剧的历史回响

司马迁的冤狱是汉武帝的错误处置造成的，但这只是浅层的原因。如果历史观察只停留在这一步，那我们只能永远在历史的表象上徘徊。那样，我们的历史研究也将永远陷于历史黑洞中，无法前进。

造成司马迁冤狱的深层原因是像大山一样压在人民头上的封建专制制度。

任何存在都有存在的理由。诸侯割据、战乱频繁的春秋战国，人民受尽了苦难，社会要求稳定。秦以及代秦而起的汉王朝，适应了这种要求，以大一统的封建专制，取代了诸侯割据的混乱局面。这在历史上是一种进步。

但封建专制制度，很快就在历史上显现了它那种与历史进步并存发展的反动性和局限性。

中国幅员辽阔的封建王朝，是建立在汪洋大海似的、分散而落后的地主（或领主)家长制的经济基础之上的，这种经济方式是以简陋农具为生产力的小生产经济。这种汪洋大海似的、分散而落后的小生产经济，需要强有力的中央集权式的封建专制政权的支持和保护，为了满足这种需求，他们也要牺牲自己的权力和利益。这样就形成了自下而上的、密如蛛网的封建专制特权政治。

村级是家长、族长、亭长(小地主或小领主)——乡级是三老(大地主或大领主)——县级长官是地方和中央政府任命的县令——州级、郡级长官是皇帝任命的州牧、郡守。

封建专制特权政治是一座多级宝塔，宝塔的顶尖是至高无上的封建皇帝。皇权神授，就是说皇帝至高无上的权力是上天给的，他是天之骄子，故皇帝又称“天子”。天子金口玉牙，从秦汉以来，就是“奉天承运，皇帝诏曰”。在这个制度下，所有人都是皇帝一个人的奴仆，皇帝一个人主宰着千万人的生死荣辱。一切都是他说了算。他一言九鼎。没有报刊、电视的舆论监督，没有网络、伊妹儿，没有选举与被选举，没有监察制度，没有立法会议，也没有批评与自我批评，更没有人民代表会议。

孔老夫子创建的儒家学派，为了建构封建专制特权政治服务的伦理道德体系，便大力宣扬“君君、臣臣、父父、子子”的思想，儒家学派提倡的这个伦理体系强化了封建专制的政治体制，极有利于封建专制制度的推行和巩固，所以汉武帝在思想上“罢黜百家，独尊儒术”。

可怜的封建时代的中国人，那时就像站在葡京大酒店赌台上的赌徒一样，一切都要靠那捉摸不定的转盘。如果转上个好皇帝，中采了，那歌舞升平，一切都好。如果转上个“功大于过”，基本上还好的皇帝，也可以混混。虽然有时不免困难、坎坷，亏了肚子，掉了眼泪，付出了痛苦的代价，但除了不幸死去的人，其他人总还能逢凶化吉。最糟糕的是转上个坏皇帝，那就输惨了。那时，活都活不下去了，只好像陈胜、吴广那样，扯旗造反，最后是死伤惨重，血流成河。即使打倒了坏皇帝，小生产的经济土壤，一时也孵不出民主色彩斑斓的金凤凰。尽管如此，新出的皇帝，总能汲取前朝被打倒的经验，讲究治国之道，把小老百姓的生活弄得好一点。

其实，好皇帝和坏皇帝都好办，或者欢呼，或者打倒，就是了。对人民来说，最难办的还是汉武帝这类“功大于过”的皇帝。扯旗造反，绝不应该。他办了那么多好事，特别是抗匈战争的胜利，一雪高祖白登被围之耻，了不起呀！他也关心民瘼，鼓励发展经济。但他的错误也太多了，征赋过度，冤狱甚多，刚愎自用，不肯改过。所幸他还有点自知之明，晚年知道老百姓反对自己，下了个“罪己诏”，缓和了与人民的对立。否则，只能像后世的乾隆皇帝那样，等自己死了，让下一个皇帝替他清理旧账，封建专制制度，就这个样，有啥办法。

所以司马迁这类冤狱，其形成的深层原因是封建专制制度。是的，从根源上说，都是封建专制制度惹的祸。要从根本上杜绝或大大减少司马迁这类的冤狱，就要铲除封建专制制度。但封建专制制度是历史条件的产物，要铲除封建专制制度，就要培育和发展新的生产方式，还要有与经济发展相适应的新文化，新思想，尤其重要的是提高人们的民主意识。

司马迁冤狱的历史意义，就在于它启导了中国历史上一切有良知的人去思索这一切。

这就是司马迁的悲剧，几千年来，一直在人们的心中引起强烈回响的原因。正像鲁迅所说，实际生活中美好的东西被撕毁，常常要比文学作品中的悲剧作用更强烈。真实的历史悲剧，也是如此。司马迁的血，没有吓倒为思想解放和反封建专制的民主制度而斗争的勇士，反而变成烛照黑暗天空的历史烛光。虽然它的光亮是那样的微弱。在思想解放的经济条件还不成熟的年代，它支持着思想领域中民主的幼芽慢慢地生长，在思想解放的经济条件越来越好的年代，它同一切民主力量汇合成一股洪流，凶猛地向封建专制制度冲击。

司马迁的历史悲剧就这样成了历史觉醒的清新剂。

我们听听明清之际思想解放先驱战士黄宗羲惊天动地的呼喊吧！

“为天下之大害者，君而已矣！”为了一个君主，“使兆人万姓崩溃之血肉，曾不异夫腐鼠，岂天地之大，于兆人万姓中独私其一人一姓乎！”(《明夷待访录·原君》，此书写于康熙元年，即公元 1662 年。)

这是早于公元 1919 年新民主主义革命开始之前二百五十多年的呼喊。在封建时代最黑暗的王国——监狱里，“交手足、受木索、暴肌肤、受榜箠”，惨遭“最下腐刑”，“函于粪土之中”，“见狱吏则头抢地，视徒隶则心惕息”(《报任安书》)，受尽“缧绁之辱”的伟大史学家，不仅以他著名的历史著作遗留后世，也曾以他无辜的血浇灌了被封建专制禁锢的民主初苗。

毛泽东对汉武帝的谴责和对司马迁冤狱的沉思

司马迁的冤狱曾给无产阶级革命导师毛泽东以很大的震撼。据当年中共中央书记处政治秘书室主任师哲的回忆,1949 年 12 月他陪同毛泽东访问苏联时,曾在列车上听毛泽东谈起司马迁的冤案。师哲是司马迁家乡陕西韩城人,师哲告诉毛泽东,传说司马迁受宫刑后,韩城与司马迁同姓的人因为害怕受株连,纷纷改姓。韩城南的司马姓改姓冯,韩城北的司马姓改姓周。一时间韩城没有人敢姓司马了。毛泽东听后不无感慨地说:“打小报告的人,看来什么时候都有啊!”

对于司马迁的遭遇,毛泽东寄予了无限的同情。谈到司马迁所受的宫刑,毛泽东很是伤感,他半天无语,许久,才扼腕叹息道:“汉武帝七岁立为皇太子,十岁即位,在位五十四年,把汉朝推向全盛。可是就这么一个有作为的皇帝,一旦臣子违逆他的意愿,竟下如此毒手。”说到这儿,毛泽东连连摇头,“和皇帝佬倌有什么理好讲?汉武帝没有杀掉司马迁,已算是手下留情,不过,施以宫刑,也实在是够残忍的了!”

毛泽东背诵了司马迁《报任安书》中的“西伯拘而演《周易》,仲尼厄而作《春秋》,屈原放逐,乃赋《离骚》,左丘失明,厥有《国语》,孙子膑脚,《兵法》修列,不韦迁蜀,世传《吕览》,韩非囚秦,《说难》《孤愤》。《诗》三百篇,大抵圣贤发愤之所为作也”。接着说:“在这里,与其说司马迁是在感叹厄运对人精神世界的砥砺,不如说是在抒发自己的一种情怀,一腔抱负!”说着,毛泽东站起身,在车厢里来回踱了两步,又回身说:“司马迁‘身残处秽,动而见尤’却‘隐忍苟活,函粪土之中而不辞’,是因为他内心的积郁还没有来得及宣泄,苦衷还没有昭之于世人,满腹文采还没有来得及表露,他希望自己正在写着的著作能‘藏之名山,传之其人通邑大都’。诚如是,则虽九死而心不悔,这愿望确实是达到了。可以说,真正的信史自司马迁始,‘史学之父’,他是当之无愧的!唐诗、晋字、汉文章,汉代的文章,因为司马迁的《史记》,确实被推向了极致。有人说中国没有鸿篇巨制的史诗,怎么没有?司马迁的《史记》难道不是一部气魄雄伟的史诗!评论司马迁,可以有不同的侧面,单以文章论,他也不朽了。”(据《震撼共和国的大阴谋》,团结出版社 1993 年 10 月版,第 25—30 页。)

1962 年 1 月 30 日,毛泽东在扩大的中央工作会议上又引述司马迁《报任安书》中的话,来鼓励因受到错误处理而处于逆境中的人,不要消极沉沦,而应在逆境中锻炼意志,以忍辱负重的精神继续奋斗。

毛泽东说:"(司马迁)所谓文王演《周易》,孔子作《春秋》,究竟有无其事,近人已有怀疑,我们可以不去理它,让专家去解决吧,但是司马迁是相信有其事的。文王拘,仲尼厄,则确有其事。司马迁讲的这些事情,除左丘明一例以外,都是指当时上级领导者对他们作了错误处理的。我们过去也错误地处理过一些干部,对这些人不论是全部处理错了的,或者是部分处理错了的,都应当按照具体情况,加以甄别和平反。但是,一般地说,这种错误处理,让他们下降,或者调动工作,对他们的革命意志总是一种锻炼,而且可以从人民群众中吸取许多新知识。我在这里申明,我不是提倡对干部,对同志,对任何人,可以不分青红皂白,作出错误处理,像古代人拘文王,厄孔子,放逐屈原,去掉孙膑的膝盖骨那样。我不是提倡这样做,而是反对这样做的。我是说,人类社会的各个历史阶段,总是有这样处理错误的事实。在阶级社会,这样的事实多得很。在社会主义社会,也在所难免。不论在正确路线领导的时期,还是在错误路线领导的时期,都在所难免。不过有一个区别。在正确路线领导的时期,一经发现有错误处理的,就能甄别、平反,向他们赔礼道歉,使他们心情舒畅,重新抬起头来。"(摘自毛泽东 1962 年 1 月 30 日在扩大的中央工作会议上的讲话,见《毛泽东著作选读》下册,第 816—817 页。)

报任安书

《报任安书》是司马迁回复任安的信。

任安,原是汉代中央禁卫军的北军使者护军。征和二年(公元前 91 年),汉武帝的太子刘戾为诛杀汉武帝宠信的制造诬蛊案妖人江充,发动宫廷兵变,当时曾命令任安发兵。任安接受命令但未发兵。汉武帝平息兵变后,以任安接受逆令"坐观成败"的罪名,判处其腰斩。在此以前,任安致信司马迁(时任中书令),建议司马迁向皇帝"推贤进士"。

司马迁在回复中，陈述自己因李陵事遭祸经过，说自己“身残处秽”，受尽屈辱，已不能如任安所期望的向皇帝“推贤进士”了。

前人评论此文通篇“沉雄郁勃”“淋漓悲壮”，“自有文章以来第一书”。其实司马迁是特借报书，控诉封建专制统治者的霸道与丑恶，揭露封建司法制度的黑暗与残暴。在漫如长夜的封建社会中，他是第一个具有民主意识的觉醒者。

《报任安书》，多种古文选本中都有，但增、删、错、改之处颇多。现按《汉书》原文，参诸《昭明文选》略作校理。古奥难解之处，再加注释。为便于阅读，后面又附上了今译。这是一篇极关重要的古代文献。不论从事工、农、商、学，或军、干、科、文的人，只要认真读过一遍，就会在政治理论、文史修养，甚至待人处世上有所获益。

太史公牛马走司马迁再拜言①少卿足下：

曩者辱赐书，教以慎于接物，推贤进士为务。意气勤勤恳恳，若望仆不相师用，而流俗人之言。仆非敢如是也。仆虽罢驽，亦尝侧闻长者遗风矣。顾自以为身残处秽，动而见尤，欲益反损，是以抑郁而无谁语。谚曰：“谁为为之，孰令听之？”盖钟子期死，伯牙终身不复鼓琴。何则？士为知己用，女为悦己容。若仆大质已亏缺，虽材怀随、和②，行若由、夷③，终不可以为荣，适足以发笑而自点耳④！

书辞宜答。会东从上来，又迫贱事，相见日浅，卒卒无须臾之间得竭指意。今少卿抱不测之罪，涉旬月，迫季冬，仆又薄从上上雍，恐卒然不可讳⑤。是仆终已不得舒愤懑以晓左右，则长逝者魂魄私恨无穷。请略陈固陋。阙然不报，幸勿过。

仆闻之：修身者智之府也；爱施者仁之端也；取予者义之符也；耻辱者勇之决也；立名者行之极也。士有此五者，然后可以托于世，而列于君子之林矣。故

① 太史公，上古中央政府设太史，为史官与历官之长。掌中央文件起草，史事编修，典籍档案，兼天文历法、祭祀礼仪等。秦汉称太史令。秩六百石。魏晋后，史、历分开。司马迁父司马谈曾任太史令，司马迁承继父业，亦任太史令。父子两人都称太史公。牛马走：自谦之词，犹仆人。钱钟书认为“牛马走应作先马走”（《管锥篇》），意为“马前走卒”。

② 随、和：随，指随侯之珠；和，指和氏之璧。均古代珍宝。

③ 由、夷：由，许由；夷，伯夷。均古代高士。

④ 自点：点，通“玷”，玷污。

⑤ 不可讳：李善注：难言其死，故云不可讳。

祸莫僭[①]于欲利,悲莫痛于伤心,行莫丑于辱先,而诟莫大于宫刑。刑余之人,无所比数,非一世也,所从来远矣。昔卫灵公与雍渠载[②],孔子适陈;商鞅因景监[③]见,赵良[④]寒心;同子参乘,袁丝变色[⑤];自古而耻之。夫中材之人,事关于宦竖,莫不伤气,况慷慨之士乎?!如今朝虽乏人,奈何令刀锯之余荐天下豪隽哉!

仆赖先人绪业,得待罪辇毂[⑥]下,二十余年矣。所以自惟:上之,不能纳忠效信,有奇策材力之誉,自结明主;次之,又不能拾遗补阙,招贤进能,显岩穴之士;外之,不能备行伍,攻城野战,有斩将搴旗之功;下之,不能累日积劳,取尊官厚禄,以为宗族交游光宠。四者无一遂,苟合取容,无所短长之效,可见于此矣。向者,仆亦尝厕下大夫之列,陪奉外廷末议。不以此时引维纲,尽思虑,今已亏形为埽除之隶,在阘茸[⑦]之中,乃欲仰首伸眉,论列是非,不亦轻朝廷、羞当世之士邪!嗟乎,嗟呼!如仆,尚何言哉,尚何言哉!

且事本末未易明也。仆少负不羁之才,长无乡曲之誉。主上幸以先人之故,使得奉薄伎,出入周卫之中。仆以为戴盆何以望天[⑧],故绝宾客之知,忘室家之业,日夜思竭其不肖之材力,务一心营职,以求亲媚于主上。而事乃有大谬不然者!

夫仆与李陵俱居门下[⑨],素非相善也。趋舍异路,未尝衔杯酒接殷勤之欢。然仆观其为人自奇士。事亲孝,与士信,临财廉,取予义,分别有让,恭俭下人,常思奋不顾身以徇国家之急。其素所畜积也,仆以为有国士之风。夫人臣出万死不顾一生之计。赴公家之难,斯已奇矣。今举事一不当,而全躯保妻子之臣,随而媒糵其短,仆诚私心痛之。

且李陵提步卒不满五千,深践戎马之地,足历王庭,垂饵虎口,横挑强胡,仰

---

① 僭:同修。

② 雍渠:雍渠是卫灵公的宦官,卫灵公与南子同车,用雍渠骖乘,孔子次乘。孔子以为耻,乃离卫国去陈国。

③④ 景监:秦孝公的宦官,曾向孝公引见商鞅。赵良:秦孝公时高士。

⑤ 同子,即汉文帝时宦官赵谈,因与司马迁父司马谈同名,司马迁为避讳,不便写赵谈,故书为同子。袁丝,即汉文帝时任郎中的袁盎(字丝),见赵谈为文帝参乘,脸色大变,伏在车前谏阻。

⑥ 辇毂:天子车舆,借指皇帝。

⑦ 阘茸:阘音 tā,门户之小者。阘茸,意为卑小微贱。

⑧ 戴盆何以望天:头上顶戴着一个盆子,怎么能看见天。

⑨ 门下:指皇帝宫廷门下。

亿万之师，与单于连战十余日，所杀过当。虏救死扶伤不给，旃裘①之君长咸震怖。乃悉征其左右贤王，举引弓之民，一国共攻而围之。转斗千里，矢尽道穷，救兵不至，士卒死伤如积。然李陵一呼劳军，士无不起，躬流涕，沫血饮泣，张空弮②，冒白刃，北首争死敌。陵未没时，使有来报，汉公卿王侯，皆奉觞上寿。后数日，陵败书闻，主上为之食不甘味，听朝不怡。大臣忧惧，不知所出。仆窃不自料其卑贱，见主上惨怆怛悼③，诚欲效其款款之愚。以为李陵素与士大夫绝甘分少，能得人之死力，虽古名将不过也。身虽陷败，彼观其意，且欲得其当而报汉。事已无可奈何，其所摧败，功亦足以暴于天下。仆怀欲陈之而未有路，适会召问，即以此指推言陵功，欲以广主上之意，塞睚眦之辞④。未能尽明，明主不深晓，以为仆沮贰师⑤，而为李陵游说，遂下于理⑥。拳拳之忠，终不能自列。因为诬上，卒从吏议。家贫，货赂不足以自赎，交游莫救，左右亲近，不为一言。身非木石，独与法吏为伍，深幽囹圄之中，谁可告诉者！此正少卿所亲见，仆行事岂不然邪！

李陵既生降，隤其家声，而仆又茸以蚕室⑦，重为天下观笑。悲夫，悲夫！

事未易一二为俗人言也。仆之先人非有剖符丹书⑧之功，文史星历，近乎卜祝之间，固主上所戏弄，倡优畜之，流俗之所轻也。假令仆伏法受诛，若九牛亡一毛，与蝼蚁何异？而世又不能与死节者比，特以为智穷罪极，不能自免，卒就死耳。何也？素所自树立使然。人固有一死，死有重于泰山，或轻于鸿毛，用之所趣异也。太上不辱先，其次不辱身，其次不辱理色，其次不辱辞令，其次诎体⑨受辱，其次易服受辱，其次关木索、被棰楚受辱，其次剔毛发、婴金铁受辱，其次毁肌肤、断肢体受辱，最下腐刑，极矣！传曰："刑不上大夫。"此言士节不可不励也。

猛虎处深山，百兽震恐，及在阱槛之中，摇尾而求食，积威约之渐也。故士

① 旃裘：用毛皮制作的衣服，借指匈奴。

② 弮：音 quān，弩弓。

③ 惨怆怛悼：凄楚悲伤。

④ 睚眦之辞：怨怒之辞。

⑤ 沮：诋毁；贰师，李广利，时任贰师将军。

⑥ 理：指治狱机关，即大理寺。

⑦ 蚕室：腐刑需在温室中执行，称"蚕室"。

⑧ 剖符丹书：符即用竹、木或金属制作的文书凭证，剖而为二，君臣各一；丹书即用朱砂写在铁券上的文书。都是免罪的文书，丹书又称"丹书铁券"。

⑨ 诎体：即屈体。

有画地为牢势不入，削木为吏议不对，定计于鲜也。今交手足，受木索，暴肌肤，受榜棰，幽于圜墙之中。当此之时，见狱吏则头抢地①，视徒隶则心惕息。何者？积威约之势也。及已至此，言不辱者，所谓强颜耳，曷足贵乎！且西伯②，伯也，拘牖里；李斯，相也，具五刑；淮阴③，王也，受械于陈；彭越、张敖，南向称孤，系狱具罪；绛侯④诛诸吕⑤，权倾五伯，囚于请室⑥；魏其⑦，大将也，衣赭关三木；季布⑧为朱家钳奴；灌夫⑨受辱居室。此人皆身至王侯将相，声闻邻国，及罪至罔⑩加，不能引决自裁。在尘埃⑪之中，古今一体，安在其不辱也！

由此言之，勇怯，势也；强弱，形也。审矣，曷足怪乎！且人不能早自裁绳墨之外，已稍陵夷至于鞭棰之间，乃欲引节，斯不亦远乎！古人所以重施刑于大夫者，殆为此也。

夫人情莫不贪生恶死，念亲戚，顾妻子。至激于义理者不然，乃有不得已也。今仆不幸，早失父母，无兄弟之亲，独身孤立，少卿视仆于妻子何如哉？且勇者不必死节，怯夫慕义，何处不勉焉！仆虽怯懦欲苟活，亦颇识去就之分矣，何至自沉溺缧绁之辱哉？且夫臧获⑫婢妾，犹能引决，况若仆之不得已乎！所以隐忍苟活，函⑬粪土之中而不辞者，恨私心有所不尽，鄙没世而文采不表于后也。

古者富贵而名磨灭，不可胜记。唯俶傥非常⑭之人称焉。盖西伯拘而演《周

---

① 抢地：以头触地，即叩头。
② 西伯：即周文王。
③ 淮阴：即淮阴侯韩信。
④ 绛侯：即周勃。
⑤ 诸吕：指吕后的有职有位的族人。
⑥ 请室：汉代囚禁大臣的处所。应劭注："请室，请罪之室。"
⑦ 魏其：即汉魏其侯窦婴。
⑧ 季布：项羽将领，项羽失败后，刘邦悬赏缉捕，季变服卖于游侠朱家为奴。
⑨ 灌夫：即汉颍阳侯，曾醉骂丞相田蚡，被囚于少府禁室。
⑩ 罔：即法网。
⑪ 尘埃：比喻污秽之处，此处指监狱。
⑫ 臧获：奴仆。
⑬ 函：陷入。各选本多将"函"改为"幽"，误。韦昭注《国语》："函，入也。""函粪土之中"不能改为"幽粪土之中"。
⑭ 俶傥非常：俶(chù)傥，各选本均作"倜傥"。《汉书·司马迁传》作"俶傥"。《新华字典》亦释"俶傥"即"倜傥"。但"倜傥"指洒脱、不拘礼法。如《三国志·王粲传》：阮瑀子籍"倜傥放荡"，与"俶傥"含意有差异。俶，美善；傥，豪爽，"俶傥非常"，意为美善豪爽，卓异不凡。《史记·鲁仲连传》中，司马迁曾用"俶傥"形容鲁仲连。《报任安书》中又用此语形容周文王等人。改作"倜傥"，似不妥。

易》;仲尼厄而作《春秋》;屈原放逐,乃赋《离骚》;左丘失明,厥有《国语》;孙子膑脚,《兵法》修列;不韦迁蜀,世传《吕览》;韩非囚秦,《说难》、《孤愤》;《诗》三百篇,大抵贤圣发愤之所为作也。此人皆意有所郁结,不得通其道,故述往事,思来者。及如左丘无目,孙子断足,终不可用,退论书策以舒其愤,思垂空文以自见。仆窃不逊,近自托于无能之辞,网罗天下放失旧闻①,考之行事,稽其成败兴坏之理,凡百三十篇。亦欲以究天人之际②,通古今之变,成一家之言。草创未就,适会此祸,惜其不成,是以就极刑而无愠色。仆诚已著此书,藏之名山,传之其人通邑大都,则仆偿前辱之责,虽万被戮,岂有悔哉!然此可为智者道,难为俗人言也。

且负下未易居,下流多谤议③。仆以口语遇遭此祸,重为乡党戮笑,汙辱先人,亦何面目复上父母之墓乎!虽累百世,垢弥甚耳!是以肠一日而九回,居则忽忽若有所亡,出则不知其所如往。每念斯耻,汗未尝不发背沾衣也。身直为闺阁之臣,宁得自引深藏岩穴邪!故且从俗浮沉,与时俯仰,以通其狂惑。今少卿乃教以推贤进士,无乃与仆之私指谬乎!今虽欲自雕琢,曼辞已自解,无益,于俗不信,只取辱耳。要之,死日然后是非乃定。书不能尽意,故略陈固陋。谨再拜。

《报任安书》今译

仆太史公司马迁再拜陈言少卿足下:

前者,承蒙赐予书信,教我谨慎地待人处世,积极地推贤进士。先生意气勤恳,好像怪罪我不师法古人,而流入庸俗。仆不敢这样呀。仆虽然才能低下,但也曾听说过前辈的高风亮节,只是自以为身残处秽,动而见尤,常常是指望做点好事,反而招致毁损。所以只好独自忧愁苦闷,又能同谁说呢?谚语云:"谁为为之,孰令听之"。为谁去做呀,谁肯听呀?所以钟子期死,伯牙终身不再弹琴。这是什么道理呢?这就是"士为知己者用,女为悦己者容。"像我这样身体已经亏缺的人,虽有隋氏珠、和氏璧的美质,许由、伯夷的品行,也终究不会有什么荣

① 放失旧闻:指散乱失传的文献。

② 天人之际:指宇宙自然与人类社会的关系。

③ 负下未易居,下流多谤议:《文选》注:"负累(负累是犯有罪过意)之下,未易可居。《论语》曰'君子恶居下流(按下流意为江河下流,泛指所处地位卑下),天下之恶皆归焉'。"

耀，相反还会惹来世人的嗤笑，自取诟辱而已。

先生的书信，本应早作答复。恰巧要随从皇上东行，又有些琐事等着处理，可以由自己支配的时日不多。仓促间竟找不到片刻闲暇，得以尽情向您诉说自己的心意。如今您遭遇不测之罪，再过一个月，就迫近季冬行刑之日，那时仆又要随从皇上行幸雍地，如果猝然间发生了不可免的事情。那样仆就永远得不到向您抒发自己心意的机会，而长逝者也会因为得不到回音而魂魄不安，抱恨无穷。现在请允许我向您略为陈说一点鄙陋的意见。迟复不报的过错，尚请原宥。

仆听说：修身是智的准则；爱施是仁的开端；取予是义的表征；知耻是勇的决断；立名是行的高峰。士人有了这五条，才可以立身于人世之间，列位于君子之林。所以，祸莫惨于慾利横流；悲莫痛于伤心怵目；行莫丑于辱没先人；耻莫大于身受宫刑。受过宫刑的人也叫刑余之人，他们是不能同一般人相提并论的。这也不是现在如此，它由来已久。往昔卫灵公与宦者雍渠同车，孔子就离开卫国去陈国了。商鞅由宦官景监引见秦孝公，秦国贤士赵良感到寒心。汉文帝让宦官赵谈在车右陪乘，郎中袁丝气得脸色都变了。由此看来，事关宦竖，自古为耻。才能平凡的人见到宦竖，都感到丧气；何况慷慨激昂的士人呢！现今即使朝廷缺乏人才，也不能让经受过刀锯的刑余之人去推荐天下的豪杰俊逸之士罢！

仆继承先人未竟的事业，以有罪之身待罪于天子辇毂之下，已经二十多年了。自思自忖，上不能纳忠效信，建奇策，输材力，自结于明主，中不能拾遗补缺，招贤进能，识拔隐藏在山野岩穴中的英俊；外不能参加军队，攻城野战，建立斩将搴旗的功勋；下不能积日劳累，加官进禄，为宗族和朋友争点光荣。在这四方面都没能取得成就，只能苟合图存，就连或大或小的贡献也没有，情况就是如此。以前，仆也曾侧身下大夫之列，在外廷官员中敬陪末席，参与朝堂议事。不在那个时候，援领国家纲维大法，殚精竭虑，为国尽职，如今已形体亏损，像个扫除的皂隶，处于低卑地位，倒要想仰首扬眉于朝堂之上同大臣们论列是非，这岂不是轻视朝廷，羞辱当世的士人吗？唉呀，唉呀，像仆这样的人，还说什么呀，说什么呀！

况且，事情的本末、原委也是不容易说明白的。仆自小就欠缺卓越的才情，长大以后，又没有乡里的称誉。幸而皇上因为先人的关系，给了一个可以出入宫廷、进献自己微薄才能的机会。仆以为头上顶着个瓦盆是望不着天的。只好谢绝亲友交往，抛却家室俗务，一天到晚，只想竭尽自己小小的才力，专心致志于自己的职守，以求亲近于皇上。哪知事情的发展，竟与自己的愿望大相违背！

当年仆与李陵同为皇上的近臣，两人一向交往不深，各走各的路，从未衔杯同饮，互接殷勤之欢。然而仆看他平时为人，自是个奇士。他事亲至孝，待人有信；在钱财问题上，清廉自守，取予有义；在上下关系问题上，谦让有礼，恭俭下人；常想奋不顾身以徇国家之急难。以他平素的修养，仆以为他有国士之风。做人臣的，能不辞生死赴公家的急难，就是难能可贵了。如今行事稍有不当，那些只顾保全自己身家性命的臣下，就夸大其词地把他的过失酿成大罪，仆感到很痛心。

李陵所带的步兵不到五千。深入匈奴的后方，足踏匈奴的王庭。他以自己为香饵，垂之虎口以引诱敌人。他横挑匈奴，仰攻百万之师，一往无前。他与匈奴首领单于连战十几天，所杀之敌已超过汉军的数目。因为战斗激烈，敌人都没法救死扶伤了。匈奴君长大为震怖，命令左右贤王发动全国凡能引弓作战的人，都来参加围攻。李陵就这样辗转战斗了一千多里。最后是箭已射完，路已穷尽，救兵不至，战士死伤堆积。然而只要李陵一声呼喊努力杀敌，军士没有不奋起的。他们甩掉流涕，抹去血迹，吞声饮泣，挥动着手中的弓弩，冒着敌人的白刃，争着北向与敌人拼死战斗。

李陵没有陷没的时候，使节来报，汉朝中的公卿王侯都举杯为皇上庆贺。隔了几天，李陵兵败的消息传来，皇上为之食不甘味，听朝也不愉快。大臣们忧虑、害怕，不知怎么办才好。仆不自量其地位之卑贱，见皇上凄楚悲伤，想向皇上报效自己忠诚的愚心。仆以为李陵素来与士大夫相处很好。甘美的东西，推却不受，其他东西，也取得很少。所以他能得人之死力，就是古代的名将，也不过如此。如今，身虽陷敌，看他的意图，是想得一个适当的机会报答朝廷。事情已经无可奈何了，他所摧败的敌兵，其功绩亦足以告白于天下。仆的这些想法欲向皇上陈述，而没有机会，恰巧皇上召问，仆即按这个意思讲了李陵的功绩，想以此来让皇上宽心，阻塞谗谤怨怒之辞。但意思尚未充分说明，皇上也没有深入了解，就以为仆在诋毁贰师将军，而为李陵游说，遂将仆下于监狱。拳拳的忠心，终没有机会向皇上陈述，最后按照狱吏定的“诬上”罪名，判处宫刑。因为家境贫寒，没有足够的钱财自赎，平日的交游，无人相救，皇上左右的亲近，也不肯说一句话。人非木石，却只能独自和狱吏为伍。身陷囹圄之中，谁人肯听仆的倾诉。这些都是少卿所亲见，仆的所作所为，难道不是这样吗？

李陵后来生降匈奴，败坏了他名将家世的声誉。而仆又被推进蚕室受刑，重重为天下人耻笑。悲哀呀，悲哀呀！

有些事情是很难一一地为俗人去说。仆的先人并没有剖符丹书的大功。先人所掌管的史文星历，近于卜筮，祝祷，原来也就同为皇帝服务的歌舞艺人差不多，都为流俗所轻视。假如当时仆伏法而死，那就像九头牛丢了一根毛，与死了一只蝼蛄或蚍蜉没有什么两样。世上也不会有人把它同死节守义相提并论，不过以为他智穷才尽，罪大恶极，不能自免，终究走上死路罢了。什么道理呢？这是因为仆平素立身处世的表现不能取信于人的缘故。人固有一死，死有重于泰山，或轻于鸿毛，只是死的价值有所不同罢了。立身处世，最上是不辱先人，其次是不辱自身，其次是不辱情理颜面，其次是不辱言辞，其次是屈体受辱，其次是改穿囚服受辱，其次是关木索、被箠楚受辱，其次是剔毛发、束铁钳受辱，其次是毁肌肤、断肢体受辱，最下是遭腐刑受辱，这是受辱的顶点了。古书上说，“刑不上大夫”。这句话意味着士人不可以不以气节自励呀！

猛虎处于深山中，百兽见了都感到震恐。一旦陷入阱槛之中，也只能摇尾而求食。这是由于不断受到管理者的威慑、约束，而逐渐形成的。所以士人看到了画地为牢的地方，也绝不进入；遇见削木雕刻的狱吏，也绝不面对，他们事先考虑得很明确。犯人的手脚受木枷、绳索的束缚，肌肤受皮鞭、木杖的榜击，整天被关押在监狱中，这个时候，见了狱吏则以头叩地，不断求饶。看到狱卒则心惊肉跳，不敢喘息。什么原因呢？这是由于不断受到狱吏、狱卒的威吓、约束，而势必如此。到了这般境地，还讲什么不受辱，此即所谓厚着脸皮说瞎话，有什么值得骄傲呢！周文王，是伯爵，被拘押在羑里；李斯，是丞相，备受五刑之苦；韩信，是王侯，在陈地上了械具；彭越、张敖，南向称孤，被系狱服罪；周勃，诛杀诸吕，权倾五霸，被囚于大臣请罪之室；窦婴，是大将，竟穿上囚服，头颈与手足受三木之刑；季布兵败，为朱家髡钳之奴；灌夫骂坐，受辱于田蚡居室。这些人都身至王侯将相，名声闻于邻国，一旦被加上了罪名，不能引决自裁，只好苟活于尘埃之中。从古到今，碰上这种情况的人，哪有不受辱的呢！

由此可见，勇与怯，由态势决定；强和弱，由形势决定。这是一清二楚的事情，有什么值得大惊小怪呢！

况且，一个人在出事的时候，不能及早地引决自裁，以逃避吏法的追究，拖延到受到拷打的时候，再想引节自尽，那不就太晚了吗！古人之所以对施刑于大夫采取慎重的态度，就是这个道理。

人情莫不贪生怕死，顾念亲人，牵挂妻儿。但是，受义理激励的人则不这样，然而他们之所以如此，也是不得已的。仆很不幸，早就失去双亲，又无兄弟，独身孤立，虽有妻儿，但少卿您看仆对妻儿又如何呢？况且，有勇的人未必能死于名节，怯弱的人如果崇尚节义，却往往能以名节自勉，宁死不受辱。仆虽然怯弱，意欲苟活，但也知道生死去就的分界，不至于甘心忍受囚系之辱罢！就连奴仆婢妾在无奈时亦能引决自裁，何况仆这样受辱深重的人呢！仆之所以含垢受辱、隐忍苟活，陷入粪土般污秽的监狱之中而不辞难者，只是因为私心有所不甘，痛惜自己壮志未酬就离开了人世，而无法使自己的文章著述传之于后世呀。

从古以来，人富贵而名磨灭者，不可胜数。唯有美善豪爽、卓异不凡的人方能著称于世。周文王被拘押于羑里，而演《周易》；孔夫子被困厄于陈蔡，而作《春秋》；屈原被放逐，乃赋《离骚》；左丘两眼失明，乃著《国语》；齐孙子两脚被膑，修列《兵法》；吕不韦因罪被迁，编辑《吕览》；韩非子被秦王囚禁，有《说难》《孤愤》。《诗》三百篇，也大多是圣贤发愤时的作品。这些人胸中都有忧郁的情结，闷塞不通，志向无法实现，就著书立说，陈说往事，以期待将来的人理解自己并从自己的著作中得到鉴戒和智慧。像左丘失去了双眼，孙子失去了双足，无法再行进取，于是退而论书画策，以抒发其内心的愤怒，并希望自己的文章能垂之后世，以向未来者表达自己未能实现的志向。仆不够谦逊，也想自托于看似无用的文章，用它来网罗天下散乱失传的文献，考证其史实，然后从中研究世事兴盛败坏道理。文章共有一百三十篇。仆的愿望是用这些文章来推究天人之际，通达古今之变，而成一家之言。遗恨的是在全书草创未就之时，突然遭遇李陵之祸，因为痛惜全书未成，是以甘就惨极之腐刑而无难色。如果仆终于把此书写好，让它藏之名山，将来传给懂得它的人，并把它推向通都大邑，那样就能补偿仆以前所受的侮辱和责罚了，那时即便身被万创，也不会后悔了。然而这些只可以对智者言说，却难以向俗人说道。

况且，负罪之人，不易处世；身居下流，多有谤议。仆因为说话不谨慎，遭遇了奇祸，为乡党讥笑，也给先人丢了脸，还有什么面目再上父母的坟墓呢！就是百代之后，垢辱仍然洗不清。所以我每天是愁肠九转，居处在家恍恍忽忽的似有所失；出去走走，又不知该往哪里去。每当想到这个耻辱，未尝不汗流浃背，连衣服都沾湿了。身为闺阁之臣，怎么能自行隐藏到岩穴之中呢？所以姑且随波逐流，与时上下，以解决内心的狂惑。现今少卿却以推贤进士相教，这不是与仆的心意相冲突吗？目前仆就算是专心致意地来雕琢自己，拿美好的言辞来表白自己，也是没有用处的，世俗之人不仅不会相信我，而且还会自取其辱。总之，人到死时，是非方能确定。书信不能尽意，只能略为陈说一点鄙陋之见。谨此再拜。

西汉名将

赵充国

毛泽东在评说西汉史事时，多次谈到西汉名将赵充国。他说：“赵充国这个人很有一点精神，坚持真理，不避斧钺之诛，几次顶撞皇帝，也真是不容易。”

赵充国（公元前137～前52年）是陇西郡上邽（今甘肃天水）人，平民出身。少年时代刻苦学习文功武事，表现很突出。后来参军，为骑士羽林郎。

匈奴扣押了汉王朝的使节苏武以后，汉武帝派贰师将军李广利率兵三万北伐，赵充国随军出征。这次北伐，汉军先胜后败，最后陷入匈奴骑兵包围之中。在全军面临绝境的时刻，赵充国发愤为雄，率领一批勇士溃围陷阵，为全军杀开了冲出包围圈的血路。战后，检查他身上的创伤，竟有二十多处。汉武帝听说自己军队中出了这样的英雄，特地下令召见，并亲自验视他身上的伤痕，为之感叹不已。

汉昭帝、汉宣帝时，他又在征伐匈奴的战斗中建立了战功，被封为后将军。

毛泽东说的“坚持真理，不避斧钺之诛”，指的是他在平息羌人叛乱问题上同汉宣帝的意见分歧。

羌人是当时居住在西部地区的一支少数民族。这个民族的历史很古老，长期以来，一直在今青海、甘肃、四川等地游牧，一部分人还移居中原，同汉人杂处。

汉武帝时，羌人各部处于奴隶社会初期，互相之间不断发生掠夺性的战争，有时也向汉人居住地区侵掠。有一次羌人先零等部与匈奴联兵十万，进攻汉人居住地区，后来被汉军击败，退至湟水（在今青海东部，流经西宁）以西。汉武帝为隔绝羌人与匈奴的联系，在湟水地区设立了护羌校尉，屯兵驻防。

汉宣帝时，羌人先零部又纠合匈奴准备造反。神爵元年（公元前61年）汉王朝派光禄大夫义渠安国率兵三千到羌人地区巡视，义渠安国错误地用杀人办法向羌人示威；羌人先零部首领杨玉等率部进行反抗，把义渠安国打得落荒而逃。

羌人叛乱的警报传到长安，朝野震动。当时汉王朝的一些富有战斗经验的将领，有的去世，有的在霍禹谋反案中被杀，可以领兵打仗的人实在不多。汉宣帝想起了年已七十六岁的后将军赵充国，派人向他问计。赵充国老当益壮，表示愿意亲自去边疆平息叛乱。汉宣帝问他需要多少人马？他说，先到边疆看看再说。

赵充国到达边疆，了解了羌人叛乱情况。随后调集了一万多人马，偷渡黄河，直达位于金城（今甘肃兰州西北）以西的军事要塞西部都尉府。羌人看见赵充国率军来到，就出兵挑战，赵充国为麻痹敌人，只叫部队坚守堡垒，不肯应战。

当时，羌人各部，以先零和罕、开（罕音罕，罕与开原为羌族两个分支，后合一，《汉书·地理志》天水郡有罕开县）为大，这两部原来互为仇敌，先零起兵造反时，派人同罕、开解仇讲和。但讲和以后罕、开部的首领靡当儿还派弟弟雕库向西部都尉府报告了有关情况，西部都尉府怀疑罕、开与先零已经联合，就扣押雕库以为人质。赵充国来到西部都尉府以后，认为雕库无罪，因此释放了雕库，并要他回去告诫羌人各部不要参加先零的叛乱活动。

正在这时，汉宣帝根据酒泉太守辛武贤分兵合击罕、开的建议，发来了六万人马。赵充国不同意辛武贤的意见，上书皇帝说，这次羌人叛乱是先零部发动的，不关罕、开的事，现在撇开先零去打罕、开，是没有道理的。汉宣帝把赵充国的意见交给大臣们讨论，大臣们支持皇帝的意见，认为先零兵力盛大又有罕、开作外围，不先打破罕、开，就不能孤立先零。于是汉宣帝来文肯定辛武贤，批评赵充国，并任命辛武贤为破羌将军，要赵充国、辛武贤与强弩将军许延寿等人坚决执行分兵合击罕、开的作战计划，不得有误。赵充国挨了皇帝的批评，却仍然不肯听从皇帝的命令。他认为将军在外，发现皇帝的诏命不符合实际情况时，不应该盲目服从。于是，再次上书皇帝，陈述利害。他说，罕、开这次并未造反，现在皇帝叫“置先零，先击罕，释有罪，诛亡辜”，实在没有道理。这样做必定会引起羌人更大的叛乱，那时就更难办了。他坚决主张先诛先零，同时争取罕、开等部，要求皇帝改变作战计划。由于赵充国这封书奏写得有理有节，汉宣帝只好重新下令撤销了合击罕、开的作战计划，要赵充国按自己的计划行事。

这期间，先零部因为赵充国总不出战，军心已经懈惰。赵充国得到皇帝上述批复以后，立即抓紧时机向先零部发起进攻，先零部措手不及，仓皇逃窜，仅丢弃的牛羊就有十万多头。汉军在追击先零的进军途中进入罕、开地区，赵充国命令部队，严守军纪，不准侵扰罕、开部的羌人。罕、开部看到汉军不打他们，非常高兴，罕部首领亲自前来，表示愿意服从汉王朝。赵充国以礼相待，并将他的请求报告了汉宣帝。

不久，汉宣帝派人送来诏书，欢迎罕、开部来归。这一役，赵充国没有动用辛武贤的部队，就达到了孤立和击溃先零的作战目的。事实证明，赵充国两次上书皇帝所提的意见完全正确。

赵充国率兵出击先零时，积劳成疾，寒泻不止。汉宣帝派辛武贤为赵充国的副手，要辛武贤替代赵充国率兵乘胜再向先零部进军。这时先零部已有一万多人向汉军投降。赵充国认为敌人已在瓦解之中，今后对待羌人的问题应当主要寻求政治解决的办法。继续进军，不仅每月的几十万石粮草难以供应，而且军事上也不易达到目的。于是，他上书皇帝建议在羌人问题上变计主抚，改军事进攻为督兵屯田。也就是说，不再向羌人地区大举进兵，而是采用安抚的办法，吸引羌人归顺，同时在边疆地区组织军士屯田驻防，且耕且守，以维护边疆的安宁局面。他儿子赵卯听说他又要顶撞皇帝，着急了，叫人向他说，“这次皇帝是叫别人带兵打仗，就是打败了，也与你无关。你去争什么呢？你老是顶撞皇帝，一旦上面不高兴了，连你自己的性命都保不住，这有什么好处呢？”赵充国听了这些话，叹息道，“在对待国家的事情上，怎么能这样不忠诚呢？”

果然赵充国督兵屯田的建议不合汉宣帝的旨意。皇帝把他的书奏交给大臣们讨论，大臣们十有七八不赞成他的意见。皇帝在大臣们的支持下，质问赵充国说，按你的办法，“虏当何时伏诛，兵当何时得决？”

于是，赵充国再次上书皇帝，详细陈述督兵屯田的十二条好处、继续进兵的十二条坏处。皇帝把赵充国的第二次上书，再交大臣们讨论，这一次赞成赵充国意见的人已有一半。但是汉宣帝仍然不同意，他又向赵充国质问道：“如果羌人得知朝廷罢兵屯田，再次乘虚进袭，掠杀人民怎么办？”

赵充国接到皇帝的质询，又第三次上书皇帝，分析敌我形势，说先零精兵只剩下七八千人，分散各地，只要我们的屯田兵扼守要害，以逸待劳，是不怕敌人进攻的。接着，他又在书奏里，用各种事实，进一步分析进兵围攻和督兵屯田二策的优劣。他说，“羌人居住地区辽阔广大，继续进军，既增加国家负担，又难以取得军事胜利。督兵屯田，既可以安抚羌人，又可以节省国家开支。”他还说，“如果我执行皇帝继续进军的命令，穷天子之精兵，散车甲于山野，即使出师无功，个人也不会遭到责难，但是这样却给国家社稷带来了危害，正是出于这种考虑，我才不避斧钺之诛，冒死向皇帝陈述意见。”

赵充国的这种诚挚态度，感动了朝廷中的大多数人，这时支持他意见的大臣，已有十分之八。皇帝看见朝廷大臣多数转向赵充国，就责问他们说，“你们以前反对赵充国的意见，现在为什么又改变主意呢?”丞相魏相叩头服罪，说：“我们不懂兵事，但看了赵充国的规划，觉得他说得有道理，是可以采纳的。”宣帝无奈，就采取折中主义的办法，一面叫赵充国采取安抚方针，布置屯田；一面命令辛武贤等人领兵出击。结果辛武贤等人大军围攻，每年只能杀羌人二千到九千。赵充国没有发大军围攻，每年却招抚羌人五千多。第二年秋天，先零部的首领杨玉等，又被赵充国招抚的羌人捕杀，西部羌人地区终于恢复了安定的局面。

*　　*　　*

从以上情况可以看出，赵充国在处理羌人叛乱的问题上前后同皇帝发生过两次严重的意见分歧。

第一次是皇帝采纳辛武贤的意见，主张对羌人乱打乱杀；而赵充国却主张只攻打发动叛乱的羌人，不攻打没有参加叛乱的羌人。为此，他坚决顶住皇帝的错误命令，两次给皇帝上书申诉自己的意见，最后让皇帝收回了成命。

第二次是在击溃羌人先零部以后，皇帝主张继续进行军事围攻，而赵充国却主张改用督兵屯田的办法，争取羌人来归。为此，他又一次顶住了皇帝继续进军的命令，并两次上书皇帝陈述利害。这一次皇帝虽然没有完全按照他的主张办事，但总的方面还是采纳了他的意见。

赵充国同皇帝的两次意见分歧，都属于重大的原则性分歧。在这些意见分歧中，真理在赵充国一边，但是权力却在皇帝手里。在两次意见分歧过程中，皇帝的作战命令都已下达，不执行皇帝的命令，是有杀头危险的。在汉王朝历史上不乏这种先例。这一点，赵充国本人也是明白的。但是赵充国却能在这种异常危险的情况下，“不避斧钺之诛”，硬着头皮顶住了皇帝的错误命令，一而再，再而三地向皇帝上书申诉自己的正确主张。这种坚持真理的精神，不仅在专制主义的古代是罕见的，就是在民主风气已经开化的近代，也是难能可贵的。

当然，这里所说的正确、错误和坚持真理精神，都是从某种意义上说的。赵充国是封建王朝的将军，他是封建统治阶级的“国之爪牙”，在镇压人民、维护封建统治阶级根本利益的问题上，他的立场同皇帝和其他大臣没有什么不同。从他给皇帝的奏书看，他在对待羌人的态度问题上，同样持有大民族主义观念。他所谋求的国家社稷的利益，实质上也是封建统治国家的利益，他不可能首先从人民的利益出发来考虑问题。事情也只能这样，否则，他的屡次抗命上疏也不会得到汉宣帝的容忍，更不会把他的画像挂上未央宫。

但是在对付羌人的问题上，他反对乱打乱杀，这对于人民总是有利的，他的督兵屯田，采用政治办法解决羌人叛乱问题的主张，比之汉宣帝单纯军事围剿的政策，在客观上也是有利于羌人的生产、生活和汉羌人民和平共居的历史要求的。

饱经苦难的汉宣帝与儒家皇帝汉元帝

汉元帝(公元前76～前33年),就是那位妇孺皆知的,把王昭君嫁给匈奴单于,以促进汉匈两族和平相处的皇帝。

这是一位饱读《诗》《书》等儒家经典,作风“恭俭”“温雅”,又精通音乐、书法,被属下称为“多材艺”的皇帝。但是他以儒学治国,却把一个好端端的西汉帝国治理得每况愈下。《汉书》作者班固说,汉业之衰,以他为始。

汉元帝的父亲就是那位在“民间大学”饱经苦难的汉宣帝刘询。

刘询(公元前91～前49年)是汉武帝的曾孙,他的祖父戾太子因为起兵诛杀汉武帝宠信的江湖骗子江充,被判谋逆。刘询受牵连,襁褓中就被投进皇家监狱。后来又被弃于民间。困苦的民间生活是他学习社会的大学,他天资高、善于在困苦中学习,经常东来西往,“周遍三辅”,因而能“具知闾里奸邪,吏治得失”(《汉书·宣帝纪》)。

汉武帝死后,汉昭帝即位;汉昭帝死后,昌邑王即位。昌邑王是个“混账皇帝”,一上台就抢掠民间美女,淫戏无度。史书上说他登基二十七天,犯了一千一百二十七条罪行。大司马霍光和皇太后决定,废弃昌邑王,另从民间接回刘询继承皇位。汉宣帝就是这样做上皇帝的。

汉宣帝登基后,认真改革吏治,考核实绩,节省开支,赈济灾荒,打击豪强,减轻人民负担。同时,推广牛耕,提高农业生产。汉武帝时期,因为长期对外作战,国力有所损失。经过汉昭帝十几年的与民休息和汉宣帝二十几年的努力,恢复了汉王朝的国力。史学家范文澜说汉宣帝的统治时期,是西汉的“极盛时期”(《中国通史简编》第二编,人民出版社1962年版)。

汉元帝是汉宣帝的长子,他名刘奭,小时跟从儒生学习儒家经典,养成“柔仁好儒”的习气,《汉书》上说他在当太子时,“见宣帝所用多文法吏,以刑名绳下”,就向宣帝进言说:“陛下持刑太深,宜用儒生。”宣帝不高兴了,教训他说:

“汉家自有制度,本以霸王道杂之,奈何纯任德教,用周政乎!且俗儒不达时宜,好是古非今,使人眩于名实,不知所守,何足委任!”

教训之后,宣帝叹了一口气,说道:“乱我家者,太子也!”汉宣帝于是不喜欢刘奭,而喜欢另一个儿子淮阳王,说“淮阳王明察好法,宜为吾子”。但刘奭毕竟是与他患难与共的许皇后的儿子,他不忍心改换太子。

汉元帝刘奭

公元前49年,汉宣帝去世,刘奭登位,是为汉元帝。汉元帝一上台就改弦更张,全面推行“儒学治国”的方针。

汉代文景以来,豪强兼并之风盛行。到汉武帝时已经是“富者田连阡陌,贫者无立锥之地”。朝廷的赋税“三十税一”,豪强则“见税什五”(即剥削量达到百分之五十),“故贫民常衣牛马之衣,而食犬彘之食。重以贪暴之吏,刑罚妄加,民愁无聊,亡逃山林,转为盗贼,赭衣半道”(《汉书·食货志》引董仲舒《说上》文。董文中说的是秦代的事,实际上是借秦说汉。证据是盐铁国营只能是汉武时的事,又说上述情况“汉兴,循而未改”,亦明指汉武)。汉武帝为缓和农民与豪强的矛盾,指示各地严厉查处“强宗豪右,田宅逾制,以强凌弱,以众暴寡”(《汉书·武帝纪》)。又任命秉性刚强的“酷吏”为郡守,杀戮民怨很大的豪强及其党徒,以抑制豪强的横行不法,还采取没收财产等办法惩罚过度剥削农民的大商贾。汉宣帝亦以文法刑名,继续打击那些过分剥削农民的豪强。虽然他们无法根本解决豪强剥夺农民土地、役使贫民劳动的问题,但总能在一定程度上缓和豪强兼并的进程。但是汉元帝改行儒家之“德政”,对外戚、宗室、公主、王侯、大官僚等豪强势力实行宽大为怀的政策,遂造成以外戚、宗室、公主、王侯、大官僚为核心的豪强势力的急剧发展,兼并之风更加盛行。

汉武帝名义上独尊儒术,实际上仍以刑名为辅,到汉元帝时代则大力推行“宽柔温厚”的《诗》学,“儒学治国”便是“诗学治国”。这种“诗学治国”的儒学,大大便利了豪强兼并。试想,提倡“亲亲之仁”的儒家,他们的“宽柔温厚”只能是对统治阶级内部而言，他们怎么能对与他们在政治上、经济上对立的农民阶级实行“宽柔温厚”呢？如果一个豪强非法地侵夺农民的土地，甚至杀了人，按照汉代的法律是要处以刑徒，甚至判处死刑的，但是按照“诗学治国”的方针，则应“宽柔温厚”，只要加以薄责即可，这怎么能不加速豪强兼并的进程呢！

汉宣帝时，为了减少豪强、商人利用天灾抬高谷价、盘剥农民，特别在一些地方设立常平仓。在谷贱时，平价收购谷物，贮以备荒；谷贵时，则平价卖出谷物，救荒赈恤。这个办法在汉元帝初期依然实行，但这个常平仓，大大不利于豪强、商人。于是他们就通过儒生代表向汉元帝上书，以“宽柔温厚”，不与民争利的名义建议皇帝取消常平仓。汉元帝竟然听信这些儒生的胡言乱语，下令废除常平仓。

汉元帝时，水旱灾不断，表面上皇帝倒也关心老百姓的困难，屡次下诏减免租赋，但是从皇帝减免租税中得利的多是地主豪强，农民则得不到多少实惠。正如东汉史学家荀悦在《汉纪》中所说：

古者什一而税，以为天下之中正也。今汉氏或百一而税，可谓鲜矣。然豪强富人占田逾限。官收百一之赋，民输大半之税。官家之惠，优于三代，豪强之暴，酷于亡秦。是上惠不通，威福分于豪强也。今不治其半，而务除租税，适足以资豪强也。

“宽柔温厚”的汉元帝还给予大小豪强各种免除赋役的优待，仅刘姓皇室成员享受这种优待的就有十多万人，再加上享受免除赋役优待的各级官员，总数在几十万人。这些负担大部要转嫁到农民身上。不仅皇室成员、各级官吏可以享受免除赋役的优待，就是儒生也可以享受这位儒家皇帝的优待。汉武帝时，入长安太学享受优待的儒生只有五十人，汉昭帝时规定为一百人，到汉宣帝末年才增加到二百人，但在汉元帝时，竟规定不限人数，后来儒生来得太多了，开支不足才规定为一千人。

这还不包括地方上享受优待的儒生。他们都是终生免役的，其负担当然也要由农民承当。应该减免的赋税常常优惠不到农民头上，不该加的赋税却不断加到农民头上。汉元帝的大臣贡禹上书皇帝说：

农夫父子暴露中野，不避寒暑，捽草杷土，手足胼胝，已奉谷租，又出稾税，乡部私求，不可胜供。故民弃本逐末，耕者不能半。贫民虽赐之田，犹贱卖以

贡，穷则起为盗贼。(《汉书·贡禹传》)

这里说的“稾税”，就是地方附加税。所谓“乡部私求”就是各级吏胥的“浮收”，即附加税以外各种名目的勒索。

又是豪强掠夺，又是地方附加税，又是各级官吏的勒索，汉元帝的“儒学治国”就这样为大小豪强和各级官吏无限制地盘剥农民大开了绿灯。

汉元帝以后，“儒学治国”已成为封建统治阶级经邦治世不可改变的既定方针。汉成帝、汉哀帝时，政治更加混乱。谏大夫鲍宣上书皇帝说：

凡民有七亡：阴阳不和，水旱为灾，一亡也；县官重责更赋租税，二亡也；贪吏并公，受取不已，三亡也；豪强大姓蚕食无厌，四亡也；苛吏徭役，失农桑时，五亡也；部落鼓鸣，男女遮迣，六亡也；盗贼劫掠，取民财物，七亡也。七亡尚可，又有七死。酷吏殴杀，一死也；治狱深刻，二死也；冤陷无辜，三死也；盗贼横发，四死也；怨雠相残，五死也；岁恶饥饿，六死也；时气疾疫，七死也。民有七亡而无一得，欲望国安，诚难；民有七死而无一生，欲望刑措，诚难。此非公卿守相贪残成化之所致邪？(《汉书·鲍宣传》)

但是鲍宣的话，已无法改变“儒学治国”方针所造成的土地兼并加重、农民大量流离失所、公卿守相贪残害民的破败局面。人民已经忍无可忍了，西汉帝国灭亡的丧钟就要敲响了。

汉宣帝叹息的“乱我家者，太子也！”不幸而言中。

汉桓帝时政论家崔寔比较汉宣帝与汉元帝的政治得失时说：

“孝宣皇帝明于君人之道，审于为政之理，故严刑峻法，破奸轨之胆，海内清肃，天下密如，算计见效，优于孝文。及元帝即位，多行宽政，卒以堕损，威权始夺，遂为汉室基祸之主。政道得失，于斯可鉴。”(《资治通鉴·汉纪四十五》)

这个评论对汉元帝的宽容贪污腐败，优待豪强兼并，导致西汉帝国的危亡这一点来说，是基本正确的。

刘秀与昆阳之战

头如韭，割复生。

官不必可畏，小民从来不可轻。

——汉末民谣

昆阳之战

时间：公元 23 年五至六月(月份是古历，下同)

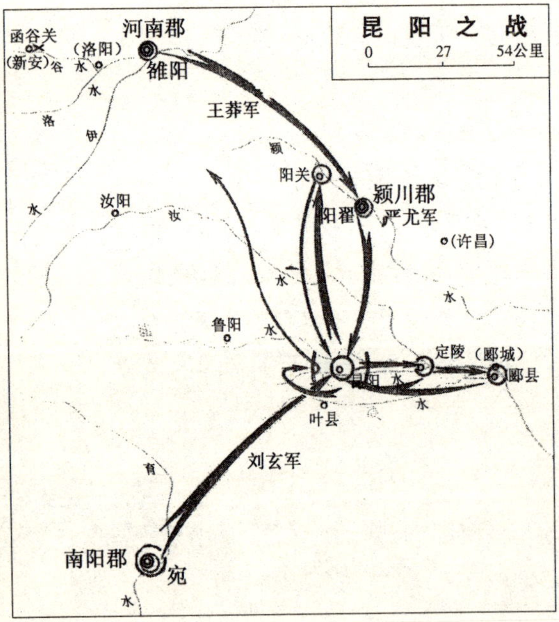

地点：在今河南叶县，即平顶山市之南

昆阳之战是绿林英雄与新莽王朝的生死决战。

在这次决定性的大战中，两万多绿林农民起义军一举歼灭和打垮新莽王朝的四十多万主力部队。在中国农民革命战争史上创造了以少胜多、以弱胜强的著名战例。毛泽东在论述中国革命战争战略问题和抗日战争战略问题时，都曾引用过这个战例来说明在正确战略方针指导下，暂时弱小的革命军队是可以打败强大的反革命军队的。

昆阳战前全国革命的新形势

西汉末年，封建统治阶级对农民的压榨越来越严重。土地的兼并，高利贷的剥削，各种高额的租税，名目繁多的徭役，弄得农民无法生活下去。被剥夺了土地的农民，或者转化为依附豪强的农奴，或者流落为饥民。人民呻吟呼号，冤气冲天。王莽利用人民对西汉政权的不满情绪，举行宫廷政变，改国号为“新”。同时宣布在全国实行古书上说的王田制度，禁止土地买卖，以限制土地兼并，让农民有王田可以耕种。此外，还明令将民间奴隶改为私属，不得买卖，以缓和阶级冲突。

但是实际上这些措施都是些不能兑现的空话。他统治的结果是租税、徭役更加繁重，土地兼并更加严重，农民被转化为农奴或奴隶的更多。于是，农民与封建统治阶级的矛盾迅速激化，形成两大阶级的公开对抗，继陈胜、吴广之后的第二次农民大起义在全国范围内爆发了。

当时的农民大起义中有三支势力较大的队伍。一支是崛起于今湖北大洪山的绿林农民起义军，一支是崛起于今山东泰山的赤眉农民起义军，一支是崛起于华北平原的铜马农民起义军。昆阳大战就是绿林军和新莽军的战斗。

绿林农民起义军的根据地大洪山位于今湖北京山、随州、钟祥等地境内。起义军的领袖人物是王匡、王凤。这支起义军建军于公元 17 年，主要成分是荆州的饥民。公元 21 年，绿林军击破荆州牧的两万官军，得到大发展。青年时代即怀有“仕宦当做执金吾，娶妻当得阴丽华”①野心的太学生刘秀，在绿林军击破荆州官军的第二年，同哥哥刘縯一起率领族人、宾客和私属部曲参加了这支农民起义军。这个当时年仅二十八岁的皇族的后裔，是个有能力、有胆识的人。他本人就是南阳郡(治今河南南阳)的豪强地主。他当然不是因为生活所迫而参加农民起义的。他参加农民起义的目的，是企图利用当时已经在政治生活中

① 这是刘秀年轻时在长安的自述。执金吾相当于卫戍司令。当然这只是他当时的想法，后来他的野心就更大了。阴丽华是当时新野(今河南新野)的一个以美丽著称的大家闺秀，比刘秀小十一岁，昆阳之战以后归刘秀，后立为皇后。她是汉明帝的母亲。

显示了其重要作用的农民力量，推翻新莽统治，建立他自己的“大业”。此时的绿林军已大部离开了绿林山，分兵南北两路，由内线向外线发展。南路由成丹等率领，向南郡(治今湖北江陵)发展，号称下江兵。北路由王匡等率领，向南阳发展，号称新市兵。北路军到随县平林(今湖北随县东北)时，有陈牧等大批农民军起义响应，号称平林兵。

公元23年，已经发展到了十万人的绿林军向新莽王朝的统治中心地区进军。一月在沘水西(今河南泌阳)斩杀了新莽的将军梁丘赐。接着又在淯阳(今河南南阳附近)打败了新莽的将军严尤、陈茂，进围宛城(今河南南阳)。二月，在淯水(今河南白河)沙洲设坛，立绿林军的更始将军刘玄(亦为皇族后裔)为皇帝，建元更始。三月，绿林军分南北两路活动。南线有刘玄、成丹、刘縯、张卬、申屠建、朱鲔等，继续围攻宛城；北线有王凤、王常、宗佻、李轶、刘秀等，向昆阳、定陵(今河南舞阳东北)、郾(今河南漯河市郾城区)一带发展。北线的绿林军进展很快，连续攻克昆阳、定陵、郾城，得到谷物数十万斛和大量牛马财物，前锋到达阳关(今河南禹州西北)，农民起义军声势大振。

与此同时，赤眉农民起义军在华北平原也得到很大发展，连续打败新莽王朝派去的围剿部队。

绿林和新莽的两军对垒

王莽听说绿林农民起义军立了皇帝，占了昆阳，打败了他著名的将军严尤、陈茂，大为吃惊。急忙派大司徒王寻、大司空王邑带领四十二万大军，号称百万，去征讨绿林军。王寻、王邑的军队在公元23年五月到达颍川(今河南禹州)，同严尤、陈茂的残部汇合。这是一支气势汹汹的大军。它里面有王莽从天下征选的六十三派兵家。征选的武卫、猛士为数更多，其中有长人巨无霸，身高一丈(相当于今天的2.31公尺)，腰宽十围，据说是个车装不下、马载不了，睡觉枕大鼓、吃饭用铁具的大家伙。还有经过训练的虎、豹、犀、象之类的猛兽。旌旗辎重，千里不绝。那场面是秦汉以来所没有过的。

新莽军的前哨在阳关同绿林军的北线部队接触，绿林军见到王寻、王邑的大队人马声势浩大，一时无法打败，便撤回城池坚固的昆阳固守。于是绿林军和新莽这两支大军便在昆阳对峙起来。这时陆续到达昆阳城下的新莽军已达十万，据守昆阳的绿林军只有八九千人。

战争的经过

昆阳大战之前，新莽军和绿林军各自在他们的指挥部讨论了作战的方针。

新莽军中吃过绿林军亏的将军严尤说，“昆阳城小而坚，难以一下子攻破。绿林军的假皇帝正在攻打宛城，他们在野外作战，无坚可守，我们紧急进军，去袭击围攻宛城的绿林军，必然可以打败他们。宛城的绿林军打了败仗，昆阳的绿林军就会军心动摇，不战自败。”应当说，从新莽军的作战立场来看，严尤的主张是比较高明的。但是王邑不同意。王邑说，“我过去带兵攻打反叛新王朝的翟义，没能生擒他，后来遭到皇帝的谴责。现在我们率百万之众，遇城而不能下，怎么向上面交代呢？”于是，新莽军队的指挥部作出了立即下令攻城的决定。

绿林军讨论的结果是一面固守昆阳，一面派人到郾、定陵等地去组织援兵，回援昆阳，以打破敌人的进攻。

讨论中也有人主张不必在昆阳死守，而分兵到各地活动。

刘秀不同意分兵到各地活动的主张，他主张集中兵力，并力抗敌。他批评分兵的主张说，“现在我们的兵少、粮少，而外寇强大；南线我军正在围攻宛城，不能发兵救援我们。在这种情况下，如果我们集中兵力，并力抗敌，那还有胜利的希望，如果分散兵力，大家都不能保全。只要昆阳被打破，一日之间，诸部起义军也要被敌人各个击破。现在已经到了生死关头，大家还不同心合力，共举功名，反而要分兵去守卫自己的妻子财产,这怎么成呢?"①

刘秀当时在绿林军农民起义军中仅是一个年轻的将领,他在战略上提出的集中兵力、并力抗敌的主张,从后来战局发展的实践看,还是正确的。但是,不固守城池、分兵活动的主张,其本身也是应付强敌的一种作战方针,这与保存妻子财产不一定有必然的联系。当然,在小农出身的农民起义将领中,保存妻子财产的人也是有的。但是,从后来的事实看,多数主张分兵的将领,考虑的主要也是在敌大我小的情况下,怎样同敌人作战,并不个个都是出于保存自己的妻子财产的想法。至少他们还没有太学生刘秀那种做头等长官、抢头等美人的欲望。所以,刘秀对绿林军农民将领放肆性的批评,使大家感到侮辱,大家愤怒地质问他,"你怎么敢这样说我们?"②

恰好这时,侦察兵回来,说敌人已到城北,队伍很多,前后排列了数百里,从头见不到尾。大家又继续开会商讨对策。因为分兵已不可能,大家遂决定,由王凤、王常等在城中组织防守。由宗佻、李轶、刘秀等十三人,在夜间突围到郾、定陵等地去组织援兵,回救昆阳,绿林军企图用这种内外夹击的办法,打破敌人的包围,绿林农民军的这个决定是及时而正确的,在宗佻等人出城突围时,敌人已经开始对昆阳实行包围,再晚一些时候,就很难出去了。

艰苦的昆阳保卫战开始了。

敌人里里外外、一层一层地把个小小的昆阳围了几十重。旗帜漫天蔽野,列营数以百计,尘埃连天,水泄不通,金钲和战鼓的声音,百里外都能听到。同时又挖地道,用冲车撞城,还在城外驾起十余丈的云车,俯临城中,不断向城里乱放箭。有时箭多得像阵雨,城里的人都不能在街上行走,连汲水都要背门板挡着。王凤、王常率领城中的农民起义军苦战死守,想各种办法对付敌人的攻势,敌人被阻挡在坚城之下,一时无法得逞。这时,新莽军的严尤又建议按照古法所说的"围城为之阙"的规定,有意地给昆阳守城的绿林军开个口子,以促成绿林军弃城逃走,王邑、王寻也不听。

宗佻、李轶、刘秀等人突围到达郾城、定陵等地以后,发动各路农民起义军

①② 此处对话据《后汉书·光武帝纪》译引。原文为"今兵谷既少,而外寇强大,并力御之,功庶可立;如欲分散,势无俱全。且宛城未拔,不能相救,昆阳即破,一日之间,诸部亦灭矣。今不同心胆共举功名,反欲守妻子财物邪?"诸将怒曰:"刘将军何敢如是!"为阅读方便,译为白话引用。下同,不再一一注明。

集合起来去救援昆阳。有些农民军将领想分一部分兵守卫缴获来的财物，刘秀说，“现在必须集中兵力去打击敌人，如果我们击破了敌人，建立了巨大功勋，比这多一万倍的东西都有了，如果我们被敌人打败，连脑袋都没有了，还有什么财物?”大家都同意这个意见，全部整装赴敌。

公元23年六月，援救昆阳的各路农民起义军向昆阳进发。刘秀率步骑一千余人“与营部俱进”(《后汉书·光武帝纪》)，在离开新莽大军四五里的地方同敌人的数千前哨部队对阵。双方进入战斗，刘秀率部与敌人作战，斩首数十级。刘秀在农民起义的历次战争中表现都不勇敢，但这次却很勇敢。其他农民起义军将领看了都很高兴。他们对刘秀说:“刘将军平生见小敌怯，今见大敌勇，甚可怪也。且复居前，请助将军。”(《后汉书·光武帝纪》)于是，刘秀又与各路农民起义军一起向新莽军发起冲锋，新莽军的前哨部队抵挡不住，往后退却，农民起义军连获胜利，斩敌首数以百千计。

这时，南线的绿林军攻克宛城已三天多，但北伐的绿林军并不知道。他们按自己的预计，叫人向城中投书，说宛下兵到，又故意把书信丢掉，让敌人拣去，王寻、王邑得到这个消息，郁郁不乐。

救援昆阳的农民起义军由于连打胜仗，士气高涨，便决定向敌人的要害中军大营发动猛攻。

中军大营是新莽军队的指挥中心，因为地位重要，常常用最精锐的部队守卫，所以叫“中坚”，是最难攻打的。但是王寻、王邑那时自恃兵多将广，骄傲轻敌。他们以为昆阳已经是捏在他们手心中的东西了，顷刻就可以拿下来了，根本没想到绿林军会来攻打他们的中军大营。由于思想上的这种疏忽轻慢，中军的警卫工作很松懈。赴援昆阳的各路农民起义军，就是利用敌人的这种防守松懈的情况，势如暴风骤雨般地向新莽军的中军大营冲杀过来。刘秀“乃与敢死者三千人，从城西水上直冲其中坚”(《后汉书·光武帝纪》)。王寻、王邑亲自率领一万精兵迎战，战斗形势对绿林军非常不利，但这时新莽军的其他各部受战前“按部毋活动”指令的束缚，不敢擅自前来相救。打到最后，新莽军的中军大营竟在农民起义军人马猛烈冲杀之下陷入混乱，王寻被斩，各路农民起义军乘锐再进，新莽军更加混乱，这时城中坚守的部队也鼓躁而出，向新莽军猛烈冲击，喊杀之声震天动地。由于两支绿林军里外配合，两面夹击，不可一世的新莽大军顷刻间全线崩溃。溃败的军队在夺路逃命中又互相践踏，你踩我，我踩你，一直奔逃了一百多里，死伤无数。当时正是盛夏，突然间大自然也掀起了席卷一切的狂风暴雨，风大得把房屋的瓦片都刮得飞了起来，天上又是雷鸣电闪，大雨如注。新莽军队的虎、豹、犀、象被狂风暴雨冲打得瑟瑟发抖。因为雨水太大，流经昆阳战场的滍川泛滥成灾，争赴滍川逃命的新莽士兵被洪水淹死的数以万计，死尸积在一起，把河道都填满了。王邑、严尤、陈茂等人骑在马上，踏着士兵的死尸过河逃命。新莽军经过这次大战，大部被消灭。绿林军缴获了新莽军全部的军实辎重、车甲珍宝，多得收拾了一个多月也没收拾完，余下的东西一烧了事。

昆阳大捷之后，绿林军又兵分西、北两路向新莽王朝的统治中心长安、洛阳进发。进攻长安的西路军九月攻克武关。长安市民朱第、张鱼等聚众响应，迎接绿林农民起义军进城，小商人杜吴率人奔入宫中处死了王莽。人民痛恨王莽净说空话，从他的尸体上割下他的舌头分来吃。与此同时，攻打洛阳的北路军也攻占了洛阳。新莽王朝被起义的农民推翻。

充分显示农民革命威力的战争

昆阳之战，一举打垮了新莽军队的主力，为推翻新莽王朝的农民大起义奠定了胜利的基础。这是中国农民革命战争历史上继项羽歼灭秦军主力的巨鹿大战之后的第二个伟大的胜利战役。这是一次充分显示农民革命威力的战争。从此以后，绿林和绿林好汉就变成了农民起义军的代名词。这次战役，直接反映了农民是几千年封建社会历史发展的伟大力量，表现出这股被掩盖在社会地表下面的烈火，一旦爆发时，那种迅猛异常、冲决一切的惊人力量。

你看，多么厉害的新莽大军啊，四面八方、铺天盖地地向农民起义军杀来，把个小小的弹丸之地昆阳城里里外外围了几十重。四十二万甲士、六十三派兵家，赫赫有名的三军统帅、大司徒、大司空，身高一丈的巨人、无数的猛士，蔽日的旌旗、震耳的钲鼓，还有虎、豹、犀、象诸般猛兽，多么吓人啊！可是，千百万昔日被统治阶级踩在脚底下的农民起来了，他们的一声惊动大地的呼吼，就把这吓人的一切连同它的新莽王朝一起埋葬了。四十二万甲士不见了，六十三派兵家消遁了,大司徒的脑袋搬家了,大司空踩着士兵的尸首逃命了,丈高的巨人、无数的猛士也都变成了稻草人,就连虎、豹、犀、象也在起义农民面前浑身哆嗦。要晓得历史发展的动力吗?要认识农民革命的伟力吗?请看昆阳之战。

农民革命的伟力不仅表现在它的正面,也表现于它的反面。新莽的军队,除了一部分反革命骨干外,大部分也是农民组成的。他们的士气不高,不愿意为保卫新莽的封建政权作战,这些因素其实也是农民革命力量在反动军队中的一种异化表现。没有这种异化表现的力量,没有这种以逃跑、避战形式的帮助,农民起义军也是难以在战争中取得胜利的。反动王朝在灭亡的前夕,表面上是强大的,实际上是虚弱的,其虚弱性的表现之一,就是它的军队不愿意作战。这时外界的一点火星,一点不吉利的兆候,都能引起这支军队的混乱。新莽军在围攻昆阳的时候,一天夜里天上掉下来一块陨石,军队马上就慌乱起来。这样的军队尽管连营百里,也不过是纸搭的牌楼,一打就烂。

封建统治阶级的史学家从来是不承认农民革命战争是历史发展的动力,甚至也很少记叙农民革命战争的历史。但是这次昆阳之战却成了少有的几个例外。它不仅被记叙下来了,而且被给予了高度的评价。

令人遗憾的只是它并不是作为农民革命史的壮丽一页,而是作为东汉王朝光武皇帝开国史的一页,被载入装裱得金碧辉煌的封建史册的。

于是,几万起义农民以其生命和热血书写的昆阳之战,变成了东汉王朝开国明君光武皇帝刘秀奉天承运、拨乱反正的圣武功德。一切都归功于他。

不仅几千年的史书、小说、戏剧是这么说,而且直到解放后的一些出版物囿于传统观点,也把刘秀说成是昆阳之战的主要领导者、指挥者与决策者。例如《毛泽东选集》关于昆阳之战的注解就说:"公元 23 年,刘秀(东汉光武帝)在这里击破王莽的军队。这次战争双方军力强弱悬殊:刘秀只有八九千人,而王莽有四十余万人。但刘秀利用王莽的将军王寻、王邑轻敌懈怠,用精兵三千突破王莽军队的中坚,乘锐进击,大破敌军。"(《毛泽东选集》第 1 卷,人民出版社 1951 年版,第 241 页)这是不符合或不完全符合历史事实的,应该予以纠正。

事实上,昆阳之战时,刘秀既不是绿林农民起义军的领袖,也不是绿林军北伐军的总指挥,甚至不是支援昆阳部队的总指挥。公元 23 年二月,绿林军共立刘玄做皇帝时,他的职位既不是上公,也不是大将军,而只是个偏将军。三月,开辟北伐战场时，北伐军的统帅是绿林军首义者之一的成国上公王凤，刘秀只是开赴前线的北伐大军的农民将领中的一员，而且不是重要的一员。绿林军北伐指挥部在昆阳决策，派十三骑突围求援时，刘秀也不是这十三骑的领导人，当时十三骑中的领导人是骠骑大将军宗佻、五威将军李轶，其他一些人有的职位也比他高。各路农民起义军回援昆阳时，他也不是这支援军的指挥者，而只是这支援军的一员先锋将领，所部步骑只有一千多人。在回援昆阳的大军决策向新莽军中坚冲锋时，刘秀参加了三千人的敢死队，但史书上并没有说他是这三千敢死者的统帅。我们在指出绿林农民起义军和他们的领袖人物在昆阳之战中所起的主要作用时，并不抹杀刘秀在这次战争中所起的积极作用；相反，凡是史册中记载的有关刘秀在昆阳之战中发挥其作用的事实，我们都给予充分的肯定。绿林农民起义军北伐指挥部在昆阳城讨论作战计划时，刘秀以一个偏将军的资格向那些比他资格老、地位高的上公、大将军们慷慨陈词，尽管有些言词伤害了众多将领的自尊心，但是其坚决同新莽军战斗的精神是很好的。突围后，对各路农民起义军将领，就农民起义军局部与全体利害关系的陈述，也是有力的。后来，在协同回援大军同新莽军的作战中，勇猛果敢地率领自己的一千先锋部队同各路农民起义军一起向敌人的中坚冲锋，在战斗中起了很大的作用，这些都是不能否定的。但是正如前面所说的，昆阳之战是绿林农民起义军直接打的，战争的指挥者也是农民起义军的领袖，刘秀在当时既不是绿林军的领袖，也不是昆阳之战的总指挥，就是在回援昆阳的大军中，他也不是这支大军的指挥，这些都是无法否认的事实。把昆阳之战和刘秀并称，说他是这个战争的主要领导者、总指挥者、决策者，以他为当时绿林农民起义军的总代表，这就好比把淮海大战，说成是由当时某野战军的一个先锋团团长决策和指挥的一样，那是不符合历史事实的。

一些封建史书为了突出刘秀的正统地位，随意颠倒历史事实的做法，是非常令人吃惊的。随便举一个例子，范晔的《后汉书》是一部比较严肃的著作，但是它的《光武帝纪》，竟把成国上公王凤等派遣刘秀跟随大将军宗佻等突围求援的事实，说成是一个级别较低的偏将军刘秀"乃使成国上公王凤、廷尉大将军王常留守"昆阳，他自己则带上比他职位大的骠骑大将军宗佻等突围求援。像这样可笑的历史叙述还有不少，这些难道不应该重新颠倒过来吗？我们不应该为了歌颂农民起义军的功绩，而故意抹煞当时也是农民起义军一员战将刘秀的事迹，但也不能给刘秀附加许多他所没有的事迹，一切应该按照历史的本来面目来给以说明。

前面我们引了绿林军诸部将领对刘秀说的一句话，“刘将军平生见小敌怯，今见大敌勇，甚可怪也”，而未加说明。这句话见诸《光武帝纪》。原书中对这句话也只是引述而未加说明，一千多年来众多的史学家对这个怪问题也未能给以合理的说明。

是啊，刘秀在农民战争中这个奇异的表现，不仅是当时的农民将领无法理解，就是后来的人在很长时期里也没能理解。

但是，这个遗留了近两千年的历史之谜，也许可以用马克思主义阶级分析的解剖刀加以破解。

刘秀和他的哥哥刘縯都是南阳豪强地主的代表，他们都不是因为反抗阶级压迫而参加农民起义的，他们参加农民起义的目的都是为了利用农民的力量推翻新莽王朝，以恢复和继承汉王朝的统治。昆阳之战后，刘縯因为争当皇帝而被刘玄击杀的事件，就可以证明。他们只是农民革命的同路人，而不是一路人。

农民将领说的平时小战指的是什么呢？指的是昆阳之战以前那些锄豪强、除恶霸，杀贪官、诛恶吏，攻打地主的坞堡、寨子，攻打王莽新朝地方官府的战斗。地主豪强和地方各级官僚都是刘秀的同类，他们之间本来就没有什么对抗矛盾，刘秀为什么要积极参加呢？但是他既然要利用农民的力量，也不得不跟在农民后头跑跑，其合理的表现就是平时见小敌“怯”了。为什么攻打王莽，他的劲头就来了呢？因为王莽篡了他汉家的基业，是他的不共戴天的大敌。他投靠绿林就是为了打击王莽。他与王莽的矛盾虽然属于一个阶级不同集团的矛盾，但在当时却属于你死我活性质的对抗矛盾。他懂得统治阶级的残暴性，他的眼光比某些受小生产者地位限制的农民将领要远一点。他知道这一次同王莽军队的战斗是到了生死关头了，非奋力从死里求活不可。这在表现上就成了对大敌“勇”了。这个遗留了一千多年的历史之谜，其实质不过是人的阶级本性在历史事件上的一种表现而已。

昆阳之战后，刘秀因为战功被封为平虏大将军，以后又到河北活动。这时他已经有了独立的力量，他不需要再跟着农民起义军乱跑了。他公开以复辟汉王朝的制度为号召，联合当地的豪强地主和官僚阶层，残酷镇压铜马农民起义军。以后又和赤眉农民起义军打，其地主阶级的本质表露无遗。

我们对刘秀阶级本质的揭露，并不意味着否定他在历史上的地位和作用。刘秀同刘邦一样，在统一全国以后，按照地主与农民两大阶级大规模斗争以后的新形势，采取了一些顺应历史发展、促进农业经济恢复的新政策，这是值得肯定的。仅以他在东汉初期实行过的三年发一次救贫粮，以救济灾民的办法来说，这一个实际行动就比王莽十个空谈仁义、华而不实的王田纲领要好一百倍。东汉初年社会秩序的迅速恢复与农业经济的稳定发展，就与他采取的这些较为正确的政策有关。当然这些政策也不是光武皇帝的什么恩赐和让步，它不过是伟大的农民起义的胜利果实中，未能被统治阶级完全剥夺去的一部分而已。

昆阳之战的历史经验

第一条经验是不要被敌人吓倒。

这是任何革命军队在强大敌人的进攻面前首先要解决的一个认识问题。只要你被敌人吓倒，抵抗也就完结了。

统治阶级中任何一个政治集团在他们开始建立自己的集团统治的时候，总是有一定的、能够在某一段时间里推进事物向前发展的力量，否则他们就无法建立其统治。一般来说，在这种力量发展到顶点，甚至还不到顶点的时候，他们就会转向了腐朽，但这时从表面上看他们还是很唬人的。你看，新莽大军出发时的那种巨大场面，岂不是八面威风，令人生畏？这时，对革命人民来说，最重要的就是千万别被敌人尚存力量的这种吓人外表所迷惑，而是要看到敌人是正在走向灭亡的腐朽力量，是泥足巨人，是纸老虎，要敢于藐视他们，敢于同他们斗争，敢于夺取可能到来的胜利。

第二条经验是要分析敌人，要目无全牛。

四十二万甲士、六十三派兵家，巨人、猛士，虎、豹、犀、象以及旌旗、钲鼓，这些花花草草的东西，从实质上看，不过是一种大规模的戏剧场面。一切花架子的东西都是可以打败的，不必害怕它们。四十二万大军前后排了几百里，这种战略部署本身就是愚蠢的。就算一百里吧，每一里平均才四千人，能有多大的实战能力？那么庞杂的队伍，那么庞大的机构，辎重多，消耗大，指挥不灵，调度困难，这样的军队能有多大的战斗威力？

他们的一个大官僚要几百人伺候，一个兵家也要十几个人伺候，小一点的官僚也是服务人员成堆，什么护卫、仪仗，机要、传令，煮饭的、端茶的、保健的、牵马的，还有文、武参谋以及供他们消遣取乐的各色人等，所有这些庞大的服务人群绝大多数都是不能上阵的，打起仗来，非但不能形成战斗力，反而是军队的拖累，有些人一听打仗就率先逃跑，实际上是制造混乱和散布惊慌失措情绪的反作用力。

除此之外，还有那些搬运粮草辎重的，喂养马匹的，扛旗的，打鼓的，敲钲的，训练老虎的……总之是队伍越大，人员越杂乱。他们都不是实战人员，没有受到多少拼杀格斗的训练，打起仗来同上面说的那些服务人群一样，只能是消极力量，而不能形成战斗力。就连那身高腰粗的丈高巨人也不过是个花架子。他吃得多，用得多，生活要人伺候，但是真打起仗来，派不上多大用处。那么庞大的身子，转动一下都很难，一根长矛就能戳穿他的屁股，有什么了不起！还有一件要命的事情，是他们军队的办事效率太差、太慢。他们的队伍，大官多、层次多、手续多、排场多、规矩多、扯皮多，一个作战命令，从讨论、决定到传达、执行，不知要经过多少手，层层传递，骑兵往来，如此等等。一支庞大军队的战斗能量，就这样在这些毫无实效的官僚主义海洋中，你牵我扯地互相消耗了。拿一个最简单的下级见上级来说，从传达引见到施行礼仪，少说也得二三十分钟，瞬息万变的战机等不到这些繁文缛节完毕，就已经过去了。

所有这些都还不是敌人最根本的问题，敌人最根本的问题是他们脱离人民，为广大人民所切齿痛恨。王莽那些骗人的空话，虚伪说教，在备受痛苦熬煎的人民中引起了强烈的愤怒。他们军队的士兵不愿意为压榨他们父母妻儿、兄弟姐妹的反动派作战，上下离心离德。表面上看是一个整体，实质上是一堆豆腐渣，这就是他们必然失败的根本原因。

当然，藐视敌人，不被敌人吓倒，这些都属于革命气慨性的东西，要真正地打倒敌人还要认真研究战略战术，分析敌人，并针对具体情况采取正确的对策。即使是腐朽、反动的，没有力量的纸老虎，在它面临人民决死斗争的时候，仍然有两重性，即在战略上它是纸老虎，在战术上它还是铁老虎。只要你放弃斗争、松懈斗志或者斗争方法不对，它还会像真老虎、活老虎一样来吃你。但是，在面临强大敌人进攻的时候，首先要解决的认识问题还是不要被敌人吓倒，只要不被敌人吓倒，再根据具体情况去分析敌人，研究对付它的具体办法，就可以立于不败之地。

第三条经验是集中自己的兵力，造成自己的局部优势，以攻击敌人的局部劣势。这是所有以少击众、以弱战强的胜利秘诀。

无论新莽军队怎样不堪一击，它毕竟是一支庞大的作战队伍，你要击倒它，还是需要集中自己最强大、最有活力的攻坚队伍，否则就没有胜利的基础。因为敌人太大，我军太小，因此一切能用来进行突击的兵力都应该集中起来。昆阳决战时，甚至连看管自己财物的队伍也不要了，因为那样就要分散兵力。绿林军已经是劣势，再分散兵力就无法战胜敌人。事情的确如刘秀所说，打倒了敌人，就有了一切，打不倒敌人，连自己的脑袋都得搬家，还有什么财物可言呢？兵力集中起来以后，就要以自己的局部优势去攻击敌人的局部劣势，一战而胜，再计其余。

要弄清一个问题，即参加昆阳之战的绿林农民起义军的兵力问题。以往的史书给人造成的印象好像是刘秀的三千人或八九千人打败了王莽的四十二万人。旧的文艺作品里甚至有刘秀三千破敌军百万的说法，这些都是夸大其词的乱说。其实那三千人只是农民起义军打先锋的敢死队，刘秀只是其中的成员，并非统帅。

昆阳之战的确是历史上以少击多、以弱胜强的著名战例，但少没少到如此地步，多也没多到如此地步。我们对于历史上各次以少击多、以弱胜强战役的经验探讨主要着眼点是探求其用兵方法，而不是简单地追求其数量的对比。事情并不是以少击众，少得越多越精彩。实际上以少击众，绝不能少得过量。三千比四十万、比一百万，要是真相信这样的神话，拿它去指导现实的战争，则一定要贻误军机大事。昆阳战场的新莽军号称百万，实际是四十二万，但这四十二万也没全部到达昆阳。在刘秀突围时到达昆阳战场的才十万人，而且这些人前后摆得很长，围城时部队又是分散使用，四面都有。如果按十万人四面分布计，那么一面是二万五千人；中军在城西，强一点，三万多人。三万人中除了围城的，守卫大营的只有万把人，还不是集中在一起的。

绿林农民起义军回援昆阳的大队呢？刘秀率领的一千人和后来组织的敢死者三千人仅是先锋部队，其他各部的主力部队、后备部队并未计算在内。按通常作战的要求，后两种部队的人数要比先锋部队大三四倍，这样，整个回援昆阳大队的全部人马就有一万多人。这一万多人对新莽军中军万把人的防卫部队来说，不仅在精神状态上一个是勇敢的、锐气十足的，一个是松懈的、无精打采的，而且在数量上也是略占优势或者数量相当的。所以，从总体说是新莽军占优势，绿林军占劣势；但从战斗的局部来说，是绿林军略占优势，新莽军处劣势。

此外，在战斗打响以后，昆阳城中的守军又鼓噪而出，昆阳城中的守军原有八九千人，两者加起来，在昆阳决战时，绿林军投入战斗的部队就有两万多人了。这两万多人作战方向一致，作战位置有利（夹击），两把铁锤集中打击敌人的要害部位，敌人就只好崩溃了。

所以，从军事科学的观点来看，昆阳之战绿林军的作战方法，同毛泽东所总结的弱小之军打败强大之军的一般法则，即"先以自己局部的优势和主动，向着敌人局部的劣势和被动，一战而胜，再及其余，各个击破，全局因而转成了优势，转成了主动"（《毛泽东选集》第 2 卷，第 458 页），完全符合，而没有其他神秘之处。更与光武帝圣武神威，上天图谶，二十八星宿下凡云云，毫无干系。

第四条经验是寻机打击敌人的指挥中心问题。

这是古今中外一切军事统帅部、指挥部、参谋部都在绞尽脑汁不断谋划的问题。各种比喻性的术语，例如擒贼擒王、射人射马、攻其中坚、击其要害、打蛇七寸、将军捉帅、斩首行动等等，说的都是打击敌人指挥中心的问题。

为什么这个问题对于军事家是这么重要呢？其原因是军队的指挥中心是全军的头脑，攻击这个部位就能使敌人失去有效的指挥，就可以迅速打垮敌人。

军队指挥中心既是这样重要，所以战争各方，一方面在不断思考怎样打击敌人的指挥中心，一方面也在加强防卫自己的指挥中心。指挥中心一般都要用精锐的部队担任辅卫。所以指挥中心一般如中流砥柱，难以摧毁，它是军事战线上的硬点、强点。弱小的军队如果轻率地向这个中坚攻击，很容易招致失败。

那么昆阳之战中，为什么处于劣势和被动地位的绿林军一开始就向敌人的中坚进攻，这难道是正确的吗？不违背先打击敌人薄弱环节的军事原则吗？这样得来的胜利难道不是偶然的吗？不是军事冒险主义吗？

应当说，在一般情况下，弱小的、处于劣势和被动地位的军队是不应该贸然向敌人重兵坚守的指挥中心进攻的。但是，从昆阳之战的具体情况看，绿林军向新莽军的中坚进攻，打击其指挥中心的做法，是正确的，有其历史根据的。

原因是：第一，中坚不是一个绝对的东西，它本身也是一种处于运动中的事物。在某种情况下，中坚也会向中而不坚转化，变成薄弱的环节。第二，它的坚不坚也是相对的，在一定时间、一定范围内，如果它在兵力、地形和战斗意志上比进攻者强大，那它是坚的；如果情况相反，那它就是不坚的。从这两种情况看，新莽军的中坚都是可以打的。

由此可见，新莽军的中坚由于统帅的懈怠轻慢和士兵的战斗意志衰退，以及地势的无坚可守，已经在转化为薄弱，名曰中坚，其实是中而不坚。而且，从战斗的局部来说，绿林军的进攻力量，不论在兵力上，战斗意志上都超过了敌军的防守力量。所以绿林军对新莽军中坚的进攻不违背打击敌人薄弱环节的规定，它的胜利不是偶然的，不是军事冒险主义。如果敌人的中坚已经变成非中坚，己方有能力打而不去打，那在军事指挥上倒是愚蠢的。

昆阳之战的胜利经验告诉我们，战争中中坚或敌人的指挥中心绝不是在任何情况下，都是不应该先去打击的东西，相反由于它是敌军的要害，打击它对战争全局的影响甚大，它一直是经常被打击的对象。不仅在古代，就是在现代战争中，因为打击敌人的指挥中心而夺得战争胜利的事例，也绝不是个别的。

只有在敌人的中坚防守严密，而己方的进攻力量又不足的情况下，中坚才是不可以贸然去攻打的。在这种情况下，攻击点应当选择在敌人的其他薄弱环节。但是，这样的打法常常只能解决局部的战斗问题，而解决不了战争的全局问题。

昆阳之战要解决的是打破敌人的主力。打击敌人的其他部位，难以达到战争的目的，在这种情况下，根据敌人统帅部因骄傲而松懈，以及敌军士兵战斗意志消沉等有利因素，最大限度地集中自己现有的优势兵力向敌人中坚的局部劣势发动进攻，一战而胜，再及其余，是非常明智的决定。

大树将军
冯异

冯异(？～公元 34 年)，颍川郡父城(今河南宝丰东)人，年轻时即好读书，通《孙子兵法》。他是东汉王朝的开国元勋。东汉皇帝在洛阳云台绘制开国功臣二十八将图时，冯异名列第七。其实按他的战绩，他的历史地位应在二十八将为首者邓禹、吴汉之上。他是东汉王朝的第一名将。

公元 23 年，昆阳之战中，以绿林为主体的农民起义军，击败了新莽的军队，歼灭新莽军队主力四十万人。从此，新莽王朝一蹶不振，三个月后，即被农民起义军推翻。王莽本人亦被民众处决。

王莽失败之前，冯异正在颍川郡任郡椽(郡守助理)，守父城。刘秀派兵去攻打，没打下来。但一次冯异出围城办事，被刘秀的巡逻兵俘获，刘秀非但没杀他，反而放他回去照顾老母。冯异回城后，说服守城诸将，一起归附了刘秀。他的文化程度较高，刘秀非常器重他，委任他为主簿(相当于今日的秘书)。

新莽失败后，中原和边郡都出现群雄割据、豪强并立的局面。有枪便是草头王，土皇帝迭出。胜利后的农民起义军领袖，亦在迅速由昔日的小农向新的封建主转化。全国的政治、经济都处于混乱局面。

全国的草头王中，有两支势力最大的力量：一支是篡夺了绿林农民起义军胜利果实的刘姓贵族更始皇帝(刘玄)，这个皇帝手段狠毒，一胜利就大杀农民起义将领；另一支是占据了山东、河南、关中等地的赤眉军。他们后来也立了一位刘姓皇帝，这个皇帝就是毛泽东在“文革”中几次提到的放牛娃刘盆子。

两大派都在迅速扩大自己的地盘。更始皇帝派刘秀“以破虏大将军行大司马事”，持节北渡河去镇慰河北州郡。冯异对刘秀建议说：

“今更始诸将纵横暴虐，所至掳掠。百姓失望，无所依戴。今公专命方面，

行恩德。夫有桀纣之乱，乃见汤武之功，人久饥渴，易为充饱。宜急分遣官属，徇行郡县，理冤结，布惠泽。”(《后汉书·冯异传》。下同)

冯异的这段话，表明这位东汉名将，没有白读书。他对当时政治形势的分析很有见地。他的建议也符合政策要求。刘秀采纳了他的意见。至邯郸(今河北邯郸市)，即派冯异和另一将军姚期“乘传抚循属县，录囚徒，存鳏寡，亡命自诣者除其罪”。对于不合作的前朝大官，则搜集其材料，采取防范措施。

但河北的地方势力不愿意把河北拱手让给刘秀。卜者王郎以汉成帝孙子名义起兵攻占邯郸等地，刘秀率冯异等少数部下仓皇而逃。到饶阳(今属河北)芜蒌亭，“天寒列，皆饥疲”，冯异给刘秀奉献了一碗豆粥，刘秀顿时感觉“饥寒俱解”。过南宫(今属河北)，又遇大风雨，冯异又给刘秀奉献了一碗麦饭。在穷途末路中冯异仍对刘秀尽心尽职，表现了他的忠诚。所以后来平定关中，有人上书挑拨刘秀与冯异的关系，冯异上书谢罪。刘秀非但不忌讳他，反而给他送珍宝、衣服，诏曰:“仓卒无蒌亭豆粥，虖沱河麦饭，厚意久不报。”君臣之相得，犹如后来的刘备之于诸葛亮。

冯异跟刘秀一起在河北度过了艰难岁月，最后终于打败了王郎。在同王郎的战斗中，冯异立功颇多，被刘秀拜为偏将军，封应侯。但他“谦让不伐”，从不与人争一日之短长。平时与诸将路上相逢，亦引车退让。诸将为了争功，常常拔剑喧闹，激烈争吵。冯异总是“独屏树下”，不参与这类争吵。所以军士都佩服他，称他为“大树将军”。打败王郎改组军队时，军士多愿归属“大树将军”。刘秀听说这些情况，更加器重他。

河北平定后，刘秀有了自己的根据地，不再听从更始皇帝。更始便派大司马朱鲔领兵三十万来与刘秀争锋。冯异被命为孟津将军，统魏郡、河内两部兵马抵抗朱鲔。冯异利用他与原来农民起义军将领的关系，争取了更始军的舞阳王李轶等人，最后战胜了朱鲔的三十万大军。

在胜利进军的形势下，刘秀于公元25年六月自立为皇帝，年号建武。

建武元年九月赤眉军攻占长安，十二月杀更始皇帝。逐鹿中原的三大势力，变成了两大势力，即赤眉对刘秀。双方各号称带甲百万。实际上，赤眉的人众多于刘秀，但组织不严密；刘秀的人众虽然少于赤眉，但比较精干。

在赤眉进入长安不久，为更始皇帝坚守洛阳的朱鲔向刘秀投降。刘秀进入洛阳，并建都于此。

建武二年(公元26年)赤眉退出长安，刘秀派大司徒邓禹进入长安。邓禹与赤眉多次战斗，屡受挫折。刘秀乃以冯异代邓禹征讨赤眉。皇帝以车驾送冯异至河南，指示说，关中遭王莽、更始、赤眉之祸，“元元涂炭，无所依诉。今之征伐，非必略地屠城，要在平定安集”。又指示冯异严禁诸将掳掠。冯异很好地执行了刘秀的指示。后来冯异与赤眉遇于华阴(今属陕西)。“战数十合，降其将刘始、王宣等五千余人。”刘秀闻讯，于建武元年春，遣使拜冯异为征西大将军。但冯异的行军战略常遭邓禹干扰，邓禹一定要冯异发兵与赤眉作战，邓禹是刘秀最宠信的人，冯异无法阻挡，结果中了赤眉的佯败计，大败而逃。

后来冯异收集散卒，一面坚守壁垒，一面组织数万兵马在崤底(在今陕西东部)设下埋伏，然后约期与赤眉再会战。

会战中，双方各纵兵搏战，从早晨打到下午。日昃时，赤眉军疲劳之至。此时冯异安排的伏兵突起，他们穿着赤眉服装，眉毛也涂成红色，作战凶悍无比。赤眉军分不清敌我，顿时陷入混乱，最后惊慌遁逃。冯异纵兵追击，杀、俘近二十万人。崤底之战，大破赤眉主力，刘秀亲自下诏表扬，并指示冯异再接再厉，向关中进军。关中平定以后，冯异又奉命向北地、安定、天水诸郡进军(今陕西西部、甘肃东部及宁夏等地)。后来在攻打落门(今甘肃天水西北)时，病死于军中。谥曰节侯。

冯异是一位成长于新莽时代的旧官吏，他并未参加推翻新莽王朝的农民起义。他的历史功绩是在归附刘秀之后，诚心诚意地帮助刘秀收拾了全国的战乱局面，建立了比西汉和新莽的旧王朝更为进步的东汉王朝。

他懂得人民的苦难，他在归附之初即规劝刘秀禁暴虐、掳掠，解百姓饥渴，是农民大起义时封建统治阶层中的一位明智之士。

他在统一全国的战争中，对农民起义的余部，尚能善待，所以赤眉余部在走投无路时多肯归附于他。他在行军作战中，有时还能利用自己的军事力量抑制鱼肉小民的豪强大族，甚至下令诛杀豪族中的不法之徒。所以他在治理关中时，连反对他的人也不得不承认“百姓归心”于他。

最令人感动的是，尽管冯异在东汉王朝统一全国的战争中，打败了更始皇帝的三十万大军，歼灭了赤眉的二十万主力，建立了比其他人都大的功勋，但他从不骄傲自矜，北地之战胜利后，诸将争功不已，唯冯异“不敢自伐”。刘秀在诏书中一面批评争功诸将，一面表扬冯异说：“征西（大将军）功若丘山，犹自以为不足；孟之反奔而殿，亦何异哉！”（《后汉书·冯异传》注：孟之反，鲁大夫。鲁与齐战，鲁师败，之反殿，是其功也。将入鲁门，乃策其马曰“吾非敢后，马不进。”是谦而不自伐也。）

前面说过，因为别人争战功时冯异独坐大树下，不与人争，军中称他“大树将军”。这“大树将军”的称号是冯异历史上的最高荣誉。这荣誉比东汉王朝所封赏的云台二十八将啦、应侯啦、节侯啦，要光耀千百倍。

无产阶级的军事统帅毛泽东也曾关注过这位“大树将军”。1967年春，毛泽东在一次会议上表扬粟裕时说：“粟裕是我们的大树将军。”这虽然是毛泽东对粟裕大将的评价，但也可以理解为毛泽东对冯异的肯定。

东汉　铜持矛骑士

永平十六年(公元73年),汉明帝为抗击北匈奴的不断侵扰,决定派奉车都尉窦固率军出击北匈奴,班超跟随窦固出征。

大军出玉门关以后,窦固派班超为代理司马,率兵袭击匈奴占据的伊吾(今新疆哈密市西)。班超一出马,就打胜仗,显示了他的风华才略。窦固看出他是一个人才,就在公元74年派他率领三十六人出访西域的鄯善国。

鄯善国原来同汉王朝很友好,汉王朝撤销了西域都护后,他们只好依附匈奴,并向匈奴纳税、进贡。后来因为匈奴不断勒索,他们很想脱离匈奴,但是由于自己的力量不强,不敢贸然从事。这次班超到达鄯善国,鄯善国王挺高兴,招待得满好。住了几天,匈奴的使者也来了,国王害怕得罪匈奴,对班超就冷淡了一些。班超发觉国王对自己先恭而后倨,感到奇怪,于是就抓住这个现象探究其本质。他用巧妙的办法向接待他们的仆人做调查,知道是因为匈奴派来了一个使者和一百三十多人的小队伍。所以鄯善国在汉匈使者的争夺下狐疑起来,不知所从。班超当即召集同来的三十六个人商量,决定采取坚决措施拔除北匈奴打进来的这颗钉子,以促使鄯善国王下决心与汉朝和好。他在夜里率三十六人以少击众,向匈奴的小队伍发动袭击,全部歼灭了这支小队伍。鄯善国王遂下定决心断绝同北匈奴的来往,而同东汉王朝建立联合关系。

班超完成任务,回来向窦固报告,窦固大喜,上书皇帝为班超表功,并建议皇帝选派使节,出使西域各国。皇帝看了窦固的奏文,说班超这样的人就能当使节,还要另外派什么人呢?班超从此成为东汉王朝的正式使节,担负了出使西域各国的使命。

班超临行的时候,赏识他的窦固要给他增加随从。班超说,还是原来那三十六个人吧,人多了,有时反而不方便。

班超到达于阗,于阗当时是北匈奴的监护国。班超采取拔除北匈奴钉子的老办法,帮助国王铲除了北匈奴在于阗的势力,同东汉王朝建立了联合关系。

接着，又擒拿了北匈奴的与国龟兹所立的疏勒国国王兜题（龟兹人），另立疏勒国本国人为国王，疏勒国人大喜，从此疏勒又同东汉王朝建立了联合关系。

公元75年中原地区久旱不雨，八月汉明帝去世。在此之前，受匈奴控制的焉耆、龟兹国王乘东汉王朝内部有事的机会，攻杀了东汉王朝不久前在西域设立的西域都护陈睦。与此同时，北匈奴的与国龟兹、姑墨又发兵攻打疏勒，班超同疏勒国人一起坚守，龟兹、姑墨未能得逞。

建初元年（公元76年），新即位的汉章帝怕班超在西域孤立无援，指示班超撤退。班超起程时，疏勒全国忧恐，不愿汉使离开。疏勒国都尉黎弇因为害怕班超走了龟兹来兵报复，引刀自刎。班超返经于阗时，于阗国人，"王侯以下，皆号泣"，拉住班超的马，不让他走。班超走不了，就又回到疏勒。疏勒在班超走后，投降了龟兹，班超回来，捕斩反者，疏勒又转过头来再同班超联合在一起。

建初三年（公元78年），为了打击北匈奴控制的龟兹、姑墨等国，班超率领疏勒、于阗、康居（在今中亚）等国的民族联军一万多人马，攻克了姑墨的石城，斩首七百；与此同时，又上书皇帝，要求向西域增派兵员。

建初五年（公元80年），汉章帝派出徐幹率千人赴西域支援班超，班超与徐幹合兵击破疏勒叛将番辰，斩首千余。元和元年（公元84年），又派和恭率八百人来支援班超，班超与和恭合兵并发疏勒、于阗兵击破莎车。

章和元年（公元87年），班超又组织了于阗等国的民族联军二万五千人马，在莎车国与北匈奴控制的龟兹等国五万人马进行决战。班超打败了龟兹等国的军队，攻占了莎车。这次大战之后，班超的名字威震西域。

永元三年（公元91年），北匈奴的与国龟兹、姑墨、温宿在班超的多次打击下，表示愿意抛弃北匈奴，归附东汉王朝。班超乃立原来居住在洛阳的龟兹王子白霸为龟兹国王，龟兹等国从此与东汉王朝联合。这一年汉和帝任命班超为西域都护，府治就设立在新归附的龟兹国的它乾城（今新疆拜城南）。这时，西域各国只剩下了当年在北匈奴指使下，杀害过东汉王朝都护的焉耆和危须、尉犁三国不肯归附。

永元六年（公元94年），班超又组织龟兹、鄯善等八国的民族联军七万人马去讨伐焉耆、危须、尉犁三国。攻克了焉耆，杀了实际掌握焉耆大权的北匈奴侍子北鞬支等，另立了与东汉友好的元孟为王，焉耆等三国都归附东汉王朝。到这时为止，原来西域的五十余国全部都同东汉王朝建立了联合关系，并各派王子出使到东汉首都洛阳，西域地区同中原地区再次联成一体。

西域地区同中原地区联合成一体之后，从西南两面挟制北匈奴，北匈奴不敢再向西南两面侵犯，就向东北两面发展，不想又被占据东北的鲜卑族打败，连北匈奴的单于都被鲜卑人杀了。这时北匈奴内部又发生争斗，一部分人留在漠北，另一部人从北部转入欧洲。

班超在西域听说西方还有一个大国叫大秦（即罗马帝国），就派助手甘英为使者前去拜访，甘英到达地中海海边，遇到大风浪，未能渡海。这是中国古代第一个叩击欧洲大门的外交大使。

永元七年（公元 95 年），汉和帝下诏，表扬班超“逾葱岭、迄县度（山名）”，出入西域二十二年，“不动中国，不烦戎士，得远夷之和，同异俗之心”，使西域五十余国皆内属东汉王朝。为此封他为定远侯，食邑千户。班超终于达到了他青年时代追求的万里封侯的目的。

但是，为追求万里封侯而贡献其生命与热血的英雄，在垂暮之年，依恋起故土来。永元十二年（公元 100 年），班超上书皇帝要求返回中原。他说，“狐死首丘，代马依风”，“臣不敢望到酒泉郡，但愿生入玉门关”。他的这些可怜的话语，同青年时代那种“投笔从戎”的豪情壮语相差得多么远啊！由于班超在西域举足轻重的地位，不易更换，他要求了两年，东汉王朝也没有批准他回来。他的妹妹班昭又上书皇帝，哀求皇帝让班超“一得生还，复见宫阙”，皇帝这才同意征还班超。

公元 102 年八月，班超离开了他生活斗争了三十一个年头的第二故乡西域，返回首都洛阳。一路餐风饮露，劳累不堪，加以边疆、中原两地生活习惯差别太大，一回来就发病，九月死去。享年七十一岁。

班超为什么能以很小的力量获得很大的成就

永平十六年（公元 73 年），班超初使西域时只有三十六人；元和元年（公元 84 年）皇帝两次派人支援他，总共才给了他一千八百人。可是他就以这么一点微不足道的力量，同强大的北匈奴争夺当时世界东西交通的要冲——西域，最后竟从匈奴手中夺回了原来内属西汉的五十余国，重新建立了西域和中原的大联合，创造了世界历史篇章的奇迹。

这是什么原因呢？

为什么他能以那么小小一点力量，在历史上创造出这样大的奇迹呢？

在班超出使西域的生活中，我们看到了一个接一个的惊险得出奇的历史镜头，小战、大战、阴谋、袭击、冷遇、阻抗、背叛、围困……而他，一个昔日小小的文书，带着他那支人数少得可怜的小队伍，竟然能从容不迫地应付自如，最后渡过一个一个的险滩暗礁，克服一个一个的艰难困苦，从一个胜利走向另一个更大的胜利。这是为什么呢？他哪里来的这种应付各种惊险、驾驭事态变化的能力呢？

他的许多做法是书本上难以寻见的，有些事情的处置似乎违背了事物通常的法则，可是他却成功了，而且是不断地成功。难道他真是一个人们常说的天才冒险家吗？

不，世界上不可能有这样的天才冒险家。冒险通常是在无可奈何的情况下采取的一种孤注一掷的、成功希望不是很大的行动。一个在西域生活和斗争了三十一年的政治家和军事家，是不可能靠单纯的冒险来不断取得一个又一个的胜利的。

根据通常的法则，冒险行动在多数情况下，总是以失败告终。只有少数情况下，才可能获得成功。所以冒险的成功只能是个别的现象。它只能是历史发展的一种偶然性因素，而不是必然性的规律。一个处在困难历史条件下的政治家、军事家，不管天才多大，都不可能在三十一年的长时间接连不断地依靠一个一个的冒险来不断地取得成功。

班超成功的秘密，他所以能以很小的力量取得重大历史成就的秘密，在于他的历史活动符合那个时代历史发展的客观要求，符合当时广大社会阶层的需要；在于他对客观斗争情况正确的认识；在于他的斗争方法和策略符合客观的实际。

首先是他的历史活动符合那个时代历史发展的客观要求，符合当时西域和中原两大地区广大社会阶层人民的需要。这是他的历史活动所以能取得成功的基础，没有这一基础，他在西域就很难向成功迈出哪怕是很小的一步。

从西域地区来说，这个地区的广大人民，甚至包括社会上层大都具有同中原地区联合起来共同抵御匈奴侵犯的愿望，这种愿望是这一历史阶段西域历史发展的内在原动力。班超正是因为自觉或不自觉地依靠了这种历史发展的内在原动力，他才能像神话传说里的安泰一样，从大地的母亲那里获得了神奇的力量，变成了西域地区不可战胜的历史巨人。否则，不要说他只有三十六个人，就是再加上十倍、百倍的力量，他也休想撼动这块幅员辽阔、民族众多、情况复杂的边疆地区。

班超统一西域所依靠的力量，他每次同北匈奴及其支持者进行大规模战争时所动员的部队，几乎全部都是西域地区各民族的成员。没有西域各民族的力量，或者班超不善于依靠这个力量，他的事业就绝不可能取得成功。

建初元年(公元 76 年)，班超被征调东返时，疏勒、于阗的人民因为害怕北匈奴的报复，苦苦挽留他，最后竟拦马不准他离开的情景，是班超的历史活动符合于西域地区广大社会阶层需要的证明。班超所以能以很小的力量，在西域取得那样巨大的成就，就是因为他适应并依靠了西域地区广大社会阶层的力量，做了历史发展所需要的工作。

在中原地区也一样，北匈奴倚靠西域为右臂，不断向中原地区发动侵掠的事实，使中原地区的广大社会阶层，包括封建统治阶级的中央政权，都痛切认识到要赶快解决西域地区同中原地区的重新联合问题。积极承担这一重要而艰巨任务，并在实际中取得了重大成绩的班超，也因此而获得了从朝廷到社会各阶层的广泛支持。东汉王朝明帝以后的几任皇帝虽然比东汉末代的皇帝好，但是水平都是不高的。可是他们却无一例外地都支持班超。公元 83 年，东汉王朝派卫侯李邑到西域。此人下车伊始就哇里哇啦，上书皇帝控告班超“拥爱妻、抱爱子，安乐外国，无内顾心”。这个严重的指控，把雄心勃勃的班超弄得灰心丧气。他悲叹道：“身非曾参，而有三至之谗，恐见疑于当时矣！”哪知皇帝非但不相信李邑的指控，还下了诏书严责李邑，说：“纵超拥爱妻、抱爱子，思归之士千余人，何能尽与超同心乎?”并命令李邑去听从班超指挥，不得捣乱。永元四年(公元 92 年)，班超的哥哥班固因为受窦宪案件的牵连下狱死了。他该受到怀疑了吧？不，皇帝还是信任他。为什么常办糊涂事的皇帝能够在班超的问题上表现得那样明白呢？其根本原因，是由于当时广大社会阶层对班超所从事的联合西域事业的大力支持。正是由于这种社会力量的支持，才使皇帝在处理他的问题时能保持着清醒的头脑，否则班超早就站不住脚了。

再看班超对客观实际情况的认识。他是一个不靠天才、不靠运气，只靠正确认识客观情况吃饭的人。这个昔日的小小文书，绝不是一个跑到一个地方不问历史，不问现状，不问事情的来龙去脉，不问现象的本质和联系，就发号施令、乱来一气的人。

他不可能懂得辩证唯物主义，但是关系到他本身生死存亡的斗争现实告诉他，他对各种问题的认识必须符合客观实际，否则就要失败。不断重复出现的经验告诉他，要达到正确的认识，就要多了解情况，多作调查。建初三年（公元78年），他上书皇帝时说的“胡夷情数，臣颇识之”，这绝不是虚言妄语。我们看他对西域各国的风土人情、地理环境、城郭民居、田地草木以至各民族上层人物的派系，如谁是北匈奴的代理人、谁是东汉王朝的友好者，都能如数家珍，一一交代得清清楚楚，就可以想见他在了解情况、作调查研究这方面下的功夫一定是很大的。他是从实际生活中，从斗争经验中，接近了唯物主义所主张的从客观到主观的认识路线。

由于他对客观实际的情况认识得比较正确，他在各种斗争中采取的方法和策略也比较符合客观实际。他在一定程度上达到了正确运用自己的感知，并把自己的行动限制在正确地运用感知所限定的范围之内的唯物主义要求。

这个问题可以分三个方面来谈。

第一，在政治斗争的方法和策略上，他紧紧抓住北匈奴控制和压迫西域各国这个主要矛盾，根据具体情况，分别采取争取、团结、分化、孤立、打击、征伐等不同办法，达到了把北匈奴势力驱逐出西域，恢复西域地区和中原地区原有联系的目的。

在他进入西域之始，摆在他面前的各种问题是很多的。在处理各种问题时，他的可贵之处在于他始终不忘北匈奴与西域关系这个主要问题。他一开头带领三十六个人走进鄯善国的时候，几乎站不住脚，后来为什么站住了呢？就是因为他抓住了北匈奴企图控制这个国家的主要矛盾，采取坚决措施，发动突然袭击，消灭了北匈奴派来的小分队，从而使鄯善下决心同东汉王朝友好，这样他才能在西域跨出了扎实的第一步。以后，他去于阗、疏勒等国，也是抓北匈奴同这些国家关系的主要矛盾：或设计斩杀装神弄鬼替北匈奴张目的女巫，或设计擒捉与北匈奴有联系的异族国王，或设计拔除北匈奴安排在这些国家的钉子，使这些国家断绝了与北匈奴的关系，而同东汉王朝联合。

任何过程，如果有很多矛盾存在的话，其中必有一个起主导作用的主要矛盾，全力抓住这个主要矛盾，一切问题就迎刃而解了。尽管班超不能从理论上认识这个原理，但他在实际处理西域事务中所采取的斗争方法和策略，完全符合这个原理。他从自己的实际经验中体验到，在解决西域的各种问题时，必须首先抓住北匈奴控制和压迫西域各国人民这个主要问题，只有从解决这个问题入手，他才能得到西域各国广大社会阶层的拥护，从而顺利完成他重新建立西域和中原大联合的伟大任务。

在抓住北匈奴同西域关系这个主要矛盾，着手解决西域各种问题的过程中，他也不是齐头并进、全面出击，而是根据自己的现有力量和事情发展的可能条件，从易到难，从少到多，循序渐进，一步一步，逐个逐个地解决问题。这些斗争的方法和策略都是正确的，是他所以能取得成功的原因。

第二，在军事斗争的方法和策略上，他善于根据敌我双方的实际力量和各种条件，制定正确的作战计划。他出身于文吏，没学过军事，不懂得打仗，但是他善于在战争中学习战争。他打起仗来很勇敢，“每有攻战，辄为先登。身被金夷，不避死亡”。但是他在西域军事斗争中的胜利，主要不是靠他个人在作战中的勇敢得来的，而是靠他的军事指挥能力，靠他对敌我双方各方面情况的熟识，靠军事的部署和指挥符合实际，靠作战计划的正确，靠善于组织和充分发挥自己的军事力量，靠巧妙地利用和攻击敌人的薄弱环节，一句话，靠他的善于用兵。他是一个勇猛果敢而又聪明智慧的将军。

他绝不是一些人想像的那样好搞军事冒险。恰恰相反，在决定重大军事行动时，他总是认真审度敌我双方的力量，选择较好的作战方案。他第一次在鄯善国的军事行动，以三十六人打一百三十多人，敌我力量对比几近四比一。这是他无数惊险经历中的第一幕。初看起来，好像有点军事冒险的味道，但仔细一分析，它不是冒险，而是一次审慎计划的小规模军事奇袭。敌人虽然人数多，但都在睡觉，没有准备；自己虽然人少，但人心齐，下手快，加上兵刃火攻齐上，胜利是有把握的。这样计划巧妙的战斗,怎么能是军事冒险呢?

他后来的各次战斗,多数都是依靠各民族联军的力量打的。在这些战斗中,他有时是以少击众,有时是以众击少;有时是征伐,有时是坚守。无论哪种情况,他在军事指挥上都是根据敌我双方的力量和条件来规划自己的行动,一切都是井井有条的,绝不瞎碰乱撞。他不愧是那个时代西域各民族联军的英明统帅。

我们且看章和元年(公元 87 年)著名的莎车战役。

班超率领的于阗等国的民族联军是二万五千人,北匈奴所控制的龟兹等国的军队是五万人。敌众我寡,他并没有不顾敌我力量的悬殊,乱打莽撞仗。他召集民族联军的首脑开会,作出佯装兵少不敌、各自散归的决定,并且有意识地让敌人的情报系统把这个情报侦察过去,敌人于是分出近两万的精兵去袭击散归的部队。在做了这些调度之后,莎车战场敌我双方的军事态势,迅速由敌众我寡变成敌我相当,而且留守莎车的敌人由于听到班超撤军,思想麻痹,防守准备很差。在这种情况下,班超秘密指挥部队在半夜鸡叫的时候疾驰而入敌军大营,向敌人发动猛烈攻势,敌人在睡梦中被惊醒,东突西奔,溃不成军,班超指挥各民族联军猛追猛打,大获全胜。

再看永元二年(公元 90 年)同月氏国七万人的战争。

这次因为敌人来得太多,班超的部下大为恐慌。班超分析敌我双方的军事态势,坚定地说,月氏的兵马来得虽然多,但是跨越葱岭数千里,运输困难,粮草不继,我们只要坚壁清野,过不多久就能打败他。事情果然如班超所估计的,没多长时间,月氏兵马的粮草即尽,无法作战。他们派人带着金银珠宝去向龟兹求救,哪知班超早在他们的去路上埋伏了人马,月氏的使者一到,即被班超埋伏的人马擒杀,月氏大惊,最后只好请罪退兵。

一介书生出身的班超,能够这样巧于用兵,真是不容易!他在军事斗争中的许多战绩,即使同历史上一些最著名的军事家比较也并不逊色。

西域各民族并不狭隘。在军事斗争中,只要确有本事,能够经常指挥他们打胜仗,那么不管这个人出身哪个民族,他们都愿意听从指挥。但你若是个草包,净指挥军队打败仗,那么不管你出身哪个民族,他们也会赶你下台。班超所以能在那么长的时间里挥洒自如地担任着各民族联军的统帅,除了他是东汉王朝的代表以外，主要是靠他自己的真才实学，靠他确实有军事统帅的能力。

第三，在处理各民族内部事务和自己部下的问题上，他的主张是“总大纲”，“宽小过”，基点是一个“和”字。

各民族内部事务中有各种问题，自己队伍中也有各种问题。但同抗击北匈奴的问题比较，多数又属于一个阵营内部的矛盾。班超虽然不能从矛盾性质上明确地认识这一点，但他从经验中感到对待自己阵营的内部问题同对待北匈奴斗争的问题应采取不同的斗争方法和策略，不能视同一律。他的主张是处理自己阵营内部的斗争问题，宜宽大不宜苛刻，宜和缓不宜尖锐。否则就容易爆发对抗和冲突，影响他在西域所承担的战略任务的完成。他的这个主张是在他离任返京时，向下一任都护任尚说的。

任尚是一位有名的将军，青年时期即随大将军窦宪出师西域，屡建战功。但是为人骄傲，作风粗暴。他在同班超办交接的时候，向班超请教，说：“您在西域呆了三十多年，我承接您的后任，责任重大而智虑短浅，请您给我一点教诲。”

班超说：“我年老糊涂了，你数当大位，不是我能赶得上的。必不得已，愿意向你进一点愚忠之言。塞外吏士，本来不是什么孝子顺孙，多半是因为犯有错误，迁发边疆来效力的；而各民族，也各有异心，容易闹事。对待他们，要有耐心。你的性情严急，处理这些问题要注意方式，否则就会出乱子，‘水清无大鱼，察政不得下和’，处理事情宜‘荡佚简易’‘宽小过，总大纲’就可以了。”

班超这段话，不仅内容上包括了那个时代封建统治阶级代表人物对少数民族不可免的、但却是错误的大民族主义态度，而且意思也很含混。即他没有能说清楚什么是是，什么是非，什么是原则问题，什么不是原则问题，究竟具体问题应当怎样具体对待。但是，如果我们撇开他谈话中那些意思含混的东西，去研究一下他这段话的实质，那么他的这个谈话不仅意思是清楚的，而且内容也是正确的。

为什么要“荡佚简易”，“总大纲”、“宽小过”呢？

这是因为西域各国同中原地区经济发展阶段不同，政治制度不同，民族成分不同，风俗习惯不同，语言文化不同，宗教信仰不同，既然有这么多不同，就不能在各方面都强求一致。各民族只要在抗击北匈奴的问题上同东汉王朝大方向保持一致，其他问题就不宜干涉过多。各民族应有自己相对的独立性，他们的内部事务只能由他们自己按他们自己的办法去处理。都护要放手地让人家自己去管理自己的事情。有些从东汉王朝的观点看来是不对的事情，也不能按内地的办法严格要求，而应该放宽尺度，对不是什么了不起的大错误，要宽大一点，不能要求过苛、过急。在对待自己部下的问题上也一样。那些犯了各种错误来边疆效力的人，从封建统治阶级的观点来看，多半是不符合封建社会的规范和要求的。他们不是封建阶级的孝子贤孙，喜欢造反，为了团结、依靠他们，也不能按内地的标准来处理他们，而要机动灵活，方式多样；只要大的方面不出问题，小的过失就不要求全责备，以免激起事变。

一切非固定的、机变性的事物，都是只能意会，而难以用确切的语言来表达的，我们对班超谈话的上述诠释，不一定完全符合班超的原意，但大体的意思是差不多的。这是一个在边疆呆了三十多年的、经验丰富的识途老马，对一个性情严急的后来人一次披心沥胆的谈话。可惜这个后来人对这些话根本听不进。可见听话也有一个水平和态度问题。如果水平达不到，态度不虚心，即使一个人幸运地碰到了世界上经验丰富的导师，即使这个经验丰富的导师满腔热诚地把真理放在银盘里端到他面前，他还是扶不起的刘阿斗，怎么也没有用。

班超走后，任尚私下对自己的亲信说，“我以为班君有什么奇计妙策呢，想不到他说的一番话全是平平常常的老一套。”可是就是因为他听不进去这几句表面上看是平平常常的、其内涵却非常深刻的金玉良言，不肯改变他那一套的严急作风，结果没有几年，一个好端端的西域，就被搞得到处叛乱。东汉王朝气坏了，把他调回治罪。但这个人犯了这么大的错误依然不知悔改，后来的作风还是依然故我，终于在封建阶级的内部斗争中毁灭了。

任尚也是一个很好的反面教员哩！

由于任尚的胡来，留在漠北那一部分北匈奴的势力又乘机侵入西域，并以西域为基地连年侵犯河西走廊，直到延光二年(公元 123 年)汉安帝派出班超的好儿子班勇为西域长史，带兵五百再次出使西域，情况才有好转。永建元年(公元 126 年)，班勇率领西域各民族联军同北匈奴大战，大破北匈奴呼衍王，北匈奴从此放弃西域和中亚，远遁欧洲。东汉王朝同西域各国又恢复了密切的联合关系。

班超的错误和关于他的历史评价

班超在西域取得重大成就的同时，也犯了一些错误。我们不是以现代人的认识水平来谈他在历史活动中的错误，我们是从当时的历史条件所能达到的水平来谈这个问题的。

最大的错误是战争掳掠问题。即他在统率西域各国民族联军同受匈奴控制或利用的国家进行的一些战争中，纵使少数民族军队杀俘和掳掠。主要的是征伐焉耆的那一次。焉耆前国王在北匈奴的支持下杀害过东汉王朝的都护陈睦，这件事的主要责任应由北匈奴和焉耆前国王来承担。班超合八国兵七万人征伐焉耆时，说好了允许人家“改过向善”。人家先是左将，后是国王、大人亲自出来迎奉班超，可是班超却借大会诸国王的机会把人家捉起来，送到陈睦被害的故城杀了。接着又纵使各民族联军对焉耆进行掳掠。当然这些左将、国王、大人有的是北匈奴侍子，有的是北匈奴的代理人，在当时的历史条件下，为了铲除匈奴势力，这种处置尚属有情可原，可是既然人家表示归附，你又杀了人，也就可以了，为什么还要纵使各国少数民族的军队烧杀掳掠呢？史书记载，这次烧杀掳掠，共杀害焉耆国人五千余，俘虏人口一万五千，马畜牛羊三十余万头。虽然我们没有看到班超本人从这些掳掠中得到了人口、牛马，但他是这次战争的联军统帅，他应当对这次纵兵烧杀掳掠的行为负责。

西域各国当时虽然已有一些国家正在向农业定居的社会阶段发展，但多数尚处在半农半牧的阶段。各国的统治阶级有的是农奴主，有的是奴隶主，他们本来就存在着战争掠夺的强烈欲望，班超在动员和组织他们参加反对对北匈奴与国的斗争中，是否利用了他们这种欲望，同他们有过什么协议，我们不知道。但是在被征伐的国家已经归附的情况下，为什么不可以用其他方式来满足征伐参加国的要求，而一定要纵兵烧杀掳掠呢？战争总要带来种种惨祸、暴行和痛苦，即使是带有进步性质的战争也是如此，但是人家已经表示要改过向善了，为什么还要去造成惨祸、暴行和痛苦呢？

其他的错误也还有，如在处理月氏国的问题上，人家“助汉击车师”有功，又贡奉珍宝、瑞兽、狮子，只求个汉公主和亲，这有什么不可以，你汉家一个公主就那么高不可攀？班超却拒绝了人家，结果引起七万人的大战。这次还好，人家承认了错误，事情了结，他没有再去制造惨祸、暴行和痛苦。

尽管有这些不理想的事情。但总的来说，班超在西域的历史活动，成就的一面是主要的，错误的一面是次要的。

他根据西域和中原两个地区人民和其他社会阶层多数人们的愿望，组织两个地区的力量，把北匈奴的势力驱逐出西域。这不仅帮助西域人民解除了北匈奴的控制和压迫，使西域人民获得了更好的独立发展自己经济文化的条件，而且也减少了北匈奴倚靠西域地区向中原地区频繁的侵扰，为中原地区的社会安定做了贡献。他重新恢复了西汉以来西域地区和中原地区的大联合，使两个地区的人民更加团结，经济、文化交流更加密切，为今天疆域辽阔、民族团结的祖国大家庭奠定了历史的基石，他的历史功绩是伟大的、不可磨灭的。

他在西域的历史活动，还保证了当时横贯亚欧大陆的交通大动脉丝绸之路的畅通。一直到亚欧两洲海运畅通以前，这是世界东西方经济、文化交流的唯一桥梁。他的这个历史功绩，甚至在世界历史上也是应该大书特书的。

当然，他是一个封建阶级的代表人物。他对某些战争问题的处置失当，也曾经给一部分西域人民带来了痛苦，但是这些错误在他的全部历史活动中所占的比重究竟不是很大。总的来说，他的历史活动为西域人民带来的利益，大大超过了他的某些失误给西域人民带来的损害。应当说，班超在推动古代中国历史进步和推动东西方经济文化交流方面所起的历史作用都是非常杰出的。

他是东汉王朝的英雄人物；在抗匈战争和保卫祖国、保护人民利益的问题上，他和卫青、霍去病、苏武、李广、张骞一样，也是中华民族的民族英雄。

附记：2005年春，作者受新疆建设银行友人邀请，去南疆维吾尔族兄弟聚居的喀什市参观，看到维吾尔族兄弟为帮助他们打败匈奴侵略者的班超、班勇等战士修建的纪念馆，很是感慨。都几千年了，很多汉族人都把班超忘了，可维吾尔族兄弟还记得他们。

戚文

2006.5.20

李固给黄琼的著名书信：盛名之下，其实难副

李固和黄琼是东汉顺、桓帝时的名人。

李固（公元 94～147 年），汉中南郑（今陕西汉中）人，是司徒李郃之子。这个人从小就“好学”，“常步行寻师，不远千里”（《后汉书·李固传》）。还喜欢“结交英贤”。所以年轻时就成了名士。

当时东汉王朝宦官和外戚争权夺利，政治混乱，顺帝阳嘉二年（公元 133 年）李固应皇帝诏问，直言时弊。皇帝“贤其对，多所纳用”。宦官势力因此受打击，他们痛恨李固，遂制造谣言陷害他，所幸为大司农黄尚等人所救。李固也因此名闻朝野。

汉质帝立，李固被“委任宰辅”。他斥遣宦官势力，政务清平。但又受到外戚梁冀的猜忌。后来梁冀害死质帝，拥立桓帝，李固被诬陷致死。

黄琼（公元 86～164 年），江夏安陆（今湖北云梦）人，与李固同时代，但年纪稍大。他的父亲就是二十四孝故事中那位“夏扇枕簟，冬温被服”的孝子黄香，黄香在汉和帝时曾任职左丞和尚书令。少年黄琼，曾“随父在台阁，习见故事”（《后汉书·黄琼传》）。后来黄香病亡，黄琼悲伤之极，多年不仕。

汉顺帝时，公卿向皇帝荐举黄琼，他托故不应。后来皇帝以公车召他进京，他不得已应召。但走在路上，仍犹豫不进。有关部门遂以不敬的罪名弹劾他，皇帝又下诏“以礼慰遣”，这才继续进发。当时已在朝廷为官的李固素来仰慕黄琼，乃在黄琼抵达京郊时写信劝他接受朝廷的征召，出来“辅政济民”，为国效力。1965 年毛泽东将李固致黄琼的这封著名书信推荐给陈毅、周恩来等中央领导同志传阅。

这封著名书信的原文如下：

闻已度伊、洛，近在万岁亭，岂即事有渐，将顺王命乎？

盖君子谓伯夷隘，柳下惠不恭，故《传》曰："不夷不惠，可否之间。"盖圣贤居身之所珍也。诚遂欲枕山栖谷，拟迹巢、由，斯则可矣；若当辅政济民，今其时也。自生民以来，善政少而乱俗多，必待尧舜之君，此谓志士终无时矣。

常闻语曰："峣峣者易缺，皦皦者易污。"阳春之曲，和者必寡；盛名之下，其实难副。近鲁阳樊君被征，初至，朝廷设坛席，犹待神明。虽无大异，而言行所守无所缺。而毁谤布流，应时折减者，岂非观听望深，声名太盛乎？自顷征聘之士，胡元安、薛孟尝、朱仲昭、顾季鸿等，其功业皆无所采，是故俗论皆言处士纯盗虚声。愿先生弘此远谟，令众人叹服，一雪此言耳。

这封信，批评了当时一些名士自命清高，"欲枕山栖谷，拟迹巢、由（巢、由是上古两位隐居山林、不肯出仕的高士）"，放弃自己社会责任的恶习。指出如果人们一定要等到天下出了尧舜之君，才肯出仕为官，那么志士大概永远都不能为国家尽力，而只能抱恨终身了。信中还批评一些名士徒有虚名，其实无能，所以社会上把名士看作是盗取虚名的人。进而鼓励黄琼拿出真本事大展宏图，做出令人叹服的功业，以事实来洗雪社会上对名士以偏概全的错误看法。

黄琼接受了李固的批评，出仕为官，并为反对宦官、外戚擅权乱政作出了重大的贡献。当时大将军梁冀，以外戚身份垄断朝政多年，贪污腐败，横暴不法，谁反对他就杀谁，宰相李固也因为批评他而遭陷害。李固死后，黄琼仍然毫不畏惧地与梁冀斗争，梁冀终于被皇帝诛杀。

毛泽东向中央领导推荐李固致黄琼的书信，在二十世纪六十年代中期，流行至机关、学校、新闻、文化及社会各界，大家纷纷传抄，一时洛阳纸贵。书信中"峣峣（音 yào，刚直）者易缺，皦皦（音 jiǎo，清白）者易污"，"阳春之曲，和者必寡；盛名之下，其实难副"等话语，竟成为社会流行语。此后，毛泽东又在中央政治局常委会上重提此信，并说"人贵有自知之明"。1966 年 7 月 8 日又在湖南湘潭滴水洞给江青的书信中说："'阳春白雪，和者盖寡；盛名之下，其实难副'。这后两句，正是指我。"这是毛泽东的一次认真的自我剖析。

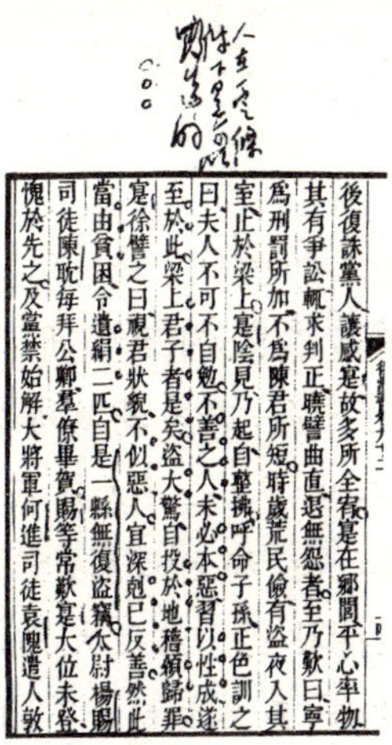
後復誅黨人讓感寔故多所全宥寔在鄉閭平心率物
其有爭訟輒求判正曉譬曲直退無怨者至乃歎曰寧
爲刑罰所加不爲陳君所短時歲荒民儉有盜夜入其
室止於梁上寔陰見乃起自整拂呼命子孫正色訓之
曰夫人不可不自勉不善之人未必本惡習以性成遂
至於此梁上君子者是矣盜大驚自投於地稽顙歸罪
寔徐譬之曰視君狀貌不似惡人宜深尅己反善然此
當由貧困令遺絹二匹自是一縣無復盜竊太尉楊賜
司徒陳耽每拜公卿羣僚畢賀賜等常歎寔大位未登
愧於先之及黨禁始解大將軍何進司徒袁隗遣人敦

朱博、陈寔

——允许别人改过自新的故事

朱博(? ～公元前 4 年)长安杜陵(今陕西西安东南)人，西汉后期的名臣。“起佐史，历位以登宰相”(《汉书 · 朱博传》)，曾仕元、成、哀三朝。他本来是个武吏，“不更文法”(不熟悉法令条文)，但伉侠多智，才略过人。为人又廉俭自守，不好酒色，所以政绩颇佳。明人冯梦龙在《智囊》中写了他一则允许别人改过自新的故事，毛泽东颇为欣赏。

故事说，朱博在出任左冯翊(汉代的一个政区，治今陕西高陵西南)长官的时候，召见郡中守尉尚方禁。尚方禁是世家大族的子弟，年轻时私通别人的妻室，脸上被砍伤，留下了伤疤。后来贿赂功曹，非但免于追究，还得了守尉的官职。召见时，朱博支开左右人问尚方禁，脸上的伤疤是怎么来的? 尚方禁老老实实交代了自己过去的罪过。朱博说:“年轻人有点过失可以理解。你现在肯不肯以效力国家来洗刷自己的耻辱呢?”尚方禁说:“愿意出死力。”朱博就命他为秘密监察，负责调查郡中官吏和盗贼干坏事的情况。尚方禁卖力工作，朱博尽得下面各种违法事实。尚方禁立功受奖，职位提升。对过去受尚方禁贿赂的功曹，朱博关起门来召见他，让他交代受尚方禁贿赂和受取一钱以上的罪行，“欺谩半言，即断头矣!”功曹吓坏了，乃“自疏奸赃，大小不敢隐”。朱博看了他的自疏，认为认错态度尚好，就“投刀笔，使功曹削所记”，并告诫他以后不准再犯，让他继续担任功曹。功曹感激朱博的教诲，不敢再贪污受贿，件件事也都做得不错。

毛泽东看了这个故事，在书上批道:“使人改过自新”。

朱博死后的一百年，东汉又出了一位允许别人改过自新的名士陈寔。

陈寔(公元 104～187 年)是东汉后期的名士，颍川许县(今河南许昌东)人，曾做过地方官吏和大将军窦武的秘书。这个人正直好学，名声很好。他不大喜欢做官，常隐居乡间。在乡间时，老百姓有了纠纷常来找他求个公道。他“晓譬曲直”，是非分明。只要他做了判正，大家都服气，“退无怨言”。人们感叹地说：“宁为刑罚所加，不为陈君所短。”

《后汉书》上写了一个陈寔教育小偷的故事。故事说：有一次，一个小偷半夜潜入陈寔的居室，伏在房梁上。陈寔发觉了，就一面起身整坐，一面叫来子孙训话。他严肃地对子孙们说：“做人应当自强，坏人未必本来就坏，都是不能长进，逐渐养成了坏习惯而变坏的，房梁上那位君子，就是这样的，你们要警惕呀！”小偷听到陈寔批评他，大吃一惊，急忙从房梁上跳下来，伏地请罪。陈寔勉励他，说：“看你相貌，不像坏人，你要深刻反省自己，改恶从善。”又送了他两匹绢。这个人从此不再偷盗。

毛泽东读《后汉书》至此，批道：“人在一定条件下，是可以改造的。”

毛泽东对朱博、陈寔允许别人改过自新故事的批示，表明了毛泽东对犯错误的人主张采取改造、教育的方针。这是毛泽东一贯的主张。延安整风期间，他对犯错误的人提出过的“惩前毖后，治病救人”；建国后，他对犯错误的人提出的“给出路”政策，都是这种方针的体现。

除了以上两个指示，毛泽东在《智囊》的读书笔记中，还有许多类似这样的批语。如北周文帝时，北雍州盗贼如毛，北雍州刺史韩裒对被捕的盗贼，不采取杀戮办法，而是允许他们改过自新，结果不久之后，即出现“辟盗屏息”、州府大治的局面。毛泽东在批文中称赞韩裒说：“使人改过”。又如北宋时广济河、蔡河、扶沟（今属河南）一带，一批不法分子专以勒索来往船只为生，每年都要焚烧十几条船来显示威风。程颐在出任扶沟知县后，抓获了不法分子，但不杀他们，反而分配他们任务，要不法分子分段治理河道，不准敲诈勒索。结果依靠这批人治好了河道，焚舟现象一扫而空。毛泽东看了这段记叙，肯定了程颐的办法，把这个办法归纳为“劳动改造”四个字，意思是可以用分配劳动任务的办法来改造不法分子，让他们立功自赎。

缇萦救父

《史记》中的小人物

一部二十四史，大半是写帝王将相的。被誉为“史家之绝唱，无韵之离骚”的《史记》，也不例外。这是当时的历史条件决定的。司马迁的聪明才智并不能使他超脱阶级和时代的局限。但是，司马迁对待历史记叙的严肃态度，他的忠实于历史事实、坚持“秉笔直书”的传统精神，却在某种程度上弥补了这方面的缺陷，从而使他的不朽名著成为高耸于一切封建史书上的金字塔。

司马迁虽然生活在一个“皇权神授”，“帝王将相创造历史”的观念甚嚣尘上的时代。但是，他却能从历史事实中看到历史并不全然是帝王将相活动的领地，并且在历史发展的一些重大关节上，看到了被古代社会视为卑贱者的小人物的重要作用。他克服了自己的阶级偏见，如实地记叙了为数众多的小人物或卑贱者的历史活动，并且按照他当时在认识上所能达到的水平，对这些小人物或卑贱者的历史活动，给予了适当的评价。

一

司马迁是有史以来第一个为出身“卑贱”的农民起义英雄树碑立传的历史学家。这件事不仅在中国古代的史书里是破天荒的创举，而且在以后几千年封建社会的“正统”史书里，也是后无来者的。

他把佣工出身的反秦农民英雄陈涉(胜)写进《世家》，同封建诸侯并列。从现代观点来看，农民革命英雄当然要比封建诸侯伟大，但是在司马迁的时代，敢于把这样一个“犯上作乱”，而且是失败了的小人物抬上高贵《世家》的宝座，这是需要巨大勇气和卓越见识的。

这是对陈涉的总评：

桀纣失其道而汤武作，周失其道而《春秋》作，秦失其政，而陈涉发迹、诸侯作难，风起云蒸，卒亡秦族。天下之端，自涉发难。（《史记·太史公自序》）

在这里，司马迁把陈涉同古代的圣人汤、武、孔子相提并论了。这是司马迁用自己手中的史简，在长夜难明的历史天际，点燃起的一支火炬。他简直是古代天官策府中的普罗米修斯！

对于鼓刀屠狗者出身的农民起义军将领樊哙，吹鼓手出身的农民起义军将领周勃，小商贩出身的农民起义军将领灌婴，囚徒出身的农民起义军将领黥布，渔民出身的农民起义军将领彭越等等，他都用专门章节给予了生动的描写和评述。

这是他对樊哙的描写：

沛公入秦宫，宫室帷帐、狗马、重宝、妇女以千数，意欲留居之。

哙谏曰："沛公欲有天下邪？将欲为富家翁邪？"

沛公曰："吾欲有天下。"

哙曰："今臣从入秦宫，所观宫室帷帐、珠玉、重宝、钟鼓之饰，奇物不可胜极，入其后宫，美女妇人以千数，此皆秦所以亡天下也。愿沛公急还霸上，无留宫中。"（《史记·留侯世家》按徐广本补正）

这段描写，真实地反映了像樊哙这样的劳动者，他们所以踊跃投身于反秦农民大起义运动，其原始动机，并不都是为了当富家翁，也不是像刘邦、项羽那样是为了羡慕秦始皇和取代秦王朝，而是为了反抗秦王朝的残暴统治，建立一个廉洁而不腐化的政府。

这些卑贱者出身的农民起义军将领在农民革命胜利之后，都逐渐蜕变为新贵族了。这是当时社会生产关系的性质决定的。司马迁那时不可能懂得这些原理，他不可能对这种蜕变作出科学的说明。但是，他如实地记叙了这个过程，并且对新贵族富贵以后骄奢淫逸、脱离群众的作风进行了谴责。

二

在封建社会里，处理政务，办理外交，制定各种政策，从来是帝王和贵族的特权。在他们看来，这些事务只有像他们那种血统高贵的人才有资格担当。小人物、卑贱者懂得什么!? “劳心者治人，劳力者治于人。”卑贱的小人物，不过是被治于人的消极力量而已。但是，司马迁的《史记》，却通过大量的事实，揭露了数量很大的一批(不是全部)帝王和他们的御用大臣，不过是一些不学无术、荒淫无耻的大草包;相反，许多社会地位低下的小人物或卑贱者却很聪明、有才干。他不仅在《史记》中写了许多普通老百姓出身的政治家、外交家(如管仲、范雎、蔺相如、陈平等)，而且还从小人物或卑贱者之中，发现了一大批具有卓越政治见解或外交才干的人物。他这种发现告诉人们:聪明才智并不是以大人物和小人物、高贵者和卑贱者为分界线的。实际情况是:大人物、高贵者之中见识短浅、才干平平的人很多;小人物、卑贱者之中见识卓越、才干杰出的人不少。

“机不可失，时不再来”这句话，是现代政治家们很喜欢引用的一句含有深刻哲理的格言。而司马迁却在《史记》里告诉我们，早在公元前的十一世纪，郊野的普通老百姓，就已经熟练地运用这句话来分析政治形势了。

《史记·齐太公世家》里说:姜太公吕尚帮助周武王战胜殷纣王以后，被封为齐国诸侯。他带着一批人去齐国任职，路上走累了，找了一个旅店歇息。夜里，他听到旅店里的人议论他们:“吾闻时难得而易失。客寝甚安，殆非就国者也。”吕尚听了这话，马上把随从叫起来，穿上衣服，连夜赶路，黎明的时候，他们赶到了齐国首都。果然，当天就有东莱夷人发兵前来和他争国，因为他早到了一步，才得以组织力量，应付敌人。

吕尚是上古时代一个足智多谋的人物，但是在就国问题上，他的政治敏感却不及旅店里一个普通老百姓。所幸的是这个曾经“垂钓于渭水之滨”的老头儿原来也是个贫贱人，他没有一般贵族那种自高自大、鄙视群众的恶习，而是听了群众批评，马上就改，结果争取了主动。

《史记·楚世家》里记载了一个打猎的老百姓，通过政治形势分析，帮助国君改正错误的故事。

楚怀王听信谗言，排斥屈原，放弃联合各国共同抗御秦国侵略的方针，最后上了敌人的当，被囚死于秦国。楚怀王的儿子楚顷襄王，不接受历史教训，反而认仇为友，继续采取亲秦的方针，一些大臣也附和他。

这个没出息的楚顷襄王，对于国家大事糊里糊涂，对于打猎游玩却很在行。

楚国有一个打猎的老百姓发明了一种十分轻巧的弓矢，他听了很感兴趣，叫人把这个老百姓找来问话，不料这个老百姓却借用打猎的题目给楚顷襄王讲授天下大势，分析国之兴衰，建议楚顷襄王用钻研打猎的心思，去研究怎样反抗秦国的侵略。末了，又用非常尖锐的刺激性语言批评楚顷襄王说：

夫先王为秦所欺而客死于外，怨莫大焉。今以匹夫有怨，尚有报万乘，白公、子胥是也。今楚之地方五千里，带甲百万，犹足以踊跃中野也，而坐受困，臣窃为大王弗取也。（《史记·楚世家》）

这个小人物振聋发聩式的批评，终于激起楚顷襄王尚未泯灭的一点羞耻心，使他改变了亲秦的方针，并派出使者与各国联络，共同抗秦。

楚国还有一个卑贱者，名叫优孟的倡优讽谏国君的故事。

楚庄王有一匹宝马死了，他叫人用大夫的礼节来为这匹马举行葬礼，并命令大臣们去吊唁。谁反对就要治谁的死罪。因此，谁也不敢讲话。这时，优孟跑到王宫的殿门仰天大哭。

王惊而问其故。

优孟曰："马者王所爱也，以楚国堂堂之大，何求不得，而以大夫礼葬之，薄，请以人君礼葬之。"

王曰："何如？"

对曰："臣请以雕玉为棺，文梓为椁，楩枫豫章为题凑，发甲卒为穿圹，老弱负土，齐赵陪位于前，韩魏翼卫其后，庙食太牢，奉以万户之邑。诸侯闻之，皆知大王贱人而贵马也。"

王曰："寡人之过一至此乎！为之奈何？"

优孟曰："请为大王六畜葬之……"

于是，王乃使以马属太官，无令天下久闻也。（《史记·滑稽列传》）

请看，这个"卑贱者"，不是一个大雄辩家吗？他在论战中运用归谬法，把楚庄王的荒谬引入到极端，从而使论战对方陷入非常可笑的境地。这种论战方法，就是在今天，对于研究证明和反驳的逻辑专家，也不失其价值。那些被楚庄王一道死罪命令吓得不敢作声的贵族老爷，同这个"卑贱者"比较，不过是一批只会混饭吃的庸碌之辈罢了。

秦末农民大起义中，还有一个卑贱者，即操贱役的厮养卒（伙夫）办外交的故事。

张耳、陈余拥戴的赵王武臣，被燕王韩广的军队捉去了，张耳，陈余派了十几个外交使节去要，都被杀了。一个操贱役的厮养卒说，他能去说服燕军归还赵王。大家都讥笑他，说十几个使节都被人家杀了，你去又有什么用呢！这个厮养卒不顾大家的耻笑，出发到燕国去了。

燕将见之，问(燕将)曰："知臣何欲？"

燕将曰："若欲得赵王耳！"

曰："君知张耳、陈余何如人也？"

燕将曰："贤人也！"

曰："知其志何欲？"

曰："欲得其王耳！"

赵养卒乃笑曰："君未知此两人所欲也。夫武臣、张耳、陈余，杖马箠下赵数十城，此亦各欲南面而王，岂欲卿相终己邪？夫臣与主岂可同日而道哉！顾其势初定，未敢三分而王，且以少长先立武臣为王，以持赵心。今赵地已服，此两人亦欲分赵而王，时未可耳。今君乃囚赵王，此两人名为求赵王，实欲燕杀之，此两人分赵自立。夫以一赵尚易燕，况以两贤王左提右挈，而责杀王之罪，灭燕易矣。"

燕将以为然，乃归赵王，养卒为御而归。(《史记·张耳陈余列传》)

小人物的政治见识超过大人物的故事，最生动的莫过于司马迁笔下的"外黄令舍人儿"了。

"外黄令舍人儿"就是外黄城(今河南民权西北)长官秘书的儿子。他是个小孩，当时只有十三岁。据《史记·项羽本纪》记载，楚汉相争时，彭越帮助刘邦攻击项羽的后方，连下外黄、陈留(今河南开封市东南)等地。项羽回军反击，收复了外黄。他痛恨外黄人背叛他，下令屠城。就在全城人面临死亡的危险时刻，这个小孩勇敢地站出来，去见项羽，他说：

彭越强劫外黄，外黄恐，故且降，待大王。大王至，又皆坑之，百姓岂有归心？从此以东，梁地十余城皆恐，莫肯下矣。

项羽听了这个小孩的话，觉得有理，就收回了屠城的命令。结果，梁地其他城，很快就闻风而下。

“外黄令舍人儿”当然是个聪明、勇敢的少年，但他的聪明、勇敢并不是天生的，而是当时社会影响的结果。项羽能够接受这个小孩的意见，也不是他的剥削阶级本性有了改变，而是当时政治、军事不断失败的形势，正在刺激着他重新考虑问题。恰好这个时候，“外黄令舍人儿”用事实给他摆明了屠城的利害，促使他认识了屠城政策的不得人心，从而放弃了屠城的决定。

小人物所以能在政治见识上超过大人物，其根本原因是他们生活在人民中，因而能站在社会进步方面反映人民的意志，大人物则高高在上、脱离实际，碰到问题，两眼漆黑，常常连是非都分不清楚。

三

战争是军国大事，属将军们的专业，但是《史记》却偏偏从正面和侧面，描写了人民和代表他们的卑贱的小人物在战争中的重大作用。

秦穆公十五年(公元前645年)，秦穆公同晋惠公在韩原(今陕西韩城西南)大战。秦穆公打了败仗，负了伤，被晋军包围，情况异常危险。这时突然从岐下(今陕西凤翔南)跑来了一大群“野人”，他们冒着生命危险来援救秦穆公。这群“野人”作战勇猛，最后不但替秦穆公解了围，而且使秦军转败为胜，反倒把晋惠公俘虏了。

岐下“野人”怎么会卷入秦晋大战呢?

原来这些“野人”就是当地的老百姓。他们有一次捉到一匹无主的马，杀来吃了。哪知这匹马正是秦穆公走失的良骥，秦穆公手下的人抓住了一批吃马的人，要杀头。秦穆公有一点政治经验，他不愿意为这么一件事情得罪当地的老百姓，就说，“君子不以畜产害人”。还说，“食善马肉不饮酒，伤人”，于是叫人“皆赐酒而赦之”。(《史记·秦本纪》)当地老百姓念着他这一点好处，就在他同晋军大战时，跑来帮助他作战，使他摆脱了困境，取得了胜利。

这是秦穆公的一个因为得到人民援助而打胜仗的故事；接着，他还有一个因为失去人民援助而打败仗的故事。

公元前627年(秦穆公三十三年)，秦国发兵去偷袭郑国，秦国的大臣和人民都不愿意打这个仗，但是秦穆公一定要打。秦军走到滑城(今河南偃师西南)

时，遇到一个郑国商人弦高，弦高当时正赶着十二头牛到周国去卖，他看到秦国要偷袭自己的国家，就假扮为郑国的使者，赶着牛去见秦军的主将，说："闻大国将诛郑，郑君谨修守御备，使臣以牛十二劳军士。"（《史记·秦本纪》）秦军主将听了弦高的话，以为自己的偷袭计划已经被郑国识破，只好放弃这次行动计划，移兵去攻打晋国边境，结果中了晋国的埋伏，全军覆没。

人民和代表人民的小人物对战争起重大作用的事例，还有战国时齐国的抗燕战争。

公元前279年（燕昭王三十三年），燕国名将乐毅联合秦、赵、魏、韩等国出兵攻打齐国，攻克齐国首都临淄（今山东淄博东北）等七十余城，齐军败亡，齐湣王身死。唯有莒（今山东莒县）和即墨（今山东平度东南）两城人民坚决不肯投降。后来，齐国终于依靠这两个城打败了深入国境的燕军，收复了国土。

这两个城是怎样在强敌压境的情况下，坚持战斗直到胜利的呢？在这里起关键作用的是两个代表两城人民的小人物。

齐国有一个耕作于田野的布衣名叫王蠋。这个人道德高尚，在老百姓中威望很高。燕军侵入齐国以后，逼他出来为燕国做事，并威胁他说，他要是不答应，燕军马上就屠城。王蠋说："国既破亡，吾不能存；今又劫之以兵为君将，有助桀为暴也。与其生而无义，固不如烹。"（《史记·田单列传》）说完，就系其颈于树，上吊死了。处在流亡中的齐国官员，听到王蠋死不投降的消息，感叹地说："王蠋，布衣也，义不北面于燕，况在位食禄者乎？"（同上）于是，相聚到莒城，找到齐湣王的儿子法章，立为襄王，树起了抗战的旗帜。

领导人民坚守即墨城的是另一个小人物田单。他原来是临淄城的一个不知名的小小市政管理员，在燕军围攻即墨时，被老百姓推选为守城将军。他不仅依靠人民守住了城池，还施行反间计搞掉了燕军主将乐毅，最后用火牛阵大败燕军，收复了齐国的失地。

类似的事例，还有邯郸保卫战。

公元前262年（赵孝成王四年），秦国同赵国为争夺上党，在长平（今山西高平西北）进行了一次决定性战争。赵国战败，秦军乘胜包围了赵国的首都邯郸（今河北邯郸市）并向邯郸发起攻击。赵国的大臣平原君赵胜向各国求援，魏、楚两国都答应派兵前来，但是远水解不了近渴，邯郸被围的形势日益紧张，平原君束手无策，他的几千宾客也拿不出个办法。在这个危急时刻，挺身而出挽救邯郸的也是一个小人物。

这个小人物名叫李同，是邯郸城的一个传舍吏（相当于今天的招待所长）的儿子。

邯郸传舍吏子李同说平原君曰：“君不忧赵亡邪？”

平原君曰：“赵亡，则胜为虏，何为不忧乎？”

李同曰：“邯郸之民，炊骨易子而食，可谓急矣，而君之后宫以百数，婢妾被绮縠，余粱肉，而民褐衣不完，糟糠不厌。民困兵尽，或剡木为矛矢，而君器物钟磬自若。使秦破赵，君安得有此？使赵得全，君何患无有？今君诚能令夫人以下编于士卒之间，分功而作，家之所有尽散以飨士，士方其危苦之时，易德耳！”于是，平原君从之，得敢死之士三千人，李同遂与三千人赴秦军，秦军为之却三十里。亦会楚魏救至，秦兵遂罢，邯郸复存。（《史记·平原君传》）

大祸临头了，公子哥儿们昏头昏脑，连个依靠人民的道理都不懂，而一个小人物却能一针见血地把这个简单的真理摆在他们的面前，并帮助他们摒弃自己腐朽的生活，去向人民靠拢。《史记》中这一页邯郸保卫战的记叙，作为一种历史教训，其意义是深刻的。

四

战国时代，各国统治阶级中的大人物养士成风。著名的有四大公子，即孟尝君田文、平原君赵胜、信陵君无忌、春申君黄歇。他们每人养的宾客都有数千人，但是真正有胆有识，能在危急时刻同他们患难与共，并帮助他们排难解忧的人，却也只是几个出身卑贱的人。而那些衣锦绣、蹑珠履的高等门客，大体上都是一些得势时“争门而入”、失势时“掉臂不顾”的势利眼。

孟尝君被齐王废位时，“诸客皆去”，唯独那个“食无鱼”、“出无车”，“贫身”来归的冯驩不走。这个冯驩不仅会替孟尝君焚烧债券、收拢人心，还会利用统治阶级的内部矛盾，帮助孟尝君重新登上政治舞台。

赵国被围时，帮助平原君出使楚国，并建立联楚反秦奇功的毛遂，原先在平原君那里也是一个不被人重视的小人物。平原君从楚国回来时，感叹地说：

胜不敢复相士，胜相士多者千人，寡者百数，自以为不失天下之士，今乃于毛先生而失之也。毛先生一至楚，而使赵重于九鼎大吕。毛先生以三寸之舌，强于百万之师，胜不敢复相士。(《史记·平原君传》)

四公子中有一点识别人才能力的是信陵君。与其他公子不同，信陵君能够从卑贱者中发掘人才。他肯放下架子，到民间去结交穷朋友。而后来，在他碰到困难时，也得到了这些穷朋友的真诚帮助。

赵国被秦军围困时，他姐姐平原君夫人来信求救，魏王不肯发兵。平原君来信责难，他一筹莫展。没奈何，只好带上几个门客，准备到赵国去以身殉难。最后，还是他的两个穷朋友——看大门的侯嬴和杀狗的朱亥出来帮助他，用窃符的办法夺取了兵权，完成了救赵任务。救赵以后，信陵君成为赵王的贵宾，他依然保持着老作风，到社会下层去结交穷朋友，并且从卑贱者中发现了“博徒”毛公和“卖浆者”薛公两个人才，同他们“交游甚欢”。平原君听说“博徒”和“卖浆者”都成了信陵君的好朋友，很为他感到羞愧，他却不在乎。后来，秦国出兵攻打魏国，魏王几次派人叫他回国救援，他不肯回国，还不准他的门下同魏国的来使交往。他的门下也没人敢劝说他。这时又是他的穷朋友来帮助他纠正了错误。

毛公、薛公两人往见公子曰：“公子所以重于赵，备闻诸侯者，徒以有魏也。今秦攻魏，魏急而公子不恤，使秦破大梁而夷先王之宗庙，公子当何面目立天下乎？”语未及卒，公子立变色，告车趣驾归救魏。(《史记·魏公子列传》)

信陵君回国以后，“魏王见公子，相与泣”，接着，任命他为上将军，要他担负抗秦卫国的重任。信陵君派出使者同齐、楚等国联络，各国都派来了援兵，于是信陵君统率各国人马同秦军决战，把秦军打得大败，并乘胜追逐秦军至函谷关。司马迁说：“当是时，公子威振天下。”(《史记·魏公子列传》)但是，如果没有卑贱者的帮助，信陵君能在历史舞台上演出这样有声有色、慷慨悲壮的戏剧吗？

五

在司马迁的笔下，许多小人物或卑贱者就是在道德上也要比那些“贪婪残忍、虚伪奸诈"的大人物高尚得多。

他在《史记·伍子胥列传》里写了一个"济人于危,旋恩不报"的普通渔民:

(伍子胥与公子胜)奔吴,到昭关,昭关欲执之。伍子胥遂与胜独身步走,几不得脱。追者在后,至江,江上有一渔父乘船,知伍胥之急,乃渡伍胥。伍胥既渡,解其剑曰:"此剑值百金,以与父。"父曰:"楚国之法,得伍胥者赐粟五万石,爵执珪,岂徒百金剑邪!"不受。

还有"救人于危,振人不赡"的布衣之侠。其中最令人感动的是朱家。

楚将季布在楚汉战争中围困过刘邦好几次。项羽兵败以后,刘邦用千金之赏来缉拿他,并下令:"敢有舍匿,罪及三族。"他的好朋友都不敢收留他了,朱家却把他藏匿起来,并且坐了马车到洛阳去见滕公,为季布说项。

滕公留朱家饮数日。因谓滕公曰:"季布何大罪,而上求之急也?"

滕公曰:"布数为项羽窘上,上怨之,故必欲得之!"

朱家曰:"君视季布何如人也?"

滕公曰:"贤者也。"

朱家曰:"臣各为其主用,季布为项籍用,职耳。项氏臣可尽诛邪?今上始得天下,独以己之私怨求一人,何以示天下之不广也!且以季布之贤而汉求之急如此,此不北走胡即南走越耳。夫忌壮士以资敌国,此伍子胥所以鞭荆平王之墓也。君何不从容为上言邪?"(《史记·季布列传》)

后来滕公把朱家的话向刘邦说了,刘邦果然赦免了季布。季布被赦免以后,受到刘邦重用,身份尊贵起来。这时,朱家既不要季布报恩,也不再与季布见面。据说,像这样的事情,朱家竟已做过数百次。朱家的生活并不富裕,"家无余财,衣不完采",却经常慷慨地帮助生活困难的穷苦人,他是中国古代社会优秀人民道德的体现者。

六

封建时代,妇女社会地位低下,孔子就把他们同卑贱者放在一起,说"唯女子与小人为难养也"(《论语》)。司马迁不能完全摆脱这种传统观念,但是他尊重事实,所以他仍能在一定程度上看到妇女在历史发展中的重要作用。他在自己的著作中还着力描写了见识绝不比须眉男子逊色的女中豪杰。

例如公子重耳的患难夫人。

公子重耳流亡齐国时，娶了一个齐国宗女为夫人。重耳很喜欢这个患难夫人，一直在齐国呆了五年不肯离去。他的部下劝他离开齐国另谋新图，他不干。他的夫人听说了这件事，对他贪图安逸、胸无大志的表现很不满意，也来劝他走。重耳却说："人生安乐，孰知其它！老死于此，不愿去。"他的夫人批评他说："子一国公子，穷而来此……子不疾返国，报劳臣，而怀女德，窃为之羞之。且不求，何时得功?"重耳还是不听，于是这位夫人就同重耳部下设计，把重耳灌醉，然后把他弄到车上，强制他离开了齐国。重耳一生的事业，就是以这次离开齐国为转折点的。试问这个齐国女子比起她声名赫赫的丈夫，究竟谁更有远见卓识呢?

又如赵括的母亲。

长平之战中，赵王要赵国名将赵奢的儿子赵括去替代廉颇为将，赵括的母亲上书赵王表示反对。赵王问她为什么，她说：

始妾事其父，时为将，身所奉饭饮而进食者以十数，所友者以百数，大王及宗室所赏赐者尽以予军吏士大夫，受命之日，不问家事。今括一旦为将，东向而朝，军吏无敢仰视之者，王所赐金帛，归藏于家，而日视便利田宅可买者买之。王以为何如其父？父子异心，愿王勿遣。(《史记·廉颇列传》)

但赵王不肯听从赵括母亲的话，结果赵括一到前线，就葬送了赵国的四十万大军。

如果这两个妇女，由于他们的贵族出身，尚不能被看作是一般妇女代表的话，那么，还可以看看司马迁在《史记》里描写的两个劳动妇女：

一、车夫的妻子。齐国名相晏子的车夫为晏子驾车，他觉得自己是名人的车夫，意气洋洋，很是自得。他妻子从门缝里看到了这一幕，就在她丈夫回家时，向丈夫提出离婚。丈夫问她，为什么要离婚？她说：

晏子长不满六尺，身相齐国，名显诸侯。今者妾观其出，志念深矣，常有以自下者。今子长八尺，乃为人仆御，然子之意自以为足，妾是以求去也。(《史记·管晏列传》)

这真是一个不简单的妇女。她是不满意自己的丈夫是个小人物吗？不完全是，至少她认为仆御和相国在人格上是可以平起平坐的。她不满意的是她丈夫的自满自足、不求上进的精神状态，所以她要求丈夫向晏子学习，要有深远的志念，要有不自满足的精神。据说，她丈夫经过此番教育，从此改正错误，努力上进。

二、漂母。韩信是个飘零子弟，青少年时生活无着，在淮阴城下钓鱼。有个漂母看他饥饿，经常把自己的饭分给他吃。韩信很是感激，说以后一定重重报答她老人家。不料漂母听了这话竟发了脾气，她说：

大丈夫不能自食，吾哀王孙而进食，岂望报乎！（《史记·淮阴侯列传》）

这简单的话语，不仅表现了不肯把人间友谊当作商品买卖的高尚品质，而且表现了这个劳动妇女很会教育人。你看，她多么会激发青少年的自尊自重心理，多么会鼓励青少年奋发向上。她并不是一个只会可怜别人的老婆婆呢！

还有一个可爱的女孩缇萦。

汉文帝时，齐国太仓长淳于意犯了罪，被押送长安。他的小女儿缇萦陪伴被押解的父亲一起到了长安。为了救援父亲，她向汉文帝上书，说：

妾父为吏，齐中称其廉平，今坐法当刑，妾痛死者不可复生，而刑者不可复续，虽欲改过自新，其道莫由，终不可得。妾愿入身为官婢，以赎父刑罪，使得改行自新也。（《史记·仓公列传》）

缇萦的信感动了汉文帝，汉文帝赦了她父亲的罪，并且考虑缇萦信中“刑者不可复续”的话，废除了几项残害肢体的肉刑。中国法制史上第一个废除肉刑的法令，竟是由一个富有古代人道主义精神的普通女孩促成的。我们从这个简单的事例中不难看出，中国妇女在古代文明的发展史上，不仅是日常家庭生活的积极参与者，而且也是社会政治生活的积极参与者。她们在历史上的地位和作用，是不容抹煞的。

两汉大事记

《两汉大事记》，据《史记》、《汉书》、《后汉书》、《资治通鉴》，并参考近现代史家编辑的各种大事记编制，供了解两汉人物活动时代背景之参考。年月按秦汉古历编制，武帝太初前以十月为岁首，太初后以一月为岁首。如以公元年月的换算，有阴阳历之差，并不准确。

公元前 209 年　壬辰　秦二世胡亥元年

春，二世东行碣石，南至会稽。复作阿房宫。杀公子、公主二十余人。征调五万人屯卫咸阳。

秋七月，陈胜、吴广起义于大泽乡，占领蕲县、酂县及陈县等，陈胜称王，号张楚。派葛婴、武臣等攻楚、赵等地。

八月，武臣自立为赵王。陈胜派周市攻原魏国各地，立魏咎为魏王。又派周文西击秦，至戏。二世派秦将章邯迎击，大败周文。

九月，刘邦起义兵于沛。项梁、项羽起义兵于吴。田儋起义兵于齐。武臣将韩广自立为燕王。

公元前 208 年　癸巳　秦二世二年

十一月，章邯又败周文，起义军溃散，周文自杀。章邯东下，又连续击破陈胜、吴广所率起义军。

十二月，陈胜为叛徒杀害。陈胜部下吕臣惩治叛徒，重整旗鼓。赵王武臣亦为部下所杀，张耳、陈余等立赵歇为赵王。

六月，项梁立楚怀王后裔熊心为楚王，亦称怀王。

七月至闰九月，章邯大破齐、魏、楚等起义军，杀齐王儋，魏王咎自杀，项梁兵败而死。

楚怀王另立魏豹为魏王。齐人立田市为齐王。章邯攻赵，赵求救于楚。楚怀王乃派刘邦西征秦，令宋义、项羽、范增等北救赵。并与诸将约："先入关者，王之。"

二世杀秦相李斯。

公元前207年　甲午　秦二世三年

十月，刘邦西征军先在城阳、杠里破秦军壁垒。再破秦军东城尉。宋义北征军踟蹰不前，十一月项羽杀宋义，夺军权，渡河救赵。项羽渡河后破釜沉舟，在巨鹿与秦军九战，大破秦军，秦将章邯降楚。刘邦率西征大军，连下陈留、颍川。

八月，刘邦率军数万攻武关。赵高逼杀二世，立子婴为秦王。

九月，秦王子婴杀赵高。刘邦在峣关、蓝田大破秦兵。

公元前206年　乙未　汉高祖刘邦元年

十月，刘邦进军咸阳，秦王子婴迎降，秦亡。

十一月，刘邦与关中父老约法三章，废秦苛法。

十二月，项羽在新安坑杀秦降卒二十余万，率军入关，刘邦迎之于鸿门。项羽入咸阳，杀子婴，焚宫室，收其货宝美人。

二月，项羽自立为西楚霸王。并分封诸侯。以刘邦为汉王，王巴蜀、汉中，都南郑。章邯为雍王、司马欣为塞王、董翳为翟王，三分关中。英布为九江王，张耳为常山王，赵歇为代王，其他人亦各有封地。

四月，入关诸王各率军就国。

五月至七月，田荣自立为齐王；刘邦拜韩信为大将军。

八月，刘邦派韩信暗渡陈仓、奇袭关中，尽得三秦，又派兵出武关，向东扩展。

赵佗自立为南越武王。

公元前205年　丙申　汉高祖二年

十月，项羽杀楚怀王。陈余迎赵歇复为赵王，自立为代王。常山王张耳奔汉。河南王申阳降汉。刘邦派人攻占韩王郑昌属地。

正月，项羽东击齐王田荣，掳掠齐地。田荣败死，齐人又立田广为齐王。

三月，魏王魏豹降汉，殷王司马卬为汉军俘虏。农民起义领袖彭越率三万兵附汉。谋士陈平背楚归汉。

四月，刘邦率诸侯兵五十六万攻楚，入彭城，收其货宝美人，日日置酒高会。项羽领三万精兵回救，大败汉军。刘邦逃亡，太公、吕后为楚军俘虏。诸侯多背汉，魏豹亦附楚。

五月，刘邦退至荥阳，萧何发关中老弱悉诣荥阳，汉军复振。汉军骑兵败楚骑兵于荥阳东，大破之，汉楚在荥阳相持。

八月，刘邦派韩信击魏豹，平定魏地，后韩信又平定代地。

此年关中旱灾。人相食，刘邦移民巴蜀。

公元前 204 年　丁酉　汉高祖三年

十月，韩信在井陉口大破赵兵，斩陈余，擒赵歇。

十一月，九江王英布背楚归汉。

四月，项羽谋士范增劝项羽急攻刘邦。陈平用离间计分离项、范。

五月，荥阳危急，刘邦与数十骑出荥阳遁走成皋。

六月，项羽拔荥阳，杀守将，进攻成皋。刘邦逃至韩信军，项羽占成皋。刘邦派兵距守巩县。项羽引大军东击彭越。

公元前 203 年　戊戌　汉高祖四年

十月，韩信北定燕、东攻齐，占临淄。项羽遣兵救齐。

十一月，韩信大破齐楚军，俘田广，收齐地。

刘邦亦破楚军，复取成皋，屯军广武，与楚相持。

刘邦封韩信为齐王、张耳为赵王、英布为淮南王。

八月，汉楚和谈，达成划鸿沟为界，东属楚、西属汉的协议。

九月，项羽率军东还。

公元前 202 年　己亥　汉高祖五年

十月，刘邦乘项羽东还，背弃和约，追击项羽。

十二月，刘邦、项羽垓下决战，项羽兵败，于乌江自刎身死。

正月，刘邦改封韩信为楚王，封彭越为梁王。

二月，刘邦于汜水登基即皇帝位，是为汉高祖。刘邦在洛阳总结胜利经验，认为汉胜楚败的重要原因是能否用人。韩信至楚就国。刘邦接受娄敬建议，以长安为首都。

七月，燕王臧荼起兵反叛。刘邦率军亲征。九月，臧荼兵败，被俘。刘邦以卢绾为燕王。

公元前201年　庚子　汉高祖六年

十月，有人告韩信谋反，刘邦用陈平计，于南巡时擒之。十二月，贬韩信为淮阴侯。

九月，匈奴冒顿单于侵太原，韩王信降匈奴。

叔孙通制定朝仪

公元前200年　辛丑　汉高祖七年

十月，刘邦出击匈奴，被围于白登，用陈平秘计始得脱身。

十二月，匈奴再攻边郡。

公元前198年　癸卯　汉高祖九年

十月，汉与匈奴和亲。

十一月，徙齐楚大族及豪杰于关中，凡十余万口。

一月，贯高谋逆案发，赵王敖降为宣平侯。

公元前197年　甲辰　汉高祖十年

九月，陈豨勾结匈奴自立为代王，刘邦自将兵北击之。

公元前196年　乙巳　汉高祖十一年

冬，陈豨兵败。

正月，韩信与陈豨通谋，欲发官徒奴造反，被吕后、萧何斩于长乐宫。

三月，梁太仆告彭越谋反，刘邦囚彭越，杀之。

五月，汉以赵佗为南越王。

七月，淮南王英布反，刘邦自将兵东击之。

公元前195年　丙午　汉高祖十二年

十月，英布败亡。

十月至十一月，刘邦过沛，宴故乡人，歌大风。汉将斩英布、陈豨。

二月，刘邦疑燕王卢绾谋反，使樊哙、周勃出兵击之，卢绾逃亡匈奴。

四月，刘邦病亡、太子刘盈继位，是为汉惠帝。

公元前194年　丁未　汉惠帝刘盈元年

十二月，吕后杀戚夫人和赵王如意。

公元前193年　戊申　汉惠帝二年

七月，相国萧何病亡。曹参继为相国。

公元前192年　己酉　汉惠帝三年

春，发长安六百里内男女十四万六千人，六月又发及诸侯王、列侯徒隶二万人筑长安城。

五月，封闽越君摇为东海王。

公元前191年　庚戌　汉惠帝四年

三月，除秦"挟书律"。

公元前190年　辛亥　汉惠帝五年

正月，复发长安六百里内男女十四万五千人筑长安城。

八月，曹参病亡。

九月，长安城建成。

公元前189年　壬子　汉惠帝六年

冬十月，以王陵为右丞相，陈平为左丞相。

夏，张良、樊哙病故。

公元前188年　癸丑　汉惠帝七年

八月，惠帝病亡。

九月，皇太子恭嗣位，高皇后吕雉临朝称制。

公元前187年　甲寅　汉高后吕雉元年

正月，废秦时夷三族罪及妖言令。

四月，高后封吕台、吕产、吕禄、吕通为王。

公元前185年　丙辰　汉高后三年

夏，江水、汉水、伊水、洛水泛滥成灾。

公元前184年　丁巳　汉高后四年

四月至五月，吕后杀少帝恭，更立桓山王刘弘为帝。

公元前183年　戊午　汉高后五年

春，赵佗自立为帝，发兵攻长沙。

公元前182年　己未　汉高后六年

六月，匈奴寇狄道，攻阿阳。

公元前181年　庚申　汉高后七年

十二月，匈奴又寇狄道，虏二千余人。

九月，汉发兵攻南越。

公元前 180 年　辛酉　汉高后八年

夏，江水、汉水溢，万余家被淹。

七月，吕后病亡。

九月，太尉周勃和丞相陈平等发动宫廷政变，尽杀高后所置吕氏诸党及少帝刘弘，迎刘邦庶子代王刘恒为皇帝，是为汉文帝。

公元前 179 年　壬戌　汉文帝刘恒前元年

十月，文帝以周勃为右丞相，陈平为左丞相。

十二月，废除一人有罪，并坐其室家的“收孥诸相坐法令”。

九月，文帝遣陆贾使南越，说服赵佗去帝号，长为藩臣。

廷尉吴公荐贾谊，文帝以之为太中大夫。

公元前 178 年　癸亥　汉文帝前二年

十月，陈平病亡。

正月，贾谊建议以农为本，文帝感言，诏开籍田。

五月，废除诽谤、妖言之罪。

九月，诏免天下民当年田租之半。

公元前 177 年　甲子　汉文帝前三年

五月，匈奴右贤王侵入北地、河南、上郡，杀掠人民。文帝遣灌婴击退匈奴。

八月，济北王刘兴居发兵谋反，文帝以十万众击之，济北王兵败自杀。

公元前 176 年　乙丑　汉文帝前四年

十二月，丞相灌婴病亡。

九月绛侯周勃因“欲反”罪入狱。太后以无事，释之。

本年，文帝以贾谊为长沙王太傅。匈奴攻破月氏，控制西域各国。

公元前 175 年　丙寅　汉文帝前五年

四月，文帝赐太中大夫邓通蜀严道铜山铸钱；吴王刘濞有豫章铜山，亦铸钱，于是吴、邓钱布天下。

公元前 174 年　丁卯　汉文帝前六年

十月，淮南王刘长谋反，被废，死于谪迁途中。

匈奴冒顿单于死，老上单于立。

文帝遣宗室女为公主，入匈奴和亲。

贾谊被征为梁怀王太傅，上《治安策》，建议析分诸王国。

公元前 172 年　己巳　汉文帝前八年

夏，文帝封淮南王子刘安等四人为列侯。刘安与宾客作《淮南子》。

公元前 169 年　壬申　汉文帝前十一年

夏，匈奴寇陇西。太子家令晁错上书言兵事，献抗击匈奴之策。

周勃病亡。

公元前 168 年　癸酉　汉文帝前十二年

十二月，黄河于酸枣决口，文帝发兵卒塞之。

三月，晁错上《论贵粟疏》，反映农民疾苦。文帝采纳晁错建议，下令免本年租税之半。

贾谊死。

公元前 167 年　甲戌　汉文帝前十三年

五月，少女缇萦上书文帝，愿代父淳于意受刑。诏废肉刑，当黥者为城旦，当劓者改笞三百，当斩左趾者改笞五百。

六月，文帝下诏除田租税。

公元前 166 年　乙亥　汉文帝前十四年

冬，匈奴十四万骑侵朝那、萧关，候骑至甘泉，杀边吏，虏人口、畜产。汉发兵十万抗击，单于留塞内月余乃去，汉兵尾逐出塞而还。文帝采冯唐议，以魏尚任云中守，抗匈奴。

公元前 165 年　丙子　汉文帝前十五年

九月，晁错上书建议削弱诸侯，更定法令。

公元前 164 年　丁丑　汉文帝前十六年

四月，文帝诏分齐为六国，分淮南为三王国，以削弱诸侯势力。

九月，文帝为方士新垣平所献玉杯迷惑，下令明年改元。

公元前 163 年　戊寅　汉文帝后元年

十月，新垣平诈骗事败露，被杀。文帝从此怠于鬼神之事。

三月，因连年天灾，文帝下诏征问政之所失。

公元前 162 年　己卯　汉文帝后二年

匈奴累年入边，杀掠，“忧苦万民”。文帝使人致书匈奴单于议和，双方重定和亲之约。

公元前161年　庚辰　汉文帝后三年

是年，匈奴老上单于死，子军臣单于立。

公元前159年　壬午　汉文帝后五年

正月，文帝巡视陇西。

三月巡视雍，七月巡视代。

公元前158年　癸未　汉文帝后六年

冬，匈奴六万骑侵入上郡、云中，杀掠甚众。文帝调诸将布防，惟周亚夫细柳营军纪最严整，遂拜周亚夫为中尉。

公元前157年　甲申　汉文帝后七年

六月，文帝病亡。遗诏薄葬。太子刘启即位，是为汉景帝。

公元前156年　乙酉　汉景帝刘启前元年

四月，遣使与匈奴和亲。

五月，令田半租，三十而税一。减笞刑五百为三百，三百为二百。

公元前155年　丙戌　汉景帝前二年

八月，晁错为御史大夫。其削藩建议，为景帝采纳。

公元前154年　丁亥　汉景帝前三年

正月，削藩措施下达后，吴王刘濞与楚王刘戊等七国以“清诛晁错，以清君侧”名义，起兵反叛汉王朝。是为“七国之乱”。景帝按七国要求、腰斩晁错，但七国仍不罢兵。景帝乃拜周亚夫为太尉，率三十六将军，往击吴楚。又遣将军郦寄、栾布等率兵击赵、齐。

二月，周亚夫等大破吴、楚军，吴王逃亡，楚王自杀。栾布等兵亦至齐，胶西等四国王皆败死。

公元前150年　辛卯　汉景帝前七年

冬至夏，景帝废太子刘荣，立胶东王刘彻为太子。

公元前148年　癸巳　汉景帝中二年

二月，匈奴入侵燕。

公元前144年　丁酉　汉景帝中六年

十一月，再减笞刑三百为二百，二百为一百。又定箠令。自是被笞者得全性命。

六月，匈奴侵雁门，入上郡，上郡太守李广等率兵抗击，吏卒战死者二千人。

公元前 143 年　戊戌　汉景帝后元年

太尉周亚夫被诬告，冤死狱中。

公元前 142 年　己亥　汉景帝后二年

三月，匈奴侵雁门，太守冯敬战死。

四月，诏二千石各修其职，严禁县吏渔夺百姓。

公元前 141 年　庚子　汉景帝后三年

正月，景帝病亡。太子刘彻即皇帝位，是为汉武帝。

公元前 140 年　辛丑　汉武帝刘彻建元元年

十月，武帝亲自策试治国人才，董仲舒对策，请以儒术一统天下，绝灭申不害、韩非之说。武帝善其对，以董为江都相。丞相卫绾亦请罢黜贤良中治申、商、韩非、苏秦、张仪之言者，奏可。

公元前 139 年　壬寅　建元二年

十月，窦太后好黄老，御史大夫赵绾请皇上毋奏事太后，太后大怒，下吏。赵绾自杀。丞相窦婴，太尉田蚡亦免职。

三月，武帝宠歌女卫子夫，重用其弟卫青。

张骞出使西域。

公元前 138 年　癸卯　建元三年

春，河水溢于平原。大饥，人相食。

九月，武帝即位后，亲自简拔优异人才，庄助、朱买臣、吾丘寿王、司马相如、东方朔等皆其选。并在左右，有所补益。

武帝征购民田为上林苑。

张骞应募出使大月氏。

公元前 136 年　乙巳　建元五年

春，武帝行“独尊儒术”之策，设五经博士。

公元前 135 年　丙午　建元六年

五月，窦太后病故。

八月，闽越王郢侵南越，武帝发大兵击之。

闽越王弟馀善杀其王郢以谢，武帝遂罢兵。

匈奴来使请和亲，武帝许之。

司马迁出生。

公元前 134 年　丁未　元光元年

十一月，武帝用骁骑将军李广率军屯云中、车骑将军程不识率军屯雁门，以防匈奴。

公元前 133 年　戊申　元光二年

十月，武帝遣方士入海求神仙。

六月，汉以韩安国、李广、公孙贺、王恢等将军率兵三十万在马邑旁谷中布阵，诱击匈奴，为匈奴单于识破，大军无功而返。自此汉匈绝亲，双方进入战争状态。

公元前 132 年　己酉　元光三年

五月，黄河在古濮阳瓠子决口，注巨野，准、泗十六郡被淹，武帝发卒十万塞之，无成。

公元前 131 年　庚戌　元光四年

冬，魏其侯窦婴因庇护灌夫，被处死。

三月，丞相田蚡病亡。

公元前 130 年　辛亥　元光五年

春至夏，武帝又遣唐蒙将千人通夜郎，置犍为郡。司马相如、王然等通邛、笮、冉駹、斯榆，置一都尉、十余县，属蜀郡。

七月，陈皇后“挟妇人媚道”，武帝使御史张汤治之，连诛三百余人。武帝废陈皇后，使居长门宫。

武帝命张汤、赵禹共订律令，用法益刻。

公元前 129 年　壬子　元光六年

春，武帝采大司农郑当时建议，发卒数万穿渭渠，起长安至河，三百余里，三岁而通。既便漕运，又灌溉渠下民田万余顷。

匈奴侵上谷、渔阳，卫青等四将军各将万骑分道出击，卫青直驱匈奴后方重地龙城，得匈奴首虏七百人，封关内侯。

秋，匈奴频繁盗边入塞，韩安国率大军屯渔阳备战。

公元前128年　癸丑　元朔元年

三月，立卫子夫为皇后。

秋，匈奴二万骑入辽西、渔阳、雁门，杀掠吏民四千余人；武帝拜李广为右北平太守，匈奴号之"飞将军"，避之。又遣卫青等率三万骑出雁门击匈奴，斩首虏数千人。

公元前127年　甲寅　元朔二年

正月，用主父偃策，分封诸侯王子弟为侯，以分其势。

匈奴再侵上谷、渔阳，杀掠吏民千余人；武帝遣卫青等击之，虏获数千，牛羊百余万。驱走匈奴白羊、楼烦王，取河南地，置朔方郡，发十余万人筑朔方城。

夏，募民徙朔方十万口。又徙郡国豪杰于茂陵。

公元前126年　乙卯　元朔三年

冬，匈奴军臣单于死，其弟伊稚邪自立为单于。

张骞自大月氏回。

夏，匈奴入代郡，杀太守恭，掠千余人。

秋，匈奴入雁门，杀掠千余人。

是年，张汤为廷尉。

公元前125年　丙辰　元朔四年

夏，匈奴入代郡、定襄、上郡，杀掠数千人。

公元前124年　丁巳　元朔五年

春，匈奴右贤王数侵扰朔方，武帝遣卫青等将军率十万人击之。卫青等兵出塞六七百里，夜袭右贤王，大败之。此役俘匈奴小王十余人，男女万五千人，牲畜数十百万。武帝使使者即军中拜卫青为大将军，诸将亦多有封赏。

六月，置博士弟子五十人。

秋，匈奴侵代郡，杀都尉朱英，掠千余人。

公元前123年　戊午　元朔六年

二月，大将军卫青统率六将军出击匈奴，斩首数千级而还。

四月，卫青复率六将军击匈奴，俘斩万余人。票姚校尉霍去病斩首虏二千余级，俘匈奴小王、相国、当户等，封冠军侯。

公元前 122 年　己未　元狩元年

春，淮南王刘安、衡山王刘赐谋反，事泄自杀。淮南、衡山两狱，牵连治罪者有列侯、二千石、豪杰等，死者数万人。

五月，匈奴万骑入上谷，杀数百人。

武帝再次派人通西南夷，汉使至滇国。

公元前 121 年　庚申　元狩二年

三月，武帝以霍去病为骠骑将军，将万骑出陇西击匈奴，过焉支山千余里，杀匈奴两王，俘王子、相国、都尉，斩获首虏八千九百余人。

夏，霍去病复与三将军率数万骑击匈奴，深入匈奴腹地二千余里，大获全胜。

秋，匈奴浑邪王杀休屠王并其众共四万余人降汉。武帝令分徙匈奴降者于陇西、北地、上郡、朔方、云中等五郡安置。

公元前 120 年　辛酉　元狩三年

秋，匈奴入右北平、定襄，杀掠千余人。

山东大水，民多饥乏，徙贫民于关西及新秦中，共七十余万口。

公元前 119 年　壬戌　元狩四年

冬，与匈奴战争开支浩大，又以赈灾移民，县官用度太空，乃诏令盐铁官营，禁民私自铸铁、煮盐。

又下“算缗钱”令，“算缗钱”即商业税，每缗钱二千出一算（一百二十钱）。

春，武帝令卫青、霍去病各率骑兵五万，步兵、转者数十万，深入匈奴后方与匈奴主力决战。卫青深入漠北千余里，与匈奴单于大军结阵而斗，汉军大胜，捕斩首虏万千千级。匈奴单于仅率数百人远遁，汉军追至寘颜山赵信城。霍去病出代郡，深入匈奴腹地二千余里，获匈奴王、将军、相国等八十三人，捕斩首虏七万四百余级。封狼居胥山，禅于姑衍，登临瀚海。自是以后匈奴远徙，漠南无王庭。此役前将军李广因行军失道被责令受审，广自杀。

公元前 117 年　甲子　元狩六年

春，郎中令李敢挟私击伤卫青，霍去病利用狩猎机会射杀李敢。

六月，遣使分循郡国治之，举兼并之徒及守、相、为吏有罪者。

九月，霍去病病故。

公元前 115 年　丙寅　元鼎二年

十一月，酷吏张汤被陷自杀。十二月，陷张汤者下狱死。

春，武帝大兴土木，起柏梁台，作承露盘。

夏，大水，关东饿死者以千数。

用桑弘羊为大农中丞，置均输官以通货物。

禁郡、国铸钱，专令上林三官铸钱。

张骞出使西域还，西域始通于汉。丝绸之路畅通。

武帝从大宛得汗血马。

置酒泉、武威两郡，徙民实之。

公元前 114 年　丁卯　元鼎三年

郡国灾荒，人相食。

公元前 112 年　己巳　元鼎五年

春，南越相吕嘉起兵反汉，杀南越王、太后及汉使。

秋，武帝遣伏波将军路博德、楼船将军杨仆等率兵十余万，分五道击南越。

武帝杀方士五利、乐成。

九月，西羌勾结匈奴攻故安，围枹罕；匈奴入五原，杀太守。

公元前 111 年　庚午　元鼎六年

冬，武帝遣将军李息率兵击西羌，平之。

汉军平息南越叛乱，吕嘉败死，遂以其地为南海、苍梧、郁林、合浦、交趾、九真、日南、珠厓、儋耳九郡。

西南夷且兰等反，汉发兵平之，以其地置牂柯郡；又在夜郎等地置越巂、沈黎、汶山、武都共五郡。

东越王余善杀汉三校尉，自立为武帝。汉遣横海将军韩说等率兵往击。

公元前 110 年　辛未　元封元年

十月，武帝北巡，登单于台，遣使告匈奴单于，匈奴单于不敢出。

越繇王等杀东越王余善降汉，迁其民于江淮之间。

春至夏，武帝东巡、封禅于泰山。复巡碣石、辽西、历北边至九原，返甘泉。

治粟都尉领大农丞桑弘羊，以作平准之法，使物价不得腾踊、仓库充盈，民不益赋而天下用饶，赐爵及黄金。

公元前109年　壬申　元封二年

正月，武帝至瓠子，发卒数万，堵黄河决口，令群臣、从官自将军以下皆负薪，卒填决河，梁、楚之地复宁，无水灾。

瓠子堵口工程完成后，言事者，争言水利。朔方、西河、河西、酒泉皆引河灌田，关中亦有白渠等建成，灌溉面积，各以万顷计。

秋，朝鲜王攻杀辽东都尉，汉募死罪为兵，遣将军海陆两路讨朝鲜。

滇王降汉，以其地置益州郡。

公元前108年　癸酉　元封三年

十二月，汉遣将破车师，俘楼兰王。

夏，朝鲜斩其王右渠降汉，以其地置为乐浪、临屯、玄菟、真番四郡。

司马迁作《史记》。

公元前107年　甲戌　元封四年

夏，大旱。

秋，漠北决战后，匈奴远徙北方，甚少侵扰。至今年，匈奴数侵扰汉边境，汉遣将屯朔方以备。

公元前106年　乙亥　元封五年

冬，卫青病亡。

三月，置朔方、交趾和冀、幽、并、兖、徐、青、扬、荆、豫、益、凉等州，凡十三部，皆有刺史。

公元前105年　丙子　元封六年

三月，汉遣拔胡将军郭昌击昆明。

秋，武帝以宗室女细君嫁乌孙；西域诸国多通使于汉。葡萄、苜蓿等移植中原。

汉与安息互通使节。

公元前104年　丁丑　太初元年

春，武帝又大兴土木，作建章宫。

五月，颁太初历，用夏正，以建寅月（正月）为岁首。

汉与大宛因索求天马（汗血马）交恶。八月，武帝遣贰师将军李广利率六千骑兵征伐大宛。

公元前 103 年　戊寅　太初二年

五月，征讨大宛军出师不利，退还敦煌。余部什一二。

秋，汉遣将军赵破奴出朔方击匈奴，失利。

公元前 102 年　己卯　太初三年

秋，匈奴侵入定襄、云中、酒泉、张掖，杀掠数千人。

武帝再发大兵助李广利击大宛。大军三万至宛城。大宛贵人在汉军的围攻下，杀其王而降。李广利取大宛天马数十匹，还京师。

公元前 101 年　庚辰　太初四年

春，李广利至京师，献天马，封海西侯。武帝作《西极天马之歌》。

冬，大宛破后，西域震惧，匈奴尽归所羁汉使。

公元前 100 年　辛巳　天汉元年

三月，中郎将苏武使匈奴，因副使张胜与匈奴中汉降人密谋劫持单于母，事发，被扣，拒降，执节牧羊于北海。

公元前 99 年　壬午　天汉二年

五月，汉遣李广利率三万骑兵击匈奴于天山，斩获万余；还兵时为匈奴所围，死伤甚多。

九月，汉遣骑都尉李陵率步兵五千人击居延北击匈奴，至浚稽山被围，矢尽力竭而降。司马迁为李陵申辩，受腐刑，乃忍辱续修《史记》。

秋，泰山、琅邪农民徐敦聚众起义，阻山攻城，遭使者暴胜之镇压。因统治者奢侈、黩武及征调频繁、官吏酷暴，农民纷起反抗，大者至数千人，攻城邑，取库兵，释死罪，杀守尉，小者以百数，惩治地方豪强。汉廷乃使九卿大夫等持节，发兵以击之。大郡斩首至万余人，仍不能止。

公元前 98 年　癸未　天汉三年

四月，大旱

秋，匈奴入雁门。

公元前 97 年　甲申　天汉四年

正月，汉遣李广利将步骑二十万余，分路击匈奴，无所得。

公元前 91 年　庚寅　征和二年

夏至秋，使者江充与卫皇后和太子有隙，乃诬告太子在宫中埋木人诅咒武帝。太子惧,杀江充,并与丞相兵战五日,死数万人。卫皇后、太子自杀。

九月,匈奴入上谷,五原,杀掠吏民。

公元前90年　辛卯　征和三年

正月,匈奴入五原、酒泉,杀两都尉。

三月,汉遣李广利等三将军率步骑十三万人分三路击匈奴;两路小胜,李广利则兵败降匈奴。

公元前89年　壬辰　征和四年

三月,各地农民聚众闹事及宫廷事变,使武帝渐悔已往之非。乃在泰山见群臣云:"朕即位以来,所为狂悖,使天下愁苦,不可追悔。自今有伤害百姓,靡费天下者,悉罢之。"

又采大鸿胪田千秋议,悉罢方士、神仙。

夏,武帝下"轮台罪己诏,"追悔近年远征匈奴之误,决定今后不复出军远征。诏令各地"禁苛暴,止擅赋,力本农"。

又以赵过为搜粟都尉,推广代田法及耕田巧便之器。

八月,匈奴杀汉降将李广利。

公元前87年　甲午　后元二年

二月,武帝病亡,皇太子刘弗陵继位,是为汉昭帝。大司马霍光、车骑将军金日磾、太仆上官桀受遗诏辅政。

冬,匈奴入朔方,杀掠吏民。

公元前86年　乙未　汉昭帝刘弗陵始元元年

夏,益州夷二十四邑、三万余人起事,遭水衡都尉吕辟胡镇压。

秋,齐孝王孙刘泽等谋反,被青州刺史隽不疑收捕。

九月,金日磾病死。

闰九月,汉遣使行郡国,问民疾苦。

公元前85年　丙申　始元二年

三月,汉遣使赈贷贫民种子、粮食。

八月,以连年灾害,免所赈贷种子、粮食费用及今年田租。

匈奴单于死,诸王发生内讧。

公元前83年　戊戌　始元四年

冬，西南夷姑绘、叶榆起事，杀太守，太鸿胪田广明击之。次年秋破之，俘斩三万人。

公元前 81 年　庚子　始元六年

二月，郡国所举贤良文学皆主张罢盐铁、酒酤、均输官。盐铁之议起，桓宽据此作《盐铁论》。

夏，匈奴谋与汉和，苏武等被释归国。

公元前 80 年　辛丑　元凤元年

九月至十月，燕王刘旦与上官桀、桑弘羊等谋反，事觉，上官桀、桑弘羊等族诛。刘旦自杀。

此年，匈奴以汉宫廷有事，发二万骑分四队入边为寇。汉兵击之，斩获九千人。匈奴向北远去。昭帝按武帝轮台诏，轻徭薄赋，与民休息，对匈奴有备而不远征。

公元前 78 年　癸卯　元凤三年

春，匈奴四千骑侵张掖，张掖太守发兵大破之。自此匈奴不敢入张掖。

冬，辽东乌桓侵边，中郎将范明友击之。

公元前 77 年　甲辰　元凤四年

春至夏，诏减免两年口赋及三年以前更赋未入者。

汉使者傅介子诱杀楼兰王，改国名为鄯善。

公元前 75 年　丙午　元凤六年

夏，乌桓又犯塞，度辽将军范明友击退之。

公元前 74 年　丁未　元平元年

四至七月，昭帝病亡。霍光等迎昌邑王刘贺继位，刘贺素狂纵，淫戏无度，立二十七日被废。又迎戾太子据孙刘询即皇帝位，是为汉宣帝。

公元前 73 年　戊申　汉宣帝刘询本始元年

五月，免今年租赋。

七月，河南守丞黄霸持法宽平，宣帝知百姓苦吏急，乃召为廷尉正。

公元前 72 年　己酉　本始二年

秋，匈奴侵乌孙，乌孙求救于汉。汉遣御史大夫田广明、度辽将军范明友、后将军赵充国等五将军，率十五万人，分道西进，共击匈奴。

公元前71年　庚戌　本始三年

五月，匈奴闻五将军兵大出，远遁。五将军所得不多，仅俘斩七千余人。乌孙因发兵早，俘斩匈奴名王、都尉以下四万人，畜口七十余万头。汉使常惠又以乌孙兵七千、西域各国兵四万攻龟兹及匈奴右地，大有收获。

冬，匈奴数万骑击乌孙，遇大雨雪，还者十分之一。乌孙与丁零等会击之，匈奴人死者十分之三，畜产被掠者十分之五。自此匈奴大虚弱。

公元前68年　癸丑　地节二年

三月，霍光病死。宣帝独理政事，励精图治。

四月，以大将军安世为大司马，领尚书事。

匈奴单于死，诸王内讧。

秋，匈奴所居西嗕君长以下数千人降汉。

公元前67年　甲寅　地节三年

十月，诏禁苑未御幸者，假与贫民，郡国宫馆勿复修治；流民还归者，假公田、贷种食。

十二月，车师与匈奴勾结反汉，汉西域长官郑吉发屯兵千五百人，联合西域诸国兵万余攻破车师。

公元前66年　乙卯　地节四年

七月，霍光家族谋反，族灭。

公元前65年　丙辰　元康元年

正月，龟兹王及其妻绛宾夫人朝汉。

冬，莎车杀汉使，汉使卫侯冯奉世发南北道兵万五千人击破之，莎车王自杀。

公元前61年　庚申　神爵元年

四月，汉遣赵充国等三将军出击西羌反叛者，斩获万余人，获畜口十余万头，降者数万。

秋，赵充国上书皇帝，言屯田计，对羌人改击为抚。朝议再三，接受赵充国意见。

公元前60年　辛酉　神爵二年

秋，羌人降汉，置金城属国以处之。

匈奴日逐王将部众一万二千人降汉。

汉以郑吉为西域都护，治乌垒城。

公元前57年　甲子　五凤元年

七月，匈奴五单于争夺王权，国内大乱。

公元前56年　乙丑　五凤二年

八月，匈奴右谷蠡王在争王中失败，亡归汉。

十一月，匈奴左大将乌厉屈等率众数万人降汉。

公元前55年　丙寅　五凤三年

六月，置河西、北地属国内处匈奴降者。

公元前53年　戊辰　甘露元年

正月，皇太子好儒，言宣帝“持刑太深，宜用儒生”。宣帝曰：“汉家自有制度，本以霸王道杂之”；又曰：“乱我家者太子也！”

匈奴呼韩邪单于和郅支单于各遣子入侍。

公元前52年　己巳　甘露二年

正月，诏赦天下，减民算三十。

四月，珠厓郡反，汉遣护军都尉张禄击之。

冬，赵充国病亡。

公元前51年　庚午　甘露三年

正月至二月，匈奴呼韩邪单于来朝。二月，汉遣使送单于归国，允单于居漠南光禄城。先是，西域畏匈奴而轻汉，至是咸尊汉。

公元前50年　辛未　甘露四年

冬，匈奴呼韩邪单于、郅支单于各遣使朝献。

公元前49年　壬申　黄龙元年

正月，匈奴呼韩邪单于再次来朝，二月归国。

十二月，宣帝病亡，太子刘奭即位，是为汉元帝。

公元前48年　癸酉　汉元帝刘奭初元元年

三月，诏以三辅、太常、郡国公田及部分苑圃赈救贫民。

九月，关东十一郡国大水，人相食，令转旁郡钱谷相救。匈奴呼韩邪单于所在地方亦困乏，诏云中、五原转谷二万斛救之。

公元前 47 年　甲戌　初元二年

夏，关东饥荒，齐地人相食。

公元前 44 年　丁丑　初元五年

四月，为广学者，博士弟子不限员。后数年因用度不足，改为限员千人。

六月，匈奴郅支单于杀汉使谷吉，西迁康居。

公元前 43 年　戊寅　永光元年

秋，陨霜杀稼，天下大饥。

公元前 42 年　己卯　永光二年

七月，陇西羌反汉，元帝遣右将军冯奉世等率兵六万击破之。

公元前 39 年　壬午　永光五年

秋，颍水泛滥。河决于清河郡。

公元前 36 年　乙酉　建昭三年

秋，西域都护甘延寿、副校尉陈汤矫制发屯田吏卒及西域十五国兵四万余人，分两路入康居，攻杀匈奴郅支单于，斩阏氏、太子、名王以下一千五百余人，生虏一百四十五人，降者千余人，北匈奴西徙。

公元前 33 年　戊子　竟宁元年

正月，南匈奴呼韩邪单于来朝，元帝以宫女王嫱（字昭君）嫁之，单于号为宁胡阏氏。

五月，元帝死，太子刘骜即位，是为汉成帝；以元舅王凤为大司马领尚书事。外戚王氏得权自此始。

公元前 31 年　庚寅　汉成帝刘骜建始二年

正月，减天下赋钱四十（由一百二十减为八十）。

公元前 30 年　辛卯　建始三年

秋，关内大雨四十余日。京师民相惊，讹言大水至，老弱呼号，长安大乱。

公元前 29 年　壬辰　建始四年

秋，河决馆陶及东郡金堤，泛滥四郡三十二县。徙民避水九万七千余口。

公元前 28 年　癸巳　河平元年

三月，河堤使者王延世用两船夹载大竹落，塞东郡决河，三十六日而成。遂改元河平。

公元前 26 年　乙未　河平三年

八月，元帝使谒者求遗书。诏刘向、任宏等校书。

河复决平原，泛滥济南、千乘二郡；诏遣王延世等治之，六月乃成。

公元前 22 年　己亥　阳朔三年

六月，颍川铁官徒申屠圣等起义，杀官吏、劫库兵、攻九郡，后遭汉朝军队镇压，失败。

八月，大司马王凤病死，荐从弟王音自代。

公元前 18 年　癸卯　鸿嘉三年

夏，大旱。

外戚王氏，一门五侯，争相奢侈。成帝责问之。

八月，成帝幸歌舞者赵飞燕姐妹、俱封为倢伃，宠倾后宫。皇后失宠，被废。

十一月，广汉平民郑躬等起义，攻城邑，释狱囚；自称山君。

公元前 17 年　甲辰　鸿嘉四年

秋，渤海、清河，信都三郡河溢，三十一县、邑受灾。

冬，广汉郑躬聚众且万人，州郡不能制，广汉太守合兵三万击之。

公元前 16 年　乙巳　永始元年

六月，立赵飞燕为皇后。

十月，成帝作昌陵，五年未成。百姓疲劳，天下虚札，诏罢昌陵，令天下毋有动摇之心。

公元前 15 年　丙午　永始二年

关东比岁不登，三月，大司马王音病死，以王商为大司马。

公元前 14 年　丁未　永始三年

十一月至十二月，尉氏平民樊并等起义，杀陈留太守，自称将军。山阳铁官徒苏令等二百二十八人起义，杀官吏，劫库兵，经郡国十九。两处起义均遭镇压。

公元前 12 年　己酉　元延元年

十二月，王商病死。成帝又以王根为大司马。

公元前 8 年　癸丑　绥和元年

春，成帝以弟之子定陶王刘欣为太子。

十月，王根病免。以王莽为大司马。

十二月，增博士弟子员三千人。

公元前7年　甲寅　绥和二年

三月，成帝死。太子刘欣继位，是为汉哀帝。

六月，王莽荐刘歆典领《五经》，于是刘歆总群书而上《七略》。

丞相孔光等奏请限制诸侯王等占田及奴婢数量，以减少兼并。以遭贵戚抵制，无果。

秋，哀帝少而闻外戚王氏骄盛，诏曲阳侯王根就国。王莽亦罢。

公元前6年　乙卯　汉哀帝刘欣建平元年

大赦，诏各地举报人才。

公元前3年　戊午　建平四年

春，大旱，关东百姓无故惊走，众多民人以拜西王母名义，经二十六郡国群集京师，夜持火上屋，击鼓呼号，相惊恐，迄秋乃止。

秋，谏大夫鲍宣上书痛陈时政阙失，谓民有水旱为灾、县官重责、贪官受取、豪强蚕食、酷吏殴杀、冤陷无辜等七亡、七死。

公元前2年　己未　元寿元年

是年，博士弟子秦景宪受大月氏使臣伊存口授佛经。佛教渐入中国。

公元前1年　庚申　元寿二年

正月，匈奴单于、乌孙大昆弥来朝。是时，西域凡五十国，侯、王、将、相佩汉印者凡三百七十六人。

五月，侍中董贤以令色、谀言受宠。正三公分职时，哀帝以董贤为大司马、孔光为大司徒、彭宣为大司空。

六月，哀帝死。

秋，太皇太后用王莽为大司马，领尚书事。

太皇太后立中山王箕子刘衎继位，是为汉平帝。平帝年幼、太皇太后临朝，以王莽辅政。董贤自杀；籍其家，斥卖董氏财凡值四十三亿。

公元1年　辛酉　汉平帝刘衎元始元年

二月，王莽晋太傅，号“安汉公”。

公元2年　壬戌　元始二年

夏，郡国大旱，蝗虫成灾，青州尤甚，民流亡。汉廷遣使督捕蝗虫。

公元3年　癸亥　元始三年

夏，王莽翦除异己，不附莽者，皆诬而杀之，鲍宣、何武等数百人被害，海内震惊。

阳陵平民任横等起义，攻城邑，劫狱囚，遭大司徒镇压。

公元4年　甲子　元始四年

二月，王莽晋升宰衡，位在诸侯王上。

公元5年　乙丑　元始五年

五月，王莽加九锡。

十二月，平帝死于未央宫，年仅十四岁，死因不明。王莽居摄践祚，称“假皇帝”。

公元6年　丙寅　王莽居摄元年

三月，立广戚侯子刘婴为皇太子，号“孺子”。

四月，安众侯刘崇起兵反王莽，失败。

公元7年　丁卯　王莽居摄二年

春，西羌攻逐西海太守，护羌校尉窦况破之。

九月，东郡太守翟义起兵反王莽，立严乡侯刘信为皇帝。直指王莽为国贼，言莽“鸩杀”平帝，篡汉。关中二十三县又爆发农民起义，槐里赵朋、霍鸿等自称将军，众十余万，共讨王莽。王莽派大军镇压。

十二月，翟义败死。次年二月，赵朋、霍鸿等亦被杀。

公元8年　戊辰　王莽居摄三年、初始元年

十一月，王莽改居摄三年为初始元年。

期门郎张充等谋共劫王莽，立楚王。事泄，被杀。

王莽自称受神禅，御王冠，即真天子位，定国号曰“新”。以十二月朔癸酉为始建国元年正月。

公元9年　己巳　新皇帝王莽始建国元年

四月，王莽更名天下田曰“王田”，奴婢为“私属”，皆不得买卖。行井田制，男口不盈八，田过一井者，分余田予九族、邻里、乡党，其无田者受田如制。

公元10年　庚午　始建国二年

二月，王莽废汉诸侯王为民。制五均，诸筦、赊贷之法，于长安等六都市立五均司市，钱府官，以平物价。各项所得皆计其利十分之一，以为贡。

十二月，王莽更名匈奴单于为"降奴服于"，遣立国将军孙建率十二将军、卒三十万备攻匈奴。兵未出，而天下骚动。

公元11年　辛未　始建国三年

匈奴单于以今天子非宣帝子孙，乃告诸部入边塞，大杀吏民，掠人口畜产，不可胜数。为征匈奴，征发苛急，民弃城郭，流离失所，并州、平州尤甚。

河决于魏郡，淹清河以东诸郡，由利津入海。

公元12年　壬申　始建国四年

春，匈奴未克，而四边皆乱。东北夫余、涉貉反，西南夷动乱。

中郎区博谏曰：井田废久，未能行。王莽乃下书允许田地、奴隶买卖。

公元13年　癸酉　始建国五年

春，西域出现混乱局面，西域都护被杀，与中原交通中断。

公元15年　乙亥　天凤二年

五原、代郡农民纷纷起事，王莽遣将击之。

公元16年　丙子　天凤三年

王莽立国时以制作未定，公侯、小吏皆不得俸禄，五月，下书谓六月起吏禄皆如制度。但以制度烦碎，吏仍难得禄。各因官为奸，受贿自给。

冬，遣将至西域，欲袭焉耆，为焉耆遮杀。

公元17年　丁丑　天凤四年

徭役烦剧，吏用苛暴，民不堪命，纷起反抗。临淮瓜田仪起义于长洲，从之者众多。

琅邪吕母起义于海曲，众至万数。

荆州饥民推新市王匡等为渠帅，起义于绿林山，数月间至七八千人。号绿林军。南郡人张霸、江夏人羊牧，与王匡俱起，众皆万人。

北方农民亦依阻山泽，纷纷起义，号铜马军。

公元18年　戊寅　天凤五年

春，王莽查考始建国二年以来官吏为奸利致富者，没收其财产五分之四，以助边急。

琅邪樊崇起义于莒，与同郡人逄安、东海人徐宣等合数万人，袭击青、徐，后号赤眉军。东海刁子都亦起兵袭击徐、兖。

公元19年　己卯　天凤六年

益州夷，越嶲夷起兵，杀郡守、吏人。

关东饥旱连年，青、徐民流亡日众，樊崇、刁子都部众增多，至六七万人。

公元20年　庚辰　地皇元年

九月，王莽起九庙于长安城南，博征工匠，功费数百余万，卒徒死者万数。

巨鹿人马适求发动举燕、赵兵讨王莽，事泄被杀，株连死者数千人。

公元21年　辛巳　地皇二年

春，王莽遣兵分击青、徐农民军，皆不能克。

秋，南郡平民秦丰聚众万人起义，平原女子迟昭平聚众数千起义。

荆州牧发兵击王匡等农民军，大败。王匡等攻拔竟陵，转击云杜、安陆，声势浩大。

公元22年　壬午　地皇三年

二月，关东大饥，人相食。蝗飞蔽天。

四月，王莽遣太师率兵击青州樊崇及荆州王匡等。樊崇恐其众与王莽兵混淆，乃朱其眉，于是号"赤眉"。樊崇与众约"杀人者死，伤人者偿创。"王匡等"绿林军"；其入南郡者号"下江兵"，入南阳者号"新市兵"。流民入关者数十万，官吏复盗其救济粮，饥死者十之七八。"新市兵"攻随，平林人陈收等聚数千人应之，号"平林兵"。

冬，赤眉别校董宪等大败官兵，斩大将廉丹。南阳汉宗室刘縯、刘秀聚众七八千人起兵于宛，称"柱天都部"，与新市、平林兵合。下江兵大破王莽荆州之兵。

公元23年　癸未　地皇四年、汉更始帝刘玄元年

二月，新市、平林兵共立刘玄为皇帝、建元更始。

三月，更始帝遣成国公王凤与偏将军刘秀等，徇昆阳、定陵、郾，俱下之。

六月，王莽遣司徒王寻、司空王邑率兵四十三万进围昆阳，王凤、刘秀等大破之。王寻被杀，王邑逃命。

七月，刘歆、董忠等谋劫王莽降汉。事觉，刘歆自杀，董忠剉斩。

成纪隗嚣起兵，称大将军，割据陇西。公孙述起兵称辅汉将军，占蜀郡、益州。

八月，更始帝遣将入关，势如破竹。

九月，农民起义军占长安，王莽兵败被杀。

十月，更始帝以刘秀行大司马事，定河北。刘秀至河北，除王莽苛政，吏民喜悦。

十二月，邯郸人王郎聚众起义，称皇帝，赵国以北、辽东以西皆响应。

公元24年　甲申　更始二年

二月，更始帝至长安，大封功臣，西汉亡。

三月，刘秀在河北扩展实力，与更始帝尚书令谢躬所率六将军合军讨王郎。

四月至八月，刘秀进军邯郸，杀王郎，与王郎余部及铜马等农民军连战。

冬，赤眉樊崇、逄安部西入关中。刘秀亦遣邓禹率兵入关。

公元25年　乙酉　更始三年　汉光武帝刘秀建武元年

四月，公孙述在成都称帝。

六月，邓禹大破更始帝兵，平定河东。刘秀即皇帝位于鄗南，建元建武，是为汉光武帝。更始帝大将张卬等谋反，更始帝败走新丰。

赤眉起义军立刘盆子为皇帝。

八月，更始帝与张卬等战于长安。张卬败走，后降赤眉。

九月，赤眉入长安，更始帝单骑走，将相多降赤眉。

十月，更始帝洛阳守将朱鲔有降光武帝，光武帝入洛阳，定都于此。更始帝降于赤眉，封畏威侯。

十二月，赤眉张卬杀更始帝。

公元26年　丙戌　建武二年

正月，檀乡农民起义军攻魏郡、清河、东郡。光武帝遣吴汉击破之，降者十万余，三郡平定。

光武帝大封功臣。

长安粮尽，赤眉收载珍宝弃长安而西。邓禹入长安。

二月，渔阳太守彭宠反光武帝。

五月，光武帝下令，准许被卖奴隶回家。此后又有八次废奴法令。

八月，光武帝击破农民起义军五校，降其众五万。

九月至十一月，邓禹与赤眉战受挫。冯异代邓禹讨赤眉。

十二月，三辅大饥，白骨蔽野。

公元27年　丁亥　建武三年

闰正月，冯异与赤眉约期会战，于崤底大破之。赤眉余众东下，光武帝勒兵严阵以待，刘盆子以下十万众被迫降。

三月，彭宠自立为燕王。张步占据济南等十二郡，为齐王。燕、齐连结。

公元28年　戊子　建武四年

十一月，公孙述遣将攻三辅，冯异大破之。

公元29年　己丑　建武五年

二月，彭宠为苍头所杀，渔阳郡归汉。

四月，窦融以河西附汉，光武帝授为凉州牧。

七月，耿弇大破张步，齐地悉定。

此年，窦融奉光武帝命，立莎车王犀为汉建功怀德王、西域大都尉，西域五十五国皆属之。

公元30年　庚寅　建武六年

正月，吴汉等平定江淮、山东。

三月，公孙述欲取荆州，不克。

五月，隗嚣据陇右反汉。

六月，光武帝以户口耗少，诏令并县裁员，县国减四百余，吏员十置其一。

十一月，诏王莽时吏人设为奴者，皆免为庶人。

十二月，诏田租由十税一减为三十税一。

冯异、祭遵破隗嚣兵，北地诸豪长皆附汉。冯异进军义渠，破匈奴卢芳兵，北地、上郡、安定皆降。

隗嚣称臣于公孙述。

公元31年　辛卯　建武七年

三月，公孙述封隗嚣为朔宁王。

五月，诏为贼略为奴者，免为庶人。

秋，隗嚣侵安定，冯异率诸将拒之。

冬，卢芳所置五原、朔方、云中太守降汉。

公元32年　壬辰　建武八年

正月，汉将来歙袭取西部重镇略阳，隗嚣与公孙述出兵围之。

闰四月，光武帝自将征隗嚣，窦融率步骑来会，隗嚣部将及众十万降。颍川、河东、东郡、济阳反汉者乘机再起，光武帝回兵南击，逐一平息。

十一月，汉军围隗嚣不克。蜀救兵至，迎隗嚣归。天水、安定、北地，陇西复归隗嚣。

公元33年　癸巳　建武九年

正月，隗嚣病死，子隗纯继位。

八月，来歙、冯异等攻隗纯。

公元34年　甲午　建武十年

正月，吴汉破匈奴兵于平城。

夏，冯异破公孙述大将赵匡于天水，斩之。战后，冯异病死于军中。

十月，来歙等攻破隗纯，陇右平。

公元35年　乙未　建武十一年

二月，诏“天地之性人为贵。其杀奴婢，不得减罪”。此为中国历史上最坚决的废除奴隶令。后又诏“敢炙灼奴婢，论如律，免所炙灼者为庶人。”及“除奴婢射伤人弃市律。”

闰三月，岑彭从南郡发兵攻公孙述。

六月，来歙、岑彭等大破公孙述。

十月，汉将、马援等大破先零诸羌。

十二月，吴汉溯江攻公孙述。

公元36年　丙申　建武十二年

正月至九月，吴汉与公孙将史兴、谢丰等战，大破之。进围成都。

十一月，公孙述被创死。延岑降。吴汉尽灭公孙氏，并族延岑，纵兵大掠。光武帝闻之大怒，切责吴汉。至此，东汉王朝削平各地割据势力，完成统一。

公元39年　己亥　建武十五年

二月，以匈奴寇钞日甚，遣吴汉、马成等击之。徙雁门、代郡、上谷吏民六万余口，置居庸、常山关以东，以避匈奴。匈奴遂转居塞内。

六月，诏州郡检核田数、户口、年纪，又考实二千石长吏阿枉不平者。

十二月，骑都尉张堪击破匈奴于高柳。光武帝任之为渔阳太守。后八年匈奴不敢犯塞。

公元40年　庚子　建武十六年

二月，交趾征侧、征贰起兵，占领六十五城。

公元41年　辛丑　建武十七年

十月，光武帝以马援为伏波将军，南击交趾。

光武帝立贵人阴丽华为皇后。

公元42年　壬寅　建武十八年

二月，成都守将史歆逐太守，起兵反汉。

三月，马援大破征侧、征贰。

七月，吴汉发兵拔成都，史歆等败死。

公元43年　癸卯　建武十九年

春，马援平定交趾。

夏，雒阳令董宣敢抗拒皇亲、搏击豪强，民称之为“强项令”。

公元44年　甲辰　建武二十年

五月，吴汉病亡。匈奴寇上党、天水、扶风。

十二月，匈奴再寇天水、扶风。

公元45年　乙巳　建武二十一年

春，乌桓、匈奴、鲜卑连兵寇代郡。

秋，鲜卑寇辽东，太守祭肜大破之。

冬十月，马援出塞击乌桓、不克。

冬，匈奴入上谷、中山。

公元46年　丙午　建武二十二年

匈奴因连年旱蝗，人畜饥疫。乌桓乘其弱击破之。匈奴北徙，幕南地空。

公元48年　戊申　建武二十四年

十月，匈奴八部议立日逐王比为呼韩邪单于，是为南单于，遣使奉藩称臣。

公元49年　己酉　建武二十五年

正月，秽貊寇右北平、渔阳、上谷、太原。辽东太守祭肜招抚之。

夏,马援讨武陵蛮,卒于军。

十月,武陵蛮降于汉。

公元50年　庚戌　建武二十六年

秋,南单于遣子入侍,光武帝诏赐单于玉玺、粮食、牛羊。令中郎将将兵监护之。

冬,北匈奴攻南匈奴,光武帝令南单于徙居西河美稷。自是北边各郡皆有南单于部众,汉匈杂居。

公元52年　壬子　建武二十八年

十月,北匈奴遣使贡马及裘,请和亲。光武帝赐以缯帛等。

公元56年　丙辰　建武中元元年

二月,封禅于泰山。

四月,改元为建武中元。

光武帝迷信图讖,布于天下,以之决嫌疑。给事中桓宽极言图讖之非。光武帝怒,贬之为六安丞。

公元57年　丁巳　建武中元二年

正月,倭奴国使臣至洛阳,光武帝赐"汉倭奴国王"印。

二月,光武帝病亡。太子庄即位,是为汉明帝。

九月,烧当羌寇陇西,明帝遣谒者张鸿讨之。张鸿败没,十一月,又遣中郎将窦固、将军马武率四万人讨之。

公元58年　戊午　汉明帝刘庄永平元年

秋,马武等出击烧当羌,大破之。辽东太守祭彤使鲜卑攻乌桓,大破之。

公元65年　乙丑　永平八年

三月,明帝派将军屯五原,防北匈奴。

十月,明帝闻西域有神名佛,遣蔡愔使西域,求佛经。

公元67年　丁卯　永平十年

此年,蔡愔取佛经回,高僧摄摩腾等同来传法,在洛阳建白马寺。

公元69年　己巳　永平十二年

四月,明帝以河堤决坏,久而不修,乃发卒数十万,遣乐浪人王景等治河,修汴渠堤,自荥阳至千乘海口千余里。经时一年,费用百亿乃成。河堤修成,河患止息，岁比登稔。

公元70年　庚午　永平十三年

此年，楚王英因谋逆被废，后自杀。明帝穷治楚王狱，累年坐死、系狱者数千人。

公元73年　癸酉　永平十六年

二月，明帝遣窦固、祭肜、耿秉、来苗诸将分四路征讨北匈奴。窦固进破呼衍王于天山，斩首千余级，取伊吾庐城。又遣假司马班超使西域，行至鄯善。班超袭杀北匈奴使者，鄯善王震怖，愿属汉，纳子为质。明帝以班超为军司马，复使西域，至于阗，杀亲附匈奴的巫者与相国，于阗降汉。西域与汉绝六十五载，至是复通。

五月，淮阳王延谋反事发，牵连死者甚众。是岁，北匈奴入云中，太守廉范以智谋破之，匈奴不敢再入。

公元74年　甲戌　永平十七年

三月，班超定疏勒，改立其王。

十一月，窦固、耿秉等率军出昆仑平定车师，置西域都护及戊己校尉。

公元75年　乙亥　永平十八年

三月，北匈奴攻车师，围金蒲城，被西域戊校尉耿恭击退。

春起，中原地区久旱不雨。

六月，北匈奴与国焉耆、龟兹攻西域都护陈睦，杀之。

八月，明帝病亡。太子炟即位，是为汉章帝。

十一月，北匈奴围车师柳中城，会中国有丧，救兵不至，车师复叛。

公元76年　丙子　汉章帝刘炟建初元年

春，酒泉太守段彭率兵七千会柳中，击北匈奴，斩首三千八百级，俘三千余人。车师复降，北匈奴遁走。又遣兵迎耿恭返玉门。

章帝征还班超，西域人强留之。疏勒、于阗乃安定。

公元77年　丁丑　建初二年

三月，撤伊吾庐屯兵，北匈奴再占伊吾庐。

六月至八月，烧当羌及诸羌起事，打败金城太守，攻陇西、汉阳。八月，章帝遣马防、耿恭等率军平定之，斩获四千余人。

公元 78 年　戊寅　建初三年

闰四月，班超率疏勒、康居、于阗、拘弥联军破北匈奴与国姑墨。

公元 79 年　己卯　建初四年

十一月，章帝诏太常、将、大夫、博士、郎官及诸儒会白虎观，议五经异同。丁鸿、班固、贾逵等皆与焉。作《白虎议奏》(即《白虎通》)。

公元 80 年　庚辰　建初五年

是岁，班超上书请兵平西域。章帝命徐幹将千人去西域助班超，两人合力先击疏勒之背汉者，进图龟兹。

公元 81 年　辛巳　建初六年

建初中，庐江太守王景修建芍陂水利工程，可溉田万顷。

公元 83 年　癸未　建初八年

六月，北匈奴稽留斯等三万余人降汉。

公元 84 年　甲申　建初九年、元和元年

九月，大臣朱晖反对盐铁官营及均输之法，遭章帝切责。

十二月，北匈奴驱牛马万余头来与汉交易，南匈奴遣骑钞掠。

章帝遣和恭将兵八百支援班超，班超因发疏勒、于阗兵击破北匈奴控制的莎车。

公元 85 年　乙酉　元和二年

正月，北匈奴衰耗，大人来降者七十三人。

二月，太初历有讹差，诏施行四分历。

公元 87 年　丁亥　元和四年、章和元年

七月，鲜卑大破北匈奴，杀优留单于。

十月，北匈奴大乱，有五十八部、二十八万人诣云中、五原、北地、朔方降汉。

班超发西域各国兵击莎车，追斩五千人，莎车降。班超自是威震西域。

公元 88 年　戊子　章和二年

正月，章帝死。太子刘肇即位，是为汉和帝。以帝年幼，窦太后临朝摄政。

四月，罢盐铁之禁，纵民煮铸。

七月，北匈奴饥荒，降南匈奴者岁数千人。

十月，太后命窦宪、耿秉等将五校及边郡骑士等出塞，伐北匈奴。

公元89年　己丑　汉和帝刘肇永元元年

春，护羌校尉邓训大破诸羌，平定陇右。

六月，窦宪等大破北匈奴，斩王以下一万三千级，降二十余万人。乃于燕然山刻石记功。北匈奴单于遣弟奉贡入侍。

九月，窦宪因功封大将军，位三公上。由于窦氏骄纵专横，诛戮无罪，民避之如寇仇。

公元90年　庚寅　永元二年

五月，窦宪遣将攻取北匈奴之守伊吾者，复取其地。车师遣子入侍。

大月氏王求尚公主被拒，怒攻班超，为超所败。大月氏惊惧，岁奉贡献。

十月，南匈奴袭击北匈奴，俘阏氏，斩八千级，俘数千人，追至私渠海。北匈奴单于受伤西遁。

公元91年　辛卯　永元三年

二月，窦宪遣耿夔、任尚出塞，深入五千余里，大破北匈奴于金微山，获单于母及各王以下五千人。北匈奴单于远遁。

十二月，龟兹、姑墨、温宿诸国皆附汉。汉复置西域都护、骑都尉、戊己校尉官，以班超为都护。

公元92年　壬辰　永元四年

正月，北匈奴之未遁者立北匈奴单于弟为单于，遣使请降，和帝授以单于玺，使中郎将任尚监护之，屯伊吾。

六月，和帝与中常侍郑众定谋，收窦宪大将军印绶，迫令自杀。并收捕窦氏余党。史学家班固亦受牵连下狱死。所著《汉书》未就，诏令其妹班昭续成之。郑众以功进大长秋，参议政事，东汉宦官用权自此始。

十月，武陵、零陵、沣中蛮叛乱。烧当羌攻金城，后为武陵郡兵及护羌校尉攻破。

公元93年　癸巳　永元五年

九月，北匈奴之降者以窦宪死，率众北遁，为任尚追击。北匈奴既破，鲜卑徙居其地，匈奴余部亦自号鲜卑，鲜卑由此渐盛。

公元94年　甲午　永元六年

正月，南匈奴单于安国为部下杀，右谷蠡王师子被立为单于。

七月，班超发西域兵七万人，大破焉耆、尉犁，杀其王。西域五十余国皆纳质内属。

十一月，北匈奴降者十五部、二十余万人皆反。汉遣邓鸿、任尚等率兵四万讨之，前后斩万七千级。余部出塞远遁。

公元96年　丙申　永元八年

五月，南匈奴乌居战部反，汉遣将破之，徙其众二万余人于安定、北地。

公元97年　丁酉　永元九年

闰八月，烧当羌反，攻陇西、杀长吏。汉发兵击之，斩获千余人。次年烧当羌帅迷唐降汉。

九月，和帝追尊生母梁贵人为皇太后。封梁氏家族，梁氏始兴。

十二月，班超遣甘英使大秦（罗马帝国）、条支，至安息西界而还。

掸国（缅甸）遣使与中国通好。

公元101年　辛丑　永元十三年

十一月，鲜卑入右北平、渔阳。被郡兵击破。

十二月，巫蛮以收税不均，起兵攻南郡。

是岁，安息遣使与中国通好，赠狮子与大鸟。

公元102年　壬寅　永元十四年

八月，班超还洛阳，九月去世。班超还时，以戊己校尉任尚代西域都护。

十月，和帝废阴皇后，立邓贵人为皇后。

公元105年　乙巳　永元十七年、元兴元年

春，宦者蔡伦发明用植物纤维造纸术，上奏和帝，帝善其能，自是纸张通用。

九月，辽东太守击破侵掠辽东六县之高句丽人。

十二月，和帝病亡。少子刘隆生方百余日，立为皇太子，即位，是为汉殇帝。皇太后邓氏临朝。

公元106年　丙午　汉殇帝刘隆延平元年

四月，鲜卑攻渔阳，太守战死。

邓太后以外戚邓骘为车骑将军。

六月，太后诏减宫廷用度，遣放掖庭宫人。

八月，殇帝病殁。太后迎清河王子刘祜即位，是为汉安帝。邓太后仍临朝。

九月，西域都护任尚不称职，西域诸国反叛。汉遣副校尉梁慬驰救。汉征任尚还，任段禧为西域都护。段禧与梁慬平定西域反叛。

十月，四个州大水，雨雹。

公元 107 年　丁未　汉安帝刘祜永初元年

六月，罢西域都护及伊吾、柳中屯田吏士。西域与汉联系中断。

陇西先零种羌叛，断道，大为寇掠，汉遣邓骘、任尚讨之。

十一月，司空周章密谋废太后，立平原王，事泄，自杀。

公元 108 年　戊申　永初二年

正月，钟羌数千人击败邓骘。梁慬率援军至，破诸羌万余人，羌豪三百人降。

二月，遣人至冀、兖二州救济流民。

六月，四十一郡国大水，二十八郡国大风雨雹，农民多有起义反抗者，朝野震动。以郡国连年水旱，民多饥困。诏以公田赋与贫民。

十月，任尚与先零羌首领滇零等战于天水郡平襄，汉军大败，死八千余人。羌势大盛。后为梁慬击退。

公元 109 年　己酉　永初三年

三月，京师及并、凉二州雨水，民大饥，人相食。

四月，诏上林、广成苑、鸿池赋与贫民。

六月，南匈奴单于入朝，从者告“关东水潦，人民饥饿死尽，可击也”。单于信其言，遂叛。

七月，青州农、渔民张伯路等起义，攻滨海九郡，杀二千石。汉遣侍御史督州郡兵击之。

九月至十一月，乌桓、鲜卑、南匈奴连兵犯五原，败汉兵，南匈奴又围美稷。汉遣两将军率五营及边郡兵二万余人，又诏诸郡共击之，破南匈奴薁鞬日逐王。

公元 110 年　庚戌　永初四年

正月，青州起义军张伯路等复攻郡县，杀守令，汉遣使发幽、冀郡兵合青州兵并力击之。

三月，在汉将耿夔、梁慬打击下，南匈奴单于复降于汉，还所钞掠男女万余人。

先零羌攻汉中。

四月，司隶、豫、兖、徐、青、冀六州蝗灾。张伯路等败走辽东，退至海岛。

公元111年　辛亥　永初五年

二月，先零羌攻河东，至河内，汉遣五营兵屯孟津。羌势特盛，诏陇西民内迁，时连年灾荒，又加迁移，百姓流离失所，丧其大半。

三月，任尚破羌于上党，汉乃罢孟津屯兵。

闰四月，张伯路复攻东莱，败走辽东被杀。

是此年，九州蝗灾，八郡国水灾。

公元113年　癸丑　永初七年

秋，护羌校尉侯霸等破先零别部于安定，俘斩千人。

九月，调江南租米赈饥民。

公元114年　甲寅　元初元年

夏，京师及五郡国旱、蝗为灾。

九月，羌人号多钞掠武都、汉中、巴郡，侯霸破之，次年号多降汉。

十月，凉州刺史击先零羌于狄道，兵败，死者八百余人。

公元115年　乙卯　元初二年

正月至二月，汉廷下诏兴修水利，令三辅、河内、河东、上党、赵国、太原各修旧渠，以溉民田，通利水道。漳水渠、太原旧渠修成后，均得水利。

三月，先零羌首领滇零死后，子零昌立。零昌乃分兵攻益州，汉遣中郎将尹就击之。

八月至九月，辽东鲜卑连续攻无虑县、扶犁营等，杀县令。

十月，汉军分击先零，败死三千余人。

任尚破先零将军杜季贡。

武都太守虞诩以三千兵于赤亭破羌军万余，再筑壁垒，招流亡，视事三年，武都大治。

公元116年　丙辰　元初三年

正月，苍梧、郁林、合浦蛮夷起兵反叛，汉遣侍御史任逴督兵击之。十一月降汉。

五月，武陵蛮叛，州郡击破之。

度辽将军邓遵与南匈奴击先零首领零昌于灵州，斩首八百级。

六月，任尚破先零羌于丁溪城。

十二月，任尚大破先零羌，杀零昌妻子，斩首七百余级。陇右平。

公元 117 年　丁巳　元初四年

五月，鲜卑入寇辽西，郡兵与乌桓大人合力击破之，斩首千三百级。

十二月，任尚大破先零羌，斩首五千级。先零首领零昌、将军杜季贡在此前已被任尚刺杀，羌势自此衰。

公元 118 年　戊午　元初五年

三月，京师及五郡国旱。

六月，永昌、益州、蜀郡蛮皆叛，众十余万，破坏二十余县，杀长吏，焚烧房屋。

八月，代郡鲜卑入寇，攻杀长吏。

十月，度辽将军邓遵杀先零首领狼莫，诸羌瓦解。与先零羌作战十二年间，靡耗军旅费二百四十余亿，府帑空竭，兵民死者不可胜数。

十二月，任尚因与邓遵争功，被控虚报军功，贪赃千万，判弃市，没入财物。

公元 119 年　己未　元初六年

七月，鲜卑寇马城，杀长吏，邓遵破之。

公元 120 年　庚申　元初七年、永宁元年

三月，汉与西域联系中断后，北匈奴余部复以兵威役属之。三月，北匈奴攻车师，杀汉长史索班，鄯善告急。汉廷从班勇议，复置护西域副校尉，居敦煌，以招抚西域。

公元 121 年　辛酉　永宁二年、建光元年

三月，邓太后卒，安帝亲政。

四月，高句丽、涉貊、鲜卑举兵侵辽东，太守战殁。

八月，烧当羌攻湟中、金城。

秋，京师及二十七郡国雨水成灾。诏除今年田租，勿收口赋。

公元 122 年　壬戌　建光二年、延光元年

二月，扶余王遣使奉献。

三月，护羌校尉马贤击破烧当羌首领麻奴。九月麻奴饥困，降汉。

四月，京师及四十一郡国雨雹成灾，河西雹大如斗。

十月，鲜卑控弦数万，寇雁门、定襄、太原。

公元 123 年　癸亥　延光二年

四月，北匈奴与车师入寇河西，汉复以班勇为西域长史，将兵屯柳中。

公元 124 年　甲子　延光三年

正月，班勇至楼兰，鄯善、龟兹、姑墨、温宿附汉，联合出兵击走北匈奴伊蠡王，西域复通。

是年，三十六郡国又大水，雨雹。

公元 125 年　乙丑　延光四年

三月，安帝死于宛叶道乘舆中，阎皇后迎北乡侯刘懿即位。十月，刘懿病死。

十一月，中常侍孙程等十九人发动宫廷政变，拥立济阴王刘保即皇帝位，是为汉顺帝。孙程等皆为列侯，宦官势益张。

公元 126 年　丙寅　汉顺帝刘保永建元年

正月，阎太后死。

二月，陇西钟羌反，马贤讨破之，凉州复安。

八月，鲜卑侵代郡，太守战殁。

十月，班勇使别校斩东且弥王，车师六国悉平。班勇又发诸国兵击北匈奴呼衍王，呼衍王亡走，其众两万人皆降。北匈奴单于自将万骑来援，班勇遣将击之，单于引去。

公元 127 年　丁卯　永建二年

正月，汉兵与南匈奴兵合击鲜卑其至鞬部，破之。

二月，辽东鲜卑寇玄菟，乌桓校尉耿晔发诸郡兵与乌桓兵出击之，斩获甚众。鲜卑三万人归降。

六月，西域唯焉耆王未降，班勇与敦煌太守发河西四郡兵及诸国兵分兵合击，焉耆乃降。

是年，顺帝征黄琼到京，黄琼在途中逗留不前。李固以书逆遗之，云："辅政济民，今其时也。"黄琼乃前。

公元 131 年　辛未　永建六年

三月，恢复伊吾屯田，置司马一人。

九月，耿晔遣兵击鲜卑，破之。

十二月，日南徼外叶调国、掸国遣使通好。

公元 132 年　壬申　永建七年、阳嘉元年

春，立梁贵人为皇后。

二月，曾旌等在浙江起义，杀长吏，攻会稽东部都尉。

三月，章河等在扬州起义，攻扬州六郡四十九县，杀伤长吏。

四月，外戚梁商加位特进，拜执金吾。

七月，太史令张衡造候风地动仪。张衡通天文、历算、六艺，又作浑天仪。

冬，耿晔遣乌桓钞击鲜卑，大获而还。鲜卑复寇辽东属国。

公元 133 年　癸酉　阳嘉二年

三月，中郎将王稠等出击鲜卑，破之。

八月，鲜卑侵马城，代郡太守击之，不克。

公元 134 年　甲戌　阳嘉三年

三月，益州人民起义，劫令长，杀列侯。

五月，张衡上疏，请禁图谶。

七月，钟羌寇陇西、汉阳，十月护羌校尉马续遣兵击破之。

公元 136 年　丙子　永和元年

十二月，象林蛮叛。武陵、沣中、溇中蛮因反对增加贡布，杀乡吏。

公元 137 年　丁丑　永和二年

二月，武陵郡兵破造反之武陵蛮。

五月，象林蛮攻城杀官，交趾刺史发兵击之。兵士不愿远征，亦反。

公元 138 年　戊寅　永和三年

五月，吴郡丞羊珍反，攻郡府，太守王衡破斩之。

六月，李固主张对象林蛮采安抚之策。汉廷即拜张乔为交趾刺史、祝良为九真太守，前去抚慰象林蛮，降者数万人，岭南复平。

公元 140 年　庚辰　永和五年

春，南匈奴句龙王吾斯、车纽反，攻西河，围美稷，杀朔方、代郡长吏。五月，度辽将军马续等击破南匈奴叛者。

夏，且冻、傅难种羌因不堪并州刺史来机等虐刻盘剥，遂反，攻金城、扰三辅，杀长吏。汉派马贤为征西将军，率十万兵屯卫汉阳。

十二月，会稽太守马臻筑镜湖塘，溉田九千余顷。

公元141年　辛巳　永和六年

正月，马贤击且冻羌，败死射姑山。东西羌遂大合，其势益张。

闰正月，巩唐羌攻陇西、三辅，烧陵园，杀吏民。

三月，武都太守赵冲破巩唐羌，汉廷以赵冲督河西四郡兵，为节度。

夏，中郎将张耽与马续合击乌桓于天山。

八月，大将军梁商病殁，子梁冀继任大将军。

九月，诸羌寇武威。

冬，荆州人动乱经年，刺史李固安定之，泰山人亦多起事，汉廷以李固为泰山太守，复定。人云："李固，政为天下第一。"

公元142年　壬午　汉安元年

八月，南匈奴句龙吾斯又掠并部。

九月，张婴等率扬、徐农民起义，为广陵太守张纲招抚。华孟等率历阳农民起义。

公元143年　癸未　汉安二年

闰十月，赵冲击破烧当羌于阿阳。

十一月，中郎将马寔遣人刺杀南匈奴叛者首领句龙吾斯。

公元144年　甲申　汉安三年、建康元年

春，河西节度赵冲在追击叛羌时战殁，但斩获甚多，羌势衰耗。

四月，中郎将马寔击南匈奴左部，破之。故羌、乌桓皆降。

八月，九江范容、周生领导农民起义，攻城邑，屯据历阳，横行江淮。此前，南郡、江夏、徐、扬等地均爆发农民起义。

顺帝死。太子刘炳即位，是为汉冲帝。皇太后梁氏临朝。

九月，扬州刺史、九江太守督兵击范容起义军，败殁。

十一月，徐凤、马勉领导徐、扬农民起义军攻城邑。马勉称黄帝、徐凤称无上将军，建年号，置百官。

十二月，九江黄虎领导农民起义军攻合肥。

公元 145 年　乙酉　汉冲帝刘炳永嘉元年

正月，冲帝死。大将军梁冀与太后策立渤海王刘鸿子刘缵即位，是为汉质帝。

广陵张婴领导农民起义军，攻杀堂邑、江都长，据广陵。

九江徐凤领导农民起义军，攻杀曲阳、东城长。

诸羌五万余户诣左冯翊梁并降。

三月，九江都尉滕抚合州郡兵数万击徐、扬、九江农民起义军。马勉、范容、周生等败死。

五月，下邳谢安率宗族武装击徐凤领导之农民起义军，徐凤败死。

七月，庐江民变，攻盱眙、寻阳，为滕抚、司马王章所破。

十一月，滕抚破广陵农民起义军张婴，斩获千余人。历阳华孟领导农民起义军攻杀九江太守。滕抚进击，华孟败死。东南悉平。诏以滕抚为左冯翊。

公元 146 年　丙戌　汉质帝刘缵本初元年

四月，诏郡国扩大太学，全国太学生增至三万余人。

六月，质帝少而聪慧，朝会中指梁冀为“跋扈将军”，梁冀鸠杀之。迎蠡吾侯刘志即位，是为汉桓帝。梁太后仍临朝。

公元 147 年　丁亥　汉桓帝刘志建和元年

十一月，梁冀诬前太尉李固、杜乔参与谋反，下狱死。

公元 149 年　己丑　建和三年

是岁，名儒荀淑卒。荀淑为名臣李固与名士李膺师。

公元 150 年　庚寅　和平元年

正且，梁太后下诏归政于桓帝。月余，太后死。

公元 151 年　辛卯　元嘉元年

四月，任城、梁国饥，民相食。

十一月，名士崔寔诣公车，不对策，退而著《政论》，指斥权幸之臣有罪不坐，豪猾之民犯法不诛。仲长统赞其书。

闰十一月，黄琼为司空。胡广等以梁冀比周公。黄琼说只可比邓禹。

公元 152 年　壬辰　元嘉二年

正月，西域长史为于阗所杀。

十一月，免黄琼司空职。

公元153年　癸巳　元嘉三年、永兴元年

七月，三十二郡国蝗灾，河水溢，百姓饥穷流散者数十万户，冀州尤甚。冀州刺史朱穆因反贪污、忤宦官，被免官受审，太学生刘陶等数千人上书讼冤，指责宦官窃持国柄、口衔天宪。桓帝乃赦朱穆。

十月，任黄琼为司徒。

公元154年　甲午　永兴二年

秋，以黄琼为太尉。

十一月，泰山、琅邪公孙举、东郭窦领导当地农民造反，杀长吏。桓帝即位以来各地起义造反者不绝。

公元155年　乙未　永寿元年

二月，司隶、冀州饥，人相食。

夏，南阳大水。

秋，南匈奴左薁鞬等部反，东羌应之，为都尉张奂平息。

公元156年　丙申　永寿二年

七月，鲜卑大人檀石槐尽据匈奴故地，南寇云中。

公孙举等聚农民三万人攻青、兖、徐三州，被中郎将段颎击败，农民军死者万余人，公孙举亦死。

公元157年　丁酉　永寿三年

春至夏，九真郡居风县令贪暴无度，县民朱达等聚众四五千人，杀县令，进攻九真郡，太守战死。诏都尉魏朗讨破。

公元158年　戊戌　永寿四年、延熹元年

秋，太尉黄琼，免。

十二月，南匈奴诸部并叛，与乌桓、鲜卑寇边，为中郎将张奂平息。

原度辽将军陈龟上疏言梁冀罪，不食七日死。

公元159年　己亥　延熹二年

二月，鲜卑寇雁门，蜀郡蛮攻蚕陵。

七月，梁皇后死。外戚梁冀一门七侯，三皇后，二大将军，专擅威柄，凶恣奢靡，桓帝与单超等五常侍密谋图之。

八月至九月，桓帝发虎贲、羽林千余人围梁冀宅第，收大将军印绶，梁冀自杀。梁氏党羽数十人及宗亲下狱死。收梁冀财货合三十余亿，充国用，减天下租税之半。封中常侍单超等五人为县侯，自是宦官权势益张。

以黄琼为太尉，首居公位，乃举州郡官暴污者，死徙十余人。黄琼举名士范滂，尚书令陈蕃荐五处士，桓帝以安车征，皆不至。

十二月，烧当等八种羌攻陇西，护羌校尉段颎击破之，斩二千级，俘万余人。

天竺国遣使通好。

公元 160 年　庚子　延熹三年

正月，宦官倚势为非作歹。济北相滕延收捕中常侍侯览、小黄门段珪杀数十人。

闰正月，西羌与烧何羌攻张掖，段颎追击至积石山，大破之。

九月，泰山、琅邪劳丙等农民起义反抗官府，为州郡兵败。十一月，叔孙无忌又起义，杀都尉，为中郎将宗资击破。

公元 161 年　辛丑　延熹四年

春，大疫。

三月，黄琼免职。

六月，零吾、先零诸羌寇三辅。

十一月，先零、沈氐羌等寇并、凉二州，被中郎将皇甫规击破，降者十余万。

公元 162 年　壬寅　延熹五年

四月至十月，长沙、零陵农民起义，攻桂阳、苍梧，汉遣使督州郡兵击之，不能克。八月，豫章郡艾县农民亦起义，攻长沙，杀益阳令，众至万人。零陵蛮、武陵蛮亦反。

十一月，桓帝以太常冯绲为车骑将军，将兵十万讨伐荆州反者，起义军与武陵蛮均告失败。

公元 163 年　癸卯　延熹六年

七月，桂阳农民李研等起义，为太守击破。

十一月，南海郡农民暴动。

公元 164 年　甲辰　延熹七年

二月，黄琼病亡，及葬，名士会者六七千人。

公元 165 年　乙巳　延熹八年

五月，荆州兵朱盖与桂阳农民胡兰等起义，攻桂阳、零陵，众者至数万。为中郎将度尚击破。

六月，西羌反，为段颎击破，斩二万三千人，俘数万人，降者万余。

七月，桓帝以陈蕃为太尉。陈蕃数举李膺，桓帝乃于十一月拜之为司隶校尉。李膺率吏卒从大宦官张让家中捉拿其弟张朔，发其贪残罪状，杀之。自此，宦官屏气。

公元 166 年　丙午　延熹九年

春，司隶、豫州灾荒，民死十之四五，至有灭户者。

夏至秋，党锢之狱起。宦官使人上书，诬告司隶校尉李膺养太学士结党营私、反叛朝廷，于是，李膺及太仆杜密、御史中丞陈翔及陈寔、范滂等二百余人下狱，郡国大捕党人。太尉陈蕃反对此举，亦被免职。

鲜卑、乌桓、南匈奴、东羌攻边郡武威、张掖等地，中郎将张奂督幽、并、凉三州及度辽、乌桓二营兵击之。

十二月，南匈奴、乌桓二十万人降。鲜卑大人檀石槐亦率部出塞，但仍侵扰不已。

公元 167 年　丁未　延熹十年、永康元年

正月，东羌、先零羌攻三辅，张奂破之。当煎羌攻武威，段颎破之。

四月，先零羌攻没京兆虎牙营、扶风雍营，杀千余人。

五月至六月，城门校尉窦武、尚书霍谞上书皇帝为党人案申辩。桓帝乃下诏赦党人归乡，但仍禁锢终身。

十月，先零羌又攻三辅，张奂遣将大破之，斩、俘万余人，幽、并、凉三州清定。

十二月，桓帝死。窦武等迎解渎亭侯刘宏即位，是为汉灵帝。窦太后临朝。

公元 168 年　戊甲　汉灵帝刘宏建宁元年

正月，诏以窦武为大将军、陈蕃为太傅。

二月，段颎大破先零羌于逢义山，斩八千余人，七月又连破先零羌，追至泾阳。

九月，大宦官曹节、王甫等举行宫廷政变，矫诏杀窦武、陈蕃，皆夷族，迁窦太后于南宫。由此，宦官掌宫廷大权。

十二月，鲜卑、涉貊攻幽、并二州。

公元169年　己酉　建宁二年

四月，张奂上书为窦武、陈蕃申冤，受责。

七月，段颎大破先零羌于射虎谷，斩渠帅以下一万九千人，招降四千余人，分置安定、汉阳、陇西，东羌悉平。

十月，大宦官曹节等疾恶李膺、杜密等，于是制造第二次党锢冤狱。党人死者百余，妻子徙边。其余州郡名士废、禁、徙、死者又六七百人。

公元172年　壬子　建宁五年、熹平元年

六月，窦太后病亡。

七月，有人悬书朱雀阙，言曹节、王甫幽杀窦太后。诏追捕。太学生系者千余人。

十一月，会稽民许生聚万人起义，称阳明皇帝，扬州刺史出兵击之。次年，许生兵败，被杀。

公元174年　甲寅　熹平三年

是岁，曹操任洛阳北部尉，造五色棒，击杀小黄门蹇硕叔父，京师宦门豪强敛迹。

公元175年　乙卯　熹平四年

三月，灵帝诏诸儒正五经文字，命议郎蔡邕为古文、篆、隶三体书之，刻石立于太学门外，是为《熹平石经》。

四月，七郡国大水。

公元176年　丙辰　熹平五年

闰五月，永昌太守曹鸾上书，请开党禁，下狱死。于是，诏州郡更考党人门生、故吏，父子、兄弟在位者皆免官禁锢。

公元177年　丁巳　熹平六年

四月，鲜卑扰三边。

八月，桓帝以夏育、田晏、臧旻三将各将万骑，三道出击鲜卑，被鲜卑打败，死者十之七八。

十二月，鲜卑攻掠辽西，太守赵苞击破之。是岁，巨鹿人张角等创太平道，以符水治病，从者数十万人，司徒杨赐等上疏请捕治。

公元179年　己未　光和二年

春，大疫。

四月，大宦官王甫奸虐弄权，太尉段颎附之。王甫在京兆聚财七千余万，京兆尹杨彪发其奸、言之司隶校尉阳球，阳球奏收王甫、段颎。王甫杖死，段颎自杀。

灵帝诏诸党人禁锢者，自从祖以下，皆免。

十月，司徒刘郃等谋诛宦官，事泄，下狱死。

公元181年　辛酉　光和四年

十月，鲜卑攻幽、并二州。

灵帝在后宫作列肆，使诸采女贩卖，游嬉无度。

公元183年　癸亥　光和六年

冬，张角等密谋起义。置三十六方(将军)，大方万余人，小方六七千。谓“苍天已死，黄天当立，岁在甲子，天下大吉”。定于次年三月五日全国同时起事。

图书在版编目（CIP）数据

大风起兮云飞扬：两汉人物 / 戚文著. —上海：上海科学技术文献出版社，2007.1
（中国历史人物论丛书）
ISBN 978-7-5439-2488-8

Ⅰ.大… Ⅱ.戚… Ⅲ.历史人物—人物研究—中国—西汉时代 Ⅳ.K820.341

中国版本图书馆CIP数据核字（2006）第066688号

责任编辑：陈宁宁
封面设计：一步设计

大风起兮云飞扬
两汉人物
戚文著
*
上海科学技术文献出版社出版发行
（上海市武康路2号 邮政编码200031）
全国新华书店经销
江苏常熟人民印刷厂印刷
*
开本787X960 1/16 插页2 印张25.25 字数386 000
2007年1月第1版 2007年2月第2次印刷
印数：5 001—1 0000
ISBN 978-7-5439-2488-8
定价：48.00元
http://www.sstlp.com